U0785641

中华现代学术名著丛书

《中华现代学术名著丛书》

【第一辑　四十种】

马氏文通	马建忠
国故论衡	章太炎
王国维文学论著三种	王国维
吴梅词曲论著四种	吴　梅
中国中古文学史 汉魏六朝专家文研究	刘师培
中国文学批评史（上、下）	郭绍虞
甲骨文字释林	于省吾
中国俗文学史	郑振铎
汉语语音史	王　力
红楼梦辨	俞平伯
中国韵文史	龙榆生
汉魏六朝诗论丛	余冠英
台湾通史（上、下）	连　横
秦汉史	吕思勉
中国史学史	金毓黻
史学要论	李守常
中国通史简编（上、下）	范文澜
国史大纲（上、下）	钱　穆
中国史纲（一、二卷）	翦伯赞
春秋史	童书业
魏晋南北朝史论丛	唐长孺
明清社会经济史论文集	傅衣凌
西夏史稿	吴天墀
中国伦理学史（外一种）	蔡元培
新唯识论	熊十力
东西文化及其哲学	梁漱溟
科学与玄学	罗志希
中国艺术精神	徐复观
论逻辑经验主义	洪　谦
九朝律考	程树德
比较宪法	王世杰　钱端升
中国法律与中国社会	瞿同祖
中国民治论	鲍明钤
中国官僚政治研究	王亚南
通货新论	马寅初
中国经济思想史	唐庆增

中华现代学术名著丛书

经济史：历史观与方法论

吴承明 著

商务印书馆
创于1897 The Commercial Press

2014年·北京

图书在版编目(CIP)数据

经济史:历史观与方法论/吴承明著. —北京:商务印书馆,2014
(中华现代学术名著丛书)
ISBN 978-7-100-09920-2

Ⅰ.①经… Ⅱ.①吴… Ⅲ.①经济史—研究—世界
Ⅳ.①F119

中国版本图书馆 CIP 数据核字(2013)第 072619 号

本书据上海财经大学出版社 2006 年版排印

中华现代学术名著丛书

经济史:历史观与方法论

吴承明 著

商 务 印 书 馆 出 版
(北京王府井大街36号 邮政编码 100710)
商 务 印 书 馆 发 行
北京瑞古冠中印刷厂印刷
ISBN 978-7-100-09920-2

2014 年 4 月第 1 版 开本 880×1240 1/32
2014 年 4 月北京第 1 次印刷 印张 13⅜ 插页 1

定价: 39.00 元

吴承明

(1917—2011)

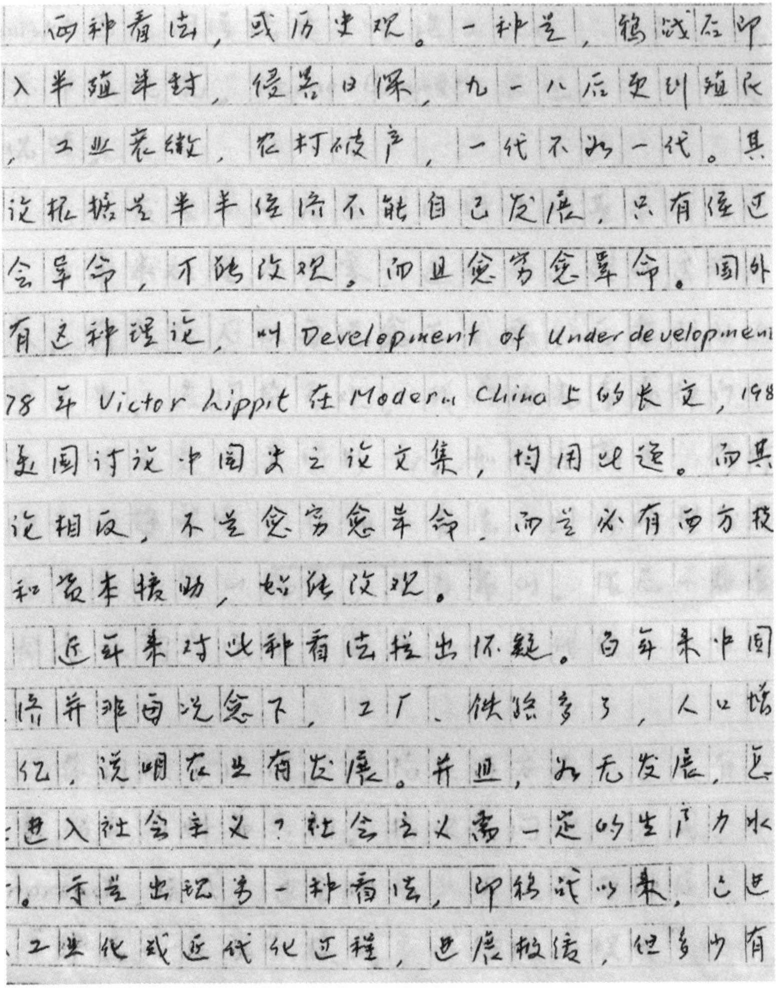
两种看法，或历史观。一种是，鸦战后即
入半殖半封，侵略日深，九一八后更到殖民
，工业衰微，农村破产，一代不如一代。其
论根据是半半经济不能自己发展，只有经过
会革命，才能改观，而且愈穷愈革命。国外
有这种理论，叫 Development of Underdevelopmen
78年 Victor Lippit 在 Modern China 上的长文，198
美国讨论中国史之论文集，均用此说。而其
论相反，不是愈穷愈革命，而是必有西方技
和资本援助，始能改观。
近年来对此种看法提出怀疑。百年来中国
济并非每况愈下，工厂、铁路多了，人口增
亿，说明在生有发展。并且，如无发展，怎
进入社会主义？社会主义需一定的生产力水
。于是出现另一种看法，即鸦战以来，已进
工业化或近代化过程，进展较慢，但多少有

作者手迹

出版说明

百年前,张之洞尝劝学曰:“世运之明晦,人才之盛衰,其表在政,其里在学。”是时,国势颓危,列强环伺,传统频遭质疑,西学新知亟亟而入。一时间,中西学并立,文史哲分家,经济、政治、社会等新学科勃兴,令国人乱花迷眼。然而,淆乱之中,自有元气淋漓之象。中华现代学术之转型正是完成于这一混沌时期,于切磋琢磨、交锋碰撞中不断前行,涌现了一大批学术名家与经典之作。而学术与思想之新变,亦带动了社会各领域的全面转型,为中华复兴奠定了坚实基础。

时至今日,中华现代学术已走过百余年,其间百家林立、论辩蜂起,沉浮消长瞬息万变,情势之复杂自不待言。温故而知新,述往事而思来者。“中华现代学术名著丛书”之编纂,其意正在于此,冀辨章学术,考镜源流,收纳各学科学派名家名作,以展现中华传统文化之新变,探求中华现代学术之根基。

“中华现代学术名著丛书”收录上自晚清下至20世纪80年代末中国大陆及港澳台地区、海外华人学者的原创学术名著(包括外文著作),以人文社会科学为主体兼及其他,涵盖文学、历史、哲学、政治、经济、法律和社会学等众多学科。

出版“中华现代学术名著丛书”，为本馆一大夙愿。自1897年始创起，本馆以“昌明教育，开启民智”为己任，有幸首刊了中华现代学术史上诸多开山之著、扛鼎之作；于中华现代学术之建立与变迁而言，既为参与者，也是见证者。作为对前人出版成绩与文化理念的承续，本馆倾力谋划，经学界通人擘画，并得国家出版基金支持，终以此丛书呈现于读者面前。唯望无论多少年，皆能傲立于书架，并希冀其能与“汉译世界学术名著丛书”共相辉映。如此宏愿，难免汲深绠短之忧，诚盼专家学者和广大读者共襄助之。

商务印书馆编辑部

2010年12月

凡　　例

一、“中华现代学术名著丛书”收录晚清以迄20世纪80年代末，为中华学人所著，成就斐然、泽被学林之学术著作。入选著作以名著为主，酌量选录名篇合集。

二、入选著作内容、编次一仍其旧，唯各书卷首冠以作者照片、手迹等。卷末附作者学术年表和题解文章，诚邀专家学者撰写而成，意在介绍作者学术成就，著作成书背景、学术价值及版本流变等情况。

三、入选著作率以原刊或作者修订、校阅本为底本，参校他本，正其讹误。前人引书，时有省略更改，倘不失原意，则不以原书文字改动引文；如确需校改，则出脚注说明版本依据，以“编者注”或“校者注”形式说明。

四、作者自有其文字风格，各时代均有其语言习惯，故不按现行用法、写法及表现手法改动原文；原书专名（人名、地名、术语）及译名与今不统一者，亦不作改动。如确系作者笔误、排印舛误、数据计算与外文拼写错误等，则予径改。

五、原书为直（横）排繁体者，除个别特殊情况，均改作横排简体。其中原书无标点或仅有简单断句者，一律改为新式标点，专名号从略。

六、除特殊情况外，原书篇后注移作脚注，双行夹注改为单行夹注。文献著录则从其原貌，稍加统一。

七、原书因年代久远而字迹模糊或纸页残缺者，据所缺字数用“□”表示；字数难以确定者，则用“（下缺）”表示。

目　　录

上篇　历史观

下篇　方法论

上篇　历史观

第一章　引子:经济史学小史

第一节　西方经济史学

在西方,经济史作为一门独立学科,是19世纪晚期从历史学中分立出来的。其分立,是因为经济学已经发展成为系统的理论,原来历史学中的经济内容,可以用经济学的理论来分析和解说了。

19世纪,西方史学界占主流地位的是以L. von. 兰克(1795—1886年)为首的史学,被称为历史主义学派(Historismus)。他们强调历史世界与自然世界不同,自然世界是普遍一致的,历史则有个性,一国的意识形态、制度和价值观是由自己的历史发展所决定的。他们认为历史学就是如实地再现过去,所以十分重视历史文献的考证,因而是实证主义的史学。他们十分重视历史事件,详述事件经过,用因果关系联系起来,成为叙述式的史学。在19世纪晚期经济史分立出来以后,虽然是用经济学理论解释历史,但仍保持着历史主义特点。如英国经济史学的开山祖W. 坎宁翰(1849—1919年),①

① 最早以"经济史"命名的著作是奥地利经济学家斯特尔涅格(K. T. von Inama Sternegg)1877年出版的《德意志经济史文献》。坎宁翰是第一个把经济史作为独立学科研究并在大学开设经济史的讲座者。

强调经济变动中政治和心理因素的作用，主张用历史学方法研究经济学。W. J. 阿什莱（1860—1927 年）是世界上第一位经济史教授，认为经济学原理不能普遍运用，需根据社会不同、时期不同予以修正或创新；把经济史看成是包括理论分析又包括历史评价的边缘科学。英国到第三代经济史学家A. S. 阿什内（1889—1968 年），才摆脱历史主义框架，更重视经济学理论分析。

在欧洲大陆，德国被称为历史学派的经济学家中，不少人是史学家出身，并研究经济史，提出各种经济发展阶段的理论。其中以 G. 冯·施穆勒（1838—1917 年）声誉最高，他强调民族特点，否定一般经济规律，注重史料考证，建立“国民经济发展史”的体系。L. J. 布伦塔诺（1844—1931 年）也是提倡历史主义方法，著有《历史中的经济》。法国经济史学家受A. 孔德（1798—1857 年）影响，[①]不用“经济史”名称，而统称社会学。著名经济史学家 E. 勒瓦瑟（1828—1911 年）著《法国工人阶级和工业史》四卷。比利时的 H. 皮朗（1862—1935 年），研究中世纪欧洲经济史，也重视社会学理论。

19 世纪 80 年代，英国牛津、剑桥大学开设经济史课程，都是在人文学院，或在历史学系，相沿至今。在德国、法国，一般不专设经济史课程，而是在历史学、语言学、社会学中讲授。惟美国大学的经济史课程多是设在经济学中，亦有在历史学中讲授的。1893 年阿什莱来美国哈佛大学任教，美国经济史学始盛。

到20 世纪初，学术界已有专用经济学理论研究经济史的，即瑞

① 在 A. 孔德的科学体系中，经济学和历史学都属于他所建立的社会学，而研究社会进步的社会动力学即历史哲学。

典的E. F. 赫克舍尔（1879—1952年），他认为各时代的经济发展都要受市场供求规律的支配。但多数经济史学家仍多少保持实证主义、历史主义或社会学的传统。惟因经济学方面边际主义和新古典经济学兴盛，经济史方面也更多地应用统计资料，作数量分析。如剑桥大学的J. H. 克拉潘（1873—1946年），著作甚丰，即以视角广阔，对统计资料考证严密著称。牛津大学的R. H. 托尼（1880—1962年），研究人口、土地和价格有独创见解；他曾来中国，著《中国土地和劳工》。法国的F. 西密昂（1873—1935年），擅长计量研究，并用相关分析。美国在这方面尤盛，多家作商业周期的研究，A. P. 厄谢尔（1883—1965年）以统计学研究欧洲经济史，成绩斐然。厄谢尔与德国W. 阿倍利用中世纪教会庄园账簿中相对价格资料研究出14—18世纪欧洲农业的兴衰，给人以化腐朽为神奇之感。

第一次世界大战后，西方史学界一度陷入怀疑论，而经济史方面则不乏辉煌巨著。美国J. W. 汤普逊（1869—1942年）1928年出版二卷本《中世纪经济社会史》，受J. H. 鲁滨逊（1863—1936年）《新史学》影响，不作系统分析，采取"用历史解释历史"的方法，寓观点于叙事，类中国之论从史出。著名经济学家W. 桑巴特（1863—1941年），原为施穆勒弟子，但一反德国历史学派传统，强调以经济学理论治史，提出"理念型经济体制"，1928年完成三卷本《现代资本主义》。影响深远的奥籍美国经济学家J. A. 熊彼特（1883—1950年），1942年发表《资本主义、社会主义与民主》，以他的"创新论"解释资本主义的发展，当企业家的创新精神消失，创新成为公共事业，社会即自动进入社会主义。其论点未能为后来的历史所证实，但创新论本意常存在经济史学家心中。

第二次世界大战后，西方史学界发生革命性变化，实证主义受到批判，历史主义几乎被打倒，社会科学方法用于史学，叙述的史学变成分析的史学。同时，西方经济学也发生革命性变化，凯恩斯以后，宏观经济学兴起，增长理论成为研究重点，结构主义代替线性发展，模型法凌驾因素分析。历史学和经济学双方的变化，使经济史学也发生了革命性变化，其结果，即当代西方三大经济史学派的出现。它们是，由法国年鉴学派第二代大师 F. 布罗代尔（1902—1985 年）于 20 世纪 40 年代完成的结构主义整体观的经济史学；以美国 R. W. 福格尔（1926 年—　）为代表的 20 世纪 60 年代出现的计量史学；美国 D. C. 诺斯（1920 年—　）于 20 世纪 70 年代创立的新制度学派经济史学。这三大经济史学派都对中国经济史的研究发生了重要影响，我将于方法论篇中各辟专节介绍，这里从略。

第二次世界大战后的新经济史可以 1972—1976 年出版的六卷本《方坦纳欧洲经济史》为代表，①该书基本上采取了法国年鉴学派的整体历史观，以凯恩斯的宏观经济理论为框架，十分重视计量分析。但该书主编 C. M. 奇波拉指出，一部好的经济史并不在于所用形式或数据多少，而在于“所提问题是否中肯”，“所收集的材料质量如何”，“分析方法的选择和应用是否正确”；并认为“每一个国家都要作为特殊事例来叙述”，因为经济的发展“取决于社会特定的历史文化模式”。可见，仍然抱有实证主义、历史主义遗风。

还应提及著名经济学家、诺贝尔经济学奖获得者 J. R. 希克斯（1904 年—　）的经济史理论。希克斯把人和经济制度的演变作为

① Carlo M. Cipolla ed. *The Fontana Economic History of Europe*, Glasgow, 1976. 中译本见《欧洲经济史》，商务印书馆 1991 年版。

经济史的主要内容，“专为自己打算的经济人”的出现，创造了现有的经济制度。① 他在1969年出版的《经济史理论》②中，认为世界经济发展的趋势是由习俗经济、命令经济向商业经济或市场经济转换。这种转换，各国先后悬殊，历史上并有反复。在欧洲，这种转换经历了400年的“市场渗透”，即：商业兴起，商人阶级（特别是专业商人）要求保护产权和维护合同，而旧的制度无能为力，于是有新的法律、货币、信用制度的建立，财政、税收、行政管理的改造。同时，市场向农村和劳动方面渗透，实现货币地租和全部农产品商品化，以及自由劳动市场的建立。希克斯的理论甚受中国学者注意，盖因中国正在向市场经济过渡。

第二节　中国经济史学

早在《史记·货殖列传》中，中国就应用了“善因论”的自然主义经济理论，堪称经济史之雏形。然历代《食货》典志主要载国家管理经济的典章制度，缺少经济运行及其效果的记述。中国现代意义上的经济史学是引进西方史学和经济学后于20世纪前期逐步形成的。

1904年梁启超（1873—1929年）出版《中国国债史》，偏重史论。1917年贾士毅的《民国财政史》、1924年曾鲲化的《中国铁路史》、1926年陈向元的《中国关税史》已具专史规模，惟以叙述沿革

① 希克斯：《经济学展望》，中译本，商务印书馆1986年版，第185页。

② John R. Hicks, *A Theory of Economic History*, 1969，中译本见《经济史理论》，商务印书馆1987年版。

和纪事本末为主。1927 年南开大学何廉的《三十年来天津外汇指数及循环》，以经济理论和统计学方法研究汇价变动，已是完全意义上的经济史著作。南开经济研究所成为经济史研究的一个中心，迄 1937 年出版专著 45 种。

1932 年在北平的社会调查所（后并组为中央研究院社会科学研究所）发行《中国近代经济史研究集刊》，第五卷起改名为《中国社会经济史研究集刊》，汤象龙、罗尔刚、梁方仲、吴晗等参与编辑和撰文，成为经济史研究的一个聚焦点。该刊直至 1949 年停刊。陶希圣主编的《食货》半月刊，亦聚集一些经济史学家，以研究古代为主，并重视社会形态。该刊 1934 年创刊，1937 年抗日战争爆发后停刊。

抗日战争前之重要经济史著作，如郭沫若《中国古代社会研究》（1930）、吕振羽《史前期中国社会研究》（1934）、万国鼎《中国田制史》（1933）、邓云特（邓拓）《中国救荒史》（1937），均享誉甚久。马乘风《中国经济史》为首部通史，惜只出两册（1937），写至汉代。

抗日战争和解放战争期间（1937—1949 年），经济史研究受到挫折。惟马克思主义史学转盛。钱亦石《近代中国经济史》（1939）、何干之《中国社会经济结构》（1939），广受欢迎。更著称者有王亚南《中国经济原论》（1947），论证精湛，屡再版，1957 年改编为《中国半封建半殖民地经济形态》。侯外庐《中国古典社会史论》，提出中国古代文明越过私有制的论点，不断增订，1963 年改称《中国社会史论》，1979 年改称《中国封建社会史论》。

抗日战火缤纷中，不乏大功力的传世之作。严中平《中国棉业之发展》（1944），实证分析臻于上乘，1955 年修订为《中国棉纺织史稿》。巫宝三主编《中国国民所得,一九三三》(1945 年完成,1947 年出版,并有另文修正),首创这个研究领域,沿用至今,无出其右者。

1949 年中华人民共和国成立至“文化大革命”的 17 年间,中国经济史学进入第一个繁荣期。科研、教育机构和学术团体有计划地收集整理经济史资料,为前所未有之事。其中,中国科学院经济研究所(后改隶中国社会科学院)出版的近代农业、工业、手工业、外贸、铁路、外债、公债和统计资料,上海科学院(后改为上海社会科学院)经济研究所编纂的典型企业史资料,均极丰富翔实。而最足以表现学科繁荣的是不断地掀起专题研究和讨论,报刊文章接连蜂起。主要问题有古代社会性质、封建土地制度、中国资本主义萌芽、列强对华经济侵略、洋务运动与中国资本主义的发展、民族资产阶级与买办资产阶级等。这些讨论吸引了许多史学家和经济学家转入经济史研究,也出现了不少新秀。讨论文章不下 500 篇,以有关资本主义经济者最多。重要者后经编入论文集或作者文集。①

相对而言,17 年来出版的经济史专著不算多,然不乏精品。如郭沫若《奴隶制时代》(1952),傅衣凌《明清时代的商人及商人资本》(1957),韩国磐《北朝(南朝)经济试探》(1958、1963)、景甦和罗伦《清代山东经营地主研究》(1959)、彭信威《中国货币史》

① 《历史研究》编辑部编:《中国历代土地制度问题讨论集》,三联书店 1957 年版。南开大学编:《中国封建社会土地所有制形式问题讨论集》,三联书店 1962 年版。中国人民大学中国史教研室编:《中国资本主义萌芽问题讨论集》,三联书店 1957 年版。南京大学中国历史教研室编:《中国资本主义萌芽问题讨论集续集》,三联书店 1960 年版。

(1954)、吴承明《帝国主义在旧中国的投资》(1955)、吴杰《中国近代国民经济史》(1958)、张郁兰《中国银行业发展史》(1957)等。

李剑农的先秦两汉、魏晋南北朝、宋元明三部经济史稿于1957—1959年陆续出版,1991年经彭雨新校改以《中国古代经济史》重版,成为重要教材。梁方仲《中国历代户口、田地、田赋统计》,在汤明檖协助下,于1962年完成,因"文化大革命"故,1980年始问世。这部大型工具书缜密精湛,饮誉海内外迄今。

这时期的经济史研究几乎都是在马克思主义的经济学和历史唯物主义的指导下进行的,理论性浓厚,但也有历史决定论和重视生产关系而忽视生产力、重生产而轻流通的缺点。加以历次的政治运动,助长了教条主义,不适当的批判扼杀了创新,出现了学术"禁区"。至1966年政治运动"文化大革命"开场,学术界万马齐喑。"文化大革命"期间,除考古学方面颇有建树,有些学者借研究《红楼梦》之机埋头发掘资料外,几无成绩可言。

1976年"文化大革命"结束后,中国经济史学进入全面发展的新时期。新时期是从当时倡行的一句话"实践是检验真理的惟一标准"开始,一句话破除了教条主义,人们恢复理性思维。

历届全国哲学社会科学总体规划都列有经济史重点项目,推动了学科的发展。大学设置了经济史课程、教研室,继之开设硕士、博士点,培养新秀。在中国社会科学院经济研究所、历史研究所、近代史研究所,在上海、广东、山西社会科学院,均有经济史研究机构。在首都师范大学、河北大学、厦门大学、中山大学、中南财经大学、云南大学,先后成立经济史研究组织。

1986年成立中国经济史学会。1982年厦门大学创刊《中国社会经济史研究》,1986年中国社会科学院经济研究所创刊《中国经济史研究》,为两大经济史期刊,均发行至今。各地有关经济史的学会、期刊多以十数。

资料工作空前繁盛。《明实录》、《清实录》和乾隆刑科提本的经济资料,徽州档案、孔府档案、四川巴县档案和自贡盐业契约,均经整理并出版。历代食货志、历代农书均经校释。发掘了大量有关经济的碑刻、族谱、民间契约文书,编纂了多种经济人物的年谱或传记。近代工商行业、企业和地区的经济史料出版尤多,令人目不暇接。20 世纪 50 年代大规模少数民族调查的资料亦于此时编纂发行。傅筑夫、王毓瑚、谢国桢、彭雨新等毕生积累的经济史料亦公之于众。尚有新的贡献,即革命根据地和解放区的财经和土改资料基本上均经整理发行,新中国的经济档案已整理至 1957 年,出版二十余巨册。

国际学术交流有力地改进了中国经济史研究的结构和方法论。前述西方当代三大经济史学派的学者都与中国同行有直接交往,与日本研究中国经济史学者的往来尤繁。每年都有多种国际学术会议,有多种中外经济史学者互访的协议,多种中外合作研究项目。

新时期经济史的研究也是随着专题的研究和讨论而发展的。这时期的讨论已破除教条主义,基本上做到百家争鸣,并不断出现新问题和新观点。古代史方面,古代社会性质和封建土地制度问题的讨论继续进行,各家观点大都系统化,刊行专著。资本主义萌芽和洋务运动问题的讨论进入热潮,前者有四次大型研讨会,后者有五次全国性的研讨会。20 世纪 80 年代后期,讨论逐渐进入自然经济与商品经济的消长问题,中国向现代社会转变问题,传统经济的再评价问题。近代史方面,继续外贸与外国投资、资本主义和资产阶级问题的讨论，在评论他们对中国现代化的作用上有了比较接近的看法。20 世纪 80 年代后期，转入市场问题、城市化问题、历届政府的经济政策和经济法规问题、商会和其他民间组织问题。

新时期的一个特点是以研究生产力为主的专业经济史空前繁盛。首先是出现人口史研究热潮，并向移民史和人口行为史发展。历史地理的研究成绩斐然，并向生态史、气候环境史发展。农业史原有较好基础，进而考察物种起源，研究作物史和地域分布，并扩及林、畜牧、渔、蔬果。亩产量以至劳动生产率的考证最引人关注。农业技术史有系统成果。工业方面，近代各种工业史已基本完备，并向企业史和经营史发展。古代史以盐业史最为完整，丝织史、棉纺织史、陶瓷史着力亦多，连同饮食品史并向艺术文化史发展。交通史以航运著述最多，并结合外贸开展海外华人史研究，漕运尤其丝绸之路成为研究热潮。财政、货币史原有一定基础，遂转向政策思想和制度理论方面研究。一改过去重生产轻流通现象，商业史、市场史的兴盛成为新时期经济史的热点，包括商人、商业资本、商路、商货、市场结构、价格、周期性等研究，并出现商业通史和市场通史。

还应指出，区域经济史、城市史和少数民族经济史的研究也是新时期的特点。同时开展了经济史理论和方法论的探讨。还有一个新的领域，即 20 世纪 90 年代兴起的现代经济史亦半个世纪的中华人民共和国经济史的研究。它是继革命根据地和解放区经济史的研究而来，有较强的研究队伍，并有身经其事的老一辈史学家和经济学家参加，故进展甚快，硕果累累。

进入 21 世纪，经济史的研究进一步向社会史、环境史、气候和生态史、文化和思想史发展，经济制度和企业制度的变迁、大西北地区的开发、农业农村农民状况的演变成为新的前沿课题,历史理论与方法论亦日益受到重视。

1986年至1995年,国内出版经济史专著(含资料工具书)2 200余种,发表论文15 000余篇。1996年至2004年,经专业评介的经济史专著约350种,论文约5 500篇。[①] 从近年来的趋势看,专著向大型化发展,经济通史及近代、现代通史已有多个版本。论文中,则研究近代史者占四分之一以上,以向现代化的转变为中心。明清史次之,重点在明清经济的再评价。宋辽西夏金元部分的研究有增加趋势,魏晋南北朝隋唐五代部分持平,而先秦秦汉部分略有减少。现代部分即中华人民共和国经济史成为热门。

① 1986—1995年据《中国经济史研究,1990—1997年联合增刊》中"中国经济史论著索引"。1996—2004年据《中国经济史研究》历年"中国经济史研究评述"。

第二章　古代中国与西方的历史观

第一节　什么是历史观

历史，原意是指过去事情的发生和演变过程。但这种“原意的历史”已经消失，我们并不知道它。我们知道的乃是史学家（或我们自己）根据所接触到的历史资料（文献、文物、口碑）和自己的历史观，经过选择、解释、判断，写出来的历史。我们学习历史，或“以史为鉴”，都是指这种“写出来的历史”，因为我们不知道原意的历史究竟如何。这种写出来的历史能否或在多大程度上代表原意的历史，一方面决定于历史资料的完整性，一方面决定于写作者的历史观。一般来说，后一代人写出来的历史可能比他们前辈写出来的同一命题的历史更接近于原意的历史，因为历史资料的发掘和考证会随着时间延续而不断完善。但实际并不一定如此，因为历史观的演进不是线性的。

历史观就是人们对历史的看法。在历史研究中，每遇到一个较大的事情，尤其是事情的发生或者兴衰，人们就会问道：这是真的吗？事情为什么会这样？这事合乎理性吗？合乎人性吗？这是必然的，还是偶然的？问题多了，研究者就会进一步抽象地思考：

历史发展的动力是什么？历史发展有没有规律？历史发展有没有目标或目的？等等。这样，就把思考推到世界观和认识论的哲学领域中去了。可以说，历史观就是关于历史的世界观（包括宇宙观）和认识论（思维与存在的关系），属于哲学思想。哲学思想原来就在人们的生活中，其实，每个人都有自己的哲学，不过没有在抽象层次上明确起来，甚至不曾去抽象思考过，但在生活上遇到具体问题时，就会不自觉地做出判断和决定。历史学家也是这样，他们都有自己的历史观，不过有些问题还不肯定，不能系统地表述出来，但遇到具体历史问题时，就会做出选择、解释、判断。

历史观本质上是属于哲学领域的思想观念，它和科学领域的知识不同。知识是随着时间的延续而增长的，后一代人的知识总比前一代人丰富些。历史观则不这样。在西方，中世纪的神学历史观曾否定了古希腊罗马的历史观，而到文艺复兴时代又否定了中世纪的历史观，好像要回到古希腊罗马。18 世纪理性主义运动中，历史观充满了对现代性的向往，而 20 世纪晚期又对这种向往进行批判。历史观的演进不是直线的，而是一个反思和批判的过程；这种反思和批判就是进步。

中国与西方的历史观有很大的差异，但双方所涉及的问题基本相同，性质上都是关于历史的世界观和认识论的问题。为了便于比较研究，我将所要讨论的问题归为三类：

（1）关于人与自然界的关系问题；

（2）关于人与人的关系即社会关系问题；

（3）关于思维与存在的关系问题。

（1）和（2）两类都是属于世界观的问题；（3）是属于认识论的问题，并涉及主体与客体的关系问题以及方法论的问题。

中国史学一向注意人与自然界的关系问题，因为人是自然界的一员，人与自然的关系和人与人的关系是不可分的。在西方，特别是在理性主义运动中，把历史和自然界截然割裂，历史学很少讲人与自然的关系了。马克思和恩格斯在《德意志意识形态》论历史的一节中说，“把人对自然的关系从历史中排除去了，因而造成了自然界和历史之间的对立”。马克思和恩格斯指出，在历史发展中，人与自然界的关系和人与人的关系是互相制约和促进的，并提出“自然界和人的同一性”命题。[①] 至于思维与存在的关系，一般不见于历史著作，而是史学家对于历史事物的认识和处理方式，实际是主体与客体统一还是对立的问题，也是中国和西方历史观最大的分歧之所在，需要注意研究的。

本书上篇讲历史观，下篇讲方法论；而这两者实际是不可分的。

就我前述（1）和（2）两项说，在研究具体问题的历史（如中国经济史）的时候，任何世界观或历史观都可作为思维方法，视为方法论。恩格斯说：“马克思的整个世界观不是教义，而是方法。他提供的不是现成的教条，而是进一步研究的出发点和供这种研究使用的方法。”[②]马克思的历史观集中地见于他的历史唯物主义。列宁说：“历史唯物主义也从来没有企求说明一切，而只企求指出‘惟一科学的’（马克思在《资本论》中的话）说明历史的方法。”[③]我在上篇中所介绍的中国和西方各家的历史观，都可供读者比较

① 《马克思恩格斯选集》第1卷，人民出版社1972年版，第35、44页。关于“自然界和人的同一性”，参见马克思《1884年经济学哲学手稿》，《马克思恩格斯全集》第42卷，人民出版社1979年版。

② 《马克思恩格斯全集》第39卷，人民出版社1974年版，第406页。

③ 《列宁选集》第1卷，人民出版社1972年版，第13页。

选择其某些观点作为历史研究的思维方法。

就我前述第(3)项说,所有认识论问题都涉及方法论。如实证主义,我是作为方法论在第五章阐述的,而在它的创始人A.孔德那里原是一种哲学。该章介绍的批判实证主义的各种思潮,也大都是从哲学尤其是从认识论的角度批判的,因而这一章中很大部分是讨论历史观问题的。在第七章论述社会学方法中,我着重介绍了法国年鉴学派的结构主义和整体论,这实际是历史观和认识论问题。又如第九章中所说中西比较研究法中的"新思维",是历史的个别性与普遍问题,也是属于历史观的。

在西方18、19世纪的理性主义运动中,兴起了"历史哲学"的研究,其中最著名的有G.B.维柯的历史哲学、康德的历史哲学、黑格尔的历史哲学、马克思的历史哲学等。这时期的历史哲学,中心是探讨人类历史的意义,或历史的价值,也对上述历史观中的各种问题做出回答;它们是出自哲学大师之手,其中有不少极其精辟的论点。在本书中,我不去讲他们全部的哲学,而把他们有关历史观的论点,即上述人与自然、人与人和思维与存在这三种关系的论点,予以介绍。19世纪晚期至20世纪上半叶,又有一些哲学家发表历史哲学的著作,其中最著名的有W.狄尔泰、B.克罗奇、R.G.柯林伍德等。他们的著作常被称为"批判的历史哲学",但主要是讲认识论问题。在本书中,我就将他们的论点放在下篇方法论中去介绍了。

在中国,没有像西方历史哲学那样专门的历史理论著作。不过,在宋明前后,都有"史通"一类的著作,著名的有刘知畿的《史通》、郑樵的《通志》、马端临的《文献通考》、章学诚的《文史通义》。他们主要是通论古今历史和历史编纂学,也涉及历史观的问题。

我将这些历史观论点都列入上篇。

上篇历史观实际是中国与西方历史观的比较研究。我把它分为三个阶段来考察。

本章即第二章考察古代的中西历史观。重点在中国，因为中国的历史观在古代已全部建立；而对西方尽量简略，因为古代西方的历史观已销纳在18世纪的理性主义运动中。

第三章是考察理性主义运动时期亦即西方由传统社会向现代社会转变时期的历史观，故先讲西方。中国宋明时期，也有一次不成功的理性主义运动，中国社会未能向现代化转变。但为了中西比较研究，我详细地分析了宋明理学的历史观，篇幅亦较大。

第四章是考察20世纪后期西方对现代化反思过程中的历史观，包括后现代主义思潮，中国没有这种反思。总的概念是：古代中国与古希腊罗马的历史观差异不是很大，不过西方历史观后来有个神学化过程，中国没有。18世纪西方理性主义运动和社会现代化过程中，中西历史观的分歧，尤其是在认识论方面，空前地加大了。20世纪50年代以后，经过西方学者对现代化的反思，西方和中国的历史观又比较接近了。

第二节　古代中国的历史观

一、儒家、道家、法家的历史观

人与自然的关系，中国叫天人关系。先秦诸子中，以影响后世最大的儒家、道家、法家为代表，他们对天人关系和人与人关系的看法是不同的，但在秦汉之际三家融合了。融合后的儒家思想，加上汉初"黄老之术"的影响，形成了司马迁（子长，约前145—前86年）的"究天人之际，通古今之变"的历史观，成为长期在中国史学占主导地位的观点。

天指整个自然界。人们不满足于只看到自然现象，要对天作出整体解释，才能说明天人关系。古人对天有多种解释，而大别有两类。一类是神义的天，天有人格，有意志，能直接降福祸于人，或降王命以治人，使天人相通。一类是自然义的天，天自然行为，但学者把它抽象化，用理性思维来解释，得出道、理、阴阳等原则，与人世相通。此外，也有用科学思维来解释天的，用于医书农书，从略。

远古都是神义的天，卜辞用"帝"、"上帝"，另有"天"字作"大"解。西周时，天的人格已淡化，代表性说法是"天生蒸民，有物有则"①。自然界生成人，并给他们为人的法则。这时，降王命以治人变成主要的。"丕显文王，受有天命"②;《诗》中以此颂文王者比比。春秋时，天还降命于贤者，子产（卒于前522年）治郑有功，"善之代不善天命也"③。春秋时，也出现了自然义的天。"则天之明，因地之性，生其六艺，用其五行。"④六艺（阴、阳、风、雨、晦、明）和五行（水、火、木、金、土）都是自然现象，但能为人所利用。史伯对郑桓公说，"夫和实生物，同则不继，……故先王以土与金木水火杂

① 《诗·大雅·烝民》。

② 《大盂鼎》。

③ 《左传·襄公二十九年》。

④ 《左传·昭公二十五年》。

以成百物”[①]。这是指自然规律，不同质的东西相和，可以生成百物，同质的东西相加，则没有前途（文中先王所为显然指农业）。这成为中国与西方解释自然的一大区别，西方主流思想是同质的东西构成世界，如水论、原子论。

春秋以降，儒家、道家、法家并行。

（1）儒家

儒家的天是神义的天。孔子讲天命，孟子讲天志，荀子讲天职天功，天都有意志、有作为。因而儒家的自然观有目的论色彩。但儒家天的神义已不强，有的并杂有自然义，且天人之间是相通的关系，不是直接支配关系，故目的论的色彩很淡薄，比起恩格斯所批判西方哲学的目的论来，简直算不了什么。[②]

孔子（前551—前479年）说“吾十有五而志于学，……五十而知天命”[③]。知天命即天人相通，但不是直接与天相通，也不是像宗教那样通过媒体（巫觋、神父）与天相通，而是观察天的表象，学习积累而知天命的。“天何言哉，四时行焉，百物生焉”[④]即此意。孔子“畏天命，畏大人，畏圣人言”[⑤]。大人（领导者），圣人都要敬畏，因为天命与大人圣人的人命是一致的。孔子很称赞子产的仁政[⑥]，子产说“天道远，人道迩”[⑦]，意天命是由人命来实施的。

① 《国语·郑语》。

② 恩格斯的批判见《自然辩证法》导言，《马克思恩格斯选集》第3卷，人民出版社1974年版，第449页。

③ 《论语·为政》，下引孔子语均本《论语》，仅注篇名。

④ 《阳货》。

⑤ 《季氏》。

⑥ 同上。

⑦ 《左传·昭公十八年》。

孔子把“仁”作为人与人关系的基本准则。仁的基础是“爱”。“樊迟问仁，子曰爱人”[①]；“泛爱众而亲仁”[②]。人与人之间要“己所不欲，勿施于人”[③]；“己欲立而立人，己欲达而达人”[④]。要调节好人与人的关系主要用“礼”，礼是按照社会等级来维持社会秩序。礼和法律制裁不同，有若听孔子说过“礼之用，和为贵”[⑤]，礼的作用在调和社会争端。孔子时社会已动乱，所以要“克己复礼，天下归仁焉”[⑥]。

孔子还从礼（制度）上来看历史。“殷因于夏礼，所损益可知也；周因于殷礼，所损益可知也”[⑦]。“因”指继承，“损益”指改革，继承加改革就是历史。当时诸侯国都行周礼，周礼也需不断改革，“齐一变至于鲁，鲁一变至于道”[⑧]。齐一变指管仲的变法，孔子赞赏，“微管仲吾其被发左衽矣”[⑨]。鲁是周公旦后代之国，也应该改革，才能达于道（仁政）。孔子熟知周礼，但对夏礼、殷礼不能引证，“文献不足故也，足则吾能征之矣”[⑩]。这是历史实证主义。

孟子（约前372—前289年）讲天人关系，是和人性联系起来。孟子是性善论者，但人不是天生就善，而是天生有四端（端倪、苗头），即恻隐之心、羞恶之心、辞让之心、是非之心。发扬这四端，即

① 《颜渊》。
② 《学而》。
③ 《颜渊》。
④ 《雍也》。
⑤ 《学而》。
⑥ 《颜渊》。
⑦ 《为政》。
⑧ 《雍也》。
⑨ 《宪问》。
⑩ 《八佾》。

是“尽心”。“尽其心者，知其性也，知其性则知天矣”①。人努力“存其心，养其性，所以事天也”②，这就是天人相通。这种相通，只是“求其在我者”，可以“求则得之”。但人也有“求其在外者”，如富贵寿考，是否可得，就要听天由命了。因此，“万物皆备于我矣。反身而诚，乐莫大焉；强恕而行，求仁莫近焉”③。“万物皆备于我”不是说我什么都知道，而是说天道、万物之理，都是求诸自我得来。

孟子又讲“养浩然之气”。“其为气也，至大至刚”，“其为气也，配义与道，……是集义所生者”④，也就是今人所说的正义感、义气、勇气。因而，在人与人的关系上，除以仁为本外，孟子又强调一个义字。仁是爱，义是正直。“仁，人心也；义，人路也”⑤，人要走正路。从义出发，孟子还对执行维护社会秩序的礼提出“权宜”说。“男女授受不亲，礼也；嫂溺，援之以手者，权也”⑥；“大人者言不必信，行不必果，唯义所在”，“义者宜也”⑦。

对于历史，孟子提出“一治一乱”的循环论，以致五百年必有王者兴的周期论（其周期是尧舜至汤，汤至文王，文王至孔子，都是五百余岁）。循环论和周期论为司马迁所取，西方的历史哲学也大都有循环论。

今人论孟子总是强调其唯心论。其实，孟子主要是讲人性的四端，如仁源于不忍人之心，义源于羞恶之心，有类康德的先验论，

---

① 《孟子·尽心上》，下引孟子语均本《孟子》，仅注篇名。
② 同上。
③ 同上。
④ 《公孙丑上》。
⑤ 《告子上》。
⑥ 《离娄上》。
⑦ 《离娄下》。

不是说具体的判断和行为都是出于内心。因而在具体的论断上，如下面这段关于天人关系的论断，并不见唯心论。“天之降大任于斯人也，必先苦其心志，劳其筋骨，饿其体肤，空乏其身，行拂乱其所为。所以动心忍性，曾（增）益其所不能。”①

荀子（约前313—前238年）讲天人关系是从“天人之分”开始，有分才有合。“明于天人之分，则可为至人矣。”②天“不为而成，不求而得，夫是谓之天职”；“万物各得其和以生，各得其养以成，……夫是谓之天（功）”。“天职既立，天功既成，形俱而神生，好恶喜怒哀乐藏焉，夫是谓之天情。”荀子的天已杂有自然义。人是自然的产物，所以人也有天君（心）、天官（耳目口鼻等）、天养（生活）、天政（福祸），当然也有天情。“圣人清其天君，正其天官，备其天养，顺其天政，养其天情”；然而，“不求知天”，“不与天争职”，因为人有人的职务，即治好社会。人与天是分立的，但是，“天有其时，地有其财，人有其治，夫是谓之能参。”“参”指参与，也是“三”，天地人并立而三。这是荀子的天人相通。

《中庸》一书晚出。《中庸》“能尽物之性则可以赞天地之化育，可以赞天地之化育则可以与天地参矣”。这种思想后来成为农业上的“三才论”，并发展为宋儒的本体论。荀子的世界观实际是把天地人看作一个整体，各有分工，而人是个积极因素，不是知天、按天意行事，而是参与天地化育，做出贡献。这就比孔子、孟子的天人相通进了一大步。

荀子说：“大天而思之，孰与物畜而制之?”今人认为这有如培

---

① 《告子下》。

② 《荀子·天论》，下引荀子皆见此篇。

根哲学中征服自然的思想，恐怕非是。“物畜”即积蓄，王念孙《荀子集解》校“制”应为“裁”（财）字，胡适、章太炎从之。我以为“制”犹“制度”，依制度积蓄。下文“从天而颂之，熟与制天命而用之？望时而待之，熟与应时而使之？因物而多之，熟与骋能而化之？思物而物之，熟与理物而勿失之也？”这里说用天命、应天时、化物（生产）、理物（保藏），都是人对应天的积极作用，没有与天抵抗的意思。整个中国世界观都没有天人对抗的思想。这就认识论说，也是主体与客体的统一，与西方主体与客体对立的传统有根本的区别。

人的分工是“治”，即搞好人与人的关系。在这个问题上，荀子提出“群”的理论。“人何以能群？曰分。分何以能行？曰义。”①这里义指礼义。“群而无分则争”，“争则乱，……故（先王）制礼义以分之”②，使群而有序。这与孔孟以仁义调理人与人的关系是一致的；但孔孟都是人性善论者，而荀子主张人性恶。性恶怎能接受礼义？荀子说“人之性恶，其善者伪也”③。这里“伪”不是坏事，是指“人为”，即学习。“礼义者圣人之所生也，人之所学而能，所事而成者也。……可学而能，可事而成之在人者，谓之伪”。荀子主张“化性而起伪”，就是强调人的积极能动性，一如其论天人关系。不仅如此，因为人“皆有可以知仁义法正之质”，即可学习，所以“涂（途）之人可以为禹”，这与孟子说“人皆可以为尧舜”是一致的。

对于历史，荀子提出“法后王”。“王者之制，道不过三代，法不

---

① 《荀子・王制》。

② 《荀子・礼论》。

③ 《荀子・性恶》，以下均据此篇。

贰后王。”[①]荀子的后王指周文王，孟子的“法先王”也是指周文王，尊周制并无分别。不过，孟子讲王道，竭力反对霸道。荀子也主张王道，但强调“治”，治得好“上可以王，下可以霸”。

（2）道家

先秦道家的天是自然义的天。《老子》用理性思维创造了一个“先天地生”的“道”，由道衍生出天地万物和人。“道”不是指客观规律，而是个“独立而不改，周行而不殆”[②]运动着的存在，至于它是怎样生出天地万物，下面再说。人与自然界的关系是“人法地，地法天，天法道，道法自然”。[③] 这里的“法”不是强制的法，而是师法、效法。《老子》又称“为道”，即人自动去行道。可见，道家的天人关系是与自然直接相通的关系。

“道常无为而无不为”[④]，即道的运行没有意志，没有目的，可是它生出了天地万物，做了一切需要做的事情。人们“为道”也应如此。“为学日益。为道日损，损之又损，以至无为，无为而无不为。”[⑤]为学是求知识，知识愈多愈好。而为道却不要多考虑要做这做那（那实际是考虑怎样满足自己的欲望），考虑愈少愈好，以至完全不考虑怎样去做，那就可以无为而无不为了。大家都无为，都听其自然，在人与人的关系上，最后就会出现一个理想的社会：“小国寡民。……虽有舟舆无所乘之，虽有甲兵无所陈之，……安其居，乐其俗，……鸡犬之声相闻，民至老死不相往来。”[⑥]

① 《荀子·王制》。
② 第二十五章。
③ 同上。
④ 第十七章。
⑤ 第四十八章。
⑥ 第十八章。

以上是就道本身来说。若就“天道”说却不是完全无目的的。“天之道其犹张弓欤？高者抑之，下者举之”[①]。像射箭那样，上下调整以求中的。这就有点接近儒家的天了。不过，此语是批判社会的不公平而发的，“天之道损有余而补不足，人之道则不然，损不足而奉有余”[②]。可是，一个主持公正的天，就更接近儒家的天了。总之，儒道本有相通之处。

儒家哲学以伦理为基础，没有自己的本体论，因而没有完整的历史观。《老子》[③]的宇宙生成论，补儒家之不足，成为后来中国历史观的本体论基础，这是道家的一大贡献。

《老子》总结它道生天地万物的过程说“天下万物生于有，有生于无”[④]。怎能无中生有呢？《老子》开篇说“道可道，非常道；名可名，非常名。无名，天地之始；有名，万物之母。故常无，欲以观其妙；常有，欲以观其徼”[⑤]。“徼”，边界，指区别万物。“妙”，微妙，马王堆帛书本作“眇”，细小；相当于《易传》的“幾、微”；指很小看不见的苗头或者动机。“知幾其神乎？……幾者，动之微。”[⑥]《老子》说“道之为物，惟恍惟惚。惚兮恍兮，其中有象，恍兮惚兮，其中有物”[⑦]。宇宙就是这样形成的。这不同于西方德谟克里特的原子论，那是原始的物质；也不同于柏拉图的“理念”，那是原始的精神；更不同于上帝创造一切的《创世记》。《老子》（以及《易·系辞

---

① 第十七章。
② 同上。
③ 我假定其成书与儒家的《易传》同时代。
④ 第四十章。
⑤ 第一章。
⑥ 《易·系辞传》。
⑦ 第二十一章。

传》)的宇宙观是一种有机的生成论,西方到20世纪下半叶才出现。这种生成论虽是法自然的,但也需要"德":"道生之,德畜之,长之育之,亭(造形)之毒(完善)之,养之覆(护)之。……是谓玄德。"①这又是与儒家相通之处;不过道对于生出的东西"不有、不恃、不宰"而已。

道家丰富的辩证法思想,是对中国历史观的另一大贡献。与孔子的"损益"不同,《老子》把"变"视为向对立面的转化,这就是"反"。道"曰大,大曰逝,逝曰远,远曰反"②,"反者道之动"③。即走到事物的反面,故有"祸兮福之所倚,福兮祸之所伏"④等看法。"反"意又发展为"复"。"夫物芸芸,各归其根","万物并作,吾以观复"⑤。"归其根"指复归于道,有"否定之否定"意思。不过,"归根曰静,是为复命",动起于静,回到原来的样子,没有进化;"吾以观复"的历史观是消极的循环。

《易传》发展了《老子》的辩证法。《老子》主静,《易》主动。《易·系辞传》说:"一阖一辟谓之变,往来不穷谓之通";阖辟指乾坤的开闭,"往者屈也,来者信(伸)也",运动不穷。《老子》讲无为,《系辞传》则强调人为:"化而裁之谓之变,推而行之谓之通",变要人去裁定,通要人去推动。这样,"易(道)穷则变,变则通,通则久"。作为历史观就是"革"(卦),"汤武革命,顺乎天而应乎人,革之时大矣哉"⑥。

---

① 第五十一章。
② 第二十五章。
③ 第四十章。
④ 第五十八章。
⑤ 第十六章。
⑥ 《易·彖辞》。

（3）法家

先秦法家，在社会关系上主张法治，而在天人关系上，除商鞅（前390—前338年）宗儒外，慎到（前395—前315年）、申不害（前385—前337年）、韩非（前280—前233年）都宗道家。韩非还提出个“理”的范畴，是中国哲学一大创造。“凡理者，方圆、短长、粗靡、坚脆之分也”。“故欲成方圆而随其规矩，则万物之功行矣。而万物莫不有规矩。议言之士，计会规矩也”。规矩犹规则，已隐有规律之意。“万物各异理，而道近稽万物之理”①。这是很高明的见解，已接近宋儒“理一分殊”之说。这个理，给万物协调生长、也给立法以治人，奠立了理论根据。

在人与人的关系上，韩非认为人都是要计较“利”的，因此社会充满了利害关系。如“父母之于子也，生男则相贺，生女则杀之”，这不是人性慈爱不慈爱问题，而是“虑其后便，计其长利也”②。又如“舆人成舆，则欲人之福贵，匠人成棺，则欲人夭死也”；该匠人“非憎人也，利在人之死也”③。而当今社会上最麻烦的是“儒以文乱法，侠以武犯禁”，还有“言谈者”（纵横家）、“患御者”（避役投靠豪门的人）和“工商之民”，五者都是社会的蠹虫④。因而，治人不能讲仁义、用礼乐，而须用法。法是官府公布的条文，强制人民遵守。

不仅如此，君臣之间也是利害关系。韩非引用田鲔的话“主卖官爵，臣卖智力”；所以“臣尽死力以与君市，君重爵禄以与臣市”⑤；

① 《韩非子·解老》，下引文皆据《韩非子》，仅注篇名。

② 《六反》。

③ 《备内》。

④ 《五蠹》。

⑤ 《难一》。

君臣之间在做买卖。这就有点西方的契约论味道了。因而，君对臣要用“术”。术是“审合刑名”，“臣不得越官而有功，不得陈言而不当。越官则死，不当则罪”①。法与术“不可一无，皆帝王之具也”②。“具”指工具。西方普遍讲工具理性，中国惟有韩非。此外，韩非还讲“势”，即用刑和赏保持人主的权力。“杀戮之谓刑，庆赏之谓德。人主自用其刑德，则群臣畏其威而归其利矣。”③原来商鞅重法，申不害重术，慎到重势，韩非兼重三者，成法家大全。

对历史的看法，原来商鞅即有上世、中世、下世之说。“上世亲亲而爱私，中世尚贤而悦仁，下世贵贵而尊官”，因而“圣人不法古，不修（循）今。法古则后于时，修今则塞于势”。所谓“今”指战国之时，是“疆（强）国事兼并，弱国务力守”④。韩非提出上古、中古、近古之说，而较注重物质生活。上古之世，“人民不胜禽兽虫蛇”，故有圣人构木为巢，钻燧取火。中古之世，“天下大水，而鲧禹决渎治水”。近古之世，“桀纣暴乱，而汤武征伐”⑤。这里隐有进化之意，但主要还是说时代形势不同，圣人之道也不同。“是以圣人不期修古，不法常可，论世之事，因为之备。”⑥又说，“上古竞于道德，中古逐于智谋，当今争于气力”⑦。所以要富国强兵，有实用主义味道。

① 《二柄》。
② 《定法》。
③ 《二柄》。
④ 《商君书·开塞》。
⑤ 《五蠹》。
⑥ 同上。
⑦ 同上。

二、儒、道、法的融合和"黄老之术"

儒家与法家很早就融合了。春秋时，赵盾在晋国"制事典，正法罪，辟刑狱"（前621年，《左传》文公六年）。其后，郑国铸刑书（前536年），晋国铸刑鼎（前513年）。魏文侯（？—前396年）时，李悝"撰次诸国法，著《法经》"①，说明诸国都已有成文法了。战国"霸"业，单靠法不行，还须用权术。管仲、郭偃都是以权术助齐桓、晋文称霸的②。申不害为韩国相（前351年），申就是讲术的。战国以降，法家更得势。秦用商鞅变法，国富兵强，统一中国，实行全面法治。

汉初，为恢复战后荒乱，休养生息，用法稍弛。至武帝，罢黜百家，独尊儒术；从此，历代中国，都可称儒家政治。但不就是礼仪之邦，而被称为"儒表法里"，表面是德治，骨子里是法治。我尚未找到"儒表法里"一词的来源，不过，从思想或历史观说，就是汉以后的儒家已深深融合了法家，在人与人的关系上，实际是用法术了。汉高祖攻入咸阳与父老约"法三章耳：杀人者死，伤人及盗抵罪。余悉除秦法"③。这是靠不住的。社会关系十分复杂，三章怎能治国？《孝文本纪》记有汉文帝两大德政："罪人不帑"和"去肉刑"。"帑"是秦法，即罪人要连坐妻子家人，这是前179年经大臣讨论才废除的。肉刑则是因"缇萦救父"这个惊动朝野的故事于前166年废除了黥劓和断趾，但未废宫刑，以致司马迁遭辱。当时杰出的政

① 《晋书·刑法志》。
② 《韩非子·南面》。
③ 《史记·高祖本纪》。

治哲学家贾谊(前200—前168年)说,“夫礼者,禁于将然之前;而法者,禁于已然之后”①。先礼后兵,犹如一表一里。而对于那些踌躇满志的侯王来说,则“仁义恩厚,人主之芒刃也;权势法则,人主之斧斤也”②。“芒刃”犹小尖刀,小刀与大斧并用,更是儒表法里了。武帝独尊儒术后半个世纪,汉宣帝说,“汉家自有制度,本以霸王道杂之,奈何纯任德教?”③“杂之”即融合,不能单用德治。司马迁在《史记》中把“循吏”定义为“奉法循理”,把“酷吏”定义为“奸轨弄法”,执法不同而已。

再看儒家与道家的融合。儒道融合,我在前一小节讲道家时已谈了一些,都是在天人关系方面;这是因为儒家没有自己的本体论,要吸收道家的宇宙观来解释自己的伦理学。到秦汉之际,儒家除了《易传》外,又新编了《大学》、《中庸》、《礼运》三书。《大学》没有讲天人关系,但其“止于至善。知止而后有定,定而后能静”的观点,似是受道家影响。《中庸》所讲天命与性、与诚的关系,大体不出《孟子》。惟说“尽人之性”则“可以赞天地之化育”,“则可以与天地参(三)”,大约出自《荀子》。又论天道,“不见(现)而章,不动而变,无为而成”,这显然本诸《老子》。论人道,从“发育万物,峻极于天”开始,而以“既明且哲,以保其身”结尾,则又近乎《庄子》了。《礼运》中讲了一大段“天下为公”的大同世界,以及禹汤文武成周的小康社会,至今为学者所乐道,认为是十分进步的历史观。尽管所讲的大同世界是指三代以前,并与《老子》的小国寡民异趣,但是符合道家的世界观的。总之,这三部书都有儒道思想进

① 《汉书·贾谊传》。
② 同上。
③ 《汉书·宣帝纪》。

一步融合的迹象。

此外，在汉初近百年间，在人与人的关系方面，曾流行一种“黄老之术”，并为司马迁所乐道。什么是黄老之术，学术界已有不少专门研究。或追溯到《管子》，以及春秋时齐国稷下先生的一些学者，作了考证。或以1973年长沙马王堆汉墓出土的四种佚书即《黄帝四经》，为黄老学所本，作了研究。① 不过，下面我将以司马迁自己提到的黄老之术为限，以见其对司马迁历史观形成的影响。

司马迁在《史记·太史公自序》中首先揭示了其父司马谈（约前190—前110年）的《论六家之要指》。其中对阴阳、儒、墨、名、法五家先讲其弊，然后讲其可取之处，惟述道家无弊尽善。“道家使人精神专一，动合无形，赡足万物。其为术也，因阴阳之大顺，采儒墨之善，撮名法之要，与时迁移，应物变化，立俗施事，无所不宜”。这种吸收了阴阳、儒、墨、名、法五家之长，与时俱进的道家，显然不是我前面所说的道家，而是指当时流行的“黄老之术”。盖此词为司马迁所创，其父还不知道，未用。接着司马谈说，“道家无为，又曰无不为。其实易行，其辞难知。其术以虚无为本，以因循为用。……有法无法，因时为业；有度无度，因物与合。故曰：‘圣人不朽，时变时守。虚者道之常也，因者君之纲也。’群臣并至，使各自明也”。

这里，“无为”自本《老子》。而“因循”、“因”、“法度”之说，则更近乎法家。并见其所论乃治人之术，以君臣关系为主，不去深究道的理论（其辞难知）。

---

① 稷下黄老学者的考证见冯友兰《中国哲学史新编》第2册第16—17章，人民出版社1995年版。《黄帝四经》的考证见任继愈《中国哲学史》第2册，人民出版社1997年版，第39—44页。

“因循”，按常义指守旧法不变，如俗称“萧规曹随”者是。司马迁曾盛赞曹参（卒于前190年）为相国，“清静、极言、合道”，也称赞他代萧何为相时，“举事无所变更，一遵萧何约束”，百姓为歌以颂①。但“因循”、“因”在黄老之术中还另有解释。

司马迁说慎到、田骈“皆学黄老道德之术”②。二人皆法家。《慎子》有《因循》篇，说君用臣不要叫他做这做那，而要使臣自为。“用人之自为，不用人之为我，则莫不可得而用矣，此之谓因”。上引司马谈文中“因者君之纲也”一段也是此意。此段据《史记正义》考出自《鬼谷子》。

田骈著述无考，惟《吕氏春秋·执一》称田骈对齐王讲“道术”，“变化应求而皆有章，因性任物而莫不当”。“物”，事物，实指国事。此是说法制是应需要而变化的，要因事物的性质而制定法度。即上引司马谈文中“有度无度，因物与合”之意，这是“因”的又一解释。

司马迁又有自己的“善因论”。这见于《货殖列传》开篇的总论，是说对于人民追求利欲的行为，要“善者因之，其次利道（导）之，其次教诲之，其次整齐之，最下者与之争”。“善者因之”是说执政者最好的政策是听其自然发展，让民间自由竞争，而最坏的是官营与民争利。这是非常高明的经济思想。不过，“善者因之”也许有这样的含义，即对民间好的牟利行为听其自然发展，而对于不大好或坏的牟利行为应当教育、管理、禁止。因为他后面专述了“贤人所以为富”十例，并告诫“贤人勉焉”，不要沦为“奸富”。重贤是

① 《曹相国世家》。

② 《孟子荀卿列传》。

儒家本色。下文引当时人语“天下熙熙皆为利来，天下攘攘皆为利往”，其中自有奸富。注意此语不是司马迁的概括，而是引当时人语，前有“故曰”二字。“故曰”在《史记》中常有，用以表明不是自己的话。如上引司马谈文中“故曰”四句，后人考证出自《鬼谷子》，原文未注明而已。司马迁不是无原则地讲利，“利诚乱之始也，……自天子以至庶人，好利之弊何以异哉”①。

司马迁“善因论”最重要的是，其“因”不是讲君臣关系，而是讲执政者与人民群众的关系，这是司马迁在人与人关系中最关心的事。司马迁称赞当时的黄老学家盖公。盖公是曹参在齐为相时重金聘请来的一位长者，用其术，“齐国安集”，人民乐道。盖公从师黄生，黄生之说不详，所记盖公的术也只是一句话，“治道贵清静而民自定”②。这非常重要，因为“民自定”也是讲执政者与人民群众的关系，是司马迁最关心的。

司马迁还称赞汲黯（卒于前112年）。黯作东海太守时，“学黄老之言。治官理民，好清静，择丞吏而任之。其治，责大指而已，不苛小。……岁余，东海大治”③。其重点也在治民。

司马迁颇看重陆贾（约前240—前170年）。陆贾是个“从高祖定天下”的、“说称《诗》《书》”的儒，受高祖命著《新语》十二篇。其中有《无为》篇，讲“道莫大于无为，行莫大于谨敬”。而他的无为就是少做事，使天下清静。最好是“块然若无视，寂然若无声，官府若无吏，亭落若无民。……耆老甘味于堂，丁男耕耘于野”，这叫做《至德》。而达到至德之法，讲了很多，归纳起来不外轻刑、重德、

① 《孟子荀卿列传》。
② 《曹相国世家》。
③ 《汲郑列传》。

薄罚、厚赏。这实际是把道家思想法家化了。

司马迁屡次提到当时才华出众的大儒贾谊。贾谊的重要著作有《过秦论》、《治安策》、《道德说》以及削藩之论。司马迁对贾谊的治安、道德、削藩等论只字不提，而在《秦始皇本纪》中全文收录《过秦论》，并说"善哉。贾生之推言也"。所谓"推言"是说秦之所以亡国是因为作为太多，没能"安民"。贾谊认为兼并天下是要"高诈力"，而安天下则"贵权顺"。总之治国要"察盛衰之理，审权势之宜，去就有序，变化有时"。二者，正是司马迁的历史观。

司马迁在《屈原贾生列传》中，全文收录了屈原（前343—前299年）的《怀沙赋》和贾谊的《吊屈原》和《鹏鸟赋》，这是颇不寻常的。前两篇是悲两人遭遇不淑，迁有同感。《鹏鸟赋》则是个世界观问题，由"万物变化兮，固无休息"，讲到人的生死，多用《庄子》，"化为异物兮，又何足患"？司马迁说，"屈原以彼其材，游诸侯，何国不容，而自令若是"，这是纯儒家的想法；"读《鹏鸟赋》，同生死，轻去就，又爽然若失矣"，这就是道家的世界观了。黄老之术实际是道家与法家的合流，在汉初大乱初定时的一种治国思想。它在政治上未成主导，在学术上亦非主流，武帝尊儒以后就偃息了。司马迁热衷于黄老之术，但主要是从简政、爱民出发，其实也是儒家本色。司马迁自诩《史记》是继《春秋》而作，其书也言必称孔子。我以为司马迁是个融合了道家与法家的儒，也许比一般儒融合道家更多一些。他的历史观也是融合道法的儒家的历史观。

三、司马迁的历史观

司马迁在《报任安书》中说："网罗天下放失旧闻，考之行事，稽其成败兴坏之理，凡百三十篇，亦欲以究天人之际，通古今之变，成一家之言。”[①]司马迁的历史观可以“究天人之际，通古今之变”二语概括[②]，前者讲天人关系，后者讲人与人关系。二语也反映了他的认识论，即思维与存在的关系。

先说天人关系。司马迁的天是自然义的天。《论六家之要指》说：“乃合大道，混混冥冥，光耀天下，复反无名”，这是本《老子》。又论阴阳家说：“夫阴阳、四时、八位、十二度、二十四节，各有教令，顺之者昌，逆之者不死则亡，亦不尽然也。”是说天象规范人的活动并不尽然，即不是有意志的天。司马迁本人没有过天的理论，他在《史记·天官书》中讲了不少天象与人世活动的关系，但是把它们看成是自然相通，而不是把天人格化，发号施令。试论其详。

司马迁精于天文，曾参与制定《太初历》。《天官书》描绘了二十八宿拱北辰形象，皆据实际观测，而论天人关系皆当时流行的见解。如北斗七星是“以齐七政”，“建四时、均五行、移节度、定诸记，皆系于斗”。斗直前有天一，左有天枪、天棓，斗杓端有矛、盾（皆恒星）。“天一、枪、棓、矛、盾动摇，角（光芒）大，兵起”。天人关系更大的是五星（水、火、金、木、土均行星）与日、月的相对运动。尤其是岁星（木星），“其趋舍而前曰赢（指早出），退舍曰缩（指晚出）。赢，其国有兵不复；缩，其国有忧将亡，国倾败。其所在，五星皆从而聚于一舍，其下之国可以义制天下”。

对这些理论，司马迁大约是相信的。但应用时，他有自己的见解。大体是西周以前太古了，不谈，春秋以来，“其文图籍禨祥不法

① 《汉书·司马迁传》。

② 在《太史公自序》中简称“天人之际，承敝通变”。

(不足为法),是以孔子论六经,纪异而说不书。至天道命,不传。传其人,不待告;告非其人,虽言不著"。"纪异而说不书",是说只记下有何异常的天象,不写它应世何事。至于天道、性命,不必传人;能领会者不需告诉他,不能领会者告诉他也没用。这是说孔子治《春秋》的态度,也是他写《史记》的态度。尤其在写《天官书》,所有天变异象都要有闻必录,这是史家尤其是天官职责所在。

话虽如此,但在《天官书》尾部,却写了许多天人相应之事。如"汉兴,五星聚于东井"①;"诸吕作乱,日蚀、昼晦";"吴楚七国叛逆,彗星数丈,天狗过梁野";等等。"由此观之,未有不先兴见而应随之者也"。这些事,也许是天官档案中原有的,但从结语看,司马迁还是相信的。

但是,《天官书》以外,却不见这样的记载。如"五星聚于东井"这样天大的事,却不见于《高祖本纪》。《三代世表》说:"稽其历(代)谱牒,终始五德之传,古文咸不同,乖异"。五德终始说,如秦是以水德王、汉是以土德王,是当时流行的历史观,司马迁不取。《伯夷列传》:"或曰天道无亲,常与善人",但伯夷、叔齐、颜回这些善人都无好报,而盗跖恶人竟以善终,春秋以后例子犹多,"余甚惑焉,傥所谓天道,是耶非耶?"《蒙恬列传》:秦二世罪蒙恬,恬说他当年修长城万余里,"其中不能无绝地脉哉?此乃恬之罪也。乃吞药自杀"。司马迁说,蒙恬之过在不能阻谏秦王,"……何乃罪地脉哉"?《项羽本纪》:羽困垓下,三呼"天亡我,非战之罪也"。司马迁数羽欲以力征霸天下,不自责,"乃引天亡我,非用兵之罪也,岂不谬哉"?

---

① 即上书"五星皆从而聚于一舍,事在高祖元年十月"。

可见，司马迁并不相信“天人感应”说。他在《天官书》中所叙，乃官方成论，或照录官档。正如在《封禅书》中详记历代封禅故事，而于结尾称“后有君子，得以览焉”，存于史备参考之意。但也责“邹子(衍)论著终始五德之运”，“怪迂阿谀苟合之徒自此兴”。《孝武本纪》详记武帝用方士、信神仙、求长生不老药诸事，结尾亦称“后有君子，得以览焉”。同时有“多不雠”、“莫验”、“无其效”等否定语。

再谈人与人的关系。如何调节人与人的关系，春秋末以来曾有“礼”与“法”的争论。司马迁采取贾谊说，“夫礼禁于未然之前，法施于已然之后。法之所为用者易见，而礼之所禁者难知”①。不过司马迁是很重视礼的。《论六家之要指》曾说，法“可以行一时之计，而不可长用也”。《史记》有八种政书，《礼书》第一，《乐书》第二，而无刑书。礼乐之治，表现儒家根本。

《太史公自序》说“礼因人质为之节文，略协古今之变，作《礼书》”。我想在《礼书》中寻绎他古今之变的理论，颇失望。缘司马迁的《礼书》已佚，今本系褚少孙补作，甚简。仅记周衰礼废乐坏，秦纳六国礼仪，汉叔孙通有所损益等沿革，不反映古今之变。至于理论，用《荀子·礼论》“隆杀”说。隆谓礼繁，文胜于情；杀谓礼简，文省于情；“本末相顺，终始相应”。二语似合司马迁思想，但无通变实例。

不过，将《礼书》与《乐书》合看，颇有所得。《乐书》亦后人补作，而其文来自小戴《礼记》中的《乐记》，这应该是司马迁所肯定的东西。按司马迁的理论，大自然是整齐有序的，而天人是相通

① 《太史公自序》。

的，人世也应该是和谐有序的，礼乐都是调节社会秩序的工具。《乐书》云："礼以导其志，乐以合其声，政以一其行，刑以防其奸。礼乐政刑，其极一也，所以同民心而出治道也。"又曰："乐者，天地之和也；礼者，天地之序也。和，故百物皆化；序，故百物皆别。"（礼所以区别君臣、男女、贵贱）这是很符合司马迁的思想的。《乐书》又说，"乐者为同，礼者为异；同则相亲，异则相敬"。又曰："乐由中出，礼自外作"；郑玄注："和在心"，"敬在貌"。就是说，乐是自然的，礼是人为的；理想社会是个大乐队，"调和谐合，鸟兽尽感"。这应该是司马迁的伟大理想。

司马迁的历史观是通古今之变。"变"有两个含义。其一是一时有一时之宜，不可拘泥不变。《淮南子·氾论训》："圣人制礼乐而不制于礼乐。……为利于民，不必法古，苟周于世，不必循旧"。司马迁有这种思想，他是用孔子损益说，历代礼制都有损益。班固批评司马迁是"不通时变者也"①，这完全不对。如我前文所说，《过秦论》中"观之上古，验之当世，……去就有序，变化有时"，正是司马迁的历史观。

"古今之变"的另一含义，即"三王之道若循环，终而复始"②。历来中西历史哲学多有循环论。循环不是回到原处，而是在高一层的基础上重新开始。但循环论中把"变"看作是向对立面转化的，恐怕只有司马迁、黑格尔和马克思。

司马迁的循环论，具体说就是"夫天运，三十岁一小变，百年中变，五百载大变；三大变一纪，三纪而大备：此其大数也。为国者必

① 见《秦始皇本纪》引《过秦论》后面的班固奏。

② 《高祖本纪》。

贵三五，上下各千岁，然后天人之际续备”[①]。这里“天运”实指“国运”。“为国者贵三五”，即重视三十年的小变和五百年的大变。为政三十年还搞不好，就无望了；五百年的大变，已有向对立面转化的迹象，三个五百年的大变，就好像是否定之否定了。下面是验证。

《孝文本纪》：“太史公曰：孔子言‘必世然后仁’（孔安国注：三十年为世），……汉兴，至孝文四十余载，德至盛也。”《孝景本纪》，全篇强调七国之乱，旱涝频仍，日蚀、彗星、地震特多。这段时间约三十年。这是三十年左右的小变。

“太史公曰：夏之政忠（敦厚）。忠之敝（弊），小人以野（无理），故殷人承之以敬（威严）。敬之敝，小人以鬼（狡诈），故周人承之以文（礼制繁）。文之敝，小人以僿（不诚恳）。故救僿莫若以忠。三王之道若循环，周而复始。周秦之间，可谓文敝矣。秦政不改，反酷刑法，岂不缪乎？故汉兴，承敝易变，使人不倦（不劳累），得天统矣。”[②]这就是三个五百年左右的大变。这是根据孔子“殷因于夏礼，所损益可知也；周因于殷礼，所损益可知也”[③]而来的。“损益”、“救敝”都是改良，但三改则周而复始，那就不是改良，而是否定之否定，是革命了。事实上，其间确有汤、武革命。

总的来看，司马迁的历史观是进步的、积极的、乐观的。自然界有日蚀、地震、灾荒，通过变，复归于和谐、有序。天人相通。人世间有多少苦难、杀戮、罪恶，通过变，终究会再现祥和。豁达开阔，如杜诗“锦江春色来天地，玉垒浮云变古今”。

---

① 《天官书》。
② 《高祖本纪》。
③ 《论语·为政》。

四、班固的历史观

司马迁的学术思想在当时并非主流，当时占统治地位的是以董仲舒（前180—前115年）*为代表的、立为官学的春秋《公羊传》学。前51年汉宣帝召开石渠阁会议，讲五经同异，结果把以刘向（前79—公元7年）为代表的《春秋穀梁传》学立为博士。公元79年汉章帝召开规模更大的白虎观学术会议，刘向之子刘歆曾争立晚出的《春秋左传》为官学，未果。董仲舒系一代儒学宗师，而刘向、刘歆长期为皇家校书，声誉昭著，并均曾续撰《史记》（佚）。班固（32—92年）的历史观深受三人影响，而又有自己的取舍。

董仲舒的天完全是神义的天，天有人格、有意志、有目的。他在《春秋繁露》中说："天者百神之大君也"①；"天，仁也"②；"天高其位而下其施"③；而最大的施就是施给人君以"受命之符"，因为这是"非力之所能致"的④。班固接受这个论点，如《汉书·天文志》（班昭作）多用《史记·天文书》，而于"五星聚于东井"句下加"此高皇帝受命之符也"。又，董仲舒说孔子曾受天命，"西狩获麟，受命之符也"⑤。因孔子虽未称王，但《公羊传》说孔子"制《春秋》之意，以俟后圣"，即为后之王者制定了一套治国礼法。刘向也是这个看法，因《穀梁传》中有类似记载。刘歆则不同，因《左传》中

---

* 历史人物生卒年由于当时材料所限，与如今公认年份有差异，为保持著作原貌，不予改动。——编者注

① 《郊祭》。

② 《王道通三》。

③ 施仁《天地之行》。

④ 《符瑞》。

⑤ 同上。

无此类说法。班固的《汉书》不论春秋事，但《艺文志》中说孔子与左丘明因“人道”而修《春秋》，盖与天命无关焉。

在天人关系上，董仲舒是“天人感应”论，天象灾异都因应于人世。自秦以来就流行许多图谶，西汉又出现各种纬书。董仲舒的天人感应中包括谶纬。刘向更“集合上古以来历春秋六国至秦汉符瑞、灾异之记”，作《洪范五行传论》[1]。刘歆也有《洪范五行传》，但不用谶纬。这是因为《公羊传》、《穀梁传》中有谶纬，而《左传》无。

班固也采用天人感应，但自有其史家风度。《汉书》的纪传中都记灾异，但一般不述所应何事，有点像司马迁所说“纪异而说不书”。灾异应事的解释都集中在班固创立的《五行志》中。《五行志》有五卷，是十志中最长篇。志是从三代论起，《五行志》独详于春秋。灾异应何事的解释，尽录董仲舒、二刘之言，录刘向尤多。如僖公二十年五月乙巳，西宫灾。刘向以为应僖公立妾为夫人入宗庙事，因据《穀梁传》西宫近宗庙所在。董仲舒以为应齐国逼僖公立齐女为夫人，因据《公羊传》西宫为夫人所居。刘歆则从《左传》，以为东西宫皆帝宫，“言西知东”，“言宫，举区皆灾”。《五行志》尽引他人解释，而班固不写自己的主张，直是一种述而不作的史家笔法。

在人与人的关系上，董仲舒自是以仁义为调解社会关系的基础，并首创“三纲”说，成为束缚人民活动的教条，遗于后世。在礼与法的问题上，他似是重礼轻法的，著有《公羊董仲舒治狱》十六篇，惜佚，不知其详。班固则比较重视法，《汉书》于《礼乐志》后设《刑法志》，为《史记》所无。《刑法志》头尾皆录荀子之论，如前言，

① 《汉书·楚元王传》。

司马迁在法制上也是尊荀子，礼法并举。《刑法志》兼论兵，赞管仲及齐桓、晋文霸业，而责商鞅、秦皇。入汉，颂文景之无为宽厚，殆武帝而有张汤、赵禹之奸酷，以下各代，均褒减刑、去繁等事。

就历史观说，重要的是通变问题。董仲舒在他的《贤良对策》[①]中说："道之大原出于天，天不变道亦不变。"但，此语是接着前面一段论述的，其论曰："然夏上忠、殷上敬、周上文者，所继之救（指救弊），当用此（指变）也"；"今汉继大乱之后，若宜少损周之文致，用夏之忠者"。这段论述，完全是我前引《史记·高祖本纪》中"太史公曰"那段论的简化。董不可能见到《史记》，可能是班固为了省事照录《史记》以充董论，因董与司马迁的论都是本于孔子损益说，照录无妨[②]。不过，司马迁从这段论中得出"三王之道若循环，周而复始"的结论，证实他"通古今之变"的历史观。而董仲舒虽也主张回到夏的忠，却得出"继治世其道同，继乱世其道变"的结论。变只是为了救弊，他接着说尧、舜、禹的相继，因为没有救弊的问题，也就毋须变道。我未见班固对这个问题的评论，惟在《礼乐志》中说"王者必因前王之力，顺时施宜，有所损益"。

班固在《律历志》中首先讲"三统"、"三正"，这是一种循环的变。"三统"指服色，"三正"指正朔，均据五德终始说。如夏尚木德，黑统，建寅；殷尚金德，白统，建丑；周尚火德，赤统，建子。以此循环，秦为水德，黑统；汉为土德，白统。汉初人及贾谊、司马迁都是这样认为[③]。但班固在《高帝纪》中说"汉承尧运，旗帜上赤，协于火德"，又在《律历志》中说高祖"伐秦继周，木生火，故为火德"。

① 《汉书·董仲舒传》。
② 假定班固手中并无五百年前《对策》原件。
③ 《汉书·郊祀志》。

王莽篡汉，建新国，尚土德，白统；而《王莽传》、《律历志》不载。事实是，班固排除了整个秦代，使高祖以火德继周之木德，以应尧之以火德继帝喾之木德；又排除了王莽的新，使光武帝续汉之火德。这看来很无聊，但成为影响后世史家的大事，即"正统"论。而司马迁的历史观，如立陈涉世家、项羽本纪、吕太后本纪的做法，是根本不理会正统论的。

《汉书》于《货殖传》外另立《食货志》，是班固的一大创建。《食货志》以"仓廪实则知礼节，衣食足则知荣辱"，置于礼乐、刑法志之后，又摆脱了传统的农本商末的观点，以上下两卷分述春秋以来农业经济和商品货币经济之兴衰，成为真正的经济史，为后世史学楷模，这是《史记》所不能比拟的。班固对经济思想的论述，可说是历史主义的。据当时条件，详介诸如管仲的轻重论，李悝的尽地利之教，桑弘羊的均输平准，耿寿昌的漕运、常平。又常据实践效果评大臣奏议，如贾谊的论积粟、谏铸钱，晁错的贵粟论等。对汉武帝，屡责他干戈、工程耗费无度，但在《赞》中仍说"武帝时，国用饶而民不益赋"。对王莽，严斥其阴险乱国，而于王田、五均政策仅评曰"动欲慕古，不度时宜"。这种史评，应说公平。就经济思想说，班固与司马迁的最大差异在于他没有司马迁"善因论"那种远见的自由主义思想，而比较同情于武帝与民争利的政策。不过，他对当时的义利之辩未作评论，《食货志》中录取董仲舒的限田论，而不引其"正其谊不谋其利"说。

五、汉至唐的历史观

司马迁和班固的历史观，对后世中国史学都起着主导作用。

在历史编纂学上,《汉书》体例完整,一直为历代史家所宗。在史学思想上,则受儒学本身的发展,以及魏晋玄学、隋唐佛学的影响,有所嬗变。大体上,东汉、魏、西晋时期,班固的历史观较占优势,而东晋、隋、唐时期,司马迁的历史观转居主流。宋明理学兴起,儒学有理性化趋向,但就史学说,"究天人之际,通古今之变"的历史观更受尊重,直到清前期。

光武帝以赤帝子斩白帝子的传说起家,公元25年并宣布谶记于天下,东汉学术界是公羊、天命、正统、图谶最盛之时。但作为反对派,也有王充和仲长统的历史观出现。

王充(仲任,27—104年)在《论衡》中明确提出"元气"论。"元气,天地之精微也"①,"天禀元气,人受元精"②;天地万物都是由物质性的元气组成的。这就在传统的宇宙生成论之外,提出一个类似西方的宇宙构成论。王充提出"施气"说,但天"施气则物自生,非故施气以生物也"③。"天动不欲生物而物自生,此则自然也;施气不欲为物而物自为,此则无为也"④。所以,王充的天是自然义的天。他说他的看法"虽违儒家之说,合黄老之义也"⑤。在天人关系上,他承认"瑞应"而反对天降灾异谴告人说,因天谴告人,"是有为,非自然也。黄老之家,论说天道,得其实矣"⑥。

但在人与人的关系上,王充是宿命论。人"在父母施气之时已得吉凶矣"⑦。人的贤愚、贫富、贵贱都是命定的,国家亦然。"国当

① 《四纬》。
② 《超奇》。
③ 《说日》。
④ 《自然》。
⑤ 同上。
⑥ 《遣告》。
⑦ 《命义》。

衰乱，贤圣不能盛；时当治，恶人不能乱。世之治乱，在时不在政；国之安危，在数不在教。”“时数”是物质上的，主要指“岁之饥穰”①。不过，从历史上说，汉代比五帝三皇更伟大。“高祖诛秦杀项，兼胜二家，力倍汤武”，因汤、武只胜一家，即桀、纣。光武再建汉国，“五代皆一受命，惟汉独再”②。汉兴，至文帝以致太平，应孔子“必世（三十年）而后仁”说。此后，宣帝、明帝均太平盛世，证据是“瑞应”（包括麒麟、神雀、黄龙、甘露、醴泉）多。“经传载瑞应，莫盛于孝明”，“宣明之年（瑞应）倍于五帝三王也”。再从疆土之开拓，四夷之宾服说，汉也胜于周③。

仲长统（公理，180—220年）的《昌言》已佚，但他的历史观见于《后汉书·仲长统传》所引《理乱》篇。他是根本反对天命的，也反对天人感应说。他说，“豪杰之当天命者，未始有天下之分者也”；他们是“拥甲兵”、“角才智，程勇力”争得天下的。得天下后“尊在一人”，愚主便可胡作非为，以至祸乱并起，“一朝而去”。所以，“存亡以之迭代，政乱从此周复，天道常然之大数也”。这是一治一乱的循环论。值得注意的是，他还得出一个“乱世长而化世短”的历史观。他说：“春秋之时，周之乱世也。逮于战国，则又甚矣。”秦并六国和楚汉战争，又“甚于战国之时也”。而王莽之乱与刘秀复国战争，“计其残夷灭亡之数，又复倍于秦、项矣”。仲长统晚年已是群雄并起战乱之时，故“以及近日，名都空而不居，百里绝而无民者，不可胜数。此则又甚于亡新之时也。悲夫？”

张辅有篇《班马优劣论》，主要讲《汉书》叙事过繁，不如《史

① 《治期》。

② 均见《恢国》。

③ 均见《宣汉》。

记》之简练①。其实,《汉书》80万字,从后世史书看已属精要,不过当时看来较繁耳。汉献帝时,荀子十三世孙荀悦(仲豫,148—209年)奉命将《汉书》改写成18万字的编年体《汉纪》,精练而有神韵,为汉人又一史学名著。《汉纪》采用天命观、正统论、天人感应论,但已有所怀疑。他说:“灾祥之报,或应或否”,下举若干否的例子,“是以视听者惑也”。为解决“惑”,荀悦提出了自己的理论:“夫事之性,有自然而成者,有待人事而成者,有失人事不成者,有虽加人事终身不成者。”②强调了人事作用,实即荀子“天人之分”观点的发挥。

当时,经济上最大的问题即董仲舒所说“富者田连阡陌,贫者亡立锥之地”。何休(邵公,129—182年)作为最后一位公羊学家精心设计了一个井田制;仲长统提出了“限田大家”办法。荀悦则从历史角度看,在《申鉴·时事》中提出“耕而勿有,以俟制度”主张。他赞成改革,但要看时机。他写《汉纪》时已是曹操专权,群雄鼎立,但《汉纪》是西汉史,故于卷八借文帝诏作了解释:“高祖初定天下及武帝中兴之后,民人稀少”,正好改革制度。这种天下大乱的局面还会再来,所以,只要“民得耕种,不得买卖(土地)”,就可“为制度(改革)张本,不亦宜乎?”

陈寿(承祚,233—297年)的《三国志》是马班以后最著名史书。《三国志》取材精审,文章简洁,而最为人称道的是,它对三国鼎立局面能统筹兼顾,无所偏倚,是史家伟大的品质。但这与该书体制有关,原来陈寿的《魏书》、《吴书》均有所本,《蜀书》系独创,

① 见刘知畿《史通·省烦》。

② 《汉纪》卷六。

而三书各自独立，不相牵葛。据中华书局1959年校本考证，三书于北宋时才合称《三国志》，而咸平六年（1003年）初刻时仍是三书分刻。今读合刊本，则见陈寿仍是正统论、天命论者。如曹操父子均作纪，而刘备、孙策父子均作传。曹丕禅汉位，当时有十来种说法（见裴松之注），陈寿独取五十年间两次"黄龙见谯（谯是曹操故乡）"说法，盖合黄为土德，继汉火德之意。而于刘备、孙策均无符命。又司马氏禅魏，实属篡逆，陈寿自不敢说，而以"天下为公，任贤与能"为评①，聊示魏统。

三书写天人感应备详。叙刘备称帝，用谯周等上言，历数河图洛书、谶纬之义，列举黄气、景云、岁星、玉玺等福瑞八项；而于孙权称帝主要以民谣应之；亦见陈寿之偏爱。陈寿蜀人，仕蜀，曾师从谯周。谯周"以司马迁史记书周秦以上，或采俗语百家言，不专据正传"，于是作《古史考》，"皆凭旧典，以究迁之谬误"②。陈寿尊重谯周，写谯劝后主投降有"刘氏无虞，一邦蒙赖"之功，并评曰"谯周词理渊通，为世硕儒，有董（仲舒）扬（雄）之规"③。陈寿的历史观于此可见一斑。

汉亡，标志着今文经学式微，古文经学代兴，儒风为之一变。同时，出现玄学，可以王弼（226—249年）、嵇康（223—262年）、阮籍（210—263年）、郭象（252—312年）为代表。

《晋书·王戎传》称："魏正始中，何晏、王弼等祖述老庄，立论以为天地万物以无为本。无也者，开物成务，无往不成也。"王弼在他的《老子指略》中说，"无形无名者，万物之宗也。"这就把《老子》

①《魏书·三少帝纪》。

②《晋书·司马彪传》。

③《蜀书·杜周等传》。

的道或无解释成一种精神实体，它生成万物。嵇康的自然观采取王充的元气论，“元气陶铄，众生禀焉”①。阮籍则是“天地生于自然，万物生于天地”②。郭象用王充的“物自生”论点，并认为物“自尔”，自己就是那样。郭象在《庄子注·齐物论注》中说：“凡物芸芸皆自尔耳，非相使也，故任之而理自至矣。”所以万物之间没有必然关系，但彼此依存，如唇不为齿而生，但唇亡齿寒。因而，“天地万物凡所有者，不可一日而相无也。一物不具，则生者无由得生；一理不至，则天年无缘得终”③。这是有类黑格尔“凡是现实的都是合理的”观点。

在自然和社会的关系上，王弼无新的论点。嵇康则把自然和社会名教对立起来。名教即董仲舒所说的三纲五常。嵇康认为名教是违反自然的。他著《养生论》，主张越名教而任自然。君子“矜尚不存乎心，故能越名教而任自然；情不系于所欲，故能审贵贱而通物情。物情通顺，故大道无违；越名任心，故是非无措也”④。阮籍则要求越礼法而循自然。他著《大人先生传》说，“世人所谓君子，惟法是修，惟礼是克”，逃不出礼法，就像“群虱处于裈（裤）中而不能出也”；因而要“超世而绝群，遗俗而独往”⑤。郭象不反对礼法存在，但要看到历史演变。“夫先王典礼，所以适时用也；过时而不弃，即为民妖。”⑥“俗之所贵，有时而贱；物之所大，世或小之，故顺物之迹，不得不殊，斯五帝三王之所以不同也。”⑦

① 《嵇康集·明胆论》。
② 《阮步兵集·达庄论》。
③ 《庄子注·大宗师注》。
④ 《晋书·嵇康传》。
⑤ 《晋书·阮籍传》。
⑥ 《庄子注·天运注》。
⑦ 《庄子注·秋水注》。

玄学的社会理论，偏重于个人处世的态度，对于史学或历史观影响不大。史家则重视政治，以《晋书》而言，记王戎、王衍独详，因二王虽谈玄，但为朝廷重臣，所谈玄理，并不左右其政治斗争。竹林七贤中，惟山涛另立传，亦以山涛为高官之故。

但玄学在认识论上，有所创造。原来两汉经学，无论今文古文，都讲历史，所谓“六经皆史也”。而魏晋玄学则是抽象思维。王弼把《老子》归结为“崇本息末”四字。本即道或无，末指现象。思考问题，要排除现象干扰，才能“言不远宗，事不失主”①。又说要“得本以知末，不舍本以逐末也”②。这种思维方法是非历史的，接近于西方唯理学派。在《周易略例》中王弼提出“忘言”的理论。“言（卦辞）”生于象（卦象），故可循言以观象；象生于意（周文王本意），故可循象以观意。这是后人解卦的方法。但原来文王演易，是以象来表达他的意，孔子又以言来解说象。所以正确的解读方法是忘言、忘象以得意。“忘象者，乃得意也；忘言者，乃得象也。”这种解释方法也可用于一般的认识过程。如对诗、美术作品，就要透过词、画寻求作者的意境。对历史文献，不能满足于表面文字，要寻求其本意。当然，王弼的理论还是初步的，需要不断完善。正如西方的诠释学（Hermentics）最初只是诠释《圣经》中先知的启示，到20世纪才成为伽达默尔的对话论。

在认识论上，嵇康也有自己的见解。他有篇《声无哀乐论》，说音乐只是“和声”，本身不表达哀乐，哀乐是听乐的人自己本有的东西。意思是不能将主观加于客观。他说：“夫推类辨物，当先求自

① 《老子指略》。
② 《老子注》第五十二章注。

然之理。理已足，然后借古义以明之耳。今未得之于心，而多恃前（人）言以为谈证，自此以往，恐巧历不能纪。”这也是一种唯理主义的认识论。郭象则说，“物有自然而理有至极，循而直往则冥然自合”，这种自合，“照之以天而不逆计（不追求根源），放之自尔而不推明”①。又说“夫死者已自死，而生者已自生，……未有其根者，故莫知”②。这是一种本源不可知论。唯理主义和不可知论在西方历史观中常见，在中国仅见于玄学。

魏晋南北朝时期史学著作甚多，据《隋书·经籍志》统计达数百部，但留存极少，其中最著名者当属东晋人袁宏的《后汉纪》和范晔的《后汉书》，均系后代人修汉史，与荀悦、陈寿论点颇有不同。

袁宏（彦伯，328—376 年）的《后汉纪》是继荀悦的《汉纪》而作，编年体而夹政论和人物评传，似学《史记》。该书《序》称：“夫史传之兴，所以通古今而笃名教也。丘明之作，广大悉备。史迁剖判六家，建立十书，非徒纪事而已，信足扶名教义，网罗治体，然未尽之。班固源流周瞻，近乎通人之作，然因籍史迁，无所甄明。荀悦才智经纶，足为嘉史，所述当世，大得治功矣，然名教之本，帝王高义，韫而未叙。”这段史论显然是推崇司马迁的，“未尽”指《史记》未及武帝以后事。但还需作些说明。

袁宏说史学的目的是“通古今而笃名教”，也许是针对竹林名士而言（袁东晋人），不过他的名教，似与通常所说的三纲五常不尽相同。三纲以君臣为主，袁宏在《三国名臣颂》中歌颂了 20 位名臣的品德和功绩，而无一字提到“忠”，反有“未遇伯乐”等怨君语③。

① 《庄子注·齐物论注》。
② 《知北游注》。
③ 《晋书·文苑传》。

在《后汉纪》卷二六说："高下莫尚于天地，故贵贱拟斯以辨物；尊卑莫大于父子，故君臣象兹以成器。……夫以无穷之天地，不易之父子，故尊卑永固而不逾，名教大定而不乱。……未有违天地之性而可以序定人伦，失乎自然之理而可以彰明治体者也。"这可见他的天人关系，也可以明白他何以把司马迁的功绩归结为"扶明教义，网罗治体"。

《后汉纪》叙天人感应事不多，但很重视正统论。曹丕逼汉献帝禅位，是正统论史家最头疼的事。陈寿以魏土德代汉火德，魏为正统。袁宏在《三国名臣颂》中也有"火德既微，运缠大过"（卦，大难）之言，但在《后汉纪》卷三〇说：汉虽衰，但"刘氏之德未泯，忠义之徒未尽，何言亡也。汉苟未亡，则魏不可取"。隐然以刘备继汉业。与袁宏同在桓温幕府的习凿齿著《汉晋春秋》则直言"三国之时，蜀以宗室为正"，魏武"尚为篡逆"[①]。

范晔（蔚宗，398—445 年）的《后汉书》是在多种前人著作基础上修订的，而甚多创见。他在该书序即《狱中与诸甥侄书》中说："文患其事尽于形，情急于藻，义牵于其旨，韵移其意。"要避免情志词藻牵累，"故当以意为主，以文传意"。这很像是王弼"忘言"的主张。

该文论史说："班氏最有高名，既任情无例，不可甲乙辩。后赞于理近，无所得；唯志可推耳。（吾）博赡不可及之，整理未必愧也。"这是责班固为情牵累，又无例证；其赞近于理但无所得。[②]"吾杂传论，皆有精义深旨。……至于《循吏》以下及六夷诸序、论，笔

① 《晋书·习凿齿传》。

② 范晔书于序、论之外还有例、例佚。

势纵放，实天下奇作，其中合者往往不减《过秦论》。常共比方班氏所作，非但不愧之而已。”“笔势纵放”是司马迁文章；范晔自诩甚高，意在成一家之言，如司马迁故事。

范晔在《后汉书·班固传》中说：“（班）固以为汉绍尧运以建帝业，至于六世，史臣乃追述功德，私作本纪，编于百王之后，厕于秦、项之列。”这里“史臣”指司马迁，全文是班固短司马迁之语。下面是范晔评论。“迁文直而窍，固文赡而事详。”又“彪、固讥迁，以为是非颇缪于圣人。然其论议常排死节、否正直，而不叙杀身成仁为美，则轻仁义，贱守节愈矣。”班彪讥司马迁的原话是“论术学则崇黄老而薄五经，序货殖则轻仁义而羞贫穷，道游侠则贱守节而贵俗功”①。班固讥司马迁的话略同。“然其论议”指班固的论议，范晔认为班固的论议更加（“愈矣”）轻仁义、贱守节。根据是《汉书·游侠传》中说剧孟、郭解“自与（自认）杀身成名”，而实际是“罪不容诛也”。

范晔自己的看法见《后汉书·独行传》的序：“蹈义陵险，死生等节，虽事非通圆，良其风轨有足怀者。”足见他重正直，讲气节，犹如司马迁。此外，范晔在《儒林列传》中说儒生“迂滞”，在《文苑列传》中说文人“淫费”；而于《逸民列传》中颇有颂扬，于《宦官列传》中说某些宦官“亦有其理”。这都是他所谓“天下奇作”之笔，超越正宗儒家，反映他历史观的一个侧面。

在正统问题上，范晔在《献帝纪》中记曹丕称帝，奉献帝为山阳公，论曰：“天厌汉德久矣，山阳公何诛（责）焉？”承认事实，不讲五德终始。但在《光武帝纪》写刘秀即位时录“赤伏符”及谶记全文，

① 《后汉书·班彪传》。

说“始正火德，色尚赤”；在论中罗列八项祥瑞、符谶，结语“其王者受命，信有符乎？”又在《章帝纪》的论中说：“在位十三年，郡国所上符瑞，合于图书（河图洛书）者数百千所，呜呼懋哉！”

其实，范晔是不相信符瑞图谶的。李通是讲符谶助光武成大业的大人物，范晔在《李通传》的论中说：“夫天道性命，圣人难言之，况乃忆测微隐，猖狂无妄之福。”在《方术列传》的序中说：“汉自武帝颇好方术，……及光武尤信谶言，士之赴趣时宜者皆骋驰穿凿争谈之也。”“故圣人不语怪神，罕言性命。或开末而抑其端，或曲解以章其义，所谓民可使由之，不可使知之。”就是说，图谶是一种愚民政策。上述《光武帝纪》中详言符瑞，都是当时正式宣布的，史家必录。《章帝纪》的论，则是为了写章帝“宽厚”得民望。“章帝素知人厌明帝苛切，事从宽厚”，下举除惨狱、赐妊者谷、尽孝、封亲、平徭、简赋等事。然后讲郡国上符瑞，是亦当时政治上大事，史官必记也。

范晔在《西域传》中阐述了其反对佛教的论点。佛教于汉明帝时传入中国，流行民间，并入宫廷。但是与神仙方术混同，史家亦不辨。袁宏《后汉纪》讲佛“项中配日月光，变化无方，无所不入”。范晔在《楚王英传》中说刘英“好黄老微言，上浮屠之仁祠”；又《襄楷传》记襄楷上疏：“又闻宫中立黄老浮图之祠”；皆混同佛老。

到魏晋南北朝，佛教已流行颇广，并有道安、慧远、僧肇、道生等大师，撰述经义，建立佛学。史学界亦有刘宋人沈约（休文，441—513年）、齐梁人萧子显（景阳，489—537年）笃信佛教。沈约在他的《宋书·蛮夷传》中述佛教在中国之传播，评曰“经诰充集，训义深远，别为一家之学”。萧子显在所著《齐书·高逸传》中将佛与儒、法、墨、阴阳等比论，谓佛法较胜，“史臣服膺释氏，深信冥缘，谓斯道之贵也”。又该书设《释老志》，后人亦有仿设者。惟沈、萧之书流传不广，不入正史。正史《晋书》（唐人著）态度不同。《晋书》颇重魏晋玄学，已见前引。对佛家则与道士方士同入《艺术列传》，其序曰：“亦威众以立权，所谓神道设教，率由于此。”此语甚切。并只立天竺僧佛图澄、鸠摩罗什二传，主要记他们参与石勒、苻坚的政治斗争，能预言战事胜负，以及神怪异行。结语称“什既兆星象，澄乃驱鬼神”。除略记鸠摩罗什著作及门徒八百外，无一语言及佛法，而于道安、慧远、僧肇等理论家均无传，仅于他文偶尔提及名字。此非唐人不知佛，盖有意为之。

中国佛教之成佛学，实自隋唐始。佛教开始形成不同宗派，出现不同经典。天台宗最早，继有玄奘去印度取经归来创法相宗，武则天提倡华严宗，中唐新兴禅宗。禅宗是纯粹中国佛学，并无印度根源。禅宗盛行后，其他宗派逐渐衰微，以至消失。

玄学是理性主义，重推理，是非历史的。佛教则讲历史，讲灵魂不灭，人死要轮回再生，因果报应。今日之富贵乃前生所修功业之果，今世不积善，后世必有恶报。但佛学不是要研究这种历史规律，而是要否定它，研究如何超越轮回报应的人生苦海，进入不变的彼岸世界。这就要把过去和现在、把整个宇宙都看成是虚幻的存在，不去留恋它，使精神达到涅槃（圆寂）境界，享受永恒的快乐。从这一点说，史学家是不感兴趣的。但是，佛学的世界观，实际是个认识论问题，各宗派之不同，实际是他们对真理认识方法不同。法相宗又称唯识论，把它归结为人的最高认识力（阿那耶识）中有不良成分（有漏种子），排除这种不良成分，就会得到真如（真正的认识）。禅宗是用直观和顿悟的方法。认为“一切般若（般若即智）智，皆从自性而生，不从外入”。得到悟，要无念、无相、无住。无念不是不念，而是“于诸境(外界)上心不染”；无相即“于(处于)相而离相”；无住即“念念相续，无有断绝”①。这种认识论，体现了主体与客体的完全一致，禅语称“主看主”(而不是主看宾)，或者形象地说“一片月生海，几家人上楼”(月是宾，人是主)。这种认识论，不限于人世众相，也体现自然界的真如，即天人合一。用禅语形象地说，即“青青翠竹尽是法身，郁郁黄花无非般若”②。主体与客体统一和天人合一的观点，正是中国历史观不同于西方历史观的两个关键问题。不过在佛学，这两个问题合起来则导致泛神论，而在儒学(宋明理学)则没有泛神论。

禅学直接影响宋明理学，但对唐代史学则影响很小。唐代史学大兴，是因唐太宗于公元629年开设史馆，由宰相监修国史，而这时禅学尚未盛行。又所修均前代史，即《晋书》、《梁书》、《陈书》、《北齐书》、《周书》、《隋书》，和李延寿独撰的于659年完成的《南史》、《北史》。这样，二十四史中有八部是唐初撰修的，都不涉及禅宗。其中以《晋书》、《隋书》最为完整。

《晋书》是由房玄龄(579—648年)、褚遂良(596—658年)监修，令狐德棻(583—666年)等前后21位史家撰写。全书体例则继承范晔《后汉书》。书中对天命论、正统观已不重视，并甚少忌讳。如《宣帝纪》叙司马懿“内忌而外宽，猜忌多权变”；《景帝纪》说司马师“潜谋废立”；《文帝纪》赞司马昭“反虽讨贼，终为弑君”；《武帝纪》颂司马炎之功业，而责他“居治而忘危”，“不知处广以思狭”。《晋书》讲天人感应事不多，然循例作《五行志》。志序先说

① 均见《坛经》，即禅宗实际创立人慧能或惠能(638—713年)的语录。

② 《景德传灯录》卷六。

董仲舒治《公羊》、刘向治《穀梁》、刘歆治《左传》，而所述阴阳祸福"相乖"。继说班固兼采多家"以传春秋"。"综而为言，凡有三术。其一曰，君治以道，臣辅克忠，万物咸遂其性，则和气应，休征效，国以安。二曰，君违其道，小人在位，众庶失常，则乖气应，咎征效，国以亡。三曰，人君大臣见灾异，退而自省，责躬修德，共御补过，则祸消而福至。此其大略也。"《五行志》是李淳风(602—670年)所撰，这完全是一种新的五行观念了。

《隋书》是由魏征(579—648年)监修并序赞，颜师古(581—645年)、孔颖达(574—648年)等撰，为史馆最后一部国史，656年完成。隋史仅38年，其重要在所附十志。原来馆修梁、陈、齐、周、隋书均无志，另由长孙无忌(599—659年)监修，颜师古、李淳风、李延寿等撰《五代史志》，后附刊于《隋书》。史志摆脱以帝王为经的史书体系，为后来通志开路。而其十志的安排体现了一种历史观。前五志即天文、律历、五行、礼、乐，属于天人关系；后五志即百官、刑法、地理、食货、经籍，属社会变迁。这是合理的。又与过去史书比，删除了封禅、郊祀、符瑞、释老等志。还有，《隋书》的《经籍志》首创经、史、子、集四部分类法，书目收集完整，素负盛名。

然而，唐代最重要的史学贡献乃是中唐人刘知幾的《史通》和杜佑的《通典》。刘知幾(子玄，661—721年)的《史通》是一部史学评论著作，其评论主要是从历史编纂学着眼的，但也可略见其历史观梗概。他在《自叙》中说："常欲自班、马以降，迄于姚、李、令狐、颜、孔诸书，莫不因其旧义，普加厘革。""厘革"即指出其错误、饰讳、虚增等事。如在《疑古》篇指出《尚书》可疑者十条，在《惑经》篇说孔子删定《春秋》、《诗》、《书》时有不少"饰智矜愚，爱憎由己"之处。评议古人，不避圣讳，很有司马迁论史揭出《论六家之要指》

的风度。

刘知畿自称他评史不惜“言班马之失”。查《史通·自叙》有“史公著书，是非多谬”；《忤时》篇有“史记则退处士而进奸雄”之语。而人所共知，此乃班彪对司马迁的评论，刘知畿未注明而已。另一方面，他在《申左》篇说《左传》有三长，《公羊传》、《穀梁传》有五短。又设《汉书五行志错误》和《五行志杂驳》，用古文献驳斥灾祥应报说之不实和自相矛盾。虽非专对班固而言，其意则显见。关于正统问题，刘知畿未正面评论。但在《疑古》篇他认为尧禅位于舜是不可信的，应是舜夺取了尧位；又怀疑禹传启说法，认为是益、启争夺帝位，启杀益得位。在《载文》篇批评魏晋禅让的诏诰、九锡等文献都是虚拟的，不反映历史实况。可见，他认为帝位都是争夺而来，无所谓正统。

刘知畿最为后人称道的是他的治史三长说，即史家必须具备史才、史学、史识。史学指史料和历史知识，史才指文学修养，史识最重要，实际就是历史观，不过刘知畿的话只有“好是正直”四个字①。在《史通》中他说，古今“世异则事异，事异则治异”，史家不必“以先王之道持今世之人”②。又“远古之书与近古之史，非唯繁约不类，固亦向背皆殊”，此乃“古今不同，势使然也”③。

杜佑（君卿，735—812年）的《通典》是记唐天宝以前历代的典章制度，把历代史书的志书都容纳在内。值得注意的是，他提出“经邦济世”的原则。他在《自序》中说：“夫理道之先在乎行教化，教化之本在乎足衣食。《易》称聚众人曰财；《洪范》八政，一曰食，

① 《旧唐书·刘知畿传》。
② 《模拟》。
③ 《烦省》。

二曰货；管子曰仓廪实知礼节，衣食足知荣辱。”这都是儒家教导，但经杜佑整理变成一种历史观。所以，《通典》设九典，以《食货典》居首位，以下依次是选举、职官、礼、乐、兵、刑、州郡、边防各典；并去除了旧志中的天文、律历、五行、释老等那些不能“经邦济世”的志书，体现一种经济史、政治史、军事史体系。同时，把旧史属于地理志的人口问题移入《食货典》，并设“历代盛衰户口”专项，又在《食货典》设《轻重》专项。这都是很有见地的。

在唐代晚期，又出现了韩愈、李翱的“原道”和“复性”的历史观和柳宗元、刘禹锡的唯物主义历史观。他们都是影响到宋代理学。留待第三章再去探讨。

第三节　古代西方的历史观

对西方的历史观，我把重点放在18、19世纪理性主义运动中的历史哲学以及近代的和当代的历史观上。对古代西方，仅为中西比较，极其简略地回顾一下希腊早期的自然哲学，略述柏拉图和亚里士多德的历史观，并一笔带过中世纪的神学历史观。

希腊早期（公元前7—前5世纪）的哲学是自然哲学，人类社会是自然秩序的一部分。它主要有两种思潮。占优势的一种是以“哲学之父”泰勒斯（前624—前547年）为首的爱奥尼亚学派。他们常被称为“物理学家”。他们多半是泛神论和物活论者，认为大自然是有生命的、活动的。他们注意探讨自然界的本原，如泰勒斯认为是水，有人认为是气、火或者别的东西，并研究这些元素的运动，形成原始的宇宙构成论。另一种是南部的毕达哥拉斯（前

580—前 500 年)学派。他们注意研究宇宙万物间的关系、秩序和一致性,认为这一切都源于"数"。数的有序组合构成和谐的宇宙,也组成社会秩序。数主宰一切运动,也主宰人文,如"4"表示争议,"8"表示爱情。

不同的思想,在前 5 世纪初导致一场关于运动和变化的争论。一方面,以赫拉克利特(前 535—前 475 年)为代表,认为一切事物都是对立的统一,因而是不停止地运动着。"人不能两次走进同一条河",因河水在不断更新。变易是有规则的,因为一切事物都有它的逻各斯(Logos,理性,规律)。由此也规定着人与人的关系。例如"战争是万有之父",因为如果没有斗争,社会就要消亡。又如"每隔一万八千年世界就会从头开始",这就成为最早的历史循环论。另一方面,由色诺芬尼(前 570—前 480 年)创始的埃利亚学派则认为,凡是真实的存在都是永恒的、不变的。真实的存在是指事物的本质,是一(一般)而不是多(个别);一般(如善、美)是不生不灭的。我们经验上感觉的那个纷奇多样、有兴有衰的世界,是个别的事物,是虚假的现象,不是真实的存在。这是两种截然不同的历史观。这场争论的结果,是出现了各种原子论或种子论,他们试图调和这两种运动和变化的观点。以比较晚出的德谟克利特(前 460—前 370 年)的原子论为例,他认为,永恒不变的事物的本质确是真实的存在,但运动不息的原子也是真实的存在。原子的回旋运动构成水、气、土各种要素,要素的运动和转化构成宇宙和人类社会。而最精致的原子构成宇宙灵魂和人类灵魂。灵魂是永恒不变的,相当于逻各斯,其目的在于使宇宙和谐和人生幸福。

从上面简短的介绍中可以看出,希腊早期的自然哲学与中国先秦诸子百家的哲学，在人与自然的关系和人与人的关系上差异并不大。但在认识论方面，中西差异是较大的。中国先秦哲学家们，一般都把思维和存在看成是一致的，至少人能认知天命。而在西方，早在泰勒斯，就明确提出主体和客体是对立的，人不能完全认识客体。埃利亚学派在这方面走得更远。他们认为真正的认识即知识，是对真实存在的认识，也就是对事物本质或一般的认识。真实的存在是永恒不变的，真正的知识或真理也是永恒不变的；如数学原理，它不仅适用于此时此地，也在别的地方永远有效。反之，那种对个别事物的认识，对经验的总结，只是一种"见解"，只在个别的经验范围和时间内有效，因而不是真正的知识。这种认识论实际是反历史的，或历史怀疑论，在西方曾反复出现过。

然而，正在这时，即前 5 世纪，出现了西方古代最负盛名的历史学家希罗多德（前 480 年—?）和修昔底德（前 471—前 400 年）。他们的著作中虽然有不少神祇，但已完全摆脱荷马的传说或赫西俄德的《神谱》的风格，而是真正的历史了，所以，希罗多德被称为"历史之父"。不过，希罗多德的书虽命名为《历史》，也提到古埃及和两河流域国家一些情况，但主要是记载前 492—前 449 年希腊和波斯的一场战争。修昔底德则是记述他自己参加过的前 431—前 404 年的《伯罗奔尼撒战争》。就是说，它们是一种回忆式的记述，类似纪事本末，并且是最近或当代的事情，没有"通古今之变"或探讨历史发展规律的要求。他们都注意到引用文献的真实性，希罗多德注意分析希腊人抵抗波斯入侵的原因，修昔底德严肃地对待将领之间的关系。因此，虽然他们所写的不是希腊哲学家所追求的那种永恒的知识，但像描写更加瞬息万变的希腊悲剧那样，受到希腊人的欢迎，并成为不朽之作。

前5世纪晚期和前4世纪，出现苏格拉底（前469—前399年）、柏拉图（前427—前347年）和亚里士多德（前384—前322年）的哲学。欧洲文化史常把苏格拉底比作孔子，这颇不恰当。苏格拉底也主要是讲伦理学，但和孔子不同，现有材料中很难找到他历史观方面的观点，因此略去，只讲柏拉图和亚里士多德。

在认识论上，柏拉图继承埃利亚学派的论点，即真正的知识必须是揭示事物一般的、关于事物永恒不变的本质的认识。这种知识不能从经验世界中求得，因为经验世界是变动的现象，不是真实的存在。但柏拉图提出，人天生有一种渴爱求知的欲望，他叫做厄各斯（Eros，原希腊爱神）。这实际是对真、善、美的爱慕。经验世界不是真的，任何具体的东西都不是完全美或善的。但是，人们可以用真善美的厄各斯去考察感官的世界，这会激发人们回忆起他们先验中固有的理性，从而得到理性的认识。通过感官的、经验的事物，求得真正的永恒的知识。这种认识论，就不再是反历史的了。

柏拉图创造了“理念”说。理念是一种精神实体，他是万物的始原，也是万物的模型。最高的理念是善，善的观念即逻各斯，是一切理念的目的。造物主以理念为模型，塑造了一个以善的观念为指导的宇宙，即现实的感官世界。这样，就必须有什么东西作为塑造的质料。柏拉图对此没有说明。但在《蒂迈欧篇》，他提到土、气、水、火四种元素。看来，这个感官世界应当是由物质构成的，因而，柏拉图的宇宙观应当是精神与物质二元论的。然而，理念并不直接指导这个世界，而是通过灵魂。柏拉图为星体、万物和人类安排了一系列的灵魂或神祇，构成一个灵魂世界。灵魂世界是一切法则、数学关系、秩序、和谐的源泉，从而形成一个井井有条的、以善为终极目的的世界。在这个世界中，人与自然的关系显然是一致的，因为它们是按同一目的被塑造的。

在人与人的关系方面，柏拉图的观点是容易理解的。他举出人类灵魂有三个部分：理性、意志（冲动）、欲望。这相当于中国所说的人性。理性最重要，理性进入肉体，人才成为人。但非理性的意志使人勇敢，生气勃勃；意志应接受理性的领导。欲望则是比较低级的，更需要由理性节制。这三种因素彼此和谐，各司其职，一个人就是正直的。

由此产生柏拉图的国家观。他在《理想国》中把国家看成一个教育机构，实行德育，培育人的四德，即聪明、勇敢、克己、正直；当然是指自由公民，不包括奴隶。理想国是个小城邦，并由哲学家掌握王权。

亚里士多德集希腊主要学派之大成，使希腊哲学发展到高峰。亚里士多德的认识论，也是认为真正的知识是对事物一般或本质的认识，是永恒的，他称之为"形式"。形式相当于柏拉图的理念，但和柏拉图的理念不同，它不是独立地存在于具体事务之外，而是存在于事物之中；也就是说，一般存在于个别之中，因而，可以从经验世界认识事物本质。这实际是承认思维与存在的同一性，也解除了认识论中的反历史倾向。

人们可以用归纳的方法，从感觉世界中认识一类事物的性质，即由个别得到一般。但这样得到的知识只是一种盖然性，需要经过理性的证明，才具有必然性。为此，亚里士多德创造了演绎的逻辑学，即由一般确定个别的方法。这种逻辑学通常采用三段论式，即由(1)大前提和(2)小前提推演出(3)结论。大小前提都正确，结论必然正确。而大小前提的正确性需要又一个三段论式来证明。这样，一直推到最后的命题是不证自明的东西，如数学公理，或合乎逻辑规律的公式。这样，全部论证就无懈可击了。演绎逻辑学是亚里士多德的一大贡献，后来科学的发展都要利用这种认识方法。

亚里士多德认为，宇宙间任何事物都是由形式和物质结合而成的。形式是事物的动力和目的，物质是实现这一目的的实体。例如橡树种子长成橡树，即橡种子这种具有潜在橡形式的物质，在橡形式的推动下，实现了这种形式的目的。无数这样的实现，就是宇宙的形成。但是，这就必须有一个"第一推动者"，它是不带任何物质的纯形式或纯理性，它就是上帝，它也是世界的"第一原因"。世界第一原因，是世界一切秩序、美、生命和幸福的本原，也就是世界的最终目的或至善。

但是，世界上往往还有不够完善以至恶的东西。亚里士多德把这种情况归之于物质本身有缺陷，或者说物质在实现形式的目的时有一种抵抗，未能实现形式的目的。这就使得同一类型中的个体，参差不齐，以至发生对立和斗争。因此，在他的物理学中，他反对机械的原子论观点，认为变化不仅是量的变化和位置的变化。他把运动定义为"可能性的实现"，强调自然界也有活的运动（生成和衰亡）和性质的运动（一物转化为另一物）；并完全用思辨的方法得出没有无限的空间和宇宙是有限的结论。这在当时是了不起的。而在生物学上，他则是用灵魂学说来解释。有不同等级的灵魂，人有最高级的灵魂，即能够作理性思维的灵魂。

不过，人类的灵魂不都是理性的，也有非理性的部分，即感情和欲望。为实现做人的目的，灵魂的各部分必须保持正当的关系，特别是对于感情和欲望，要保持唯理的态度。所谓唯理的态度，最好是居于两个极端之间，即中庸的态度。例如，勇敢是蛮横和怯懦的中庸，豪爽是奢侈和贪吝的中庸。中庸不是到处都一样，而是在不同情况下，由个人选定的。亚里士多德说："德性是一种倾向或习惯，包括审慎的目的或选择。道德在于中庸之道，这取决于我们自己，由理性来确定，或者像一个审慎的人会予以确定的那样。"又说："一个有德性的人往往为他的朋友和国家的利益而采取行动，必要时，乃至牺牲自己的性命。他宁愿捐弃世人所争夺的金钱、荣誉和一切财物，只求自己高尚，……他宁愿高贵地生活一年，而不愿平淡地生活多年。"[①]看来，亚里士多德颇喜欢侠义的性格，有如司马迁。亚里士多德说诗歌要比历史学更真实，而柏拉图则说诗歌没有什么价值。

亚里士多德强调人是社会的动物，社会生活是人类存在的目的，而国家则是达到这一目的的整体组织。整体总是先于部分，有整体才有部分，所以，在性质上，国家先于和高于家庭、村社和个人。这是一种理性历史观。因为国家是社会形式的目的，具体历史不过是实现这一目的的过程而已。亚里士多德认为，国家给平等的人以平等的权利，给不平等的人以不平等的权利。根据个人能力、财产、社会地位（阶级和等级）之不同，区别对待，这就可以调和人与人的关系，达到"正直"（公平）。

在前3世纪以后的希腊化时期，有伊壁鸠鲁学派和斯多葛学派哲学，它们主要讨论伦理学问题。到公元1—4世纪的罗马帝国时期，除新柏拉图主义外，就没有什么新的哲学了。

---

① 亚里士多德：《伦理学》，转引自梯利：《西方哲学史》增补修订版，商务印书馆1995年版，第95页。

希腊的艺术和文学在前5世纪以后即见衰微,史学也在修昔底德以后后继无人。但是,到希腊化的后期,出现了波里比乌斯(约前270—前205年)的《通史》。《通史》实际是叙述希腊化的过程,不过150年;但是,地域扩大了,由希罗多德、修昔底德的希腊城邦史扩大为当时称为"世界"(实指亚历山大统治的欧洲和部分亚、非地区)的历史。这点非常重要。因为学者们所称"希腊化"(Hellenism)是指野蛮人(波斯人、叙利亚人、巴比伦人、埃及人)都说希腊语,服膺希腊文化和风俗习惯了。当初希罗多德写希波战争史时也论及波斯人,但是把他们当作敌人看待,波斯只是个地理概念。现在整个大流士帝国都希腊化了,在波里比乌斯头脑中就产生一个人类大统一思想,产生世界历史的概念。这有点像公羊学家解释《春秋》"三世":先是"内其国而外诸侯",继而是"内诸侯而外夷狄",到孔子时就"天下远近大小若一",世界大统一了。[①] 波里比乌斯说他是第一个把"历史学"设想为具有普遍价值思想形式的人,其价值就在于培养出具有世界统一观点的政治家。

波里比乌斯的历史学思想是伟大的,但希腊化实际是一种武力征服,遇到很多抵抗和挫折。波里比乌斯书中实际所写的则是宣扬征服世界的使命,即目的论史学;记述亚历山大的将军们的英雄事迹,即英雄史观;以及战争悲剧。对于战争胜负和事业成败,则是命运决定论。

到罗马帝国时代,李维(约前59—公元17年)的多卷本《罗马史》,可说是第一部真正的通史。李维在序中强调罗马民族的道德

① 何休《公羊传解诂》。

传统，有浓厚的怀古情绪，把道德作为罗马历史发展的目的。他确实花大力气发掘早期罗马的史料，但毕竟神话传说多于事实，它自己也说是作为寓言，保存下来。再者，全书表现的似乎罗马自古就是个英雄城市，逐步实现和扩大其荣誉，因而没有什么“通古今之变”的讨论。这显然是受希腊哲学影响，以永恒的知识（这里是道德和英雄）为主题的历史观。

略晚的塔西佗（约 50—120 年）著述不少，而以四卷本《编年史》著称。编年史体例后来在西方颇为盛行，不过塔西佗的著作仍是以故事为主，“系年”处理。全书基调也是宣扬罗马征服欧洲与中亚，对军事荣誉有崇拜心情。塔西佗以刻画人物见长。人物活动构成历史，是治史之一途。但他对人物的描述以个人性格为主，有忽视环境与条件之嫌。且有夸张，好人很好，坏人很坏；把历史写成善与恶的冲突，有违历史真实。

现在再回顾一下。总的来看，希腊的自然观，比中国儒家的自然观，神义要多一些。但在人与自然界的关系上，差异并不大。双方都认为，自然界是个有序的、和谐的整体，人世也应当是这样；人与自然界有同一性。这种观点中西是一致的。不过，希腊的世界观有强烈的目的论，这对史学思想影响很大，希腊和罗马史家的著作都是目的论的，是乐观主义的。中国儒家思想也有目的论，但受自然、无为思想的影响，在史家的著作中，目的论轻微，或者没有。在宇宙起源方面，中国是生成论，西方主要是构成论，但在希腊时代，还是有机论占优势；这点在古代史学上影响不大。另外，西方哲学有物理学的传统，以至后人在编辑亚里士多德的著述时，把哲学原理部分放在物理学后面，称“物理学后”（metaphysics），今译“形而上学”。在中国没有物理学的传统，是个缺陷。

在人与人的关系上，双方都是以伦理学为基础，重视德育、教化，维护等级制度，要求社会和谐、合作，没有多大差异；在道德观上，亚里士多德的看法与儒家尤为接近。在国家观上，因中西体制不同，反映在历史上差别较大；其实，双方都是贵族政治，不过希腊有议会传统，罗马法制较强而已。历史观上，对社会制度变迁的看法，中国远走在前面。西方史学家把发展看成是直线的，中国则有损益（改革）和革命（向对立面转化）的概念，有个“通古今之变”的伟大思想，这是了不起的。西方历史上有个“英雄时代”，主要指希腊罗马城邦，是英雄史观；中国则是圣贤史观，言必称三代，或周公孔子。这与古代历史有关，希腊罗马都有多次远征，有许多英雄事迹；但主要还是历史观不同，战国和楚汉时期也有不少著名战役，中国史家并不去歌颂。柏拉图和亚里士多德都把“勇敢”作为大德，中国则只讲仁和义。

在思维与存在的关系上，在认识论上，中西差异较大，前已言及。不过，在古代，这种差异还没有完全展示出来，在西方二元论仅见端倪，怀疑论和自我史观还不明显。在认识方法上，希腊早有逻各斯传统，亚里士多德发展成为比较完整的推理的逻辑学，对科学和史学的发展都做出贡献。中国的辩证法思维非常先进，而逻辑思维很糟糕，《墨经》绝唱后，几乎无人问津，这是个缺陷。

到漫长的中世纪，基督教会统治欧洲，创造了神学历史观，代替了希腊历史观，连同希腊罗马的历史著作，几乎被人忘记。这种神学历史观认为，人类历史只是无时间性的永恒天国的一个暂时的阶段，其目的在于上帝施恩，以拯救陷于“原罪”和其他罪恶的人类，经过审判，重返天国。因而，历史学的任务就是根据启示录研究上帝的意旨，安排历史事件，说明圣恩的伟大。这种历史著作多是普世性的，多采用编年体，分基督降生前和降生后两大部分，并常有预言未来的部分，即所谓“末世学”。主要仍是讲故事，但已不是乐观主义的，而很严肃。正如中世纪一个格言所说，“世界历史就是世界法庭”。对这种神学历史观，就此一言略过。

第三章　理性化时期的中西历史观

第一节　西方理性化时期的历史观

一、理性主义的兴起

15、16世纪，欧洲经历了文艺复兴、宗教改革和近代科学的奠立三项伟大的变革，人们的思想摆脱了神学束缚，回到人文主义。此后西方的历史学就都是以人为本位的史学了。

17世纪，理性主义大师纷纷出现，欧洲进入理性化时期。这些思想家们都认为真理或真正的知识不是来自神的启示或权威谕旨，而是来自理性思维，即用自然的内在的原因来解释自然和社会，以至解释信仰和宗教本身。他们认为理性思维必须合乎逻辑，因而都重视方法论，希望找出普遍的永恒的规律。他们都尊重科学，有些本人就是科学家。但在理性的根源上，出现两种见解：一派认为，一切理性知识都来源于经验，被称为经验主义者，如英国的F.培根（1561—1628年），T.霍布士（1588—1679年），D.休谟（1711—1776年）等；另一派不否定经验知识，但认为理性的根本原则是天赋的、先验的，被称为唯理主义者，如法国的R.笛卡尔（1596—1650年）、荷兰的斯宾诺莎（1632—1677年）、德国的G.莱布尼兹（1646—1716年）等。无论是经验主义者或唯理主义者，他们对18世纪的启蒙运动和欧洲社会的现代化都做出贡献，他们的理论对西方的历史观都产生重要的影响。

培根认为人有三种智力，即记忆、想象和理性，因而他把知识分为三个领域，即历史、诗、哲学。历史学是由记忆主宰的，历史学的任务就是追忆和记录过去。这就否定了中世纪历史学作为根据神的启示以预测未来的历史观。同时，培根是经验主义者，十分重视历史知识，历史知识是想象和理性思维的材料和根据。

培根的自然观是机械唯物论，认为自然现象没有目的，而人类的行为是有目的的。人们研究自然是为了认识它的运动规律，以便征服自然。培根的名言"知识就是力量"，就是指征服自然的力量。这个观点提出后，影响至为深远。这以后西方的全部自然科学，差不多都是朝着征服自然的方向发展的，影响到社会科学，尤其是经济学；然而，也产生负面影响，以至造成资源浪费，生态失衡，出现不能持续发展的危机，直到20世纪后期才觉悟和反思。在历史观上，则使人们抛弃了人与自然界统一的观点，先是把自然界从人类历史中分离出去，继而出现人与自然界的完全对立，演变为主客体的对立，为自我历史观开辟道路。

在认识论上，培根的哲学中思维与存在是统一的，但在《新工具》（1620）一书中，他反对亚里士多德的演绎逻辑，而竭力提倡归纳法及其分析的方法。他的归纳法不是简单的集合经验，而是要像蜜蜂那样广泛采集，并且要消化加工，成为理性知识。这对当时兴起的实验科学十分有益，但也首先出现工具主义倾向，后来工具理性竟成为西方主流。但就历史学来说,归纳法乃是实证主义的主要方法,其功绩是无可争议的。至于分析的方法,是将整体划分为一个个的部分,逐一进行研究,对科学的发展甚有绩效。对历史学来说,这种分析方法有一定的效果,但也有片面性,一直是史学界有争议的问题。

培根的继承者霍布士是一位更彻底的机械唯物论者。他完全否定神学,也否定了当时哲学界公认的、培根也不免的灵魂存在说。在方法论上,他承认归纳法,但更推崇演绎法;他采用分析方法,又同样重视综合法。然而,对历史观影响最大的乃是他的政治哲学。如果说,培根对历史观影响最大的是在人与自然的关系方面,霍布士的影响则是在人与人的关系方面。霍布士认为,支配个人行为的根本力量是"自我保护",这是人的"天赋权利"。每个人都追求自己的天赋权利,这就出现"一切人反对一切人"的战争,造成"人对人像狼一样"的世界。这里没有正确或错误,也无所谓正义和非正义。为了制止这种战争,"自然法则",也就是道德理性,要求人们订立契约,把个人的天赋权利转交给国家,使国家或君主(他以为君主制是最好的政治体制)有至高无上的权力,使全体人民得到统一。他的学说形成18世纪启蒙运动中的契约论,也成为19世纪某些历史哲学家所说的历史的目的。

休谟是18世纪的人物。他曾参与启蒙运动,与J-J. 卢梭有交往,他本人也是史学家,著有《英国史》。他认为,一切知识都是来自对事物的现象的经验观察,至于哲学家们争论的客观的物质实体和精神实体,是不可知的,亦无须去追究。休谟认为,知识中,有一类命题,如三角形的三个角等于两个直角这类命题,是可以完全用思维来证明的。此外,所有命题,都是由经验得来的感觉,经过因果关系的推理，得出观念来认可的。而所谓因果关系，也完全是经验的。人们在生活中常见某一现象发生后，另一现象跟着发生，遂把前者作为原因，后者作为结果。所以，因果关系是在人们的头脑中形成的，是由于事物现象的重复出现，由于习惯或习俗形成的。我们并不知道有什么力量使原因与结果相继出现，也不能像数学原理那样予以证明。因而，因果关系不是必然的，不能由某种因推出必有某种果。但这种关系在生活上是需要的，在求知上是有用的（还应当说在历史研究上是常用的）。例如你完全有理由怀疑明天太阳会不会升起，但经过千百次怀疑，还是会得到比较肯定的知识，可以应用。

休谟还用这种观点对历史作了论证。他在《人性论》第一卷（该卷是《论知性》）中说："我们相信恺撒是 3 月 15 日被杀害于元老院的；而我们相信是因为这一事实是根据历史学家全体一致的证词而确立的……这一连串的论证或因果关系，最初是建立在这些被看到的或被记忆的符号或文字之上的。"又说："对古代史的任何一点，我们都没有任何把握，除非是经过千百次的论证过程。有关事实的知识得以达到第一个历史学家手中之前，它必要经过百口相传；在它被付之于写作之后，每一种新本子就是一种新东西。"[①]这些话是对笛卡尔的历史怀疑论而发的。经验得来的历史事物，不能绝对肯定，但经过一连串或千百次因果关系的论证，还是可用的。论证中"每一新本子就是一种新东西"一语，尤为可取。

休谟还是一位经济学家。实际上他首先提出"经济人"的概

① 该书 1734 年原版。转引自柯林伍德：《历史的观念》，商务印书馆 1997 年版，第 121、122 页。

念，成为西方近代经济理论的基石。他从人性论的研究中，认为自私和贪欲是人的本性，因而人要劳动，“世界上每一样东西都要靠劳动来购买，人们的欲望则是劳动的惟一动机”。① 当时美洲发现金矿，大量贵金属流入欧洲，休谟研究贵金属增加与物价上涨的因果关系，得出他的货币数量说；并以此为根据，反对重商主义，提出贸易差额平衡说，提倡自由贸易。这对当时亚当·斯密的理论产生重要影响。

以上是英国经验学派的论点。下面再略谈大陆唯理主义者对历史观的影响。

笛卡尔是伟大的哲学家，也是物理学家和数学家。他曾提出宇宙的动量守恒定律，创建解析几何学。这些无疑都是经验得来的知识，但都是经过他所说的先验的理性原则（如三角形的三个角等于两个直角这类的公理或定义）验证了的，所以是普遍的真理。他还用同样方法论证了医学、道德以至神学的真理性。凭着这些认识，人可以“成为支配自然界的主人翁”，“使我们毫不费力地享受地球上的各种矿产、各种便利，最主要的是保护健康”。但是，对于历史学，笛卡尔采取了怀疑的态度。他在《方法论》（1637）一书的第一部分中说：“对于古代的事情过分好奇，每每会对现代的事情茫然无知。……就连最忠实的史书，如果不歪曲、不夸张史实以求助听，至少总要略去细枝末节，因而不能尽如原貌。如果以此为榜样亦步亦趋，每每会同传奇里的侠客一样陷入浮夸，想出来的计划每每会无法实现。”②这段议论是说读史书容易发思古之幽情，说

① 陈玮译：《休谟经济论文选》，商务印书馆 1997 年版，第 10 页。

② 笛卡尔：《谈谈方法》，商务印书馆 2000 年版，第 7 页。（该书通译《方法论》。——作者注）

史书不真实，读之无助于实用。这是因为这段话是接着前面论述读书而来的，并且当时史书大多是讲英雄故事。实际上，他不是讲史书，而是怀疑历史，怀疑一切过去的事情，因为过去的事情是不能用先验的理性原则验证的。

笛卡尔的箴言是“我思，故我在”。这是个认识论命题，其本意是肯定认识主体的存在。“思”是因为有怀疑。“正是因为我想怀疑其他事物（客体）的真实性这一点，可以十分明显、十分确定地推出我是（我在）”。[①] 就是说，单单有我还不能确立认识的主体的地位，必须要“我思”（我怀疑）才能确立认识主体的存在。因而笛卡尔的方法被称为普遍怀疑法。不过，这个命题的目的还是要从怀疑中求得真知。笛卡尔说他并不是（像希腊有些人那样的）怀疑论者，不是为怀疑而怀疑，“我的整个打算只是使自己得到确信的根据，把沙子和浮土挖掉，为的是找出磐石和硬土”。[②] 那么，历史学能不能把对过去事情的认识扫除浮土、找出磐石呢？用笛卡尔的方法显然是不可能的，因为历史学没有像数学公理或定义那样的普遍适用的历史规律来验证过去的事情。这正是前引笛卡尔论读史书那段话的本意，也是后来美国逻辑实证主义历史学没有成功的原因。总之，企图用一种普遍规律来验证历史事实或推导历史未来，都是危险的。

笛卡尔是自然和上帝、物质实体和精神实体都存在的二元论者。唯理主义的继承者斯宾诺莎则是把上帝合并于自然，也就是使自然或物质实体赋有精神的一元论者。这个一元的实体是宇宙

① 笛卡尔：《谈谈方法》，商务印书馆2000年版，第27页。

② 同上书，第23页。

万物的因，它主宰万物，但它是没有目的的，也不发号施令，它是无为而无不为的，有点像先秦道家的天。在人与自然的关系上，与培根的观点相反，斯宾诺莎认为人的理性是按照自然的规律行事，因此人与自然是一致的；而人对自然的必然性的认识，就是人获得了自由。在人与人的关系上，斯宾诺莎则有点像霍布士，认为每个人都要行使自我保护的自然权利，甚至动用武力，以谋取最大利益。但是，人是有理性的，理性要求通过国家组织，限制个人的天赋权利，达到人与人的目的的统一。

莱布尼兹是一位哲学家，也是物理学家和数学家。他和牛顿分别创造了微积分学，他以力或能量守恒定律发展了笛卡尔的动量守恒定律，并在技术上有发明创造。而莱布尼兹哲学上的最大贡献当属他的有机自然观。

原来，在宇宙起源上，古代中国主要是生成论，古代西方主要是构成论。生成论主张变化是产生、消亡或转化；宇宙是自然生成的，因而是和谐一致的。构成论是把整体分解为不可再分的要素，变化是要素的结合或分离，宇宙是按“预定的和谐”结合而成的。17 世纪理性主义运动中，笛卡尔提出构成自然实体的一些规律和动量守恒定律，I. 牛顿（1642—1727 年）于 1666 年提出万有引力定律，于 1687 年阐述了他的力学三定律。从此，笛卡尔—牛顿的机械论的自然观统治欧洲达三个世纪之久。莱布尼兹与牛顿是同时代人，他也是从力学入手，认为一个实体必须是活的，表现为力的，才是实在的；力在量上是守恒的，众力和谐共存，乃有空间。为此，他提出单子论（Monadology）。单子是力的单体，它不是物质的，而是精神的，有知觉和欲望。不同级别的单子（其知觉有模糊与清晰程度之不同）分别组成无机界、有机界和人，最高级别亦最完善的单子即上帝。每个单子都由于内在的力而处于演化过程中,犹如胚胎之成长;因而,每个单子都“携带着过去”并“孕育着未来”。这样,由无数不同级别单子形成的宇宙,必然是个有机的宇宙。

值得注意的是,莱布尼兹的有机宇宙观思想主要来自中国。原来在12世纪,由于宋代理学家的努力,中国古代的宇宙生成论已发展成为系统的有机论的宇宙观。莱布尼兹幼年即学习中国哲学,研究孔子和《易》,又通过当时耶稣会来华教士了解中国的天文理论,1697年他出版《中国近事》,流行欧洲。李约瑟(1900—1995年)在《中国科学技术史》中引证莱布尼兹《单子论》在第67节所论:物质的每一部分都可以设想为一个充满植物的花园,而植物的每一茎梗也都是这样一个花园;这正是宋儒“理一分殊”的理论。第73节说,“没有绝对的生,也没有完全的死,我们所称为生的就是发展和展开,我们所称为死的就是闭合和收缩”。这完全是道家散和聚的理论,《易传》和庄子“几”、“微”的理论。莱布尼兹还在《单子论》中直接提出,近代中国(指16世纪)的诠释家对宇宙秩序及其原因的解释应受赞扬。①

在认识论上,莱布尼兹是唯理主义者,认为所有普遍的、必然的真理都是先验的,而来自感觉和经验的判断没有必然性。但是,没有感觉经验,人们不会意识到这些潜在的先验的原则,是感觉或经验提供机缘,人们才去研究发现科学的必然规律。这就改变了笛卡尔的历史怀疑论。一般说,莱布尼兹是注意经验知识,是承认

① 李文潮编译:《莱布尼兹与中国——〈中国近事〉发表300周年国际学术讨论会论文集》,科学出版社2002年版,第1页。李约瑟:《中国科学技术史》第2卷《科学思想史》,中译本,科学出版社、上海古籍出版社1990年版,第531—532页,第534—535页。

历史事物的。同时，在逻辑学上，他于同一律、矛盾律之外，提出充足理由律，作为经验领域内真理的标准。也就是说，一切经验事物必须用充足理由律来考察，才能肯定。这在历史学上就是考证学。不过，莱布尼兹注意的是那些自古迄今连续的范畴或概念，而轻视了历史上的革命和创新。

二、启蒙运动

启蒙运动（the Enlightenment）原意是指摆脱中世纪神学统治下人们的蒙昧状态，走向理性的开明境地。这自然应从16世纪的宗教改革讲起。但通常是指18世纪的思想家和社会活动家将理性主义传播于民众，提出天赋人权和自由、平等、博爱等行动口号，推动英国、法国的政治革命，促进民族国家的形成和欧洲社会现代化的过程。康德的文章《答复这个问题：什么是启蒙运动？》说："启蒙运动就是人类脱离自己所加之于自己的不成熟状态。""要敢于认识！要有勇气运用你自己的理智！这就是启蒙运动的口号。"①所以，启蒙运动的理性都是工具理性。

孟德斯鸠（1685—1755年）是早期最著名的启蒙思想家。他尖锐地批评神权和当时的专制制度，提出行政、立法、司法三权分立的君主立宪体制。他对历史颇有兴趣，曾著《罗马盛衰原因论》（1734）和《法的精神》（1748）。他把一个民族或国家的兴衰主要归结为自然地理条件因素。在《法的精神》中，他认为法是事物的本性间的自然、必然关系，一切存在都有它的法，因而立法必须与

① 康德：《历史理性批判文集》，商务印书馆1996年版，第22页。

社会历史的状况相适应。为此,他以大量篇幅,历史地考察了气候、土壤、地理位置、幅员大小对一个民族生活、道德、法律原则的决定性作用。孔德非常欣赏孟德斯鸠的历史学方法,认为是用自然规律研究社会的典范。孟也被后来的社会学家推为地理学派的先导。

F. M. 伏尔泰(1694—1778 年)是经验主义者和机械唯物论者。在启蒙运动中他反对一切压迫,为信仰自由、言论自由而斗争,为选举自由、议会自由和第三等级(资产阶级)的政治权利而斗争。他并不热衷于民主,而是推崇中国儒家维护社会等级和谐一致的礼法制度,从而主张开明专制或君主立宪。他认为人是有理性的,因而人有社会性和族类感情,构成合作的社会。同时,人又是自私的,喜欢财富和统治别人,这是人的非社会性,造成社会压迫和国与国之间的战争。好的社会制度是要实现人的社会性与非社会性的统一,即完全的人性。

伏尔泰首创"历史哲学"这一概念,并以之作为他《论世界各国的风俗与立国精神》(1765)一书导言的题目。他认为历史就是人类社会理性与非理性、善与恶斗争的发展过程,并以理性发展为标志,勾画出希腊的伯里克利和亚历山大时代、罗马的恺撒和奥古斯丁时代,以及文艺复兴时期的佛罗伦萨、近代法国的路易十四等四个时代的历史进步过程。但他认为,历史上常常是非理性的时代更长,人们在迷信、压迫和痛苦中饱受煎熬,远比能够安居乐业的时候更多。这是历史的悲剧,但没有使伏尔泰悲观。启蒙思想家都是历史乐观主义者。伏尔泰认为,理性终会使人进入"自然的法则"的社会,自然的法则"就是通天下都认为如此的那种事情","就是使我们知道正义的本能","就是社会的永恒联系和根本法律”。[1] 当然，这要经过教育，改造风俗习惯，提高民众的集体理性来实现，而不是由少数上层统治者来实现。因而，伏尔泰倡导研究民众的文化史，特别是近代的文化史，以造福于社会。这也是因为，他认为15世纪以前的历史知识往往是不可靠的。

J-J. 卢梭（1712—1778年）是中国人最熟悉的法国启蒙思想家。他的《社会契约论》（1762）、《爱弥尔》（1762）等著作较早地传入中国，从严复、梁启超到今天都不断有人评论，以致有《卢梭在中国》一书问世。[2] 卢梭的名言“人生而自由，但到处都在桎梏之中”，可谓一语惊天下。而人们对他的曾被称为浪漫主义的历史观，往往注意不够。他是鉴于启蒙运动不能只寄望于开明的统治者，必须以普及教育启发民众的“公共意志”，从而论历史学也应是民众的历史。不能像一些启蒙学者那样把人类过去看成是完全愚昧，对过去采取厌恶否定的态度。他扩大历史视野，从研究远古的“自然状态”开始。他认为，在自然状态下的民众完全是平等的，进入公民社会，有了私有财产，才出现不平等。但是，从野蛮人到现代人，每个时代的人民在精神上都有他们的理性，每个时代都有自己的价值，正如儿童也有自己天真的理性概念那样。全部历史就是人类理性发展史，人类未来，则是要返回人人自由平等的自然状态。

A-R-J. 杜尔阁（1727—1781年）是位经济学家，也是坚定的社会进步论者。作为经济学家，他把F. 魁奈（1694—1774年）的重农主义发展到高峰。他把魁奈《经济表》中作为自然赐予的“纯产品”论证为土地所有者对生产者的无偿占有；又在对不生产阶级的分

① 《十八世纪法国哲学》，商务印书馆1963年版，第85、98页。

② 黄德伟：《卢梭在中国》，香港大学出版社1997年版。

析中论证了利息、利润的本质是资本的合理收入。这都对他的友人亚当·斯密产生影响。

作为社会历史学家，杜尔阁于1750年发表《人类精神持续进步的哲学概述》系列演讲。他认为自然界没有本质上的变革，一切是重复和循环；人类则本质上是创新者，具有理性，不断进步。人类精神的进步经历了三个阶段：(1)神话阶段，用想象来解释宇宙现象；(2)形而上学阶段，用抽象观念来解释一切；(3)科学阶段，要弄清自然规律和事物之间的因果关系。显然，这正是孔德知识三阶段论的前驱。当然，人也有贪欲，以至历史上不少战争和征服。不过贪欲也有积极的一面，“贪欲是在没有理性的时候代替了理性，从而丰富了思想，传播了知识”。[①] 人类历经幸福和灾难，但理性是持续发展的，在未来社会，将会融合成为一个包括整个世界的统一文明。

J-A. 孔多塞(1743—1794年)是18世纪最后一位启蒙思想家，法国大革命的狂热支持者。他是个经验主义者，但也接受笛卡尔的唯理主义。和杜尔阁一样，他也是从人类心智上寻找历史进步的动力，是启蒙运动中最乐观的历史学者。他认为，知识增长会使人尊重人们的自然权利，带来人的自由和社会的进步。同时，知识有功利价值，因而也给人带来物质利益，并导致人与人关系的改善。加起来，就是人类幸福的增长。但历史不是自发进步，而要靠人的斗争，摆脱愚昧、迷信和浪费人们心智的哲学，战胜自私社会的各种邪恶制度，然后才能取得。

① 沃尔金：《十八世纪法国社会思想的发展》，商务印书馆1983年版，第86页。

在《人类精神进步的历史纲要》(1794)中,孔多塞把社会进步的历史划分为十个时代:(1)渔猎时代,产生语言和家庭;(2)畜牧时代,开始不平等和奴隶制;(3)农耕时代,发明文字;(4)希腊时代,产生哲学和科学;(5)希腊化和罗马时代,法的发展;(6)黑暗的中世纪,没有任何发明;(7)1450年以后和16世纪,发明印刷术,理性发展,社会不会再倒退了;(8)笛卡尔时代,科学摆脱了权力的束缚,可以自由发展了;(9)由于法国大革命,阻碍社会进步的最后障碍被清除了;因而(10)在未来社会,不会有巨大的政治变动或社会变动,历史将平坦前进;并且,最后将消除国家与国家间的分歧,达到全人类平等,也就是人类最后的完善。

三、历史哲学

伏尔泰首先提出"历史哲学"一词,但一般认为第一部历史哲学的著作,当推意大利人G. B.维柯(1668—1744年)于1725年发表的《关于民族共同性的新科学原理》,简称《新科学》。以下,略述维柯的历史哲学,德国人J. G.赫德尔(1744—1803年)、E.康德(1724—1804年)、G. W.黑格尔(1770—1831年)、马克思和恩格斯、O.斯宾格勒(1850—1936年),以及英国人A.汤因比(1889—1975年)的历史哲学。介绍时注重他们的历史观,即对人与自然界、人与人、思维与存在这三个方面的关系的看法,而不去深究他们的哲学思想。

维柯首先提出"历史是由人类自己创造的"命题,因此人能认识历史。这就否定了笛卡尔的历史怀疑论。维柯把历史看作是人类逐步建立起语言、习俗、法律、政府等体系的过程。这都是人们按照自己的需要创建的，不是按照神的启示、也不是根据先验的理性原则建立的，这就驳斥了先验论历史观。他又认为历史不仅是各民族的个别事情，而且还有它们发展的共同规律，这就把历史学从记载故事带入科学研究领域，故称“民族共同性的新科学”。

维柯认为各民族历史的发展都经历了三个时代：(1)神祇时代：对大自然的畏惧产生多神宗教，发明农耕，权力特征是家长制，文化是神话。(2)英雄时代：强者为了压迫弱者建立了国家，权力特征是武士与贵族的政府，以勇敢和忠心为基础的道德，神话则让位给诗。希腊、罗马、中世纪都是英雄时代。(3)古典时代：凡人登上政治舞台，建立民主共和国或议会君主制，思维代替想象，诗让位给哲学，同时，科学发挥了创造力，工业压倒农业，物质空前繁荣。显然是指宗教改革后的欧洲。

维柯的历史观是进步的，也是循环的。人类生活由森林向茅屋，再下去是村庄和城市，最后是国家和学院。人类由必需而求效用，再下去是舒适和享乐，最后变得奢侈与浪费。各民族性格由粗野而严峻，人们奢侈成风，嗜杀成性，战争不息，若无外来(外族)干预，就会返回到野蛮主义，重新开始三个时代的嬗变。但不是重复过去，因已有思维，这是一种反思，是在反思的基础上由野蛮再进入文明。

历史总是创造新事物，所以循环或周期性不容许我们预测未来，只能更了解过去。如中世纪基督教实际是恢复到野蛮主义，但不同于荷马时代(异教徒的)野蛮主义，所以研究中世纪可以更好地了解荷马时代。

维柯是人性恶论者。人都受制于“自私欲和自爱的暴力”，追求自己的利益，不顾别人的利益。然而，这要受天意(providence)支配。历史是人类自己创造的这一命题包含着历史发展的原因或动力要从人类历史内部去寻找。维柯的解释是这样的:"人处在野兽情况下只希求他自己的福利,娶得妻子、生了儿女之后,就希求自己和他所属的那个家庭的福利;进入了公民生活之后,就希求自己和他所属的那个城市的福利;等到那个城市的统治推广到若干民族,他就希求自己的和民族(或国家政权)的福利。如果若干民族由于战争、合约、联盟和通商而联合在一起,他就希求他自己的和人类的福利。"①可见,他实际是把天意视为共同利益的原则,天意支配人的私欲,推动历史前进。

赫德尔是第一个系统研究历史哲学的,著四卷本《人类历史哲学的观念》(1784—1791 年)。他以整个第一卷阐述自然界和人类都是进化的有机体。在 C. R. 达尔文(1809—1882 年)之前有这么丰富的进化论思想是了不起的。当然,他不是靠科学实证,而有点像中国的生成论。"那是生成,是内部力量的作用";"我们可以把人类看成是各种低等有机力量的巨大汇合,这些力量必须就在其中发育以便培养出人道。"②不过,他的自然观不是自然生成,而是目的论的。自然设计的目的就在于创造一种有理性的生命即人类;人类历史的目的就在于不断发展人性,即道德文明。相对地说,他不重视物质文明,认为今人不见得比古人幸福,犹如成人并不比儿童更觉幸福。

与唯理主义者的普遍的人性观不同,赫德尔认为不同种类的人类,各有其生活理想和幸福观,即不同的人性。正是人性的多样

---

① 维柯:《新科学》,人民文学出版社 1986 年版,第 341 页。

② 赫德尔:《人类历史哲学的观念》1784 年版,转引自康德:《评赫德尔人类历史哲学的观念》,载康德:《历史理性批判文集》,商务印书馆 1996 年版,第 39 页。

性，造成五彩缤纷的世界。因而或谓赫德尔首创人类学。他还认为，不同民族社会政治制度的差异不是来自历史经验，而是来自不同民族的心理特点，因而他提出“民族精神”是一国历史发展的核心。这种见解导致他种族偏见的历史观。他承认各民族之间的联系，如希腊人利用了埃及人的文化遗产，埃及人离不开东方人而存在，罗马人依靠欧洲人希腊化和征服世界（指部分亚非地区）。但是只有欧洲人才是历史民族，有真正人类生命的历史，而在中国、印度、美洲土人中只有静止的文明，这种文明只有生活形式的变更，没有成为历史前进的理性的积累的发展。

康德力图调和 17 世纪以来经验主义和唯理主义两派观点，建立了他感性、知性、理性的认识论。他认为，一切认识来源于人们的感觉，而感觉的事物总是在一定的时间和空间之中，否则不成为客观存在，历史事物尤其是这样。而时间、空间概念并不是实在、自在的东西，乃是人们感性固有的或先验的东西，在感觉时加之于客体的。感性认识是零碎的、互无关系的，还不是知识。知识表现为判断。要人们的知性，用因果关系、肯定、否定等范畴对感性认识作逻辑分析，得出判断，才成为知识。而因果关系、肯定、否定等范畴都是人的知性固有的或先验的认识能力，加之于客体，才得出原理、规律等判断的。

康德认为，感性认识只能感觉客体的现象，而不能感觉物质世界或精神世界的本身或本质，即康德所说“物自体”或“自在之物”。同样，知性认识也只能用逻辑方法分析经验的现象，如用因果关系、肯定、否定等范畴去分析物自体，便会陷于“二律背反”的困境。就是说，物自体是超出感性、知性认识能力的，是不可知的。但它是客观存在，人们不能用知性去认知它，却可以用理性去思维它，得出一个整体观念。所谓观念都是超经验的，也可以是假说，如日心论、原子论都是假说。所以理性思维就在于综合、统一知性的各种判断，得出一个整体观念，解除二律背反。例如，历史是人类自由意志产生的还是自然的必然决定的，是个长期争论的问题。若用知性的逻辑方法去分析，可得出两种结论：(1)世界上有自由；(2)世界都是必然的，没有自由；即二律背反。但用理性思维，则可以把自由作为一个超验的道德观念：人有"摆脱感性世界而依理性世界法则决定自己意志的能力，即所谓自由"①。自由意志具有创始力，产生创始活动。这样，人类历史是自然的必然结果，也是自由意志的结果，就是说，形成历史的既有经验的原因，也有超验的原因。

总起来看，康德的认识论是不承认思维与存在的同一性的。他自称是先验论者。感性认识中的时空观，知性认识中的逻辑范畴，以及理性思维，都是先验的即先于客观存在的东西。康德的认识论中，主体与客体明确对立，他并且凸出主体。客体是混乱杂多的东西，被主体感觉后，给予时空秩序；再由知性分析，转化为逻辑判断；最后由理性把它整体化为观念，才成为完整的知识。主体是认识的决定者，为此，康德十分重视自我。有人评论说："康德全部的认识论是建立在这样一个自我思想上的：统觉的综合的统一性，无非是有自我意识的自我。没有自我意识和有统一作用的自我，不能有知识。"②这势必影响康德的历史观，即一种自我的历史观，起码对历史事物的认识是这样。

---

① 康德：《实践理性批判》，商务印书馆1961年版，第135页。

② 梯利(Frank Thilly)：《西方哲学史》增补修订版，商务印书馆1999年版，第447页。

现在再看他对人与自然界关系和人与人关系的论点。

康德在1770年以前是位卓有成效的自然科学家。在《自然通史和天体理论》(1775)一书中,他提出形成天体的星云说,首先给予自然界历史的概念,打破了牛顿关于太阳系自上帝第一次推动后就永恒不变的观点。1770年他转入哲学研究后,在三批判书最后一部《判断力批判》(1790)中着重阐述了自然界目的论,大自然创造的物种以至生物的每个器官都是有目的的。他在《世界公民观点之下的普遍历史观念》(1784)中说"人类的历史大体上可以看作是大自然的一项隐蔽计划的实现"。他没有说计划的内容,但说大自然的目的是要奠定一种"完美的国家宪法","就是建立起一个普遍法治的公民社会"。①

问题又回到前面提到的问题上来,是人类天赋的自由意志还是大自然来实行这个隐蔽的计划呢?康德的答复是:"一个被创造物的全部自然禀赋都注定了终究是要充分地并且合目的地发展出来的。"②意思是两者都是不言而喻的。他解释说,就每个人来说,他并不知道大自然的目的是什么,但历史学家可以从人类整体活动的现象中观察出大自然的目的来。例如婚姻,完全是人们自由意志决定的,但从各国婚姻统计中可看出,婚龄以及生育率等是有自然规律的。这里还有个最大问题是,人类历史大部分是争权夺利和战争的历史,似与大自然的目的相距甚远。对此,康德的解释是:"大自然使人类的全部禀赋得以发展所采用的手段就是人

① 康德:《世界公民观点之下的普遍历史观念》,载康德:《历史理性批判文集》,商务印书馆1996年版,第8、15页。

② 同上书,第3页。

类在社会中的对抗性，但仅以这种对抗性终将成为人类合法秩序的原因为限。”[①]从对抗中达到完美的法治社会，这是一种辩证的自然规律。

康德有时也用“天意”（providence）一词，但不是指上帝意旨，而是指大自然的目的或规律。康德的历史观不是宿命论的，也还不是决定论的。他强调了大自然的最终目标或目的，但大自然并不支配人的行为，而是人的理性行为自然地合乎必然的规律。

在人与人的关系方面，康德的理论比较曲折。他的要求是“制定一部个人与个人之间的合法的公民宪法，也就是说安排一个共同体”[②]。宪法 Verfassung 亦可译为政治制度，共同体 Gemeinwesen 指国家组织。在这种制度和组织下，每个公民都享受宪法以内的自由，实现普遍法治的公民社会。要达到这个目的，不能靠人的“善良意志”。康德在《实践理性批判》（1788）中把“善良意志”作为人先验的最高道德，它是要无条件、不问后果地执行的。如果为某种目的，例如为谋求幸福而行善，那就不是真的德行。而况且，行善不能保证得福，还往往适得其反。但没有幸福，德行就不完善，就不是至善。从道德理性说，至善只能是在“彼岸”。在现实社会，要实现普遍法治的公民社会（这是大自然规定的目标），不能靠人的善良意志，而要靠人类在社会中的对抗性。

康德认为，人类具有社会化的倾向，同时，由于“虚荣心、权利

① 康德：《世界公民观点之下的普遍历史观念》，载康德：《历史理性批判文集》，商务印书馆 1996 年版，第 6 页。

② 同上书，第 11 页。

欲或贪婪心的驱使”，又有一种“强大的、要求自己单独化”的非社会性，这就造成社会中的对抗。正是这种对抗，使社会由野蛮进入文明。[①] 可见，康德是把人性恶作为历史发展动力的。在一篇《人类历史起源臆测》中他甚至说：“大自然的历史是由善开始的，因为是上帝的创作；（人类）自由的历史则是由恶开始的，因为它是人的创作。”[②]从恶开始，坏事变好事，建立完善的法治社会。不仅如此，康德的理想，不仅是在一国建立完善的法治社会，而且要求国与国之间，通过战争、破坏等惨痛经验，终于建立一个“伟大的各民族的联盟”，实现世界和平，每人都成为“世界公民”。他晚年还著有一部《永久和平论》（1795），把卢梭的“公共权利”作为人类道德范畴，把契约论扩大到全球范围，提出了国际间永久和平的条款，以及国际联盟和世界公民权利的界限。这是个伟大的思想。文中谴责了殖民主义者对中国的侵略，还用当时史学语言学方法，不厌其烦地考证了“中国”一词。[③]

黑格尔在认识论上，第一个提出思维与存在同一性这个命题。他说：“哲学的最高目的就在于确认思想与经验的一致，并达到自觉的理性与存在于事物中的理性的和解，亦即达到理性与现实的和解。”[④]“只有思维与存在的统一，才是哲学的起点。”[⑤]（哲学上的同一，identity，指一致、统一，不是指一个东西）

---

① 康德：《世界公民观点之下的普遍历史观念》，载康德：《历史理性批判文集》，商务印书馆 1996 年版，第 6—7 页。

② 康德：《人类历史起源臆测》，载同上书，第 68 页。

③ 康德：《永久和平论》，载同上书，第 116—117 页。

④ 黑格尔：《小逻辑》，商务印书馆 1980 年版，第 43 页。

⑤ 黑格尔：《哲学史演讲录》第 3 卷，商务印书馆 1959 年版，第 295 页。

黑格尔批评康德力图调和经验主义与唯理主义两派的认识论没有成功。因为第一,康德割裂了本质和现象,认为人只能认识客观世界的现象,不能认识其本质。“殊不知直接的对象世界之所以只能是现象,是由于它自己的本性有以使然,当我们认识了现象时,我们因而同时即认识了本质,因为本质并不存留在现象之后或现象之外。”[①]这话完全正确。历史是过去事物的现象,但历史研究也要看到事物的本质。第二,康德认为用知性去理解事物本质时即会陷入二律背反的困境。黑格尔认为这是思维中的矛盾,毫不足怪。“因为什么东西都有矛盾”;“这种内在的矛盾本身,就是促进发展的推动力”。[②] 所谓发展,照黑格尔的理解就是向它的对立面转化,达成矛盾的调和或和解。理性认识也有这种矛盾,矛盾的和解达成新的认识。

黑格尔思维与存在同一性的命题就是建立在思维与存在两者的对立和在发展中相互转化的基础上的。存在被思维认识了,形成概念以至理论,存在即转化为独立的思维。思维的理想、理论实施了,成为现实,思维即转化为独立的存在。但不是所有的理想、理论都能转化为现实,只有合乎理性的理论才能转化为现实,否则只是空中楼阁。这就是黑格尔著名的命题:“凡是合乎理性的东西都是现实的,凡是现实的东西都是合乎理性的。”[③]这也就是前面所引黑格尔的话:“自觉的理性与存在于事物中的理性的和解”,也是思维与存在同一性的本意,历史观中的重要之点。

---

① 黑格尔:《小逻辑》,商务印书馆1980年版,第276页。
② 黑格尔:《哲学史演讲录》第3卷,第30、279页。
③ 黑格尔:《法哲学原理》,商务印书馆1961年版,第11页。

思维与存在的同一性，思维与存在互相转化，作为认识论的普遍原则，可用于任何哲学体系。但是，黑格尔是在他独特的唯心主义哲学体系上论证的，他强调了精神的能动性和创造性，提出一个“绝对精神”（亦称宇宙精神、世界理性）作为宇宙和人类历史的本原。绝对精神的发展经历了三个阶段。第一阶段是逻辑阶段，绝对精神在“自在、自为”的逻辑运动中，建立了自己的对立面。第二阶段是自然阶段，绝对精神向自己的对立面转化，“异化”（外在化）为自然界。自然界由低级向高级运动，最后出现人类。于是进入第三阶段，即人类历史发展阶段。人类历史是自由意志的发展史，所以世界又回到精神的发展，不过是在最高的基础上，是世界理性（绝对精神）自我完善的运动。

在这个辩证发展过程中，绝对精神本来是客观存在的实体（因而有人称黑格尔哲学是客观唯心主义），但在发展中它又表现为主体，有巨大的能动力，创造自然界和人类。在人类历史中，精神力量即世界理性成为决定的主体。这就给人以自我意识能创造未来的印象。对于社会改革家来说，是个有力的冲动。19 世纪 30 年代德国的青年黑格尔运动就是这样兴起的。

上述黑格尔的理论，他称第一阶段即逻辑阶段为正题，第二阶段即自然阶段为反题，第三阶段的精神阶段是否定之否定，为合题。这种正反合的历史辩证观，作为普遍原理，也是可以用于任何哲学体系的。但是，黑格尔是在他独特的唯心主义哲学体系上论证的，这就变成思维或精神转化为存在或物质，存在或物质再转化为思维或精神的过程。恩格斯说黑格尔的辩证法是“头足倒置的”，但“思维过程同自然过程和历史过程是类似的……同样的规律对所有这些过程都是适用的”。[①] 所以，如果把它颠倒过来，那就意味着，思维或精神，在自然界和人类历史发展过程中，显现和完善了自己。而这就是马克思历史哲学的思路了。

再来看黑格尔关于人与自然界和人与人关系的论点。

黑格尔的自然观是一种目的论的自然观。宇宙在由低级形式向高级形式的发展中，实现理性的目的。这种发展不是简单的代替，而是高级形式“扬弃”(aufgehoben)低级形式，同时吸纳后者于自己体系中。这是很高明的思想。但是，黑格尔在《历史哲学》(1837年被整理出版)中论述宇宙精神外在化为自然界，只表现为世界的多样性，不表现为历史的因果关系。当精神离开“地质有机体”转入“植物有机体”后，地质有机体便不再发展了；当精神创造“动物有机体”后，植物有机体也停止演进。人类出现，理性完成其目的，整个自然界都僵化了。所以，自然界是没有历史的，日出日落，生生死死，都只是循环往复。这比康德退了一大步，并且违反进化的原理，在达尔文进化论出现后，自然受到批判。从人与自然的关系来说，黑格尔没有主张，因为他认为自然界和人类历史是完全不同质的东西，拒绝用自然界来解释历史。人类历史是精神、思维的历史，是自由意志发展史，与自然界无关。这不仅违反历史，而且也违反辩证思维的原理，自应受到批判。

在人与人的关系方面，黑格尔认为社会关系是世界理性(绝对精神)的表现，表现为道德、习惯、法和国家。精神或理性的本质是自由，实现自由的社会关系就是国家。在《历史哲学》中，他说：“国

① 恩格斯：《自然辩证法》，《马克思恩格斯全集》第20卷，人民出版社1971年版，第610页。

家乃是‘自由’的实现，也就是绝对的最后目的的实现”，“在国家里‘自由’获得了客观性，并且生活在这种客观性的享受之中。”①这里的“国家”指当时的普鲁士王国，“绝对”的定义是主观与客观的统一，此处指理性的客观化。世界历史就是自由意识的发展，实现自由或国家也就是历史的目的。

黑格尔认为，世界历史是由东方向西方发展的。在东方国家中，只君主一人是自由的，其余人皆臣仆，他们还未意识到自由。自由意识开始出现于希腊人、罗马人，但在希腊、罗马还只是少数人是自由的。到日耳曼人那里（指 19 世纪初的普鲁士），才有了真正的国家，人人都认识了自由，都成为自由人。当然，他指的是以严厉著称的普鲁士法律之下的自由，他认为这就是世界历史发展的最终目的。

自由或国家是怎样发展出来的呢？一方面，那是上帝的意旨，“世界历史便是上帝的实际行政，便是上帝计划的见诸实行”②。而从社会上看，乃是人类斗争和战争的结果，尤其是暴力征服的结果。黑格尔认为，这是弱者所代表的理性服从于强者所代表的理性，是合理的和正义的。这是世界理性利用人类的“热情”，使人们彼此斗争，促成国家的形成。“热情这个名词，意思是指从私人的利益、特殊的目的、或者简直可以说是利己的企图而产生的人类活动——是人类全神贯注，以求这类目的地实现，人类为了这类目的，……可以牺牲……一切。”③总之，它推动力甚大，但也会失败，国破人亡。黑格尔说，世界理性，“它驱使热情去为它工作，热情从

① 黑格尔：《历史哲学》，生活·读书·新知三联书店 1956 年版，第 79 页。
② 同上书，第 76 页。
③ 同上书，第 62 页。

这种推动里发展了它（理性）的存在，因而热情受到了损失，遭到祸殃——这可以叫做‘理性的狡黠’”①。

恩格斯说：“在黑格尔那里，恶是历史发展的动力借以表现出来的形式。”②其实何止黑格尔。中世纪神学历史观把人类的“原罪”作为历史的出发点，如前所述的维柯、康德也都是人性恶论者。西方历史观大都是人性恶论者，中国儒家历史观都是人性善论者。人性恶，强调私、利、欲的功能，构成工具理性。人性善，强调道德理性，所以，宋儒主张“存天理，去人欲”。

黑格尔的世界历史是由东方向西方发展，到日耳曼民族发展到高峰。这从地理上看，历史是多元的，但黑格尔认为，世界文化是一元的。他认为，历史所经历的东方民族、希腊民族、罗马民族，都是代表当时世界理性的“世界历史民族”，它“具有绝对的权力成为世界历史目前发展阶段的担当者，对它的这种权力来说，其他各民族的精神都是无权的。这些民族连同过了它们的时代的那些民族，在世界历史中都已不再算数了”。③ 到日耳曼民族的时代，才真正建立起国家即自由，只有日耳曼民族是世界历史民族，如中国民族等已排除在“历史之外”。这就形成了历史中心论或文化中心论。其实，这种中心论思想是来源于基督教教义，世界文明都是由《出埃及记》传播出去的。18 世纪，赫德尔的历史哲学是欧洲中心论。工业革命以后，西欧经济领先世界，西方历史观就变成了西欧中心论。

---

① 黑格尔：《历史哲学》，生活·读书·新知三联书店 1956 年版，第 72 页。

② 恩格斯：《路德维希·费尔巴哈和德国古典哲学的终结》，《马克思恩格斯选集》第 4 卷，人民出版社 1974 年版，第 233 页。

③ 黑格尔：《法哲学原理》，商务印书馆 1961 年版，第 354 页。

马克思和恩格斯坚持思维和存在的同一性，坚持主体反映客体的认识论，驳斥休谟和康德的不可知论、二元论。恩格斯说："全部哲学，特别是近代哲学的重大的基本问题，是思维和存在的关系问题。"①不过，这里恩格斯所说思维与存在的关系是近代哲学的基本问题，还有它的另一含义，即"凡是断定精神对自然界来说是本原的"都属于唯心主义；"凡是认为自然界是本原的"，都属于唯物主义。他还郑重地说："除此之外，唯心主义和唯物主义这两个用语本来没有任何别的意思……如果给它们加上别的意义，就会造成怎样的混乱。"他举例说，有些思想，如坚信人类大方向总是进步的，这与唯心唯物是"绝对不相干的"；有些思想，如"对理想目的的追求"、承认"理想的力量"、"对真理和正义的热情"，都不能说是唯心主义。② 这非常重要。我还想说，现代科学，诸如核能的利用，生命科学，以及社会系统工程和计划经济，都是先有这个思想和理论，然后才有实践的。

辩证法是马克思、恩格斯历史观中最重要的内容，它既是认识的方法，也是历史发展的规律。作为认识方法，马克思说："辩证法在对现存事物的肯定的理解中同时包含对现存事物的否定的理解，即对现存事物的必然灭亡的理解；辩证法对每一种既成的形式都是从不断的运动中，因而也是从它的暂时性方面去理解；辩证法不崇拜任何东西，按其本质来说，它是批判的和革命的。"③这里对现存事物的理解，完全适用于对历史事物的认识。马克思曾列举

① 恩格斯：《费尔巴哈和德国古典哲学的终结》，《马克思恩格斯选集》第 4 卷，人民出版社 1974 年版，第 219 页。

② 同上书，第 220、227—228 页。

③ 马克思：《资本论》第 1 卷第 2 版跋，人民出版社 1975 年版，第 24 页。

中世纪的特权、制度、规则说，它们“都是暂时的和历史性的形式”。[①] 另一方面辩证法作为历史发展的一般规律，恩格斯有段很好的概括：“历史上依次更替的一切社会制度都只是人类社会由低级向高级的无穷发展进程中的一些暂时阶段。每一个阶段都是必然的，因此，对它所发生的时代和条件说来，都有它存在的理由；但是对它自己内部逐渐发展起来的新的、更高的条件来说，它就变成过时的和没有存在的理由了；它不得不让位于更高的阶段，而这个更高的阶段也同样是要走向衰落和灭亡的。”[②]

这就发生一个历史必然性或决定论问题。马克思在《〈政治经济学批判〉序言》中说：“社会的物质生产力发展到一定阶段，便同它们一直在其中活动的现存生产关系或财产关系（这只是生产关系的法律用语）发生矛盾。于是这些关系便由生产力的发展形式变成生产力的桎梏。那时社会革命的时代就到来了。随着经济基础的变更，全部庞大的上层建筑也或慢或快地发生变革。”[③]由此，马克思的唯物史观被称为“经济决定论”的历史观。

马克思的经济决定论曾受到后来一些历史学家的批评。不过，先应看到恩格斯的说明。1890 年，恩格斯在给约·布洛赫的一封信中说：“历史过程中的决定因素归根到底是现实生活的生产和再生产。无论马克思或我都从来没有肯定过比这更多的东西。如果有人在这里加以歪曲，说经济因素是惟一决定性的因素，那么他

① 马克思：《致巴·瓦·安年科夫》，《马克思恩格斯选集》第 4 卷，人民出版社 1974 年版，第 322 页。

② 恩格斯：《费尔巴哈和德国古典哲学的终结》，同上书，第 212—213 页。

③ 马克思：《〈政治经济学批判〉序言》，《马克思恩格斯选集》第 2 卷，人民出版社 1975 年版，第 82—83 页。

就是把这个命题变成……荒诞无稽的空话。”接着他指出，人们自己创造着自己的历史，但没有一个共同的意志或计划，历史“总是从许多单个的意志的相互冲突中产生出来的”，这就会有“无数个力的平行四边形”，形成“一个总的合力”，产生历史。各个人的意志不同，但“其中的每一个角落都希望得到他的体质和外部的、终归是经济情况（或是他个人的，或是一般社会性的）使他向往的东西”，因而历史的发展总是有一定规律的。①

1893 年，恩格斯在给弗·梅林的信中说，马克思和他当年是从经济事实中探索政治、法权等观念，因而有“为了内容而忽略了形式”的过错。内容是指生产力，形式指法权体系、制度和意识形态，它们的演变都影响历史的发展。“因为我们否认在历史上起作用的各种思想领域有独立的历史发展，所以我们也否认它们对历史有任何影响。”②次年，恩格斯在给符·博尔吉乌斯的信中，除指出经济基础方面如技术装备、地理条件、外部环境都是影响历史发展的因素外，着重指出“政治、法律、哲学、宗教、文学、艺术等的发展是以经济发展为基础的。但是，它们又都互相影响并对经济基础发生影响。并不是只有经济状况才是原因，才是积极的”。这些领域都有它们自己的发展过程。“我们所研究的领域愈是远离经济领域，愈是接近于纯粹抽象的思想领域，我们在它的发展中看到的偶然性就愈多，它的曲线就愈是曲折。如果您划出曲线的中轴线，您就会发觉，研究的时期愈长，研究的范围愈广，这个轴线就愈接

① 恩格斯:《致约·布洛赫》,《马克思恩格斯选集》第 4 卷，人民出版社 1974 年版，第 477—478 页。

② 恩格斯:《致弗·梅林》，同上书，第 502 页。

近于经济发展的轴线，就愈是跟后者平行而进。”[①]也就是说，历史是通过无数的各种偶然性来实现其必然性，这就是马克思主义历史必然性的论点。

马克思认为，历史除受生产力的制约外，还要受“人和自然以及人与人之间在历史上形成的关系”制约。[②] 现在就来看马克思关于这两种关系的论点。

马克思不承认个体的或抽象的人性，不谈人性善或性恶问题。他指出，“人是类存在的”，“人是社会存在物”，“人的本质只有对社会的人说来才是存在”。[③] 人的本质是要求自由，但在现实社会（指资本主义社会）中，它是必然的，而自由只能是在“彼岸”。

马克思是用“异化”的理论来探讨这个问题的。这是当时常用的一种理论，黑格尔讲绝对精神的异化，费尔巴哈（1804—1972年）讲个体人的异化。马克思在《1844年经济学哲学手稿》中从劳动的异化来探讨这个问题。工人“劳动的产品，作为一种异己的存在物……同劳动相对立”，以至工人生产愈多，自己所得比例愈少。进而从生产行为看，实际是工人的劳动本身异化了，已不是自己的自由劳动，而是为他人劳动，为谋取工资的必然劳动。再进一步看，则是工人与人的类本质异化了，“异化劳动使人自己的身体，以及在他之外的自然界，他的精神本质，他的人的本质同

① 恩格斯：《致符·博尔吉乌斯》，《马克思恩格斯选集》第4卷，人民出版社1974年版，第506—507页。

② 马克思、恩格斯：《德意志意识形态》第1卷，《马克思恩格斯选集》第1卷，人民出版社1974年版，第43页。

③ 马克思：《1884年经济学哲学手稿》，《马克思恩格斯全集》第42卷，人民出版社1979年版，第95、122页。

人相异化”。①

人与自然界的关系本来是统一的。人的劳动要取自于自然界，才能获得产品。人的劳动又改变自然界，如垦殖、畜养、交通等，马克思还特别重视大工业中人与自然界的物质变换。现在，人的劳动异化了，变成不自由的必然劳动，人与自然的关系也异化了，像产品变成异己的存在那样，生产条件即自然界也变成异己的力量，与劳动对立。

马克思提出“人与自然界本质的统一”命题。这是指人与自然界和谐发展，即人的社会劳动完全适合自然条件，这叫做“人实现了自然主义”；同时，经过改造的自然界完全适合人的劳动需要，这叫做“自然界实现了人道主义”。这都是用费尔巴哈的术语，因为1844年《手稿》是评费尔巴哈的。在《资本论》第1卷中则把这种理想称为“自由王国”，而把现实的异化的必然劳动称为“必然王国”。要实现人与自然界的统一，就必须根本改变异化劳动，变必然劳动为自由劳动，而这就是实行共产主义。所以，马克思说：“共产主义是私有财产即人的自我异化的积极的扬弃。”“因此，它是人向自身、向社会的（即人的）人的复归”；就自然界来说，就是“自然界的真正复活”。也就是“人的实现了的自然主义和自然界的实现了的人道主义”的统一。“这种共产主义，作为完成了的自然主义，等于人道主义，而作为完成了的人道主义，等于自然主义，它是人和自然界之间、人和人之间的矛盾的真正解决”，“它是历史之谜的解答”。②

① 马克思：《1844年经济学哲学手稿》，《马克思恩格斯全集》第42卷，人民出版社1979年版，第91、97页。

② 同上书，第120、122页。

再看人与人的关系即社会关系方面。马克思说“社会关系的含义是指许多个人的合作”①，合作形式随社会发展而嬗变，总是形成一种社会经济形态。“社会经济形态的发展是一种自然历史过程”，②“大体说来，亚细亚的、古代的、封建的和现代资产阶级的生产方式可以看作是社会经济形态演进的几个时代”。③ 这段话被认为是马克思的社会发展体系，在史学界引起不少争议，故需略作说明。

马克思这话是1859年写的，用“大体说来”、“可以看作”等不太肯定的语气。这时，摩尔根的《古代社会》（1877）尚未问世，马克思对古代中国、印度的知识只有间接材料，所谓“亚细亚”生产方式并无明确概念，而“古代的”（希腊罗马）以后只是欧洲的经验。在此前一年，马克思在该书的草稿中还仅提出三大社会形态，即“以人的依赖关系”为基础的“最初的社会形态”；“以物的依赖性为基础的”当代社会形态；未来的建立在“个人全面发展”和“共同社会生产能力”基础上的社会形态。④ 在这以后三十余年即1890年，恩格斯在致康·施米特的信中说，“我们的历史观首先是进行研究工作的指南，并不是按照黑格尔学派的方式构造体系的方法。必须重新研究全部历史，必须详细研究各种社会形态存在的条

① 马克思、恩格斯：《德意志意识形态》，《马克思恩格斯选集》第1卷，人民出版社1974年版，第34页。

② 马克思：《资本论》第1卷，人民出版社1975年版，第12页。

③ 马克思：《〈政治经济学批判〉序言》，《马克思恩格斯选集》第2卷，人民出版社1975年版，第83页。

④ 马克思：《政治经济学批判，1857—1858年草稿》，《马克思恩格斯全集》第46卷上，人民出版社1979年版，第104页。

件，……在这方面，到现在为止只做出很少一点成绩”。他告诫说，不能“只是用历史唯物主义的套语（一切都可能变成套语）来把自己相当贫乏的历史知识（经济史还处于襁褓之中呢！）尽速构成体系”。[①] 恩格斯这话，至今还能适用。

另一个引起史学界争议的问题是阶级斗争是历史发展的动力问题。马克思没有提出这个命题。首先是恩格斯在1877年发表的《反杜林论·引论》中论述马克思两个伟大发现：唯物主义历史观和剩余价值论，说前者“发现：以往的全部历史，都是阶级斗争的历史”。[②] 同年，恩格斯在《卡尔·马克思》一文中重复了这个提法：“过去的全部历史是阶级斗争的历史。”[③]这话显然有毛病。1882年恩格斯在《社会主义从空想到科学的发展》一书中就改正为“以往的全部历史，除原始状态外，都是阶级斗争的历史”。[④] 这里没有提“动力”问题。

1879年，马克思和恩格斯在给德国社会民主党领导人的一份通告中说：“将近四十年来，我们都非常重视阶级斗争，认为它是历史的直接动力，特别是重视资产阶级和无产阶级之间的阶级斗争，认为它是现代社会变革的巨大杠杆。”[⑤]这是把阶级斗争作为历史的“直接动力”，而重点是指资产阶级社会。1884年，恩格斯在《家

① 恩格斯：《致康·施米特》，《马克思恩格斯选集》第4卷，人民出版社1974年版，第475页。

② 恩格斯：《反杜林论》，《马克思恩格斯选集》第3卷，人民出版社1974年版，第66页。

③ 恩格斯：《卡尔·马克思》，同上书，第40页。

④ 恩格斯：《社会主义从空想到科学的发展》，同上书，第423页。

⑤ 马克思、恩格斯：《给奥·倍倍尔等人的通告信》，同上书，第374页。

庭、私有制和国家的起源》中论野蛮时代和文明时代时说：剥削阶级“卑劣的贪欲是文明时代从它存在的第一日起直至今日的动力；财富，财富，第三还是财富……这就是文明时代惟一的、具有决定意义的目的”。[①] 这是泛论历史的动力。1886年，恩格斯在《费尔巴哈和德国古典哲学的终结》中说，历史是由人们不同的愿望产生的，这些愿望是由激情或思虑决定的，这些激情或思虑各有不同的动机，“这些动机背后隐藏着的又是什么样的动力”亦即“历史原因”是什么呢？他说，“在以前的各个时期，对历史的这些动因的探究几乎是不可能的，因为它们和自己的结果的联系是混乱而隐蔽的”。但自从采用大工业以来，至少在英国和法国，“关系已经非常简单化了”，可以认定土地贵族、资产阶级、工人阶级“这三大阶级的斗争和它们的利益冲突是现代历史的动力”。[②] 这是恩格斯关于这个问题最完备的论述。1892年恩格斯在给《社会主义从空想到科学的发展》写英文版导言中说：“历史唯物主义……这种观点认为一切重要历史事件的终极原因和伟大动力是社会经济发展、生产方式和交换方式的改变，由此产生的社会之划分为不同的阶级，以及这些阶级彼此之间的斗争。”[③]总之，不能简单地说阶级斗争是历史发展的动力。

19世纪的欧洲，理性主义、科学、法制的发展逐渐显露其负面作用，社会犯罪、阶级矛盾、殖民主义冲突，终于爆发第一次世界大

① 恩格斯：《家庭、私有制和国家的起源》，《马克思恩格斯选集》第4卷，人民出版社1974年版，第173页。

② 恩格斯：《费尔巴哈和德国古典哲学的终结》，同上书，第244—246页。

③ 恩格斯：《社会主义从空想到科学的发展》，《马克思恩格斯选集》第3卷，人民出版社1974年版，第389页。

战。自由、进步、世界公民等乐观主义的历史观受到怀疑。反思之余，出现有非理性因素的斯宾格勒、汤因比的历史哲学。

斯宾格勒的《西方的没落》（1918）是一部惊世之作。他批判了前此的线性发展、阶段论和西欧中心主义的历史观，从新的角度提出多元文化的历史观。他认为，历史上有八种高级文化：埃及文化、印度文化、巴比伦文化、中国文化、古典（希腊、罗马）文化、伊斯兰文化、墨西哥文化、西方文化。它们各有其个性和特点，它们是等价的，以至是同时代的。如19—20世纪的西方文化与古典文化相比，亚历山大与拿破仑，亚里士多德与康德，雅典与巴黎，他们在各自文化中的地位与意义是相同的，完全可看作是同时发生的现象。因而各种文化可作比较形态学的历史研究。

这八种文化都各自经历过前文化时期、文化早期、文化晚期、文明时期四个阶段，犹如春夏秋冬。前文化时期人们精神上是乡野的、直觉的，没有历史。"一切伟大的文化都是市镇文化"，"世界历史是市民的历史"。① 文化早期有了小市镇，但是受封建领地统治。文化晚期，金钱战胜地产，市民社会代替封建领地，有了世界性大城市，精神上产生理性和自由，于是进入文明阶段。文明阶段，群众即第四等级代替第三等级（资产阶级），他们反对一切等级差别、财产制度和知识体系，精神的创造力消失了，艺术沦为奢侈和享乐，个人主义使世界陷入战争。结果文化的生命终结了，人们重新进入无历史的时期。现在（20世纪初期），七种文化都已衰亡，西方文化则进入文明阶段，它已开始衰落，正在向恺撒主义过渡，将于2000—2200年完成过渡，随即消亡。"这种结果是不可能

① 斯宾格勒：《西方的没落》，商务印书馆1963年版，第199、201页。

避免的，不容修正的”。[①]

在认识论和方法论上，斯宾格勒是把文化看成是一个综合的有机体，有它生长、成熟、衰老、死亡的周期性命运。因而“历史的世界”不是一个理性世界，不能像研究自然世界那样去分析它客观的因果关系和运动规律。历史不是研究已成的事物，而是研究有生命的、演化着的“方成事物”（things-becomings）。历史没有固定范畴，只有方向。不能用因素分析方法，只能在整体上通过生活现象来体验和领悟它。

斯宾格勒有个独特的“宇宙和小宇宙”论点。有机物如植物，它只是作为宇宙的东西存在，没有选择的自由。人类则除作为宇宙的东西存在外，它还有自由思维和觉醒意识，来创造自己的文化和生活方式，即作为自己的小宇宙的东西而存在。“一切宇宙的东西都有周期性的标志；它有‘节拍’（节奏、拍子）。一切小宇宙的东西都有极性；它具有紧张。”“节拍”指生长、成熟、衰老、死亡的周期；“极性”指自我扩张，“觉醒的意志则是紧张和扩张”。[②] 人类可以自由选择自己的文化和生活方式，但不能逃脱宇宙的周期性规律，这是历史的必然。斯宾格勒的历史观是宿命论的、悲观的。他还引用罗马哲学家辛尼加的话说：“愿意的人，命运领着走；不愿意的人，命运拖着走。”[③]斯宾格勒的宇宙和小宇宙论点，也代表他对人与自然界关系的看法。

在人与人的关系方面，斯宾格勒比较突出的是他的多元文化观。他不但强调各种文化的心灵不同，彼此有“一条不可逾越的深

---

① 斯宾格勒：《西方的没落》，商务印书馆1963年版，第64页。

② 同上书，第85、89页。

③ 同上书，第67页。

渊”,还否定文化间的交流和沟通。他说文化交流只是一种表象,实际是改造。“我们赞美一种外来的思想的各种原则愈热烈,我们实际上对这种外来思想的性质的改变也愈根本。”①“虽然印度人和中国人在那些日子里都觉得是佛教徒,他们在精神上依旧离得很远……各自走自己的路。”②他没有举禅宗的例子,那例子倒是很恰当的。

汤因比受斯宾格勒《西方的没落》的启发,撰写12卷本的《历史研究》(1934—1961年),卷帙浩繁,人们只读D. C. 萨末威尔所作的缩写本,缩写本的中译本亦有三大册。

汤因比以社会文明作为历史研究的单元,共研究了古今21种文明。其中古代埃及、古代中国等6种文明是从原始社会产生的,其余则是这些文明的晚代或子体。如古希腊文明是米诺斯(Minos)文明的晚代,而西方基督教文明是古希腊文明的子体。又以中国元代以后的文明为古代中国文明的子体,不知何据。汤因比认为,这21种文明“在哲学意义上”都是价值相等的,并且是同时代的,因而可用比较形态学方法来研究。这就否定了当时流行的西欧中心论。所谓同时代是因为人类历史有30余万年,而文明社会最长者不过6000年,等于弹指一挥间,故属平行发展。西欧中心论的错误乃是“在近代历史时期,我们自己的西方文明用它的经济制度之网笼罩了全世界,在这样一种以西方为基础的经济统一之后又来了一个以西方为基础的政治统一。”③这是不对的。不过,汤因比晚年也有一个世界政治统一的设想,《历史研究》尚未论及。

---

① 斯宾格勒:《西方的没落》,商务印书馆1963年版,第155页。

② 同上书,第153页。

③ 汤因比:《历史研究》上册,上海人民出版社1956年版,第52页。

汤因比逐一考察了这21种文明，认为它们一般都经历了起源、生长、衰落、解体四个阶段。其中多数文明已解体而死亡，有些则陷于停滞，惟基督教西方文明仍在盛期。但和斯宾格勒不同，他不认为文明是有机体，而更接近于自然的产物，它不服从有机体生长和死亡的规律。汤因比还反对历史循环论和宿命论，认为没有什么历史的必然。他说："我们虽然分析文明的不断的周期性的运动，但是这并不意味着这个过程本身是具有循环性的。""我们并没有面对任何不可避免的必然。死去的那些文明并不是命中注定必死的。"①他也不认为当代西方文明必然没落。

在讨论文明的兴衰时，汤因比从古希腊的历史中总结出"成长时期"、"混乱与苦难时期"、"大统一国家时期"、"间歇时期"四个阶段。当社会陷于混乱与苦难时期，群众离心离德，统治者依靠暴力，以大统一国家强加于文明。大统一政权暂时阻止了文明的解体，但社会随即步入间歇时期。间歇时期是个黑暗时代，一切死气沉沉，但这时有基督教教会的兴起，它像个蛹体，孕育出一种新的文明，即后来的西方文明。汤因比在《我的历史观》中说："当文明兴起而衰落，并在衰落中导致了另一个文明兴起的时候，有一些比它们更高级的事业可能一直前进着。而根据神的意图，从文明衰落所造成的痛苦中所学得的知识可能是进步的最有效的工具。"②

汤因比提出"挑战与应战"学说来解释文明的兴衰，从中亦可看出他对人与自然界和人与人关系的看法。

"挑战与应战"语出《浮士德》开篇：上帝回应了魔鬼靡费斯特

---

① 汤因比：《历史研究》中册，上海人民出版社1956年版，第14页。

② 汤因比：《我的历史观》，《现代西方历史哲学译文集》，上海人民出版社1984年版，第181页。

的挑战，继续完成创造宇宙的大业。汤因比认为，文明不是起源于安逸乐土，而是产生于艰苦的自然环境，人们荜路蓝缕，辟土创业。文明的成长，也不是平易而来，而是为了应付外部敌人和内部纠纷的挑战，人们努力发挥潜力，有所创造。这都是"逆境的美德"。但逆境要"适度和中庸"。挑战太强，超过应战能力，文明可被灭亡；挑战太弱，又不足以刺激起应战力量。应战胜利，又在新的挑战下再次告捷，文明才能生长，挑战与应战是个"重复的不断发生的有节奏的运动"①，文明才能成长。

文明成长了，外部挑战渐成次要，主要是要处理好内部挑战。历史上，成熟文明的衰落，往往是由于领导者丧失创造力，变成纯粹的统治者，实行虐政，引发内部冲突。军事扩张、技术进步都不是文明成长的真正原因。军事扩张往往是文明衰落的象征，文明衰落时也会有技术进步。真正的进步是个社会内部"升华"(sublimate)过程，它使社会的精力解放出来。这个过程是属于精神的，不是物质的。对于当时物质发达、道德沦丧的西方文明，汤因比说，"在我们今天社会面前却是一种道义上的挑战，而不是一种物质上的挑战"；"工业的挑战正从技术的范围转移到道义的范围"。②

应战是创造文明的社会行动。但应战的原动力不是来自社会整体，"社会是一个'行为的场所'，但是一切行为的源泉都是组成这个社会的个人"。而汤因比所指应战的动力不是指普通个人，而是具有超人的某个人、少数人或少数人社会。"所有的社会性的创造行为，都是个别的创造者的工作，或者至多不过是富有创造性的

① 汤因比：《历史研究》上册，上海人民出版社1956年版，第235页。
② 同上书，第260、261页。

少数人的工作，”[①]他常举释迦牟尼、耶稣、穆罕穆德等宗教创始人为例，他们领导创造工作，而群众只是模仿、追随和服从。这些人所以能领导群众，是因为他们有特殊的人格。这种人格又常是经过一个“退隐和复出”得来的。退隐即他们暂时离开社会，灵魂与神交往，领悟宇宙精神的“终极之存在”，得到创造意识。然后他们再出现于社会，就能提供创造性典范，博得群众模仿。在《历史研究》的《西方文明展望》卷（1954），他曾寄望于一种新的宗教，一种能理解“终极之存在”精神的普遍信仰，以挽救西方文明不致没落。

汤因比晚年，又把世界文明的前途寄望于中国。1975 年他与日本池田大作的对话中说，“按我的设想，全人类发展到形成单一社会之时，可能就是实现世界统一之日……我所预见的和平统一，一定是以地理和文化主轴为中心，不断结晶扩大起来的”。“将来统一世界的大概不是西欧国家，也不是西欧化的国家，而是中国。……实际上，中国从纪元前 221 年（按指秦建国）以后几乎在所有时代，都成为影响半个世界的中心……恐怕可以说正是中国肩负着不止给半个世界而且给整个世界带来政治统一与和平的命运。”[②]

第二节　宋儒理学和宋代历史观

宋明理学，亦称道学，一般认为是汉以来传统儒学的哲学化，

① 汤因比：《历史研究》上册，上海人民出版社 1956 年版，第 267、271 页。

② 《展望二十一世纪——汤因比与池田大作对话录》，国际文化出版公司 1985 年版，第 244、298 页。我未见原书。此系转引，疑系译自 *The Toynbee-Ikeda Dialogue: Man Himself Must Choose*, Kodansha International Ltd., 1976。

因为它在原来伦理学的基础上建立了自己的本体论（宇宙观）和认识论，形成一个比较完整的哲学体系。李约瑟从宋代科学的大发展和宋儒的有机宇宙观着眼，认为它意味着传统儒学的科学化。我则以为宋明理学是传统儒学的理性化，它具有唯理主义倾向，连同明末的反传统思潮和以经世致用为号召的启蒙运动，实际是一场不成功的理性主义运动。这场运动肇始于11世纪，比西方的文艺复兴早400年。但未能导致中国近代科学的建立和社会的现代化。到17世纪后期，清人入主中原，实行严厉的文化专制，蓬勃一时的启蒙思潮烟消云散，整个理性主义运动无功而退，儒学又回到汉经学的老路上去了。其所以无功而退，主要是历史条件造成的，但宋明理学本身有严重的缺陷。它基本上都是道德理性，缺乏工具理性，南宋的功利学派和明末的经世致用思潮，也缺乏工具性，是以不见实效。

正因如此，宋明理学对历史观的影响不是很大。宋代史学发达，著述之多，前所未有，而仍是马、班的历史观居主导地位。大体在天人关系上，由天人相通进而天人合一观；在人与人关系上，更重义理之论；而在认识论和方法论上颇有进步，并提出“会通”和“义通”论点。

一、北宋的历史观

在第二章第二节末我曾提到，唐后期又有一些儒家的新思潮出现，而其影响是在北宋史学中才显现。这些新思潮可以韩愈（退之，768—824年）、李翱（习之，772—841年）、柳宗元（子厚，773—819年）、刘禹锡（梦得，772—842年）为代表。

韩愈和柳宗元都是发起古文运动的大师，他们反对六朝以来的骈文，提倡“文以载道”，韩愈有“文起八代之衰”的美誉。这对宋代史学的文风和注重义理，是有影响的。

韩愈作《原道》①说：“古之时，人之害多矣。有圣人者立，然后教之以相生养之道。为之君，为之师。”接着说，社会的发展，衣食、宫室、工贾、医药，以至礼、乐、政、刑、兵等国家制度，都是圣人“为之”的。“如古之无圣人，人之类灭久矣。”所谓圣人，他点名是尧、舜、禹、汤、文、武、周公、孔子。“孔子传之孟轲，轲之死不得其传焉。”可见，他指的是周孔的正统儒道。这段话也是一种历史观。初看是圣人史观，如西方之英雄史观。然其实，是重视道即思想的历史观。柯林伍德说“一切历史都是思想史”，不过柯氏重行为的思想动机，韩愈更重效果。《原道》还说，孟轲以后，“荀（况）与扬（雄）也，择焉不精，语焉不详”；其实他是不赞成的，“余欲削荀氏之不合者”②。至于“黄老于汉，佛于魏晋梁隋”，都非正道；至唐，“不入于老，则入于佛”③，就更糟糕了。

韩愈所说是“为之君、为之师”④的道。《原道》揭橥《大学》的正心、诚意、齐家、治国、平天下的纲领来论证他的道。说为道要正心诚意，即从自身做起，但必须是“将有以为也”，目的是治国平天下。不能像佛老那样“欲治其心而外天下国家”，只讲个人修养，置天下国家于不顾。这也是后来宋儒讲理学的路子，宋儒也是尊《大学》的。

---

① 《韩昌黎全集》卷一一。
② 《读荀》，同上书卷一一。
③ 均见《原道》。
④ 语出孟子：作之君、作之师。

韩愈又作《原性》，提出人性有上、中、下三品，并提到性与情的关系，但未深论。李翱的《复性书》[①]则解决了这个问题。这个问题是：儒家有一个人皆可以为圣贤，以至实现天下为公的伟大思想。但世上确有不少恶人恶事，孔子罕言性与命，孟子性善、荀子性恶、扬雄性善恶混的论点都不能给出人皆可以为圣贤的必然性。李翱说："夫人之所以为圣人者，性也；人之所以惑其性者，情也。喜、怒、哀、惧、爱、恶、欲七者，皆情之所为也。情既昏，性斯匿矣。"要解除情的惑，恢复天性，人就可以成圣贤。他又说"情由性而生"，性"由情以明"，不能根本否定情。在《复性书》中篇，他用《中庸》"率性之谓道"，以及喜怒哀乐"致中和"、"诚则明"等论点，加上他"主静"的功夫，达到"至诚"的境界，这就可以尽人之性，尽物之性，赞天地之化育，与天地参了。后来宋理学家也是用《中庸》讲性与命，但予以理性化，提出天地之性与器质之性的区别。

柳宗元在《封建论》[②]中提出他的历史观。他说：最初人类都要"假物"（荀子语，指获取生活资料），"假物者必争，争而不已，必就其能断是非曲直者而听命焉"。"故近者聚而为群，群之分其争必大，而后有兵有德。又有大者，众群之长又就而听命焉，以安其属，于是有诸侯之列。……其争又有大者焉，德又有大者，……于是有方伯连帅之类。则其争又有大者焉，德又有大者，……然后天下会于一"，指会于天子麾下。这是一种斗争和统一的历史观。柳宗元本有生存斗争的看法，"自有生物，则好斗奇，相残杀"[③]，虽然他认为这是不好的，不过，还不完全像恩格斯所说的暴力论，因为"其争

① 《李文公集》，四部丛刊本卷二。

② 《柳先生集》，四部丛刊本卷三。

③ 同上书卷六《大鉴禅师碑》。

又有大者”后都写上“德又有大者”。

柳宗元和刘禹锡对历史观的主要贡献是在人与自然界的关系方面。他们两人都有论天的著作。他们两人的天都是自然义的天，但在宇宙起源和本原上，见解都不成熟，要到宋理学，才有比较完整的宇宙观。

柳宗元在《封建论》中说，“天地果无初乎？吾不得而知也”。在《天对》①中说，“本始之茫，诞者传焉”，诞者意不可信。又在《天说》②中说：“彼上而玄者世谓之天，下而黄者世谓之地，浑然而中处者世谓之气。”总之，没有明确宇宙本原是什么，也没有明确宇宙是否始于无。但在《天对》中说万物是由元气化生的，“庞昧革化，惟元气存”；又明确宇宙在空间上是无限的，“无极无方”；明确天道是无为的，“无功无作”。

刘禹锡在《天论》③中说，“天，有形之大者也”。他认为，宇宙间都是有形的物质，“若所谓无形者，非空乎？空者，形之希微者也”；这就否定宇宙生于无或有始论。在宇宙生成上，刘禹锡有个以地为本、先有地后有天的独特见解。《天论》下：“天之有三光悬寓，万象之神明者也，然而其本在乎山川五行。浊为清母，重为轻始。两位既仪，还相为庸（用）。”通常人们是用《淮南子·天文训》：“天有涯垠，清扬者薄靡而为天，重浊者凝滞而为地。”刘禹锡则说重浊者是母，是始，清轻者是次生的，这显然不是指元气，而是径指天地。又他不说“两仪既位”，而说“两位既仪”，“两位”不是指阴阳，而是径指天地。

① 《柳先生集》卷一四。

② 同上书卷一六。

③ 《刘宾客文集》卷五。

在天人关系上,柳宗元严厉批判天人感应、灾异警世和天命论,见于《时令》、《断刑》、《非国语》、《贞符》多篇。在《贞符》中他说:"董仲舒对三代受命之符,诚然非耶？臣曰:非也。何独仲舒尔,自司马相如、刘向、扬雄、班彪、彪子固,皆沿袭嗤嗤,……其言类淫巫瞽吏。……臣为尚书郎时,尝著《贞符》,言唐家正德,受命于生人之意"①。他谴责了董仲舒以下好几位天命论的史学家,提出自己"受命于生人"的历史观。受命于生人即受命于生民,因避李世民讳改民为人。这是对唐得天下而言,而"受命于生民"作为普遍命题,是符合于前面所说柳宗元的斗争和统一的历史观的,有兵和德的"大者"是受命于生民的。

刘禹锡在他的《天论》中提出"天人交相胜"的说法。"天之所能者,生万物也;人之所能者,治万物也";"天之道在生植,其用在强弱;人之道在法制,其用在是非。"法制好,是非明,人们就说天是不管人事的。法制不好,是非不明,人们就企望于天了。法制大坏,是非易位,人们只能靠天了。"吾固曰:是非存焉,虽在野,人理胜也;是非无焉,虽在邦(在朝),天理胜也。"这是一种实用主义说法,但是根据他万物都是"交相胜、交相用"的哲学来的。刘禹锡把他的《天论》给柳宗元看,柳宗元不以为然,因为柳的观点是:天是天,人世是人世,"其事各不相预"②,有西方机械论的味道。

现在来看北宋史学。宋代是个史学大发展时代。其著述之丰富,体裁之创新与完备,以及长篇巨著,均前世所无,亦明清所不

① 《新唐书》卷一六八《柳宗元传》。

② 《答刘禹锡天论书》,《柳先生集》卷三一。

及。就对后世之影响说，则司马光《资治通鉴》可与司马迁《史记》媲美，书成后历代续作、改编、考证之书不绝，致有“通鉴学”。北宋史学，兹以欧阳修、司马光二人为代表。

欧阳修（永叔，1007—1072 年）为学，“不惑传注”，所作《诗本义》、《易童子问》于旧说多有驳正。他不满于薛居正的《五代史》，自作《五代史纪》，即《新五代史》，为唐以后惟一私修史书，皇祐五年（1053）完成。又受命继宋祁修《新唐书》巨著，于 1060 年完成。其时，程颢、程颐的理学尚未畅行，而欧阳修对同时代人的宇宙观似不感兴趣，故二书中不见理学踪迹，而是尊唐后期的儒家道统，尤其推崇韩愈。

按《旧唐书・韩愈传》称愈“虽于道未弘，亦端士之用心也”。欧阳修的《新唐书》卷一六七则赞韩愈“自视司马迁、扬雄至班固以下不论也”。又将韩愈排佛老比之孟轲拒杨墨，“能拨衰反正，功与（孟）齐而力倍之，所以过（荀）况（扬）雄为不少矣。自愈没，其言大行，学者仰之如泰山北斗云”。《新唐书》卷一七七也称赞李翱，记李斥史官记事不实，应“指事载功”（写具体事）。又卷一六七对柳宗元亦盛赞其才，“南方为进士者走数千里以从宗元游”，并录其《贞符》全文，即我前面所说“受命于生民”的历史观。

关于天命论，《旧五代史》卷七五提出“帝王应运，必有天命”。欧阳修《新五代史》卷三七论后唐之兴亡则曰：“呜呼！盛衰之理，虽曰天命，岂非人事哉！”又卷六七论吴越之兴起曰：“英豪草窃亦多自托于妖祥，岂其欺惑愚众，有以用之欤？”至于李唐之得天下，欧阳修在《新唐书・高祖本纪》的赞中列举周起于西戎，汉起于亭长事，“由是言之，天命岂易知哉”，“高祖之兴亦何异因时而特起者欤？”可见他是不信天命的。

《新五代史》是欧阳修私修之史，代表他的思想。该书《司天考》曰："天，吾不知也"，"其果与人乎，不与人乎，则所不知者也。""人事者，天意也……未有人心悦乎下而天意怒于上，未有人理逆于下而天道顺于上者。"这种天人关系的看法颇为进步，可能受柳宗元影响。他甚至说，"孔子做春秋而天人备，予述本纪书人而不述天"，"不得不异乎春秋也"，是大胆革新。他在《司天考》和《新唐书·天文志》中都只讲历法、测天技术和星宿运行情况，不及人事。

《新唐书》另有《五行志》。其序曰："自汉董仲舒、刘向与其子歆之徒，皆以春秋洪范为学而失圣人本意，至其不通也，父子之言自相戾，可胜叹哉！"可见他是完全反对天人感应的。其《五行志》三卷，依洪范五行志次序，只记历年灾异而不书其应何事，即司马迁"记异而说不书"笔法。

《新唐书》将《旧唐书》帝纪削减 2/3，而于列传增三百余人，儒学（无官职者）、文艺各七十余人。又重"志"，《食货志》由 2 卷增至 5 卷，惟于刘晏、杨炎之改革着墨不多，而独详儒者陆贽之六论。《地理志》由 4 卷增至 8 卷，并记水利工程和土特产。又创《选举志》，有新意，盖唐代科举，《左传》与《公羊》、《穀梁》均入试，开元并置老子、庄子、列子之学。

司马光（君实，1019—1086 年）情况与欧阳修不同，他与理学家张载、程颢、程颐都有交往，与邵雍尤善。他自己也研究性命之学，朱熹曾把他与周敦颐和上述诸人合写《六先生像赞》。

司马光有"虚气"说："万物皆祖于虚，生于气。气以成体，体以受性，性以辨名，名以立行，行以俟命。故虚者物之府也，气者生之户也。"又说："人之生本于虚，虚然后形"，形然后有性有情，然后有事有德，有家有国，有功有业，“业终于虚也”①。当时张载、程颢都有虚与气的理论，但司马光所论重在性命和功业缘由，而不及于宇宙本原和天地万物的生成，还不能成为本体论。朱熹在编辑《近思录》时即未收入司马光。

在天人关系上司马光提出“天人二则”：“天力之所不及者人也，故有耕耘敛藏；人力之所不及者天也，故有水旱蝗螟”②。这似是本诸荀子的天人相分说。司马光推崇荀子，更推崇扬雄。他在所著《扬子法言》卷四《问神篇》中说：“天者不为而自成，人者为之然后成，而同其济，使之无间隙，皆圣人神心之所为也。”这又似受刘禹锡“天人交相胜”说影响。

在天命论上，司马光是肯定的。他说：“天者，万物之父也”，“违天之命者，天得而刑之。顺天命者，天得而赏之。”又说：“智愚勇怯，贵贱贫富，天之分也。僭天之分，必有天灾。失人之分，必有人殃”③。这就不如欧阳修，欧阳修坚决反对天命论。

欧阳修作《正统论》，详析历代正闰。司马光则反对正统论。他在《资治通鉴》卷六九皇初二年条有一长篇“臣光曰”，纵论史家推论周秦以来历代五德正闰之无稽，并说他作《通鉴》“正欲叙国家之兴衰，著生民之休戚”，“非若《春秋》立褒贬之法”。因而对一些原无君臣关系的小国，“皆以列国之制处之，彼此均敌，无所抑扬。”这是很有见地的。

《资治通鉴》不取天人感应之说。于天文只记日食，不涉五行，《通鉴》写汉高祖赤帝子事，但在全书119条“臣光曰”中没有一条

① 《潜虚》，四部丛刊本。
② 《司马文正公传家集》卷七四《迂书》。
③ 《迂书》。

讲符命。妖异只取其有儆戒作用者，而于卷一九六录吕才亭《阴阳杂录》，说《禄命》之不验，《葬书》之无稽。可见，司马光信天命，但仍是“死生有命，富贵在天”[①]，“守道在己，成功在天”[②]等意思，都是儒家老话。

在人性问题上，司马光取扬雄的善恶混说，即每人都善恶性兼有，“善至多而恶至少则为圣人，恶至多而善至少则为愚人，善恶相半为中人。”其说的精义在于：“必曰圣人无恶，则安用学？必曰愚人无善，则安用教？”[③]又说人情本是好善恶恶的，但经不起“物诱之也，物迫之也”，而排除物欲（即“格物”）至难。[④] 又说“情与道一体也”，以道防情之泛滥，御情“就夫道”是可能的。[⑤] 看来比李翱的《复性书》悲观些，也没有提出人皆可以为尧舜的理想。

这种理论，在司马光的史学上，就是重名分的观点。《资治通鉴》卷一开篇有一长篇的“臣光曰”：“臣闻天子之职莫大于礼，礼莫大于分，分莫大于名。何为礼，纪纲是也。何谓分，君臣是也。何谓名，公侯卿大夫是也。”《通鉴》是资治的书，要别贵贱，定秩序，安国治民是很自然的。但这篇“臣光曰”除讲正名分外，还大段讲了他的历史观。这就是，三代以上是以礼治天下。自“幽厉失德”，诸侯专征，“礼之大体什丧七八矣。然文武之纪犹绵绵相属者，盖以国之子孙尚能守其名分故也”。殆至三国分晋，“请于天子而天子许之”，“三晋之列于诸侯，非三晋之坏礼，乃天子自坏之也。呜

---

① 《扬子法言·学行篇》。

② 《迂书》。

③ 《司马文正公传家集》卷六六《性辩》。

④ 同上书卷六五《致知在格物》。

⑤ 同上书卷六六《情辩》。

呼！”从此，“则天下以智力相雄长”，是历史一大巨变。故《通鉴》叙事始于周威烈王二十三年（前403年），即三晋封侯之年，因为从此发生“资治”问题。这种历史观与二程、邵雍等理学家是一致的，基本上都认为三代以后历史是退化的。

《通鉴》自周威烈王迄五代，包括1362年的历史，讲究“通识”，即采用历代可比的“义例”来评论。但在“通变”上不如《史记》。司马光尊扬雄的“因革”说：“夫道有因有循，有革有化。因而循之，与道神之。革而化之，与时宜之”①。这是指典章制度的变革：“前人所为，是则因之，否则变之，无常道。”司马迁也讲制度变革，但另外还讲“三王之道若循环”的道的变革，那是相当于否定之否定的变革，这是司马光所没有的。司马光说，自古至今，“天地不易也，日月无变也，万物自若也，性情如故也，道何为而独变哉”②。即使制度变革，司马光也是保守派。毕沅《续资治通鉴》记有这样一件事：熙宁二年十一月，司马光为神宗读《通鉴》至汉曹参代萧何事，“帝曰：汉常守萧何之法不可变乎？光曰：何独汉也。使三代之君常守尧汤文武之法，虽至今存可也。”

《通鉴》是资治之书，是政治军事史。不重视经济，不重视思想文化，轻视文人。据张熙侯《通鉴学》统计，《通鉴》共用资料书301种，其中“诸子”仅9种，荀况、扬雄外，仲长通等7人而已，足见其忽视思想。③ 又记班固作《汉书》，而不提司马迁作《史记》。不记屈原，杜甫亦只是间接提及而已。

---

① 《扬子法言》卷三《问道篇》。

② 《迂书》。

③ 张煦侯：《通鉴学》，安徽教育出版社1982年版，第63页。

二、宋儒的宇宙观和认识论

北宋理学家周敦(惇)颐(茂叔,1016—1073年)、邵雍(尧夫,1011—1077年)、张载(子厚,1020—1077年)对宇宙本原和天地万物的生成,都有创见性论点;程颢(明道,1032—1085年)、程颐(伊川,1033—1107年)论天较少。到南宋,经朱熹(晦庵,1130—1200年)综合,成为系统的有机的宇宙观,为宋明理学建立了颇为先进的本体论和认识论。同时,心学派的陆九渊(象山,1139—1192年)、事功学派的陈亮(同甫,1143—1194年)、叶适(水心,1150—1223年)在理学上各有所见,而在宇宙观上亦是有机论。

其实,宋代理学或道学主要是讲治世之理和为人之道的,他们研究宇宙只是为了证明他们治世为人的道理是符合天理或天道的。他们之中没有一位是天文学家或物理学家,他们的研究也没有科学方法,而是用诠释学汲取古籍(包括道藏和佛经)的智慧,靠思维推导出来的。我之所以要用相当篇幅来谈它,完全是为了中西思想对比。12世纪宋儒的宇宙观和认识论,与18世纪欧洲理性运动中占主流的笛卡尔—牛顿的机械论宇宙观和认识论相比,大相径庭;而与20世纪后期即当代西方的大爆炸理论和认识论相比,有着惊人相似之处。然而,18世纪西方机械论的宇宙观和认识论曾导致近代科学的大发展,而宋儒的有机的宇宙观和认识论却毫无科学成果。这又是什么原因呢?

宇宙的演化是远古鸿洞之事,不能用经验主义或历史学方法来考察。当今流行的宇宙大爆炸理论是从广义相对论和量子力学推导出来的,不过在重要环节上都经过间接观测和模拟分析的检验。这种理论认为,我们的宇宙起源于137亿年前的一次大爆炸。

最初，宇宙极热，物质仅以基本粒子形态存在。随着宇宙膨胀和降温，粒子在量子力的作用下结合成元素，主要是氢以及氦。宇宙继续膨胀和降温，元素在引力作用下凝聚为恒星和星系。往后，一些恒星在它的氢燃烧殆尽时坍缩成黑洞而消亡，但也有些会变成超新星，产生第二代恒星。我们的太阳就是一颗第二代或第三代的恒星。它形成于47亿年前，处于银河系的螺旋臂上。再过50亿年或更长，太阳也会坍缩成黑洞，并将地球吸入毁灭。而再过100亿年或更长，整个宇宙都会坍缩成黑洞而灭亡。[①]

周敦颐的《太极图说》开篇称“自无极而为太极”。朱熹解释说“总天地万物之理便是太极”[②]。太极即天理或天道，是个精神实体，它产生于无极，即有生于无。周敦颐接着说：“无极动而生阳”，“静而生阴”。朱熹解释说：“阴阳气也，此生五行之质。”[③]气已是原始的无形的物质了。周敦颐接着说：“阴变阳合，而生水火木金土”，即五行，已是有形的物质要素了。于是“无极之真，二（气）五（行）之精，妙合而凝……万物化生”。朱熹解释说，“所谓真者，理也；精者，气也”[④]。无形的气按照理的规则或模式凝聚而成万物。周敦颐没讲宇宙的终结，不过《太极图说》的结语是“原始返终，故知死生之说”。

邵雍是象数论者。他的认识论叫《观物篇》，主张不要以我（主体）观物（客体），而应“以理观物”或“以物观物”[⑤]。而实际上，他

① 宇宙大爆炸理论产生于20世纪40年代，几乎每经5年都有新的研究补充进来。这里的简述是根据截至2004年6月的报道综合的。

② 《朱子语类》卷九四。

③ 同上。

④ 《朱文公集》卷五八《答黄道夫》。

⑤ 《皇极经世·观物外篇下》。

是以《易》的卦象当作理或物来观察宇宙的演化的。他观察的结果是:宇宙的年龄为129 600年,分为12个“会”,每会10 800年。在第一个会中产生了天,“天开于子”;在第二个会中产生了地,“地辟于丑”;在第三个会中产生了人,“人生于寅”。人类社会发展很慢,到第六个会即宇宙已走过一半时间,才达到“圣王之治”,即唐尧之世。

邵雍是历史退化论者。三皇时是“以道化民,尚自然”;五帝时是“以德教民,尚让”;三王时是“以功劝民,尚政”;五霸时是“以力率民,尚争”,一代不如一代。天地也跟着退化,到第十一个会时,将“闭物”,万物都灭绝了。到第十二个会,即宇宙的第129 600年,天地就终结了。不过,这个宇宙终结以后,还会有另一个宇宙开始诞生。

张载是虚气论者。他没有讲宇宙的始终,而着重讲宇宙的结构和运行。他提出“太虚”、“太和”两个基本范畴。张载的太虚是“有无混一”的“气之本体”,即离散了的看不见的气,而天地万物则是凝聚的有形的气。“气不能不聚而为万物,万物不能不散而为太虚也。”“气聚于太虚,如冰之凝释于水”①。喻冰之凝释,有物质不灭意思。

程颢同意张载的观点,他说“物生者,气聚也;物死者,气散也”②。程颐则反对,他说“凡物之散,其气遂尽,无复归本元之理”③。朱熹同意程颐,没采取张载说。其实,气散(湮灭)应转化为能,当时他们都无能量的概念。

① 均见《张载集·正蒙·太和篇》。
② 《程氏遗书》卷五。
③ 同上书卷十五。

张载提出“两体”说。“一物两体者，气也”，指阴阳二气。“两体者，虚实也，动静也，聚散也，清浊也”，都是气的运动。气动“则聚而有象。有象斯有对，对必反其为。有反必有仇，仇必和而解”。相反的东西不是你消灭我、我消灭你，而是统一为新的东西，包含两者合理的东西。我们这个气象万千、自强不息的世界，就是一个不断和而解的大统一体，这就是“太和”。叶适也有类似思想，“凡天下之可言者皆两也，……万物皆然”；中庸之道使两统而为一，“使之有以为异而无以害异”①，这就是世界的多样性。朱熹同意张载的两体说，但没有采用太和这一范畴。

以上可以看出，周敦颐的宇宙生成图景与当代大爆炸理论的宇宙模型十分近似。大爆炸模型是基本粒子——物质元素——恒星；周敦颐的图景是阴阳二气——五行——天地。五行等于元素，天地即星辰。惟以阴阳二气比拟基本粒子未免牵强。这是因为微观世界是在有了粒子加速器以后才能观察，古人无法猜测。不过，量子学认为每种粒子都有它的反粒子，除中子外都是有正或负的电荷。那么，古老的阴阳二气说还是有道理的。邵雍的天地始终论符合当代宇宙论，但他把宇宙年龄小算了 1 万倍，可是比古希腊人计算的 18 000 年已长了 10 倍。当代理论认为宇宙空间充满了“场”，并且有 90% 的物质是人们无法看到的暗物质。这给张载的太虚论以神奇的支持。同时，原子、元素、星系的模型也给张载的太和论以精神的支持，世界本来就是这样一个多样性的矛盾统一体。然而，宋儒的宇宙观虽有许多有价值的思想，也有重大的缺陷。它没有明确的力的概念，没有能量的概念，更不用说

① 《叶适集·进卷·中庸》。

引力的定律、物质与能量转化的定律、能量守恒定律了。没有这些,就缺乏工具性,不能试验实用,就远不如18世纪西方机械论宇宙观了。

下面再就几个理论和认识论问题略作讨论。

(1)有生于无

周敦颐“自无极而为太极”是有生于无。无极一词不见于儒家典籍,而见于《老子》、道藏《参同契》、佛典《华严经·法界观》。邵雍说“先天地之始,太极也”①,等于取消了无极。程颐说“动静无端,阴阳无始”②,直是否定了无极。陆九渊说《太极图说》乃周敦颐“学未成时所作”,“到作《通书》时不言无极,盖已知其说非矣”③。朱熹说太极“动而生阳,亦只是如此说起,阳以上更有在”④;“更有在”就是否定无。所以朱熹在编辑《太极图说》时就把“自无极而为太极”改为“无极而太极”,以至原文不传。所以宋儒中只有周敦颐肯定无极,肯定有生于无。

可是,当代天文物理学肯定了有生于无。这是因为,根据广义相对论,宇宙开始时理论上必有一个点,在这个点上时间与空间的曲率为无穷大,也就是物质密度或能量为无穷大,因而其体积为零,零即无。或者说,在无穷大数值时,不能有任何测算,一切科学定律都失效,因而这个点是时间的开端,这以前只能是无。⑤

① 《观物外篇》。

② 《伊川易传》。

③ 《陆象山全集》卷二《与朱元晦》。

④ 《朱子语类》卷九四。

⑤ 史蒂芬·霍金:《时间简史》,湖南科学技术出版社2002年版,第47、103、113页及他处。

（2）理气先后

“天地之间，有理有气”。理指使气以成物，气则是“生物的材料”①。这就发生一个先有理还是先有气的问题。在朱熹的著作中有好几处讨论，最后说“先有是理”，“若在理上看，则是虽未有物已有物之理”②。程颢、程颐、陆九渊也是这样的看法。惟陈亮反对，他说“夫道非出于形气之表，而常行于事物之间也”③。叶适也反对，他说“未有于天地之先而言道者”④。

宋儒的理是个笼统概念，没说明它怎样使气生成万物。张载提出个“神”：“神者，太虚妙应之目”⑤；“惟神为能变化”；“神则主乎动，故天下之动皆神为之也”⑥。神是太虚的功能，有点力的意思。程颢也说“所以运动变化者，神也”⑦，他的神是气的运动属性。朱熹把神解释为“伸、散”，把鬼解释为“屈、聚”，都暗含力的意思。朱熹又提出天有个旋转运动（“旋风”、“下软上坚”），形成诸天（“旋有九”）⑧，有如离心力，有点像六百年后康德的星云说。

在近代科学中，把一切运动的规律都归之于力的平衡，力学统治了物理学，所以出现机械论的宇宙观。其后，发现了电磁力，又发现弱核力、强核力，量子力学支配整个微观世界。这也解决了先有理还是先有物的问题。例如，人们是根据万有引力的原理找到

① 《朱子语类》卷九四。
② 《朱文公集》卷四六《答刘叔文》。
③ 《龙川文集·勉强行道大有功》。
④ 《习学记言》。
⑤ 《太和篇》。
⑥ 《易说·系辞上》。
⑦ 《程氏遗书》卷十五。
⑧ 《朱子语类》卷一。

冥王星的。你也可以说，冥王星是早就存在了。那么，人们是根据量子力学，知道核裂变能产生巨大能量，于是造出原子弹。并且，在人们知道万有引力之前或核裂变的原理以前，这些理早已存在了。自然界所有的理，如果是真理，都是先验的，a priory，即先于人们的经验而存在。因为人出生得很晚，人的科学认识就更晚了。

（3）理一分殊

程子说“百理俱在，平铺放着”；但又说“这只是一个道理”。说“有物必有则，一物须有一理”；但又说“天下只是一个理”[①]。万物各有其理，为什么说只有一个理呢？朱熹对此作了几次解释，都没讲清楚。最后他说：“伊川（程颢）说得好：理一分殊”，这成为宋儒通用术语。反对派陈亮，他不承认有独立于物外之理，但也主张“分立而推理一”，分立“虽异，而吾心则一，故曰理一而分殊”[②]。实际是要求有一个统一的认识，作为处事为人的根本，也作为宇宙的根本。

“理一分殊”来自佛典。华严宗认为，世界起源于“一真法宗”，所以，人世真的东西都应该是“一毛孔一切遍法界诸毛孔现”，“一尘中微细国土庄严清静旷然安住”[③]。一毛孔、一尘埃中都有“一真”大法。禅宗采用这个观点，说：“一法遍现一切法，一月普观一切月。”[④]朱熹说：“释氏云：一月普观一切月，一切水月一月摄”[⑤]。即所谓“月印万川”。万川的月都是天上那个月的分殊。

① 《程氏遗书》卷二、卷十八。
② 《陈亮集》卷十四《西铭论》。
③ 《华严经·旨归》。
④ 《永嘉证道歌》。
⑤ 《朱子语类》卷十八。

这在西方，笛卡尔和牛顿的机械论把力作为运动的原理，但肯定还必须有个“第一次推动”或最终的理性，即上帝。现代科学也有这种思想，即希望找到一个方程，把作用于宏观和微观的各种力都统一起来。1856 年，J. C. 麦克斯韦统一电场和磁场理论，得出电磁力的方程。1967 年，A. 萨拉姆和 S. 温伯格提出一个统一弱核力和电磁力的理论，并在实验中获得证实。20 世纪 80 年代末，S. 霍金等提出“大统一理论”（GUT），将电磁力、弱核力、强核力统一为一个方程，其推理是在特高能量的某一点上，这三种力的差别将消失。目前粒子还加速不到这个点，因而还不能证实。①

（4）天人合一

作为历史观的天人关系，我是把孔、孟、荀子、司马迁的观点都归入“天人相通”论，把董仲舒、刘向、刘歆的观点都归为“天人感应”论，到宋理学才出现真正的“天人合一”论。

宋儒中，程颐还是天人感应论者，并相信五德终始说。他说：“董仲舒说天人相与之际，亦略见模样，只是被汉儒推得太过。”②“太过”指刘向、刘歆。周敦颐、程颢、朱熹、陆九渊都是天人合一论者。

周敦颐《太极图说》中的“阳动、阴静”和“乾道成男，坤道成女”是完全一致的。他在《通书·乐中》说：“政善民安则天下之心和，……达于天地，天地之气感而大和焉。”大和犹张载的太和，是天人的统一。程颢在《识仁篇》中说，仁之道“与物无对”，做到仁便可“浑然与物同体”，并说张载的《西铭》“备言此体”③。朱熹也赞赏《西铭》，他说天道的运行与人道是一致的，“在天曰元、亨、利、

① 《时间简史》，湖南科学技术出版社 2002 年版，第 70—71 页，181 页。

② 《程氏遗书》卷二二。

③ 《程氏遗书》卷二。

贞，在人曰仁、义、礼、智”[①]。又说万物之理与吾心之理（仁、义、礼、智）“只是一个”，即天理，而认识论“格物致知”就是“合内外之理”[②]。陆九渊是心学派，倡“心即理”，当然是天人合一论者，又在思维方法上倡“立其大者”，近似张载的“大心”论。

张载的《西铭》提出人在物质上与天同体，在精神上与天同性，我将在下一小节详谈。但天人合一，即人要得天道，须“穷理尽性”。穷理尽性有两条途径：“自诚明”和“自明诚”[③]。“自诚明者，先尽性以至于穷理也”。这是圣人的途径，圣人是生而知之者，尽自己的天性便知天理。“自明诚者，先穷理以至于尽性也”。穷理即学习，“谓先从学问理会，以推达于天性也”[④]。这是儒者的途径，是学而知之者。“儒者则因明至诚，因诚至明，故天人合一。”[⑤]可见，天人合一是个理性认识过程。

不仅如此。人要穷理，须“尽天下之物”，这单靠“见闻之知”是不行的。“盈天地之间皆物也，如只据己之闻见，所接几何？安能尽天下之物？”于是，张载提出“大心”说，即扩大思维，从德性原则来穷理。“见闻之知乃物交而知”，是来自外，即对客体的感觉；“德性之知，不萌于见闻”，而是来自内，即心中固有的理性。“大其心则能体天下之物”，“不以见闻梏其心，其视天下无一物非我。孟子谓尽心则知性知天，以此”；这就可以“合内外，一天人”[⑥]。可见，天人合一的命题，是天道与人道的同一，也是打破主观与客观界

① 《朱文公集·仁说》。
② 《朱子语类》卷十五。
③ 语出《中庸》。
④ 均见《张载集·语录下》。
⑤ 《易说·系辞上》。
⑥ 均见《张载集·正蒙篇·大心》。

限,认识世界与认识自身的同一。

前已言及,西方自古希腊以来,主流思想就是强调主体与客体的对立。培根提出人类征服自然的号召以后,人与自然界的对立加剧。在认识论上,康德的理性思维,虽能克服知性的二律背反,得出自然界的整体观念,但仍是建立在主体与客体对立的基础上。人与自然界对立,也就是人自我异化于大自然。这在学术方面,就是科学研究与人文学研究分离,科学背离道德原则,成为纯粹工具理性。这就不能不引起人们的反思。

英国数学家、哲学家 A. 怀特海(1861—1947 年)于 1919—1922 年出版《关于自然知识的探索》等三部著作,提出了一个以"事件"推移过程为中心的有机宇宙观;又在 1925 年出版的《科学与现代世界》中论证了自然规律与社会规律的一致性。科学史家 G. 萨顿(1884—1956 年)在《一个人文主义者的信念》(1920)中提出应研究科学的生命和艺术;在《科学史和新人文主义》中主张把科学和人文科学结合起来,高呼"不能让科学作为一种与我们的文化无关的工具来发展。科学必须理性化!"①1957 年,P. 弗兰克(1890—1987 年)出版《科学的哲学》,主张以这种哲学弥补科学与人文学之间"缺失的环节",达到人类与自然界和谐发展。爱因斯坦特地为他写了序言。

由于系统论、信息论的发展,20 世纪 70 年代兴起宇宙自组织理论。诺贝尔奖获得者 I. 普律高津(1917 年—)在创建他的耗散结构论时说:这是一种新自然主义,"新自然主义将把西方传统连同它对实验的强调和定量表述,同以自发的自组织世界的观点为中心的中国传统结合起来。"1986 年他的《探索复杂性》一书就

① 萨顿:《科学史和新人文主义》,华夏出版社 1988 年版,第 141 页。

在美国和中国同时出版，书中并赞扬中国“整体和谐”的观点。[①] 协同学(synergetrics)的创建者H.哈肯(1927年—)则说：“协同学和中国古代思想在整体性观念上有很深的联系”；西方的分析思维和东方的整体性思维都是建立协同学的基础。[②]

(5) 道器、本末论

朱熹说：“天地之间，有理有气。理也者，形而上之道也，生物之本也。气也者，形而下之气也，生物之具也。是以人物之生，必禀此理，然后有性；必禀此气，然后有形。其性其形，虽不外乎一身，然其道器之间，分际甚明，不可乱也。”[③]又说：“自其体而之末，则一理之实而万物分之以为体”[④]；“由太极至万物化生，……统是一个大源，由体而达用，从微而至著耳”[⑤]。

道器、本末、体用、显微均中国传统的认识论术语，它们不同于西方的一般与特殊，而是指出两类范畴的有机关系。可列表如下：

形而上	形而下
理、道	气、形
道	器
本	末
体	用
微、几	显、著
(主、思维)	(客、存在)

① 普律高津：《探索复杂性》，四川教育出版社1986年版，译序及序。

② 侯样祥：《传统与超越——科学与中国传统文化的对话》，江苏人民出版社2000年版，第223页。

③ 《朱文公集》卷五八《答黄道夫》。

④ 《太极通书解·理性命章注》。

⑤ 《朱子语类》卷九。微亦称几，犹苗头、动机；著亦称显，指由微、几成长成形的东西。

按传统说法，表中左边一行是根本的、整体的东西，右边一行是次生的、个别的事物。认识世界，要认识根本的东西，不能舍本逐末。用现代词汇，显然在左边一行是主，是思维的东西，右边一行是客，是有形的事物，即存在。思维先于存在，是先验论的图解。

朱熹是从传统意义来理解的，“道器之间，分际甚明，不可乱也”。但宋理学家不都是遵循传统。程颐说：“至微者理也，至著者象也。体用一源，显微无间”[①]。“一源”、“无间”，都有沟通两者的意思。程子说：“形而上为道，形而下为器，须如此说。器亦道，道亦器。但得道在，不系今与后，己与人。”[②]形上形下的区别只是“须如此说”，实际上道就是器，器就是道；“己与人”即主体与客体，都是同一的。我怀疑这是程颢的话。程颢还说：道是形上，阴阳是形下，“唯此语截得上下最分明。看来只是此道，要在人默而识之也”[③]。意思是不该分上下。

陆九渊是心学派，心学即主客体完全同一。“心即是理”，“此理塞宇宙，所谓道外无事，事外无道”[④]。这就没有道与器（事）的区别。又说：“知道，则末即是本，枝即是叶。”[⑤]他在给朱熹的信中说：“至如直以阴阳为形器而不及为道，此尤不敢闻命”，那简直是“昧于道器之分哉”[⑥]，说朱熹叫道器之分愚昧了。

陈亮和叶适则从另一方面反对传统的道器之分。陈亮说：“夫道，非出于形器之表，而常行于事物之间者也”；非出于形器之表即

---

① 《伊川易传·序》。
② 《程氏遗书》卷一。
③ 《程氏遗书》卷十一。
④ 《陆象山全集》卷十五。
⑤ 同上书卷三四。
⑥ 同上书卷二《与朱元晦》。

不是形而上的。又说："夫道岂有他哉，喜怒哀乐爱恶得其正而已"；正指正气[①]。叶适说："物之所在，道则在焉"[②]；"无验于事者，其言不合；无考于器者，其道不化"[③]。这是唯物论的说法，道与器不可分，器外无道。

本末的理论始于魏王弼，我在论玄学时已提及，他主张"言不远宗，事不失主"。而否定主客对立的思想实来自禅宗，我在论禅宗时亦提到，禅宗"主看主"论点会导致天人合一。宋理学中主体与客体同一的思潮以心学派最为明确，至明王守仁达于高峰。而朱熹本人仍保留本末观。

在西方，主客统一思想要晚得多。它大约从20世纪初E.胡塞尔的现象学开始，主张从现象中还原出事物的本质。继之有M.海德格尔的存在主义，人与外界不是主体与客体对立，而是互相参与关系。接着有H-G.伽达默尔的诠释学、J.哈贝马斯的交往理论，主体与客体是互相交往的关系。这些，将于下章西方理性主义的反思中详述。

(6) 格物致知

这是个认识的方法论问题，源于对《大学》"致知在格物"一语的解释。程子说："格犹穷也，物犹理也，犹曰穷其理而已。"[④]格物致知就是即物穷理。"今日格一物，明日格一物，积习既多，然后脱然有贯通处。"[⑤]这是归纳法，是由个别到一般。穷什么理呢？"或

① 《陈亮集》卷九《勉强行道大有功》。
② 《习学记言》卷四七。
③ 《叶适集·进卷·总义》。
④ 《程氏遗书》卷二五。
⑤ 同上书卷十八。

读书讲明义理，或论古今人物别其是非，或应事接物而处其当，皆穷理也。”①

朱熹完全同意程子的即物穷理法。但他认为不限于处世为人，“上而无极太极，下而至于一草一木一昆虫之微，亦各有理”②。既涉及自然物理，那就不能只凭读书，而需有试验、实测。而试验法是宋儒从未想到的。又朱熹所论已不限于归纳法，“必使学者即凡天下之物，莫不因其已知之理而益穷之，以求至乎其极”③。这是从已知推出未知，但还不是演绎逻辑，因为它不是由普遍公理和既定的条件推出的；宋儒从未想到过演绎逻辑。

事实上，朱熹从未研究过自然物理，也未见他用推理法之例。他只是要求得出“全体大用”之理，即天理。“一旦豁然贯通焉，则众物之表里精粗无不到，而吾心之全体大用无不明矣。”④

叶适也主张即物穷理。他说“知之至者，皆物格之验也”，知识都来自格物，“以物用而不以己用”，这样达到“吾与物俱至”⑤。

陆九渊指责朱熹那种即物穷理的方法是“支离”。他的方法是“先立其大者”，“心之体甚大，若能尽我之心，便与天同。为学只是理会此”⑥。陆的理论另有意味，下一小节再详谈。

宋儒的这些认识方法，在18世纪欧洲理性运动中都有，而西方的科学实验方法和演绎逻辑学，则直到明清，中国学者都望尘莫及。

---

① 《程氏遗书》卷十八。
② 《朱子语录》卷十五。
③ 《大学章句·补格物传》。
④ 同上。
⑤ 《叶适集·进卷·大学》。
⑥ 《陆象山全集》卷三五《语录》下。

(7) 李约瑟难题

李约瑟高度评价宋儒的有机论宇宙观,认为它符合爱因斯坦以后的科学思维。他说:“也许,最现代化的欧洲的自然科学理论的基础,应该归功于庄周、周敦颐、朱熹等。”[①]他也高度评价宋理学的科学性和宋代科学的发展。他说:“宋代理学本质上是科学性的,伴随而来的是纯粹科学和应用科学本身的各种活动史无前例的繁荣。”[②]宋代科学技术的发展领先于世界,李约瑟估计不低于18世纪英国工业革命前的水平。那么,为什么近代科学产生于16世纪的欧洲,而没有在中国文明中产生呢?

其实,早在18世纪,F. M. 伏尔泰、F. 魁奈、D. 休谟就已提出过这个问题。在国内,梁启超以来亦有不少人讨论过。1942年李约瑟正式提出这个问题后,在重庆和贵阳有过两次科学讨论会。20世纪80年代以后讨论更加频繁,并有专集出版。李约瑟曾广泛征集意见,1989年还写信征求过我的意见。中外学者对李约瑟难题的解答不下三四十条,最多是集中在自然环境和政治、经济、文化制度方面。李约瑟本人的解答放在《中国科学技术史》第七卷,该卷尚未完成李已去世。不过,在李氏的历次演讲特别是1990年修订发表的《东西方的科学与社会》中已有申述。他罗列阻碍中国产生近代实验科学的自然和社会因素,而集中归结为中国的“官僚封建制度”。他说这种制度原来有利于自然科学知识的增长,尤其是它“无为”的哲学思想,但到后来,就变成抑制商业和资本主义发展

① 李约瑟:《中国科学技术史》第二卷,科学出版社、上海古籍出版社1990年版,第538页。

② 同上书,第527页。

的力量，从而也抑制科学技术的发展。[①]

看来，宋以后中国没有产生近代科学或实验科学有多种原因，其中很多因素可归之于制度的障碍。但专就宋明理学来说，又有它本身的缺陷，这就是，它基本上都是道德理性，缺乏工具理性。工具理性或目的理性一词是 M. 韦伯提出的。他的定义晦涩难懂。[②] 我以为，它是这样一种理论，即根据一定的原理和设定的条件，推导出达到预期目的的程序或手段，它只重效果而不管这样做是否有碍道德规范。例如克隆人，只要求把人克隆出来，不考虑伦理问题。因而人们常把工具理性称为科学理性。B. 罗素甚至把整个美国实用主义都视为工具理性。其实不限于科学，例如以利益最大化为普遍原理的西方经济学，就是典型的工具理性，只求利益最大化，不管社会影响。苏联的计划经济是更典型的工具理性，它有很高的效率，而弊端不少。

但不是说工具理性是不好的。在社会现代化过程中，科学与民主，都需要工具理性才能实现。就科学发展来说，笛卡尔—牛顿的机械论宇宙观更适于构建工具理性，近代力学、化学、电磁学等都是在机械论世界观指导下建立的。或认为，哲学的正常发展应当是由机械论再进入有机论，李约瑟也有过这种想法。[③]

---

① 李约瑟：《东西方的科学与社会》，《自然杂志》（上海）1990 年，第 13 卷第 12 期。

② 目的理性或工具理性：Zweckrationalitat, instrumental-rationality, M. 韦伯的定义是“目的是合乎理性的，即通过对外界事物的情况和其他人的举止的期待，并利用这种期待作为‘条件’或者作为‘手段’，以期实现自己合乎理性所争取和考虑，作为成果的目的。”见韦伯《经济与社会》上卷，商务印书馆 1997 年版，第 56 页。

③ 李约瑟：《中国科学技术史》第二卷，科学出版社、上海古籍出版社 1990 年版，第 537 页。

逻辑是工具理性中非常重要的方法论，正是逻辑思维导出工具理性一词。亚里士多德的演绎逻辑即被编入他著作的《工具篇》，培根的以归纳法为主的逻辑著作题名为《新工具》。我说过，中国儒学，辩证思维十分高明，逻辑思维则很糟糕；《墨经》绝唱后，几无人问津。宋儒采用了归纳法，而无演绎法。对于科学发展来说，推理、演绎法（亦称形式逻辑）更为重要，因为演绎法才能确定自然规律及其条件，并推导出新的概念。

在中国没能产生近代科学的问题上，早如F.魁奈、梁启超、任鸿隽（中国科学社社长），近如J.费正清，都提出过儒家缺乏逻辑思维问题。1953年爱因斯坦在一封给J.E.斯威策的信中说："西方科学的发展是以两个伟大的成就为基础的，那就是：希腊哲学家发明形式逻辑体系（在欧几里得几何学中），以及通过系统的实验发现有可能找出因果关系（在文艺复兴时期）。在我看来，中国贤哲没有走上这两步。那是用不着惊奇的。"①

杨振宁非常重视逻辑问题，有多次论述。他于1999年在香港中文大学发表题为《中国文化与科学》的演讲。他很称赞宋代理学。他说："传统中国文化求'理'，近代科学要求'自然规律'。但传统文化求理的方法，只有归纳法；而近代科学求规律的方法，则是推演法再加上归纳法。"他又说：传统中国文化的归纳法只是用思考，使观念精简化、抽象化、符号化，如《太极图说》；而缺乏实验。"传统中国文化的中心思想，是以思考来归纳天人之一切为理。这个传统里，缺乏了推演，缺少了实验。"②

---

① 许良英、范岱年编译：《爱因斯坦文集》第1卷，商务印书馆1976年版，第574页。

② 杨振宁：《中国文化与科学》，《参考消息》，2000年3月5—8日。

三、宋儒的人际理学

上小节讲宋儒的宇宙观和认识论，只是为了与西方对比。其实，宋儒理学主要讲人与人的关系，即所谓性命之学，影响历史观的也主要是在这方面。

周敦颐说："圣人定之以中正仁义而主静，立人极焉。"[①]圣人怎样立人极呢？他提出个"诚"字，以后宋儒也都讲诚。"诚，五常之本，百行（指一切道德行为）之源也。"诚是"无妄"，即不虚伪；诚要"无为"，即没有目的或要求；所以是"纯粹至善者也"[②]。但这是指圣人，通常人则有善有恶。这是因为"诚无为，几善恶"。几是动之微，犹动机，动机中就有人欲。所以"诚无为则善而已，动而有为，则有善有恶"[③]。这就提出宋儒讨论最多的天理与人欲问题。不过，周敦颐在这个问题上是很低调的。他只说"圣可学乎？曰可"，怎样学呢？"无欲也。无欲则静虚动直。"[④]

在人性论上，周敦颐说："性者，刚柔善恶，中而已矣。""刚善刚恶，柔亦如之（指柔善柔恶），中焉止矣。"[⑤]无欲最好，但一般人最重要的是持中。

张载在人性论上有创造。他提出人有"天地之性"和"气质之性"。天地之性是天生的，是善的。气质之性是因生人时禀气有宽

---

① 《太极图说》。
② 《通书·诚上》，《通书·诚下》。
③ 《通书·诚几》。
④ 《通书·圣学》。
⑤ 《通书·理性命》。

（正）偏，因而有善恶。这是因为气质之性有“攻取”的特点，“攻取，气之欲。口腹于饮食，鼻舌于臭味，皆攻取之性也”。但“善反之，则天地之性存焉”[①]。反的方法是学习，“苟志于学，则可以胜其气与习，此所以偏不害明也”[②]。程颢同意张载的说法，并有申论。

按这种说法，则孟子性善说是指天地之性，荀子性恶说是指气质之性，扬雄性善恶混说、韩愈性三品说是混同了两者，而李翱的《复性书》实指恢复天地之性。长期争论的人性问题至此解决了，所以，朱熹说“故张程之说立，则诸子之说泯矣”[③]。

原来，儒家讲“寡欲”、“无欲”者不乏其人，但都没有把人欲和天理对立起来，张载是第一个把两者对立起来讲的。他说“今之人灭天理而穷人欲”，“徇物丧心，人化物而灭天理”[④]。不过，这只是用《乐记》的话。《礼记·乐记》说人性静，感于物而动，乃生欲，如不节制，就会“人化物”，“人化物也者，灭天理而穷人欲者也”。张载并未提出“存天理，灭人欲”口号，那是程颐提的，反之，张载说：“饮食男女皆性也，是乌可灭？”[⑤]

张载还有一篇备受宋儒推崇的论人生哲学的短文《西铭》[⑥]。《西铭》说：人在天地之间是渺小的，但人是天地所生，“故天地之塞，吾其体；天地之帅，吾其性。民吾同胞，物吾与也”。塞指气，即物质，帅指精神。物质上人与天地同体，精神上人与天地同性，所以人类都是同胞，万物皆我朋友。《西铭》还提出“富贵福泽，特厚

① 《张载集·正蒙·诚明篇》。
② 《张载集·语录下》。
③ 《朱文公集·答蔡季通》。
④ 《正蒙·神化篇》。
⑤ 《正蒙·乾承篇》。
⑥ 同上。

吾之生也；贫贱忧戚，庸玉女（汝）于成也”的人生态度；“存，吾顺事；殁，吾宁也”的生死观。这都是他所提倡的“大其心”，开敞胸怀，放眼世界，不去考虑任何得失的纯净思维。尤其，“民胞物与”思想，比过去“天下为公”的“大同”思想更伟大；至于康德的“世界公民”思想就更不能比拟了。

程颢也有一篇短文《识仁篇》[①]说：“仁者浑然与物同体，义礼知信皆仁也。识得此理，以诚、敬存之而已，不须防检，不须穷索。”诚是不虚伪，敬是“主一”，即心不分散。只要诚敬地存仁于心，毋需防检或向外求索，因为“存得便合有得，盖良知、良能元不丧失”。因此“反身而诚，乃为大乐。若反身未诚，则犹是二物有对，以己合彼终未有之，又安得乐？”“二物”即己与彼没有合一。程颢还在《答横渠先生（张载）定性书》[②]中发挥了这个论点。“所谓定（性）者，动亦定，静亦定，无将迎，无内外”。无将迎即对外来事物不去迎接它，语出《庄子》。重点是无内外。他说：为定性，人们常设法排除外来事物的诱惑，为此而“自私用智”，结果是外诱“见灭于东而生于西”，不成功。所以，“与其非外而适内，不若内外之两忘也”，“故君子之学莫若廓然而大公，物来而顺应”。

内外两忘就是无内外，也就是“以己合彼”，就是取消主体与客体的对立。宇宙本无主客之分，仁者的心也像宇宙那样“廓然而大公”，就可“浑然与物同体”，“万物皆备于我”。从道德属性说，认识到天地本性都是仁，就会打消主观世界与客观世界的差异。这等于为张载“民胞物与”的伟大思想作了注释。

---

① 《程氏遗书》卷二。

② 《程氏文集》卷二。

程颐的人生观与张载、程颢不同。张载、程颢是敞开胸怀，物来顺应；程颐则比较拘谨，主张“安于义命”。他说：“至诚安于义命而自乐，则无咎”[①]；“君子当穷困之时，……知命之当然也，……行吾义而已”[②]。这是因为程颐有个命题：“性即是理”。理“在天为命，在义为理，在人为形”[③]。因而一方面，天命是不可违的；另一方面，人可“穷理尽性以至于命”。“理也，性也，命也，三者未尝有异，穷理则尽性，尽性则知命矣。”[④]在这个框架下，人只能规规矩矩，安于义命。

“性即是理”，性当然是善的。但程颐同意张载气质之性的说法：“性无不善，而有不善者，才也”；“才禀于气，气有清浊，禀其清者为贤，禀其浊者为愚”[⑤]。由气质之性推出人欲问题。程颐说：“人心私欲，故危殆；道心天理，故精微。无私欲，则天理明矣。”[⑥]从而有了“存天理，灭人欲”的口号。这里人心、道心是用《尚书·大禹谟》：“人心惟危，道心惟微，惟精惟一，与之厥中”，对此历来有不同解释。后来朱熹也是用《大禹谟》解释“存天理，灭人欲”，遂成定论。

君臣、父子、夫妇所谓“三纲”，倡自董仲舒，使其成为理学教义，也始于程颐。他说“上下之分，尊卑之义，理之当也”；“父止于慈，子止于孝，君止于仁，臣止于敬，万物庶事莫不各有其所，得其所则安，失其所则悖”[⑦]。甚至说，“蜂蚁知卫其君，豺獭知祭”，都

① 《伊川易传》卷四《未济》。
② 同上书《象》。
③ 《程氏遗书》卷十八。
④ 同上书卷二一下。
⑤ 同上书卷十八。
⑥ 同上书卷二四。
⑦ 《伊川易传》卷四《艮》。

是“得自天理”[①]。至于夫妇,“问:或有孤孀贫穷无托者,可再嫁否?(颐)曰:……饿死事极小,失节事极大”[②]。这就是清儒戴震所说“以理杀人”。

现在来看朱熹。朱熹盛赞程颐“性即是理”命题,认为是“颠扑不破”之论,也赞赏程颢“论性不论气不备,论气不论性不明”之说,说它“极有功圣门”。朱熹说:“性者,人之所得于天之理也;生者,人之所得于天之气也。”[③]但是,万物也是这样,人与物“同得天之理以为性,同得天之气以为性”,只是人“得形气之正而能全其性,为少异耳”[④]。这里“少异”的是:人性有仁义礼智(朱熹不谈信)之全。而蜂蚁“有君臣之义”,“只是他义上有一点子明”;虎狼“有父子之亲”,“只是他仁上有一点子明”[⑤]。少异说含有仁人与物同质、反对人与物对立的思想,是可贵的;但没有程颢那种“浑然与物同体”、张载那种“民胞物与”的气概。

朱熹盛赞张载“心统性情”命题,认为是“颠扑不破”之论,并赞赏他天地之性、气质之性的论点,说是“极有功于圣门”。他用比喻说:“心如水,性犹水之动,情则水之流。”[⑥]但又说:“夫心者,人之所以主乎身者也,一而不二者也,为主而不为客者也,命物而不命于物者也。”[⑦]这就把主观与客观事物完全对立起来了。又天地之性,朱熹改称为“天命之性”,而把气质之性说得教条化了。如“禀

① 《程氏遗书》卷十七。
② 同上书卷二二。
③ 《孟子集注・告子》。
④ 同上书《离娄》。
⑤ 同上。
⑥ 《朱子语类》卷五。
⑦ 《朱文公集・观心说》。

得精英之气，便为圣为贤；……禀得清明者，便英爽；禀得敦厚者，便温和；秉得清高者，便贵；禀得丰厚者，便富；禀得长久者，便寿；禀得衰颓薄俗者，便为愚、不肖，为贫、为贱、为夭”①。

朱熹也是从气质之性多少来论证“私欲”。但更多是从“心者性情之主”来论证。“只是这一个心，知觉从耳目之欲上去，便是人心；知觉从义理上去，便是道心。”②用此来演绎《大禹谟》，便得出“人之一心，天理存则人欲亡，人欲胜则天理灭，未有天理人欲夹杂者”③。天理人欲是水火不相容的，故要辨得“精微”。甚至说：“饮食者，天理也；要求美味，人欲也。”④又说，《论语》讲克己复礼，《中庸》讲致中和，《大学》讲明明德，“圣人千言万语，只是教人存天理，灭人欲”⑤。

在人生修养上，周敦颐、张载主诚，程颢提出“以诚敬存之”，程颐提出“涵养须用敬”。敬是主一，心不分散。朱熹则提出“持敬”。持敬是严格遵守敬的功夫，“敬字功夫乃圣门第一义，彻头彻尾，不可顷刻间断”。它要“自入规矩”，要“严威严恪”。“敬有甚物？只如畏字相似”，要“有所畏谨，不敢放纵”，以至要“坐如尸，立如齐”⑥。总之，朱子的教导，一切都教规化了。他还写了一个《敬斋箴》，共十条，挂斋壁“以自警之”。其中有“正其衣冠”、“对越上帝”，须防“须臾有间，私欲万端”，要知“毫厘有差，三纲既沦”等。

① 《朱子语类》卷四。
② 同上书卷七八。
③ 同上书卷十三。
④ 同上。
⑤ 同上书卷十二。
⑥ 同上。

再看心学派。陆九渊讲“心即理”。“塞宇宙一理耳”,“在天曰阴阳,在地曰柔刚,在人曰仁义”①。可见,理是客观存在,也存于人心。“人心,一心也;理,一理也。至当归一。”②无论在天、在地、在人,都是一个理,这是理学家的共识。“人皆有是心,心皆具是理,心即理也。”③可见,“心即理”命题不是说理是心产生的,如今人所谓主观唯心主义,而是说理与心是同一的。惟有“宇宙便是吾心,吾心便是宇宙”一语,令人误解。查此语不见于陆九渊文集,而见于别人为他作的《年谱》。

“仁义者,人之本心也”,但“愚(者)不肖者不及焉,则蔽于物欲而失其本心。”④失掉本心者,不只是愚者、不肖者,还有贤者、智者,因为他们“意见”太多。所谓“意见”,是于仁义之外,“别有商量,别有趋向,别有规模,别有形迹,别有行业,别有事功。”⑤这有点像程颢所说“自私用智”,而陆九渊统称为“邪说”、“邪见”⑥。所以要少用智,却邪见,扫除心蔽,恢复仁义的本心。

陆九渊著《养心莫善于寡欲》:“欲之多,则心之存者必寡;欲之寡,则心之存者必多。……欲去,则心自存矣。”⑦他讲去欲是从养心出发,与朱熹之灭欲不同。又说:“主于道则欲消艺进;主于艺则欲炽道亡。”⑧主于道即“先立乎其大者”,欲消艺亦可进。主于艺

① 《陆象山全集》卷一《与赵监》。
② 同上书卷一《与曾宅之》。
③ 同上书卷一《与李宰》。
④ 同上书卷一《与赵监》。
⑤ 同上书卷三五《语录下》。
⑥ 同上。
⑦ 同上书卷三二。
⑧ 同上书卷二二《杂说》。

即专求才智，那就会变成上述邪说邪见，结果欲炽道亡。

在人生哲学上，陆九渊也与朱熹之墨守教条相反，而是"收拾精神，自作主宰。万物皆备于我，有何缺欠?""我无事时只似一个完全无知无能底人，及事至方出来又却似个无所不知无所不能之人。""仰首攀南斗，翻身倚北辰。举头天外望，无我这般人。"①

四、南宋的历史观

前已言及，宋代是史学大发展时期，但主要在历史编纂学方面，长篇巨著，前世所无，亦明清不及。至于历史观或史学理论，则南宋尚不及北宋。我仅选择郑樵、朱熹两家，兼及吕祖谦和陈亮。

郑樵（渔仲，1104—1162 年）传世有《尔雅注》、《夹漈遗稿》，而主要是《通志》200 卷。《通志》与刘知幾《史通》、杜佑《通典》之纯史论不同，乃一纪传体之通史，有帝纪 18 卷，列传 125 卷，而最著名于后世者为其二十略 51 卷。略即志，是郑樵所创"会通"之专业史，除旧有志例外，郑樵新创氏族、都邑、昆虫草木等略并文化方面六书、七音、校雠、图谱、金石等略。

《通志·总序》说："百川异趣，必会于海，然后九州无浸淫之患；万国殊途，必通诸夏，然后八荒无壅滞之忧。会通之道大矣哉!"这里是指横向的会通。但他也注意纵向即历史的会通。他举《春秋》、《史记》为师。孔子"总诗、书、礼、乐而会于一手，然后能同天下之文；贯二帝三王而通为一家，然后能极古今之变。"司马迁"会诗、书、左传、国语、世本、战国策、楚汉春秋之言；通黄帝、尧、舜

① 均见《陆象山全集》卷三五《语录下》。

以至秦汉之世;勒成一书”。

《通志·总序》又说:“春秋之后,惟史记擅制作之规模。不幸班固非其人,遂失会通之旨,司马氏之门户自此衰矣。班固者,浮华之士也,全无学术,专事剽窃。……其断汉为书,致周秦不相因,古今间隔。”“相因”是郑樵讲会通之一途:“孔子曰,殷因于夏礼,所损益可知也;周因于殷礼,所损益可知也。此言相因也。自班固断代为文,无复相因之义。虽有仲尼之学,亦莫知其损益,会通之道自此失矣。”

郑樵的会通,有从整体上看历史,究其演变之义,这是很高明的历史观。但从上文看,他的整体观主要是把各种历史文献“会于一手”,而所谓通,主要是反对断代史体裁,强调历代相因,而不是通古今之变。在他的杰作二十略中,他提出“类例”之法,即将所有历史文献分门别类,按专题汇编成专业史。他说:“书之不明者,为类例之不分也”;“类例既分,学术自明,以其先后本末具在”①。又说:“绳绳秩秩,各归其宗,使千百年湮源断续之典灿然在目”②。这实是整理历史资料的归纳法。

郑樵斥责董仲舒、刘向、刘歆的五行灾祥之说,说这是“一种妖学,务以欺天”。他又反对史家寓褒贬于文字的传统,说这是“一种妄学,务以欺人”③。

他说“万物之理不离五行”,即承认自然界有五行之理,也承认“天地之间,灾祥万种”。但以自然界的灾祥“一一质之以为福祸之应”,则“其愚甚矣”,等于是“欺天”。他作《灾祥略》则“专以记实

① 《校雠略·编次必谨类例论》。

② 《氏族略》。

③ 《灾祥略》。

迹，削去五行相应之说，所以绝其妖。”但最后说，“惟有和气致祥、乖气致异者，可以为通论”①。

郑樵反对褒贬，则含义颇广。他说《春秋》文字简约，一字褒贬之说是“三传(《公羊》、《穀梁》、《左氏》)唱之于前，诸儒从之于后，尽推己意以诬圣人之意，此谓之欺人之学。”“臣(樵)旧作春秋传，专以王道，削去三家褒贬之说，所以杜其妄。”②“诸儒从之于后”，如“曹魏指吴蜀为寇，北朝指东晋为僭”，“齐史称梁军为义军，……隋书称唐兵为义兵”，“晋史党晋而不有魏，……齐史党齐而不有宋”等，均属滥用褒贬。“似此之类，历史有之，伤风败俗，莫大于此”。此类事，“史册(应)以详文该事，善恶已彰，无待美刺”③。

郑樵以30年写《通志》，约1160年成书。这时张载、二程的理学已臻成熟，而郑樵对之并不热情。反之，他批评当时“学者皆操穷理尽性之说，而以虚无为宗，至于实学，则置而不问”④。又说：“义理虽深，如空谷寻声，靡所底止”，“此皆语言之末，而非实学也”⑤。可见，郑樵是不喜欢宋儒理学的，历史更应该是实学，具体如他的二十略。所谓“虚无为宗”、“语言之末”，不知是否包括周敦颐、邵雍的宇宙观，在他的《天文略》中，则仅记星象、历法，不讲宇宙生成论。

郑樵治史，重实学，并有实证主义观点。他认为认识事物不能只靠文献，若天文、地理、昆虫草木，读书只知“此星名”、“此地

① 《灾祥略》。
② 同上。
③ 均见《通志·总序》。
④ 《昆虫草木略》。
⑤ 《图谱略》。

名”、“此昆虫草木名”，而不知究属何物。[①] 他曾以五六年时间习天文、地理、昆虫草木，能纠正《尔雅》的错误。他说：“万物之理，若非的识其情状，求之经传，展转生讹。”又说：“大抵儒生家多不识田野之物，农圃人又不识读书之旨，二者无由参合，遂使鸟兽草木之学不传。”[②]他的《昆虫草木略》确属新猷。

朱熹作为历史学家，他的《资治通鉴纲目》59卷，是与他的学生赵师渊合撰，朱死后19年，由他的学生李方子编辑刊行。朱熹在其《序》中说，该书是就司马光《资治通鉴》等四种著作“别为义例，增损檃栝（剪裁）”而成，目的是“岁（岁星）周于上而天道明矣，统正于下而人道定矣，大纲既举而鉴戒昭矣，众目毕张而几微著矣。”李方子在刊印该书的《后序》中说，司马光原著“于《春秋》惩劝之法”、“有未尽用者”，故有《资治通鉴纲目》之作。《纲目》“义正而法严，辞核（赅）而旨深。陶铸历代之偏驳，会归一理之纯粹，振麟经之坠绪”。“陶铸”是用模子铸造，“一理”指天理，“麟经”即《春秋》。把历代偏驳之事都重新铸造一番，使之符合天理，重振《春秋》之旨。

或谓《资治通鉴纲目》不是写史，而是写经；其实，这正是朱熹的历史观。他主张“读书须以经为本，而后读史”[③]。其意：经是本，史是末，必须以经的义理来治史。他责备“伯恭（吕祖谦）于史分外子细，于经却不甚理会”。有人说伯恭是继承浙东学派的史学，朱曰：“史什么学！只是见得浅。”[④]除以经治史外，没有单独的

---

① 《夹漈遗稿》卷二。

② 均《昆虫草木略》。

③ 《朱子语类》卷一二二。

④ 同上。

史学。朱又说:“陈同甫一生被史坏了。……东莱教学者看史,亦被史坏了。”①

陈同甫即浙东学派的陈亮,曾与朱熹辩论汉唐史,见后。东莱即吕祖谦。吕祖谦(1137—1181年)曾协助朱熹编辑《近思录》等,然又取陆九渊心学,拟折中朱陆。晚年与陈亮为挚友,兼取事功之学。他博采众长,在南宋理学家中自成一派,即金华学派。吕祖谦重视实学,著《历代制度详说》,考察学校、赋役、漕运、盐政、钱币、荒政、田制、兵制等制度的演变。他极尊重《左传》、《史记》,著《东莱左氏博议》、《左氏传说》、《左氏传续说》。他说:“看史要识得时节不同处,春秋自是春秋时节,秦汉自是秦汉时节。”②“《左传》须分三节看:五霸未兴之前是一节,五霸迭兴之际是一节,五霸既衰之后是一节。”③节是指大时代的变迁。又说:“天下之势,不盛则衰,天下之治,不进则退。强而止于强,必不能保其强;霸而止于霸,必不能保其霸也。”④这是大时代下的盛衰之变。又说:“看《左氏》须看一代之所以升降,一国之所以盛衰,一君之所以治乱,一人之所以变迁。”⑤这是要考察变的原因。总之,吕祖谦可称是持古今之变的历史观。

朱熹的历史观相反,是建立在不变的经义上。这表现于他对《左传》的评价上。他说:“左氏乃一趋利避害之人,要置身于稳地,而不识道理,于大伦处皆错。”他举例说,《左传》开篇即讲“惠公元

① 《朱子语类》卷一二三。
② 《左氏传续说·纲领》。
③ 《左氏传说》卷二。
④ 《东莱左氏博议》卷三。
⑤ 《左氏传说》卷二。

妃孟子”，这就不伦。又如说“宋宣公可谓知人矣，立穆公，其子飨之，命以义夫”，这更不伦了[①]。其实，《左传》作于战国早期，姑不论作者是谁，写春秋事何必“趋利避害”？朱熹批评它，因为《左传》是史，但不是根据《春秋》写的，而有作者自己的历史观。如“高岸为谷，深谷为陵，三代之姓于今为庶”，“社稷无常奉，君臣无常位，自古已然”。这都是通变的历史观，与朱熹的经学教条主义相反。

朱熹长篇批评司马迁，也因司马迁有独立的历史观，与朱熹观点不同。朱熹说：“伯恭、子约（吕祖俭）宗太史公之学，以为非汉儒所及。某尝痛与之辩。子由（苏辙）《古史》言，司马迁陋而不学，疏略而轻信。此二句最中司马迁之失。”这里“不学”指不以经为本，“轻信”指相信史实。说司马迁“《诸侯年表》盛言形势之利，有国者不可无。末却云形势虽强，要以仁义为本。他上文本意主张形势，而其末却如此说者，且说教好看”。又说：“迁之学，也说仁义，也说诈力，也用权谋，也用功利。然其本意，却在权谋功利。”[②]朱熹这两段批评似乎都是对的。因为政治史不能不讲形势，而各国的政治都是既讲仁义，又讲诈力、权谋、功利。世界本是这样复杂，史家也只能这样写史。朱熹则主张应用六经把历史重新陶铸一番。他说：“圣贤六经垂训，炳若丹青，无非仁义道德之说。今求义理，不于六经，而反取疏略浅陋之子长，亦惑之甚矣。”[③]

在诈力、权谋、功利中，朱熹最讨厌功利，因为它代表人欲。这

① 《朱子语类》一二三。
② 同上书卷一二二。
③ 同上。

见于他与陈亮的“义理王霸之辩”①。

淳熙十一年(1184)初,陈亮蒙冤入狱,旋获释。朱熹作书慰问陈亮,并劝陈“绌去义利双行、王霸并用之说”。陈亮复信称:“本朝伊洛诸公辨析天理人欲,而王霸义利之说于是大明。然谓三代以道治天下,汉唐以智力把持天下,其说固已不能使人心服。而近世诸儒遂谓三代专以天理行,汉唐专以人欲行,其间有与天理暗合者,是以亦能久长。信斯言也,千五百年之间……万物何以阜蕃?而道何以常存乎?故亮以为,汉唐之君本领非不洪大开廓,故能以其国与天地并立,而人物赖以生息。”又说:“杂霸者,其道故本于王也。诸儒自处者曰义曰王,汉唐做得成者曰利曰霸。……(诸儒)说得虽甚好,(汉唐)做得亦不恶。如此却是义利双行,王霸并用。”

上文中,“伊洛诸公”主要指程颐,“近世诸儒”则指朱熹。朱熹随作书复陈亮说:汉高祖、唐太宗之所为,都是出于私欲。“若高帝则私意分数犹未甚炽,……太宗之心则吾恐其无一念不出于人欲也”。汉唐“虽或不无小康”,并“传世久远”,但从未得天理。他讥陈亮是“以成败论是非,但取其获禽之多而不羞其诡遇之出于不正也”。

1185年,陈亮致书朱熹说:“启大战而后胜之”,乃嗣禹而有天下。汤放桀而有商;武王伐纣而为周;管叔、蔡叔、武庚之乱,“周公违众议举兵而后胜之”,遂有成周。三代之不平静,与汉唐无异。他提出:“夫心之用有不尽而无常泯,法之文有不备而无常废,人之所以与天地并立而三者,非天地常独运而人为有息也。人不立则

① 下引文均见《陈亮集》卷二十《与朱元晦书》及附录《寄陈同甫书》。

天地不能以独运，舍天地则无以为道矣。”汉唐并非心泯法废，并非人为有息。高祖、太宗都大有作为者，他们“终归于禁暴戢乱，爱人利物而不可掩者，其本领宏大开廓故也”。

朱熹复书陈亮，对陈所提“心无常泯，法无常废”一节颇感困惑，因为如果汉唐以及后世都是心常泯、法常废，那还讲什么天道人道呢？因而他把“无常泯”解释为“有时泯”，“无常废”解释为“有时废”。“盖天理人欲之并行，其或断或续，固宜如此。至若论其本然之妙，则惟有天理而无人欲”。至于天地人，他说“天地无心，而人有欲，是以天地之运行无穷，而在人者有时而不相似。盖义理之心顷刻不存，则人道息。人道息则天地之用虽未尝已，而其在我者则固即此而不行矣”。这是绕着弯子说，天地运行而人道不行，即心“有时泯”的情况。朱熹与陈亮的辩论还继续下去，并涉及人物评价，兹略。

《资治通鉴纲目》非常重视正统。朱熹规定周、秦、汉、晋、隋、唐六代为正统，其他王朝（止于五代）均属僭伪、篡逆或无统。不过，他并不取五德终始之说，也不重视祥符。正统主要根据君臣、父子义理论定。他评司马光《资治通鉴》于“魏晋以后以一国之年纪事，而谓其君曰帝，其余皆谓之主”，这都属不当，“今特正之”①。除正名号，严顺逆、明篡弑外，正统论还用于治史的“书法”。如兵事，“凡正统，用兵于臣子之僭叛者曰征、曰讨；于夷狄若非其臣子者曰伐、曰攻、曰击”。“凡非正统而相攻，先发者不曰寇陷，后应者不曰征讨。”②

---

① 《资治通鉴纲目凡例》。

② 同上。

第三节　明儒理学和明清历史观

朱熹在世时，朱熹、陆九渊、吕祖谦、陈亮、叶适等各成学派，互有往来，有百家争鸣之概。12 世纪末，陆朱相继去世，两门弟子互相水火。入元，朱学北传。皇庆二年（1313 年）条制，以朱注《四书》及程朱传注之《易》、《诗》、《书》为科场程式，朱学成为官学。然陆学并未消亡，且有朱陆合流学派出现。至明，科场仍奉朱学为官学。永乐十三年（1415）敕据程朱修《五经大全》、《四书大全》、《理性大全》。朱学成为统治思想，百余年无发展，变成教条。《明史·儒林传》称："明初诸儒，皆朱子门人之支流余裔，师承有自，矩矱秩然。曹端、胡居仁笃践履，谨绳墨，守先儒之正传，无敢改错。"到 15、16 世纪之交，陈献章、王守仁的心学兴起，学术界才再度活跃。王守仁的心学以"致良知"为主，有提高人的思维、破除陈规的作用。16 世纪遂有泰州学派以及东林党人的反传统思潮，17 世纪又兴起黄宗羲、顾炎武、王夫之、颜元的以经世致用为号召的启蒙思潮。17 世纪末，清人入主中原，实行严厉的文化专制主义，蓬勃一时的启蒙思潮戛然中止。有清一代，仍奉朱学为官学，而儒家大都回治六经，称汉学，除考据之学甚有成就外，殆少新猷。

一、心学的兴起

王守仁（阳明，1472—1529 年）宗陆九渊"心即理"之旨，而论点有不同。如前所述，陆九渊"心即理"命题不是说理是心产生的，而是说客观存在于天地万物的理与圣人心中的理是同一的。而王守仁"致良知"命题则有理发自心,"心外无物"、"心外无理"的内涵。他说:"身之主宰便是心,心之所发便是意,意之本体便是知,意之所在便是物。"①这里的知即良知,是意的本体,"有知而后有意"。这里的物指事,即意所成之事,"有是意即有是物"。"意之所用,必有其物。物即事也。如意用于事亲,即事亲为一物;意用于治民,即治民为一物;意用于读书,即读书为一物。"②这就是"心外无物"。凡人良知所做的事都是合乎理性的,而这样做也就是"致良知"。"吾心之良知即所谓天理也。致吾心良知之天理于事事物物,则事事物物皆得其理矣。"③这就是"心外无理"。读书亦是一物。王守仁并提出"心外无学":"六经者非他,吾心之常道也";"故六经者,吾心之记籍也"④。这话的现实意义是,六经的真谛在于今人对它的解释。这是西方20世纪"诠释学"才有的见解。

总之,凡是人为的事物,从读书到修身、齐家,到治国、平天下,都适用于王守仁心、知、意、物、理的公式。但王守仁有时把心的作用夸大了,把这个公式用于自然界事物,那就说不通了。其例是:有人问:深山中的花树自开自落,与吾心何干?王答:"你未看此花时,此花与汝心同归于寂;你来看此花时,此花颜色一时明白起来,便知此花不在你心外。"⑤这等于佛家说,世界是虚幻的。其实,王

① 《王文成公全书》卷一《传习录上》。

② 同上书卷二《答顾东桥书》。

③ 同上。

④ 同上书卷七《稽山书院尊经阁记》。

⑤ 同上书卷三《传习录下》。

守仁不是这个意思,他说的不是花开花落,而是对花的理的认识问题。又说:"我的灵明便是天地鬼神的主宰。天没有我的灵明谁去仰他高?地没有我的灵明谁去俯他深?鬼神没有我的灵明谁去辨他吉凶灾祥。"①天本来没有高,地也没有深,更没有什么吉凶灾祥,这都是人为的,是人的认识问题。

王守仁没有专论认识论,看来他是一种统一体用、统一本末、统一主观与客观且强调了主观的认识论。他说:"即体而言,用在体;即用而言,体在用。"②又说:"先儒以明德为本,新民为末,两物而内外相对也"。相对即是一物:"夫木之干谓之本,木之稍谓之末。惟其一物也,是以谓之本末。"③

其实,王守仁所讲的都是人为的事物,是社会理性,没讲自然界。他也反对朱熹"即物穷理"之说,而把"格物"定义为"正其不正","为善去恶",把"致知"定义为"致吾心之良知于事事物物",目的在使人的认识达于"与天地万物为一体之仁"的境界。这见于他的传世之作《大学问》④。

《大学》是大人之学,其纲目是明德,亲民,止于至善。《大学问》开篇:"大人者,以天地万物为一体者也。其视天下犹一家,中国犹一人焉。若夫间形骸而分尔我者,小人矣。"分尔我即分主体与客体,那是小人。但就人心的明德说,小人也有。如见孺子入井而必有恻隐之心,"是其仁与孺子而为一体也"。见鸟兽之哀鸣而必有不忍之心,"是其仁与鸟兽而为一体也"。见草木摧折而必有

① 《王文成公全书》卷三《传习录下》。
② 同上书卷一《传习录上》。
③ 同上书卷二六。
④ 载《王文成公全书》卷二六。

悯恤之心,“是其仁与草木而为一体也”。这种一体之仁,“虽小人之心,亦必有之。是乃根于天命之性,而自然灵昭不昧者也,是故谓之明德。”关于亲民(朱熹改为新民),王守仁说:“亲吾之父以及人之父,以及天下人之父”,于是吾之仁“与天下人之父而为一体矣”。不仅父子,“君臣也,夫妇也,朋友也,以至于山川、鬼神、鸟兽、草木也,莫不实有以亲之以达吾一体之仁”。关于至善,“至善者,明德亲民之极则也”。“至善之发见,……莫不自有天然之中”,若是“少有拟议增损于其间,则是私意小智,而非至善之谓矣。”该文所述“与天地万物一体之仁”,心胸开阔,气象宏伟,不下于张载《西铭》、程颢《识仁篇》。

王守仁晚年把他的学说体系归纳为“四句教”:“无善无恶是心之体,有善有恶是意之动,知善知恶是良知,为善去恶是格物。”①其中最重要的是后两句,即“致良知”。致良知是王守仁的发明,是王学独有的方法论,是继他早期的“知行合一”论提出的。致良知的含义,除前述“致吾心良知之天理于事事物物”外,主要内容是去私欲。平常人的行为因为意是有所求的,总不免被私欲蒙蔽,致良知就是去私欲,恢复本性的良知。

王守仁说:“人心是天渊,心之本体无所不赅。原是一个天,只为私欲障碍,则天之体失了,……原是一个渊,只为私欲窒塞,则渊之本体失了。如今念念致良知,将此障碍窒塞一齐去尽,则本体已复,便是天渊了。”②又说:“性无不善,故知无不良,……但不能不昏蔽于物欲。故学以去其昏蔽。然良知之本体初不能加损

① 载《王文成公全书》卷三四《年谱三》。

② 同上书卷三《传习录下》。

于毫末也。”[①]这里说“学以去其昏蔽”，其实不能靠学。因良知不是知识，而是能辨别善恶的德性，即张载的“德性之知”，它“不由见闻而有”[②]。良知不能求之于外，而是反身自省得来，有类禅宗的顿悟。王守仁说了许多致良知的话，而都要“诚意”。总之，不是繁文缛节，而是“简易功夫”。也因此，王学门徒众多，传播迅速。《明史·儒林传》说：“嘉（靖）隆（庆）而后，笃信程朱，不迁异说（指王学）者，无复几人矣。”

王守仁论学：“道，天下之公道也；学，天下之公学也，非朱子可得而私也，非孔子可得而私也。”[③]又说：“夫君子之论学，要在得之于心。众皆以为是，苟求之于心而未会焉，未敢以为是也。”[④]又在与罗钦顺论学书中说：“学贵得之于心，求之于心而非也，虽其言之出于孔子，不敢以为是也。”[⑤]正是这种独立思考，破除教条主义的精神，导引着16世纪的反传统思潮。

王守仁的心学，提高了思维的地位，起到鼓舞人心、自求解放的作用。他说：“各人尽着自己力量精神，只在此心纯天理上用功，即人人自有，个个圆成。便能大以成大，小以成小，不假外慕，无不具足。此便是实实落落明善诚身的事。”[⑥]这就导引着17世纪的启蒙思潮。东林党人顾宪成说：“当士人桎梏于训诂辞章间，骤而闻良知之说，一时心目俱醒，恍若拨云雾而见白日，岂不大快。”[⑦]

---

① 载《王文成公全书》卷二《答陆原静书》。
② 同上书卷二《答欧阳崇一书》。
③ 同上书卷二《答罗整庵少宰书》。
④ 同上书卷二一《答徐诚之书》。
⑤ 同上书卷二。
⑥ 同上书卷一《传习录上》。
⑦ 《小心斋札记》卷三。

二、16世纪的反传统思潮

王艮(心斋,1483—1541年),曾受业于王守仁八年,讲学于泰州安丰场,创泰州学派。

王艮完全接受王守仁的致良知说,而更强调自由发挥天性。他说:“天之体本是活泼,鸢飞鱼跃”,“良知之体,与鸢鱼同一活泼地。……要之,自然天则,不着人力安排。”又说:“天理者,天然自存之理也,才欲安排如何,便是人欲。”这是说,人的良知要凭其固有的天理自然行事,不要条条框框加以安排限制,“无为其所不为,无欲其所不欲。”①晚年王艮作《大成歌》,更畅怀自由:“我将大成学即证,随言随语随时跻。……随大随小随我学,随时随处随人师。掌握乾坤大主宰,包罗天地真良知。”②

王艮讲学有两个特点,一是“百姓日用之学”,一是《明哲保身论》。

王艮出身灶丁,曾贩货齐鲁,门徒中有不少劳动人民,他讲学往往“以日用见在指点良知”。他认为“百姓日用即道”,“愚夫愚妇,与知能行便是道”。并且,圣人之道也不外百姓日用,“百姓日用条理处,即是圣人之条理处。圣人知,便不失;百姓不知,便会失”③。这是本于《易·系辞上》:“一阴一阳之谓道。……仁者见之谓之仁,知者见之谓之知,百姓日用而不知。”原来王守仁也讲过这一节,但认为“惟圣人能致其良知,而愚夫愚妇不能致。”④王艮

① 均见《王心斋先生遗集》卷一《语录》。

② 同上书卷二。

③ 均见同上书卷三《语录》。

④ 《王文成公全书》卷二《答顾东桥书》。

破除圣愚之别，他说“孔夫子亦人也，我亦人也”[①]，圣人的作用不外是“以先知觉后知，……此孔子学不厌而教不倦，合内外之道也”[②]。这显见王艮在教育上的平等思想，也力图破除儒士对学问的垄断。

《明哲保身论》据王艮《年谱》说：“时同志在宦途，或以谏死，或遣逐远方，先生以为身且不保，何能为天地万物主？因瑶湖（王臣）北上，作此赠之。”[③]这大约是实情。但《明哲保身论》[④]另有其含义：“知保身者，则必爱身如宝。能爱身则不敢不爱人，能爱人则人必爱我，人爱我则吾身保矣。”“知保身而不知爱人，必至于适己自便。利己害人，人将报我，则吾身不能保矣。”“故君子之学，以己度人。……必至于内不失己，外不失人，成己成物而后已。”这里是把仁解为爱（“仁者爱人”），从人际关系上论保身，而这种人际关系是我主动去爱人。

他又把身与道联系起来。“身与道原是一体。……尊身不尊道，不得谓之尊身；尊道不尊身；不得谓之尊道。……故曰：天下有道，以道殉身；天下无道，以身殉道。”[⑤]这里，把尊身提到与尊道同等地位，尊身尊道成为明哲保身的内涵。

他又说：“身与天下国家一物也，惟一物而有本末”。一物才有本末是王守仁语，见前。这里王艮是以吾身为本，天下国家为末。“故[⑥]曰：自天子以至庶人，壹是皆以修身为本。修身，立本也。立

① 《王心斋先生全集》卷五徐樾《王艮别传》。
② 同上书卷四《答徐子直》。
③ 同上书卷二。
④ 同上。
⑤ 同上书卷三《答问补遗》。
⑥ 《大学》。

本，安身也。”①立本安身，是明哲保身的又一含义。

总之，王艮的明哲保身与传统儒家仁的观念不同，有鲜明的个人主义色彩。

王艮有一个宏伟的社会理想：“夫仁者以天地万物为一体。一物不得其所，即己之不获其所也，务使获所而后已。是故人人君子，比屋可封，天地位而万物育，此予之志也。”②他又作《王道论》，以周公之治为标准：“人人君子，刑措不用”；要“务本而节用”；尤其要普及教育。如果“愚夫愚妇皆知所以为学，而不至于人人君子、比屋可封，未之有也”③。

《明史·王艮传》：“王（守仁）氏弟子遍天下，率都爵位有气势。艮以布衣抗其间，声名反出诸弟子上。然艮本狂士，往往驾师说上之，持论高远。”王艮确有些狂行，接近下层群众，有平等思想和个人主义色彩，正统儒家视为“异端”。黄宗羲在《明儒学案》卷三二设《泰州学案》，称：“泰州（王艮）之后，其人多能赤手以搏龙蛇。传至严钧、何心隐一派，遂非名教之所能羁络矣。……诸公掀翻天地，前不见有古人，后不见有来者。释氏一棒一喝，当机横行，放下桂杖，便如愚人一般。诸公赤身担当，无有放下时节。”“棒喝”是禅宗祖师重触机对初学者考验其悟性的仪式。缘黄宗羲认为泰州学派将王守仁学说误导入禅，实不尽然也。

严钧（山农）是王艮大弟子徐樾的弟子。其人“诡怪猖狂”，“读经书不能句读，……而好意见为奇袤之谈”。“以布衣讲学，雄视一世而遭诬陷”，下南京狱，“笞五十，不哀祈，亦不转侧”，人称

---

① 《大学》。
② 同上书卷三《勉仁方》。
③ 同上书卷四。

"大侠"。罪至死，其弟子罗汝芳为江宁守，供养严钧于狱中，又鬻产救之，得减戍。

罗汝芳嘉靖进士，任太湖知县时，"召诸生论学，公事多决于讲座"。又"创开元会，罪囚亦令听讲"。又发《柬合省同志》，拟将江西各地书院在永丰（何心隐故乡）组成"通省合并一会"。时"张居正恶讲学，汝芳被劾罢"①。

何心隐（1517—1579 年）原名梁汝元，与罗汝芳同为严钧弟子。嘉靖三十八年（1559 年）上书反对加税，在江西永丰被捕下狱，经友人营救，随罗汝芳等讲学京师。1561 年因与乩者密谋除奸相严嵩，遭嵩党仇视，改名何心隐，踉跄南下，流亡各省讲学。明廷以"大盗"缉心隐，万历七年（1579 年）在祈门被捕，解武昌，遭杀害。解武昌途中上当道书 20 余封，"千言万语，滚滚立就，略无一字乞怜，如诉如戏"②。

何心隐也是以仁义为人际规范，而自有解释。"仁无有不亲也，惟亲亲之为大，非徒父子之亲也，亦惟亲其所可亲，以至凡有血气之莫不亲"；"义无有不尊也，惟尊贤之为大，非惟君臣之尊贤已也，亦惟尊其所可尊，以至凡有血气之莫不尊"③。解仁义为亲亲、尊贤，本于《中庸》，但《中庸》接着说"亲亲之杀，尊贤之等，礼所生也"，亲亲、尊贤是有限度（杀）和等级的。何心隐破除了限度、等级，"以至凡有血气之莫不亲、莫不尊，莫非体物也"④。

---

① 并严钧事均引自《明史·儒林传》，以及李贽《焚书》卷二《为黄安二上人三首》、王世贞《弇州史料后集》卷三五《嘉隆江湖大侠》。

② 李贽《续焚书》卷一《与焦漪园太守》。

③ 《爨桐集》卷二《仁义篇》。

④ 同上。

传统儒家有五伦说，朱熹最重君臣，何心隐则独重朋友。他认为，"天地交曰泰(大)。交尽于友也。"惟朋友之交最广大，可比拟天地之交。"昆弟非不交也，交而比也，未可以比拟天地之交也。"夫妇是"交而匹"，父子是"交而昵"，君臣是"交而陵而援"，都是"小乎其交者也"，不能比拟天地之交①。原来儒家的朋友之伦也是有范围的，何心隐则把它扩大到所有人，变成一种普遍的人性。这种见地，如果想到20世纪后期西方存在主义的"交往理性"说，则可见何心隐思想的启蒙性。

这种"交尽于友"的理论，具体化为何心隐到处奔走成立"会"的活动。他遗有几篇邀请人入会的信，而没留下会的组织材料。大体上会首先是一种讲学组织，继而成为社会团体，议论国事，并有"聚财"的迹象。而在《爨桐集》中有《语会篇》、《论中篇》，反映了他的理想和社会历史观。

《语会篇》："夫会，则取象于家也"，是按家族形式组织起来的。何心隐确实在自己家乡组织"聚和堂"，但那是个儿童教育组织，集族中儿童共食宿、共学习，还不是真正的会。又说，社会人士入会后，"乃君子以显以藏乎士农工商其身其家于会也"，于是，会就由"其身其家"的组织变成"天下国之身之家"的组织，变成社会组织了。会的成员，在"见龙在田"(乾卦初九，最低位)的时候，是师友关系，譬如是"仲尼"领导。在"飞龙在天"(九五，最高位)的时候，就是君臣关系了，譬如"尧舜"来领导。这种理想的会，似乎就是社会。

《论中篇》：社会的领导原则是"群"和"均"。"君者，均也；

① 均见《爨桐集》卷二《论师友》。

君者,群也。臣民莫非君之群也。"又说:"君其心于父子,可以群父子,而父子可以均也。……至于可以群夫妇而夫妇均,可以群昆弟而昆弟均,可以群朋友而朋友均者,莫非均其心于道也,中也。"这里君指领导;均指均平、平等;群指团结,团聚;中指公正。领导者责任在使所有组织都能团结成员,所有成员都能均平、公正。

联系前述亲亲、尊贤、朋友看,何心隐的中心思想显然是平等主义。

何心隐提出"欲"的问题,说欲是性,"性而味,性而色,性而生,性而安逸,性也","寡欲,以尽性也"①。这显然是对朱子"存天理,灭人欲"的批判。又提出领导者"与百姓同欲",即"育欲"。"昔公刘虽欲货,然欲与百姓同欲,以笃前烈,以育欲也。大王欲色,亦与百姓同欲,以育欲也。"又说:"欲货色,欲也;欲聚和,欲也。"②欲聚和指共同生活、共同满足欲望,这也是育欲。

李贽(卓吾,1527—1602 年),王艮之子王襞的弟子,是当时最激烈的反传统学者。所著《藏书》、《续藏书》、《焚书》、《续焚书》多离经叛道之言,明清均为禁书,但民间流传不息。明廷以"敢倡乱道,惑世诬民"将李贽逮捕下狱,具体罪名是"以秦始皇为千古一帝,以孔子之是非不足为据"③。万历三十年(1602 年)在狱中自杀。

"以秦始皇为千古一帝"一语,须作解释。李贽称赞秦始皇主要是他废封建、置郡县,并在《柳宗元传》中说柳的"封建论卓且

① 《爨桐集》卷二《寡欲篇》。

② 同上书卷三《聚和老老文》。

③ 明《神宗实录》卷三六九。

绝矣"[1]。而在《秦始皇纪》[2]中对秦始皇行事颇多微词，并以秦亡为快事。原来李贽的历史观是："一治一乱若循环"，而这又表现为社会的"质"与"文"的循环。质指质朴，文指奢繁。"当秦之时，其文极矣，故天下遂大乱而兴汉"。汉高神圣，"尧以后一人也"；文帝质约，"文王羑里以后一人也"；连同武帝"皆千古大圣"[3]。照李贽看，历史上能称"圣主"者仅三人，能称"贤主"者亦不多，有许多君主他根本不予作纪[4]。但又说："我太祖皇帝（朱元璋）盖千万古之一帝也"[5]，显然是违心话，实际上明代十余帝王李贽均不予作纪。

"孔子之是非不足为据"一语亦须作解释。李贽认为尧禅舜是"为民生计也"。"孔子之疏食，颜之陋巷，非尧心欤？自颜氏殁，微言绝，圣学亡，则儒不传矣。……况继此而为汉儒之附会，宋儒之穿凿乎？又况继此而以宋儒为标的，穿凿为指归乎？人益鄙而风益下矣！无怪其流弊至于今日：阳为道学，阴为富贵，被儒服雅，行若狗彘然。"[6]这是李贽的儒学史观。他认为孔子之学绝于颜回，汉儒尤其宋儒给搞坏了，至于今儒以宋儒为标的，就更不像话，都"被儒服雅，行若狗彘"。

这就出现是非问题。"前三代，吾无论矣，后三代，汉唐宋是也。中间千百余年，而能无是非者，岂其人无是非哉？咸以孔子之是非为是非，故未尝有是非耳。……夫是非之争也，如岁时然，昼

---

① 《藏书》卷三九。
② 同上书卷二。
③ 同上书卷一《世纪总论》。
④ 同上书卷一《总目后记》。
⑤ 《续藏书》卷一《小引》。
⑥ 《续焚书》卷二《三教归儒说》。

夜更迭,不相一也。昨日是而今日非矣,今日非而后日又是矣。虽使孔子复生于今,又不知作如何是非也。”①

但李贽确实轻视孔子著作。“夫六经、语、孟,非其史官过为褒崇之词,则其臣子极为赞美之语。又不然,则其迂阔门徒,懵懂弟子,记忆师说,有头无尾,得后遗前,随其所见,笔之于书。后学不察,便以为出自圣人之口也。……纵出自圣人,要亦有为而发,……岂可遽以为万世之至论乎?”②这里,他又尝推崇荀子而抑孟子。“荀与孟同时,其才俱美。……不晓当时何以独抑荀而扬孟轲也。”③又说:“彼谓轲之死不得其传者(按:指韩愈),真大谬也。惟此言出,而后来宋人直以濂、洛、关、闽(按:指周敦颐、二程、张载、朱熹)接孟氏之传。”④又在《孟轲传》结尾说:“嗟夫!世无孔子,则古今天下无真是非;世无司马,则谁为继孔子者?”司马指司马迁。

李贽说:“天下无一人不生知,无一物不生知。”⑤生知指生而知之者。又说:“人无不载道,(犹)水无不在地也。”⑥所以人人可以成佛。这是儒家早有的大同思想,也是一种平等观。而突出的是李贽提出男女平等观,与宋儒对立。他有篇《答以女人学道为短见书》:“谓见有男女可乎?谓见有长短则可,谓男子之见尽长,女人之见尽短,又岂可乎?”⑦他在《初谭集》中表扬多位历史上杰出女

① 《藏书》卷一《世纪列传总目前论》。
② 《焚书》卷三《童心说》。
③ 《藏书》卷三二《荀卿传》。
④ 同上书卷三二《德业儒臣前论》。
⑤ 《焚书》卷一《答周西岩》。
⑥ 《藏书》卷三二《德业儒臣前论》。
⑦ 《焚书》卷二。

子,“男子不如也”。又多处同情寡妇再嫁,反对女子祸国论,“若夏不妹喜,吴不西施,亦必立而败亡也”①。

李贽作《论政篇》,说传统所谓贤人政治,是要人民跟着自己走贤人之路,这就要“为一切有无之法整齐之。……于是有教条之繁,有刑法之施,而民日以多事矣”。他主张“至人之治”,则不是“本诸(己)身”,而是“因乎人”。“因乎人者恒顺于民”,所以要“因其政不易其俗,顺其性不拂其能”。人性“非只一种而已”,为政要“因性以牖民”②。牖是开户的意思,这里隐然有自由主义思想。他又作《四勿说》,批评当时所谓礼实是非礼:“人所同者谓礼,我所独者谓己。学者多执一己定见,而不能大同于俗,是以入于非礼也。”③

李贽主张功利。他批评董仲舒“正其谊不谋其利,明其道不计其功”论,他说:“夫欲正义,是利之也;若不谋利,不正可矣。吾道苟明,则吾之功毕矣;若不计功,道又何见?”④批得不算好。他褒扬功利学派,将叶适列入“经世名臣”,评曰:“此儒者乃无半点头巾气,胜李纲、范纯仁远矣。”⑤列陈亮于“彊主名臣”,评曰:亮“与文公(朱熹)游,文公不知也,……堂堂朱夫子,反以章句绳亮,粗豪目亮,悲夫。”⑥这指陈亮与朱熹的义利王霸之辩,前已详言。李贽在《朱熹传》中也叙此事,对朱的论点连批“胡说”⑦。

---

① 《初谭集》卷三《贤夫》。
② 《焚书》卷三。
③ 同上。
④ 《藏书》卷三二《德业儒臣后论》。
⑤ 同上书卷十四。
⑥ 同上书卷十六。
⑦ 同上书卷四五。

在义利论上，李贽进一步提出“私”的论点。他说：“夫私者人之心也。人必有私而后其心乃见，若无私则无心矣。如服田者，私有秋之获而后治田必力。居家者，私仓积之获而后治家必力。为学者，私进取之获而后举业之治必力。”①这里的论证也不算好。

李贽也肯定“欲”是人的天性，只是没有何心隐那样进行分析。他说：“如好货，如好色，如勤学，如进取，如多积金宝，如多买田宅为子孙谋，博录风水为儿孙福荫，凡世间一切生产等事，皆其所共好而共习，共知而共言者，真迩言也。”②“迩言”，常言或家常话，他认为迩言最能反映人的“本来面目”。

李贽重商，这点很突出。他为历史上大商人作传，同情商人：商人“挟数万之赀，经风涛之险，受辱于关吏，忍诟于市易，辛勤万状”③。更突出的是他对“市易”的看法，甚至说“天下尽市道之交也”，乃至孔子与他的学生之间也是交易关系。他说“孔子有圣人之货”，“七十子所欲之物，唯孔子有之，他人无有也；孔子所可欲之物，惟七十子欲之，他人不欲也”④。《韩非子》也有类似的话，前已言及。但韩非是把互市用于君臣关系，目的在讲君主如何保持权与术，没有经济意义。李贽则把互市作为商品关系，学问也是一种私有财产，孔子与七十子之间是商品交换，目的在满足双方的所欲。这是16世纪的新思维，战国时还不能有。

东林党人。万历三十二年（1604年），顾宪成（泾阳，1550—1612年）、高攀龙（景逸，1562—1626年）与钱一本、顾允成等在无

① 《藏书》卷三二《德业儒臣后论》。
② 《焚书》卷一《答邓明府》。
③ 同上书卷二《又与焦若侯》。
④ 《续焚书》卷二《论交难》。

锡重建东林书院，顿成讲学盛地。黄宗羲《明儒学案》卷五八《东林》学案记学者共 17 人。他们讲忠义，评骘时政，劾斥阉党，声援市民抗矿监、税使的斗争，黄宗羲赞曰“一堂师友，冷风热血，洗涤乾坤”。他们不避斧钺，气节凛然，一时四方响应者皆称东林党人。清人陈鼎作《东林列传》，入传者达 180 余人，包括吏部尚书赵南星（梦白，1550—1629 年）等在朝者多人。天启五年（1625 年）魏忠贤令毁东林书院，并颁“东林党人榜”，治罪 309 人，生者削籍、禁锢，死者追夺。

顾宪成按师承是王守仁的三传弟子，惟后主治朱熹之学。高攀龙则宗朱学。《东林书院志》卷十六、十七所载建院公启等文均以朱学为正统。然而，东林讲朱学，并不尊《四书大全》、《五经大全》等官书教条，与官方举业之学异趣。他们对王学主要是批判“王学末流之空虚”（指流入禅），也批判朱学末流之“章句”（指教条化）。对王守仁，集中批评他“四句教”中“无善无恶是心之体”一语。盖东林学者都是道、性善论者。顾宪成说：“夫古圣人教人，为善去恶而已。为善为其固有，去恶去其本无。本体如是，功夫如是。”王守仁“既曰无善无恶，而又曰为善去恶，学者执其上一语，不得不忽其下一语也”①。这就发生本体与工夫问题。东林学者最重工夫，而王学最重内悟。高攀龙说：“不患本体不明，只患工夫不密。”②钱一本说：“工夫为主，……人无有不才，才无有不善，但尽其才始能见得本体，不可以石火电光便作家当也。”③石火电光都是虚，才即工夫乃是实。

① 《明儒学案》卷八《顾宪成传》。
② 同上书《高攀龙传》。
③ 同上书卷五九《钱一本传》。

东林学者重实学，提出“讲习”、“有用”两个论点。讲是讲理论，习即工夫。顾宪成说：“讲以讲乎习之事，习以习乎讲之理”，讲习结合以群：“群一乡之善士讲习，即一乡之善者皆收而为吾之善，而精神充满乎一乡矣。群一国之善士讲习，即一国之善士皆收而为吾之善，而精神充满乎一国矣。”[①]这也是学必有用。高攀龙说“学问不是空谈而贵实行”，“心为体则身为用，身为体则心为用，无用便是落空学问”；“东林朋友俱是硁硁者，不知玄”[②]。这是一种全新的教育思想，对立于学以致仕的举业，也有异于传统的书院。东林学子“风声雨声读书声，声声入耳；家事国事天下事，事事关心”，真有点像近代“五四”时期的北京大学。

东林学风反映了社会对知识价值观的转变。原来中国的所谓知识，只是个进仕的阶梯，并无社会价值，一旦科场失败，则十年寒窗等于白费，顶多做个教书先生混饭而已。东林时代，书院的“清议”，以及士绅的“乡议”，都成为统治阶级最头痛的东西，也为社会尊重。知识有了社会价值，争取讲学自由，成为一种社会斗争。知识价值化，是社会发展的一个新的因素。

晚明，中国工商业有较快发展，出现工场手工业，即所谓资本主义萌芽。十大商帮中，徽、晋、陕、粤、闽帮均形成于16世纪，其余在17世纪前叶。东林党人中普遍有“惠商”思想，并出现“工商皆本”论。

东林党人李应昇上书巡抚朱寰同，要求减税惠商，“曲体商人之意”，“为商为国”[③]；又以东南最大的钞关浒墅关科索过严，要求

① 《东林书院志》卷三《丽泽衍》。

② 同上书卷六《东林论学语下》。

③ 《落落斋遗集》卷四。

改变政策，“爱商恤民，上不妨工而下利于途”[①]。商人赵焕被税使孙隆处死，又捕其子，顾宪成特《柬浒墅关使者》以营救之。[②] 党人李守俊掌九江关时，放关免税，民感其德，为立生祠，后李卒于湖广任上，棺木过九江，“父老相率携鸡酒泣奠曰：放关一事，目中不可复睹矣”[③]。天津巡抚李懋明议恢复关税，高攀龙闻之“顿足而叹”，上《罢商税揭》曰：“商税之失人心倍蓰于加派，加派之害以岁计，商税之害以日计。商税非困商也，困民也。”[④]高攀龙、李应昇均1626年“七君子”冤狱中人，高于逮捕前投湖自沉。

“工商皆本”论不仅是反映商业的发展，而且反对传统的“崇本抑末”思想、要求士农工商四民平等的新思维。原来王守仁即有“四民异业而同道”语，而所讲是“修治具养”之道[⑤]，未见社会平等观。何心隐：“商贾大于农工”，农工“不得不主于商贾”[⑥]，其说只比较经济力，且未涉及士。朱国桢说“农商为国根本，民之命脉也”[⑦]，提出“国本”，也未涉及最高地位的士。冯应京说“士农工商，各执一业，又如九流百工，皆治生之事也”[⑧]。这里是四民并论的，但是从治生出发，不涉及本末。冯应京反对矿监最力，并因而入狱，但冯非东林党人。赵南星是东林党人掌中枢者，他说：“士农工商，生人之本业。……岂必仕进而后称贤乎。”[⑨]这里明确提出四

① 《落落斋遗集》卷五《答刘念劬》。
② 《泾皋藏稿》卷四。
③ 陈鼎《东林列传》卷十九《李守俊传》。
④ 《高子遗书》卷七。
⑤ 《王文成公全书》卷二五《节安方公墓表》。
⑥ 《爨桐集》卷三《答作主》。
⑦ 《涌幢小品》卷九。
⑧ 《月令广义·授时》。
⑨ 《赵忠毅公文集》卷四《寿仰西雷翁七十序》。

民平等，并说称贤不必仕进。不过，一般认为"工商皆本"论定于黄宗羲。黄先说："古圣王崇本抑末之道"，原是指制造和贩卖佛、巫、倡、优用品及奇技淫巧之物者，应予抑禁。然后说："世儒不察，以工商为末，妄议抑之。夫工固圣王之所欲来，商又使其愿出于途者，盖皆本也。"①

三、17 世纪的启蒙思潮

所谓启蒙思潮，指在传统社会向现代社会的转变过程中，提出传统所无而为后世所有的观点。前小节所论平等、博爱、私、欲、交易、工商皆本等观点均属之。17 世纪，启蒙学者辈出，兹选择方以智、黄宗羲、顾炎武、王夫之、唐甄、颜元、李塨、王源八人，略述其启蒙观点，而不作全面介绍。

方以智（密之，1611—1671 年），父东林党人，曾入狱。东林败，方以智与友人主盟复社，参与抗清斗争，以不耻于南明阮大铖奸党，削发为僧，讲学著述以终。

方以智的启蒙贡献，首先是在认识论上的"质测"、"通几"说。他以"盈天地间皆物也"，把自然界、人间事物乃至性、命均视为物，而学问即在考究物理。考究物理有质测、通几二途。"物有其故，实考究之，大而元会（宇宙），小而草木虫蠕，类其性情，征其好恶，推其常变，是曰质测。"②这是用分类、归纳法考察事物的规律性发展（常变），有类今之科学分析，但他尚未提及实验方法。"推而至

① 《明夷待访录 · 财计三》。

② 《物理小识 · 自序》。

于不可知，转以可知摄也。以费知隐，重玄一实，是物物神神之深几也。寂感之蕴，深究其所自来，是曰通几。"[①]这是推理认识。由现象（费）推知内涵（隐），由种种虚象（重玄）推论出实质（一实），目的在找出事物生成的根源（几，所自来）。总之，是由已有的认识推论出不能直接认识（不可知）的原理、原则。但他还没有演绎逻辑。"万历年间，远西学入，详于质测而绌于通几。"[②]当时耶稣会教士传入的西学也没有逻辑学。

"合外内，贯一多而神明。"[③]外、多指质测，内、一指通几；两者结合，认识就到家了。"质测即藏通几者也"[④]，一般原则是藏在个别质测之中。但"通几护质测之穷"[⑤]。人不能事事物物都去质测，但可由通几原则推论出来。因"此中之秩序条理本自现成，特因几务而显耳。格物之则即天之则、心之则"[⑥]。方以智是唯理论者。

方以智的贡献还在于他对运动的认识。他用火来解释运动。"天恒动，人生亦恒动，皆火为之也。……天非此火不能生物，人非此火不能自生"；"天与火同，火传不知其尽。"[⑦]又说："满空皆火，物物之生机皆火也。"[⑧]可见，火是指一种功能，十分接近于得出力或能量的概念。但方以智是气一元论者，囿于五行说，他仅指出金、木、水、土都是有形物质，惟"火无体而因物为体"，是一种无形

---

① 《物理小识·自序》。
② 同上。
③ 同上。
④ 同上。
⑤ 《愚者智禅师语录》卷三。
⑥ 同上。
⑦ 《物理小识》卷一。最后一句用《庄子·养生主》"火传也不知其尽也"。
⑧ 《药地炮庄·养生主篇评》。

体的东西，但他没能得出力或能的概念。这是机械唯物论害了他。

方以智的另一贡献是语言考据学。他讲学术史："圣人通神明，类万物，藏之于《易》，呼吸图策，端几至精。"①圣人指孔子，图策指河图，洛书，方常用图策代表治世之道。孔子的质测、通几都至精，其见解在《易经》中。"汉儒解经，类多臆说。宋儒惟守宰理"，"宰理则矩守而已"②。宋儒主要指程朱。故于今为学，必须考证经文的音义，以通古今。"上下古今数千年，文字屡变，音亦屡变，学者相沿，不考研所称，音义传讹而已。"③音义即语言学。"古人名物，本系方言"；"方言者，自然之气也"；"智考古今之声，大概五变"④。

方以智是清人考据学之祖。《四库全书提要》于《通雅》说他"开国朝顾（炎武）阎（若璩）朱（彝尊）考据之风"。而方以智的考据学实是语言考据学。语言考据学是现代史学的重要工具。西方现代史学之父 L. 兰克创立的历史主义学派即首重语言考据学。中国仿之于 1927 年创历史语言研究所，至今仍在。20 世纪西方史学界两度兴起的诠释学派，以至后现代主义史家 M. 福柯，都十分重视语言考据学。方以智的语言考据学并不甚功，惟论启蒙，则早于西方一百多年。

方以智晚年居吉安青原山，与魏禧、彭士里等"易堂九子"交往甚密。魏、彭都曾参加抗清起义，失败后隐居讲学。他们以为明儒远胜宋儒，尤尊王守仁、罗念庵、顾宪成等。然批评王学末流空疏，

① 《通雅·音义杂论》。
② 同上。
③ 《通雅·序》。
④ 同上书《凡例》。

力倡实学。魏禧主张教学应“恢宏其志气，砥砺其实用”，“使之任一职则必称，为一事则必成”①。彭士里主张“核名实，黜浮伪，专事功，省议论，毕力于有用之学”；又倡“识时务”，“所谓时务者，谓昨日之事不可施之今日，今日之事不可待之明日，……随谊变通，当机恰合”②。这是学风的启蒙。

黄宗羲（梨洲，1610—1695 年），父东林名士，冤死狱中，宗羲锥杀阉党余孽。结复社，遭阮大铖捕害，适清兵至，得免。募义军“世忠营”抗清。明亡，仍奔走复国，追郑成功走台湾，乃于顺治十八年（1661 年）返乡著述。

黄宗羲是气一元论者。“理不可见，见之于气；性不可见，见之于心。”③但认为“气既能主宰而灵”；“志即气之精明者也”；“知者气之灵者也”④；未免过分唯物了。惟倡“同体”论，天地“复戴之间，一气所运，皆同体也”⑤。体犹本质。这是个宏伟思想。在世界观上万物同体，有类《西铭》，而在社会阶层上提出“名异而实同”⑥，则属平等观。

在认识论上，黄宗羲宗王守仁良知说：“道者吾之所固有，本是现在具足，不假修为。”⑦“穷理者，尽其心也，心即理也，故知性知天随之矣。”⑧

---

① 《魏叔子文集》外篇卷六。
② 《耻躬堂文钞》卷一、卷十。
③ 心为气所生，《孟子师说》卷二《浩然章》。
④ 同上。
⑤ 同上书卷一《庄暴章》。
⑥ 《明夷待访录·原臣》。
⑦ 《孟子师说》卷四《君子深造章》。
⑧ 同上书卷七《尽心章》。

黄宗羲是哲学家，也是史学家。他的《明儒学案》和创制的《宋元学案》是名垂千古的学术史著作，《明夷待访录》则是以史论社会国家。黄宗羲属浙东学派。章学诚在《文史通义·浙东学术》中说："浙东之学，言性命必究于史"；"史学所以经世"。如前已言及，这点正是朱熹所讥"史什么学"。黄宗羲不仅继承浙东学派的史学传统，还赋予启蒙作用，即将史用于经世致用之学。他说"拘执经术，不适于用。欲免迂儒，必兼读史"①。下面将举他实用之例。

在《明夷待访录》②中，黄宗羲猛烈抨击当时的君主专制："古者以天下为主，君为客，……今也以君为主，天下为客"；今之君"屠毒天下之肝脑，离散天下之子女，以博我一人之产业"；"为天下之大害者，君而已矣"③。但他并不反对君主制度，而是要求君主与仕人共治，并提出"有治法而后有治人"。他说"天下之大，非一人所能治，而分之以群工。故我之出而仕也，为天下，非为君也"；"出而仕于君也，……以天下为事，则君之师友也"④。关于法，他认为秦汉以前是"无法之法"，秦废封建，宋除方镇，又去卿相，古今之"所谓法者，一家之法而非天下之法也"⑤。或以为这是黄宗羲的民主思想，我看非是。民主学者不必反对君主制，但要求人权或民权。黄并无人权概念，他的法也不是民权法或宪法，而是封建、郡县等行政法。实际是憧憬三代之治，有浓厚的天下为公思想而已。但

① 《易学象数论·序》。
② 下引语均据此书，仅注篇名。
③ 《原君》。
④ 《原臣》。
⑤ 《置相》。

有一点，即他力求突出士、仕或知识分子的作用，要求参与国事，与君为师友关系。又说国家大事应由学校讨论："天子亦遂不敢自为是非，而公其是非于学校。"[①]继东林、复社争取讲学自由而来的学校议政，是一个启蒙因素，视后来的五四运动可知。

黄宗羲把私与利提到人本性的地位，并从历史上论证。"有生之初，人各自私也，人各自利也"，"岂古人有所异哉？好逸恶劳，亦犹夫人之情也"；"向使无君，人各自私也，人各自利也"[②]。然后说："不以一己之利为利，而使天下受其利；不以一己之害为害，而使天下释其害。"[③]这种思想，几乎已超越了资本主义。但黄宗羲这里不是讲思想，不是讲义利之辩，而是在《原君》中讲为君之道，讲他的经世致用之学。至于怎样兴天下之利、除天下之害，他也有一些主张。

除了工商皆本论前已言及之外，最重要的就是当时人们所最关心的田制问题。黄宗羲考察了董仲舒以来的各家均田、限田、抑制兼并等主张，认为都有弊病，而提出了他独特的恢复井田制的方案。其独特之处在于，井田制原是以土地国有为基础的，而他从自私自利的人性论出发，主张土地私有，并且"不夺富民之田"。他以当时屯田的经验，估算了全国公私田亩数和户口数，提出每户授田50亩，尚有余田17万亩，听任"富民之所占"，因而"井田之可复也"[④]。这实际上是一个自上而下的和平土改方案，与井田无关。由于他估算错误，要"不夺富民之田"，每户分田50亩根本不可能。

① 《学校》。
② 《原君》。
③ 同上。
④ 《田制二》。

不过作为一种土改的启蒙思想,包括不动富农政策,还是有意义的。

黄宗羲还提出改革田赋的方案。他也是考察了历史上田赋制度的演变,而把两税制、一条鞭法等前人的改革都否定了,“利于一时者少,而害于后世者多”[①],得出自古至今农民负担不断加重的“积累”说。因而主张恢复三代的什一税:“今欲定税,须反(返)积累以前而为之制。授田于民,以什一为则;未授之田(指富民原有之田),以二十取一为则。”[②]同时,按土地肥瘠,制定五级大小不同的“亩”,按亩纳税,这就可以符合三代之制,“以下下(亩)为则,下下者不困,则天下之势相安”[③]。这又是一种奇特的想法,这种想法技术上行不通,理论上也没有什么道理。

黄宗羲又提出改革币制的方案。当时发生银荒,农民苦于无银纳税,不少学者提出废银用钱或用钞的主张,黄宗羲亦然。不同的是,他颇为费心地考察了中国用金银和发钞的历史。惟由于缺乏货币理论,这种历史考察无助于证明他的货币改革方案。他的改革和当时名流的废银方案一样都是反时代潮流的。

顾炎武(亭林,1613—1682 年),亦复社中人,曾起义兵抗清。明亡后,曾两度蒙冤狱,屡拒清廷征召,遨游大半个中国,考察山川形势和风土人情。著述丰硕,声誉高尚,冠于时贤。

顾炎武为学,反对宋明理学,讲求经世致用。他评时人“言心言性,舍多学而识,以求一贯之方;置四海困穷不言,而终日讲危微精一之说”[④]。一贯之方指王守仁,危微精一之说指程朱。顾炎武

---

① 《田制三》。

② 同上。

③ 《田制一》。

④ 《亭林文集》卷三《与友人论学书》。

自己制定的两大箴言则是“行己有耻”，“博学于文”[①]。前者指其屡拒征召，不肯列钱谦益门下，不应明史馆之聘等直节行为。“博学于文”则主要指去空言，讲实用：“自一身以至于天下国家，皆学之事也”；“非好古多用，则为空虚之学”[②]。博学成为顾氏著述最大特色。《四库全书提要》于其《日知录》称：“炎武学有本原，博赡而能通贯，每一事必详其始末，参以佐证，而后笔之于书。故引据浩繁，而抵牾者少。”

顾炎武说：“有亡国，有亡天下。”亡国是“易姓改号”；亡天下指丧失仁义，“人将相食”。“保国者，其君其臣，肉食者谋之。保天下者，匹夫之贱，与有责焉耳矣。”[③]这就是“天下兴亡，匹夫有责”。他晚年著《日知录》已不在于恢复明王朝，而在于救天下，在于设计一个理想的新社会，以待后之王者。这正是他启蒙思想之所在。不过，他的理想社会，也是以三代为蓝本的。他说他的《日知录》“意在拨乱涤污，法古用夏，启多闻于未来，待一治于后王”[④]。

“法古用夏”，犹如“文艺复兴”，是改革家常用的说法。但在治学上，顾氏则是反对宋理学，真的返回汉经学。他说：“理学之名自宋人始有之，古之所谓理学，经学也”[⑤]；又说：“愚不揣，……凡文不关于六经之旨，当世之务者，一切不为”[⑥]。这与清代正统学者钱谦益全无两样，钱云：“汉儒谓之讲经，而今世谓之讲道”；“学者治

① 均出《论语》。
② 同上。
③ 《日知录》卷十三《正始》。
④ 《亭林文集》卷一《与杨雪臣书》。
⑤ 同上书卷三《与施愚山书》。
⑥ 同上书卷四《与人书三》。

经,必以汉人为宗”[1]。清代学坛,由理学退回汉经学,顾氏不能辞其咎。

但是,在考据学上,顾炎武启蒙之功,又当在黄宗羲之上。他也是从语言考古入手的,而精于黄氏。他说:“读九经自考文始,考文自知音始,以至诸子百家之书,亦莫不然。”[2]他以30年功夫,五易其稿,成“音学五书”,被称为乾嘉之学的祖师。

顾炎武不以史学家称,但有一大贡献,即他论史特重风俗。“观哀、平之可以变而为东京,五代之可以变而为宋,则知天下无不可变之风俗。”[3]他所谓风俗,包括乡土习俗,特别是民间经济生活体制,有类今所称“非正式制度”。故《日知录》所记各地风俗,成为今社会史研究之重要资料。又因风俗不离正义感,他十分重视“清议”。他盛赞“古之哲主,立闾师,设学校,存清议于州里”;“两汉以来,犹循此制”;“降及魏晋,而九品中正”,但“遗志未亡”,“凡被劾弹清议者即废弃终身”。结论曰:“天下风俗最坏之地,清议尚存,犹足以维持一二;至于清议亡而干戈至矣。”[4]所论或许过分,惟其尊重知识分子意见,如前所说,仍有启蒙意义。

顾炎武的史学,尚有两事弥足称道。一是他在《左传杜解补正·自序》中说:“若经文大义,左氏不能尽得,而公(羊)谷(梁)得之,公谷不能尽得,而啖、赵得之,则别记之于书。”这是“博学于文”的实践。唐人啖助的《春秋解》,宋人多讥为“诡辩”,而顾氏则称他“卓越三家,多有独得”[5]。另一事是他对史书的评价。他曾

① 《初学集》卷二八、卷七九。
② 《亭林文集》卷四《答李子德书》。
③ 《日知录》卷十三《宋世风俗》。
④ 同上书卷十三《清议》。
⑤ 《日知录》卷二《熙丰伪尚书》。

说:"著书不如抄书,凡今人之学必不及古人也。"①此语人多非之。其实此语是顾氏记他先人之教,是有专指的,即"班孟坚之改《史记》必不如《史记》也","朱子之改《通鉴》必不如《通鉴》也"。又说"世人多习《纲目》,余所不取"。这都是正确的。文中还有一句"故得明人之书百卷,不若得宋人书一卷也"。这话也不错,明人史书不少,真是没能抵得上《资治通鉴》的。

顾炎武在论"私"上,大大前进了一步。他不是把自私看作人的本性,而是看作社会发展的产物。他当然不会有原始共产主义的概念,而是从天下为公的传说中,推论出人们是从"先公而后私"进入"先私而后公"的。"自天下为家,各亲其亲,各子其子,而人之有私,固情之所不能免矣。"②而更重要的是,他从自私提出"自为"的论点。"天下之人,各怀其家,各私其子,其常情也。为天子、为百姓之心必不如其自为。……圣人者因而用之,用天下之私以成一人(指君)之公,而天下治。"③用私有制来鼓励个人自为的积极性,较之用利来刺激,更具有自由主义的普遍意义。但是,顾炎武不是把它用在经济领域,而是用在政治制度上,也会出毛病。

顾氏竭力反对当时中央集权的君主专政制度,而主张地方分权。他说:"人君于天下,不能以独治也,独治之而刑繁矣,众治之而刑措矣。"④众治就是"自公卿大夫,以至百里之宰,一命之官,莫不分天子之权以各治其事"⑤。而他重点是在基层,即县一级,使百

① 《亭林文集》卷二《抄书自序》。
② 《日知录》卷三《言私其豵》。
③ 《亭林文集》卷一《郡县论五》。
④ 《日知录》卷六《爱百姓故刑法中》。
⑤ 同上书卷九《守令》。

里之宰能私有而自为。“夫使县令得私百里之地，则县之人民皆其子姓，县之土地皆其田畴，……为子姓必爱之而勿伤，为田畴则必治之而勿弃，……自令言之，私也；自天子言之，所求乎治天下者，如是焉止矣。”[①]这等于恢复千百个诸侯王国，是历史的倒退。或者说，这里孕育着地方自治的思想。地方自治是民主政治的概念，需要受宪法和选举法的约束，顾氏显然没有这些思想。

顾炎武的经世之学中谈论最多的是田赋钱粮问题，目的在减轻农民负担；也提到发展纺织业和通商，以至开放盐专卖。用意良善，但启蒙的东西不多。他竭力反对赋税纳银，主张废银用钱，则是违反时代潮流的。

王夫之（船山，1619—1692 年），青年时与好友结行社、匡社，亦曾举兵抗清。又投南明政权，几遭奸党杀害。33 岁隐居衡阳石船山，著述终身。

王夫之是明清之际杰出的哲学家。他批判陆王心学的空虚，也批判程朱“理在事先”之论，而尊崇张载的气一元论。“气原是有理底。尽天下之间，无不是气，即无不是理也。”[②]又提出：“气聚散变化，而其本体不为之损益”[③]，即气不灭或守恒说。而在论天人关系时，他更多用器与道来说明。“天下惟器而已矣，道者器之道，……无其器则无其道。”[④]这是因为气与理是一般概念，它们无始终，无损益，不宜说明人世问题。而器与道是有始有终，有成有毁的：“未有弓矢而无射道，未有车马而无御道”，“尧舜（有本作唐

① 《亭林文集》卷一《郡县论五》。

② 《读四书大全说·孟子三》。

③ 《张子正蒙注·太和篇》。

④ 《周易外传·系辞上传》。

虞)无吊伐之道,汉唐无今日之道"①。他又进一步说,人与物是相互依存的;"一眠一食而皆与物俱,一动一言而必依物起",故人不能绝物或拒物。"物之不可绝也,以己有物;物之不容绝也,以物有己。"②他批评庄子"拒物而自立其区宇";更批评王安石"谓天变不足畏,人言不足恤"③。这就从唯物的观点,把天人关系说到家了。

这里就发生天理与人欲问题,王夫之的看法与朱熹迥异。他说:"天理充周,原不与人欲对垒。"反之,"礼虽纯为天理之节文,而必寓于人欲以见(自注:饮食,货;男女,色)。……故终不离人而别有天,终不离欲而别有理也"④。在自然界,天理寓于气的运动;在人世,天理寓于人的行为。饮食男女等基本欲望都能满足,也就是天理的实现。"于此声色、臭味、廓然见万物之公欲,而即为万物之公理。"⑤这真是个伟大的启蒙思想。

程朱、张载都有主静的思想,王夫之则是完全主动的。宇宙以至太虚都是动的,没有"废然(绝对)之静","静即含动"⑥。因此,世界总是变化而日新:"今日之日月,非昨日之明也。今岁之寒暑,非用昔日之气也。……是知其(世界)富有者,惟其日新。"⑦这是个很现代化的思想。

而更可贵的是王夫之把这个思想用于人性,提出"日生而日

---

① 《周易外传·系辞上传》。
② 《尚书引义·尧典》。
③ 同上书卷五《无逸》。
④ 《读四书大全说》卷八。
⑤ 同上。
⑥ 《思问录》内篇、外篇。
⑦ 《周易外传·系辞下传》。

成"的人性论。人性是天赋即天命于人的。天不仅在人"初生之顷"赋命于人,而是"日命于人,而人日受命于天,故曰性者,生也,日生而日成之也"。人"形日以养,气日以滋,理日以成,"也就是人性"未成可成,已成可革"。"故君子之养性也","非听其自然",而要"新故相推,日生不滞"。[①]

这种日新思想,也贯彻于王夫之的历史观。宋明儒家多崇古,言必称三代。王夫之则是进化论者。他认为唐虞以前,"狉狉獉獉,人之异于禽兽者无几也";三代之世,"国小而君多","暴君横取,无异今川广之土司";春秋时代,经"孔子重训","其愈也多矣"[②]。他盛赞秦之废封建,行郡县:"一代之治,各因其时",不能"泥古"[③]。"汉以后之天下,以汉以后之法治之"[④];"汉唐无今日之道,则今日无他年之道"[⑤]。总之,不能"立一成之型,而终古不易"[⑥]。

董仲舒把历史的发展归之于天命,朱熹总结为天理(三纲五常),王夫之则提出"势"与"理"的历史观。势是历史发展的必然趋势,理是这种必然趋势的道理,犹规律。"在势之必然处见理","势既然而不得不然,则即此为理矣"[⑦]。如"郡县制则垂二千年而弗能改矣,合古今上下皆安之,势之所趋,岂非理而能然哉"[⑧]。他又说:"势字精微,理字广大,合而名之曰天。"[⑨]历史是一个天大的

① 均见《尚书引义》卷三《太甲二》。
② 《读通鉴论》卷二十。
③ 同上书卷二一。
④ 同上书卷五。
⑤ 《周易外传》卷五。
⑥ 《读通鉴论》卷末《叙论四》。
⑦ 《读四书大全说》卷九。
⑧ 《读通鉴论》卷一。
⑨ 《读四书大全说》卷九。

力量，人不能违反。“秦以私天下之心而罢侯置守，而天假其私以行天下之公。”[①]秦始皇置郡县原是想私天下，历史却让他公了天下。又如“武帝之始，闻善马而远求耳，骞以此逢其欲，亦未念及牂柯之可辟在内地也”[②]。武帝派张骞去求良马，历史却把云贵并入中国版图。

王夫之的经世致用之学，首先是他的土地私有论，即“恒畴论”。“天地之间，有土而人生其上，因资以养焉。其有力者治其地。”[③]上古之世，地广人稀，“唯力是营”，“田无定主”。三代之时，王者替人民“划井分疆”，是为了征役，并不是授田。“孟子言井田之略，皆谓取民之制，非授民也。”[④]秦汉以后，“民自有其经界，而无烦上之区分”[⑤]。就是说，人民已有了“恒畴”，不需要国家干预了。王夫之极力反对限田、均田，甚至不赞成抑兼并，因为这些都要侵害土地私有制，都是“欲夺人之田与人”[⑥]。他还说：“有其力者治其地，故改姓受命而民自有其恒畴，不待王者之授之。”[⑦]改姓受命当然指新兴的清王朝，而这时的“有其力者”已不专指劳动力，而包括财力、智力。

因而王夫之有“崇富论”。他说，只要赋税公平合理，“而田自均矣”，但“贫富之代谢不常”[⑧]。“千户之邑，极其瘠薄，亦莫不

---

① 《读通鉴论》卷一。
② 同上书卷三。
③ 《噩梦》。
④ 同上。
⑤ 《宋论》卷二。
⑥ 《读通鉴论》卷十九。
⑦ 《噩梦》。
⑧ 《宋论》卷十二。

有素封巨族冠其乡焉。”[①]这并没什么不好，因“国无富人，民不足以殖”[②]。“舒富民，而后国可得而息也。”[③]并且，富民常是“擅之于智力”者，“智者日富，而拙者日瘠”[④]，是合理的。他甚至说：“大贾富民者，民之司命也。”[⑤]

王夫之的赋役论，则可说是反历史的。他主张税户而不税田。“取民之制，必当因版籍以定户口，即户口以制钱粮”[⑥]；“役其人，不私其土”[⑦]。照他看来，当初鲁宣公“初税亩”就错了。他赞赏唐初的租庸调制，因庸（力役）、调（土宜）都是“一定于户口而不移，而勿问田之有无”[⑧]。他不赞成两税法和一条鞭法，因为加重了有田者的负担（他没赶上摊丁入地）。当然他也知道要恢复租庸调制是不可能的，因而提出“轻自耕之赋，而佃耕者倍之”。所谓“自耕者，有力不得过三百亩，审其子姓丁夫之数，以为自耕之实，过是者皆佃耕之科”[⑨]。

在商贾问题上，王夫之基本上也是反历史的。他赞赏汉高祖禁商人“衣锦、乘马”，也赞赏桑弘羊“官山府海以利天下”，主张盐茶专卖。当时物价下跌，发生“粟贱伤农”问题，他主张提高米价，而具体措施是废银、废钞，用铜钱，这也是反历史的。

唐甄（圃亭，1630—1704 年），当过 10 个月的县令即被革职，流

---

① 《黄书 · 大正》。
② 《读通鉴论》卷二。
③ 《黄书 · 大正》。
④ 《读通鉴论》卷五。
⑤ 《黄书 · 大正》。
⑥ 《噩梦》。
⑦ 《读通鉴论》卷二十。
⑧ 同上。
⑨ 同上。

寓江南经商，失败；为牙人，亦失败。开馆课徒，潦倒终生。著《僭书》，宗王守仁良知说，而评议国事。

唐甄说："自秦以来，凡为帝王者皆贼也"①；主要指聚敛刑狱等事。他要求"位在天下之上者，必处天下之下"，"匹夫匹妇皆不敢陵，……同里父兄皆可访治"②。遇有刑事，"有司议之，人主不敢私"③。隐然平等主义。又倡男女平等；"父母，一也"，"男女，一也"④，严厉批判女祸说。

唐甄的基本思想是"富民论"。他说："立国之道无他，惟在于富。……夫富在编户，不在府库。国家五十年来，为政者无一人以富民为事"⑤，这是最大的憾事。若"能以是（富民）为政，三年必效，五年必治，十年必富"⑥。

怎样富民呢？唐甄有篇议论："陇右牧羊，河北育豕，淮南饲鹜，湖滨缫丝，吴乡之民编蓑织席，皆至微之业也。然日息岁转，不可胜算。此皆操一金之赀可致百金之利者也。里有千金之家，嫁女娶妇，死丧生庆，疾病医祷，燕饮赍赠，鱼肉果蔬椒桂之物，与之市者众矣。缗钱锱银，市贩贷之；石麦斛米，佃农贷之；匹布尺帛，邻里党戚贷之；所赖之者众矣。此借一室之富可为百室养者也。海内之财，无土不产，无人不生，岁月不计而自足，贫富不谋而相资。是故圣人无生财之术，因其自然之利而无以扰之，而财不可胜用矣。"⑦

① 《僭书·室语》。下引语皆据该书，仅注篇名。

② 《抑尊》。

③ 《权实》。

④ 《备孝》。

⑤ 《存言》。

⑥ 《考功》。

⑦ 《富民》。

这篇议论有点像司马迁的《货殖列传》，但实不同。第一段讲生产，所举牧羊、育猪、养鸭、缫丝、编织，并非一般农民副业，而是“操一金之赀可致百金之利”的专业户，即小商品生产者。唐甄在别处还讲过雇工十数人、百余人的专业户，实为资本主义萌芽。第二段讲买卖，第三段讲借贷，都是“一室之富可为百室养”，都是指市场经济。这样，“岁月不计而自足，贫富不谋而相资”，即市场会自然调节。为国者只要“因其自然之利而无以扰之”，即实行不干预的自由市场政策，三年就可见效，十年就可大富。

唐甄是个市场经济论者，因而他对当时的银荒十分恼火，和黄宗羲、顾炎武、王夫之一样，提出废银用钱的货币主张。不同的是，黄、顾、王主要是从赋税上立论，因为困难在于农民有粮食而无银纳赋。唐甄则是从市场上立论，他说：“当今之世，无人不穷，非穷于财，穷于银也。于是枫桥之市，粟麦壅积；南濠之市，百货不行。良贾失业，不得旋归。万金之家不五七年而为窭人者，予数见之矣。”①他还有段议论：“清兴五十余年矣。四海之内，日益穷困，农空、工空、市空、仕空。谷贱而艰于食，布帛贱而艰于衣，舟转市集而货折资（即货贱），官者去官而无以为家，是四空也。”②这里，除仕空实因他被革职去官外，农工商的空都是由于物贱，即价格下跌，市场不景气。这就把当时的经济困难说到点子上了。价格下跌就是通货紧缩，即所谓银荒，通货为什么紧缩，唐甄还没弄清楚，所以提出废银的反历史建议。

《潜书》完成于康熙四十一年，即1702年。此时与顺治初（按

---

① 《更币》。

② 《存言》。

1650年计)比,江南米价下跌近70%,棉价下跌70%强,布价下跌约40%,今之研究者称为“康熙萧条”或“17世纪市场危机”。我也为此作过研究。[①] 我估计,当时我国产银年均不过20万两,市场流通主要靠进口白银。顺治初进口银年均77万两,清廷于1656年起禁海、靖边,银进口剧减。但不像当时人靳辅、慕天颜等所说那么严重,迄1702年,康熙朝进口银年均仍有46万两。当时通货紧缩的一个重要原因是康熙帝的财政节约政策。康熙自诩“明朝费用甚奢,兴作亦广,一日之费,可抵今一年之用”[②]。1706年谕:“前光禄寺一年用银百万两,今只用十万;工部一年用银二百万两,今只用二三十万。必如此,然后可谓之节省也。”[③]节省的银存入户部银库,退出流通。大库存银,从无到有,据云康熙时积达2 400万两,为过去各王朝所未曾有。[④] 待雍正即位,解除南洋贸易禁令,银进口年达90万两。同时将耗羡归地方使用,又大量发放养廉银。于是银荒解除,物价回升。

颜元(习斋,1635—1704年),北方学人,曾躬耕,行医,不为官,少交游。开馆授徒百余人,世称颜李学派(李指李塨)。

颜元曾深研宋明理学,57岁南游中州,翻然改悟,以理学尽虚空,经学不切用,倡实学。主张“实文、实行、实体、实用,卒为天下造实绩”[⑤]。梁启超论顾、黄、王、颜四子曰,颜元“明目张胆排程朱

① 吴承明:《18世纪与19世纪上叶的中国市场》,《吴承明集》,中国社会科学出版社2002年版。

② 《清朝文献通考》卷三九《国用考》。

③ 王庆云:《石渠余记》卷三《纪会计》。

④ 韦庆远、叶显恩:《清代全史》第5卷,辽宁人民出版社1991年版,第400页。时无黄册记录,或称800万两,是沿明代老库800万两不准动用旧制。

⑤ 《存学篇》卷一《上陆标亭书》。

陆王，而亦菲薄传注考证之学，故所谓宋学、汉学者，两皆吐弃，在诸儒中尤为挺拔，而其学卒不显于清世”。[①] 先师钱穆称颜元之学“以习行代训诂诵说”，“以事物代心性义理”，其学“带有革命之气度”，然颜元“种种持论，更似颇有近阳明者”。[②] 原来康熙夙好程朱，亲刊《朱子全书》、《性理精义》，并升朱熹由庑廊配享大成殿，朱学成为官学。南方学者不敢抗议，遂相率入考据六经之途。颜元非之，如其实学“乡三事”经用考据家所称伪书，而批判理学则以批程朱为主。他说：“必破一分程朱，始入一分孔孟”[③]；“程朱之道不熄，孔子之道不著”[④]。与顾、黄、王不同，颜李已不属明朝遗老，其学亦能独树一帜，惜未能下传。

颜元反对朱熹“理在事先”和王守仁“心外无理”之说，而主张“理气融为一片”，没有“无理之气”，也没有“无气之理”[⑤]。他反对朱熹“天命之性”为善、“气质之性”为恶的说法，认为性就是气质之性，“非气质无以为性，非气质无以见性”[⑥]。“性字从生、心，正指人生以后而言”[⑦]，没有先天的、天理的性。这就从根本上否定了“存天理，去人欲”之说。他认为性本来是善的，而恶是由于外物的“引蔽”和“习染”，都是后天的。“祸始于引蔽，成于习染。”[⑧]努力改正，即可返于善。

---

① 梁启超：《清代学术概论》，上海古籍出版社 1998 年版，第 20 页。

② 钱穆：《中国近三百年学术史》上册，商务印书馆 1997 年版，第 204、219 页。

③ 《颜习斋先生年谱》卷下。

④ 《习斋记余·未坠集序》。

⑤ 《存性篇》卷一。

⑥ 同上。

⑦ 同上。

⑧ 同上书卷二。

因而,在治学上,颜元力排读书、章句、静坐、居静、反省诸途,而主张“习行”。习行即习事而身体力行之。他说宋儒“只教人明理”,“孔子则教人习事”①,“吾辈只向习行上做工夫,不可向语言文字上着力”②。习行不可静,必主动。“吾尝言,一身动则一身强,一家动则一家强,一国动则一国强,天下动则天下强。”③因解“格物”曰:“格物之格,王门训正,朱门训至,汉儒训来(指郑玄),似皆未稳。……元谓当如史书‘手格猛兽’之格,……乃犯手捶打搓弄之义”④。即求知要亲自动手反复习行。

颜元的实学是重功利的。他说:“利者义之和也”,并针对董仲舒的话说,“予常矫其偏,改云:正其谊以谋其利,明其道而计其功”⑤。有人问孔子“谋道不谋食”何解,颜元答曰:“宋儒正从此误,后人遂不谋生。……孔门六艺,进可以禄,退可食力,……故耕者尤有馁,学也必无饥。”⑥他一度主持的漳南书院,即教授六艺。惟“射”无传,“御”非实用,主要授礼、乐、书、数四艺。惟仅四个月,漳水泛滥毁书院。

颜元说:“如天不废予,将以七字富天下:垦荒、均田、兴水利;以六字强天下:人皆兵,官皆将;以九字安天下:举人材,正大经,兴礼乐。”⑦其中“人皆兵”指寓兵于农,颜十分重视武备,以重文轻武是朱熹的流毒,习兵是六艺之一。“正大经”指恢复分封诸侯的封

---

① 《存学篇》卷二。
② 《颜习斋先生言行录》卷下《王次亭第十二》。
③ 同上书卷下《学强第十三》。
④ 《习斋记余·阅张氏王学质疑评》。
⑤ 《四书正误》卷一。
⑥ 《颜习斋先生言行录》卷上《教及门》。
⑦ 《颜习斋先生年谱》卷下。

建制，当然是行不通。“兴礼乐”也是复古主义，他讲得最多，并力求习行。

均田论是颜元的得意之作。他目的是恢复井田制，并作井田经界图，宽乡每夫授田 54 亩，狭乡每夫 27 亩。但恢复井田制实际难行，因而“可井则井，不可则均”①。均田，“今世夺富与贫殊为艰难”，因而他设计了一个“佃户分种”之法。此法是在李塨的《拟太平策》卷二中转述的，不知是否掺有李塨的见解。其法是：设一富家有田1 000亩，令其自耕 100 亩，余分佃九家，各 100 亩。秋收后，佃农以 40 亩收成交地主，以 10 亩收成代地主纳赋，自收 50 亩。30 年后，所佃田均归佃户。这1 000亩就是 10 户各有 100 亩了，均田完成。30 年为一世，对地主说，“享地利终其身亦可已矣”。这实际是一个自上而下的有偿土改方案，其偿金相当于地主原有田 15% 的收成，连付 30 年。这对于后世用土地债券的土改法，是一个启蒙。

颜元是当时诸儒中最坚决主张废银的，他甚至要求废除一切货币，并以为只要赋税都纳实物，十年后即可废除货币。这完全是反历史的。

李塨（恕谷，1659—1733 年），颜元的大弟子，交游广，声名昭著，发扬光大了颜学。惟与毛奇龄、阎若璩等往来，颇热衷于考据学，有违颜元治学之道。又对颜元重礼乐的复古主义有意见：“吾人行习六艺，必考古准今。礼残乐缺，当考古而准于今者也。射、御、书有其仿佛，宜准今而稽之古者也。数本于古，而可参以近日西洋诸法者也。”②在认识论上，李塨解“格物”曰：“不曰学而曰格，

① 《存治篇 · 井田》。

② 《李恕谷年谱》卷三。

何也？学有浅有深，皆可谓学。格者，于所学之物，由浅入深，无所不到之谓也"；"盖问、思、辨皆学中事也"①。这较之颜元的"捶打搓弄"似多了一层理性的认识。

在政治上，颜元主张恢复封建制，李塨则不以为然。他历数封建制"使天下百姓数百年皆一姓"，其"不公孰甚"；而秦置郡县则是"假其私以行其大公"②。这点与王夫之相同。

在实学上，颜元提出"六府"（水、火、金、木、土、谷）、"三事"（正德、利用、厚生）之目。李塨则对此作了详细解释。按李的解释，六府有三十多个细目，实际包括水利、海防、火器、冶炼、城池、农业、屯田、盐政、货币等具有现代性的学科。"三事"则一反《大禹模》原义，解释成："正德，正此金木水火土之德也；利用，利此金木水火土之用也；厚生，厚此金木水火土之生也"③；变成了性能、方法、发展三义。当然，这相当于颜李的一个教学规划，实际未曾实行。

在均田问题上，李塨完全同意颜元的方案，并提出有田者不可雇佣长工。他在评王源"毋募人代耕"的主张时说："不使募人代耕，则兼贪者虽欲多得田，无所用之，意甚善也。但耘耕之时，三五日为强以者不论，惟不得有常工为之治田耳。"④"三五日"指短工。短工已于万历十六年（1588 年）条例获人身自由，即在法律上按"凡人"对待；而长工（常工）尚属"雇工人"，要到乾隆五十三年（1788 年）条例始获解放。

---

① 《大学辨业》卷二。
② 《存治篇》书后。
③ 《瘳忘篇》。
④ 《平书订》卷七。

然而，在17世纪商品经济有较大发展的时候，李塨却抱有返回自然经济的思想，实在令人诧异。他向往的生活方式是“教民勤于树艺畜宇，饮食取于宫中焉，布帛取于宫中焉”，人们婚丧往来“尽可以粟帛货物相易”，银钱是“备而不用”的。“如是，不惟民业日饶，而民风亦近于古矣。”①他也知道这是做不到的，于是提出抑商的主张：以资本100—300贯者为下商，400—600贯者为中商，700—1 000贯者为大商，“过千金者千贯，加税一之三；过万金者没其余”；“贵布粟，贱淫技，重农民，抑商贾，以隆教养。先王之良法远虑，不可不考行也”②。

不过，李塨却重视工（手工业），甚至主张设工部，列六卿之位。③

王源（崑绳，1648—1716年），中举后不求仕进，习兵法及经世之策，53岁时拜颜元为师，尊颜李之学，又有自己的创见。

王源自称以“经济文章立门户”④，其经济文集《平书》由李塨审编以《平书订》问世。所论重商一事最有特色。他在《分民篇》中分民为士、农、军、商、工五民。五民说始于唐元稹，军居末。王源提军为第三位，又置商于工前，曰农商。他说：“嗟夫，重本抑末之论固然，然本宜重，末亦不可轻。假令天下有农而无商，尚可以为国乎？”⑤又说“故吾欲于建官之法，……置大司均以备六卿。货财者，与食并重者也，乌可置之六卿之外乎”⑥，大司均即司商务之首

① 《廖忘篇》。
② 《平书订》卷十一。
③ 《平书订》卷三。
④ 《居业堂文集》卷八《与方灵皋书》。
⑤ 《平书订》卷十一。
⑥ 同上。

辅,与大司农同位六卿,是农商并重之意。

为推动商业的发展,王源精心设计了一套商税方案。原来商税主要是榷关税,属货物流通税,陋弊滋深,商旅不堪其苦。王源主张,除盐、茶、烟、酒仍征货物税外,尽废榷关,代之以坐商税和行商税。坐商发给印票,即营业执照,“注其本若干,但计其一分之息而取其一”①。行商亦发给印票,“惟本十贯即纳百钱。任所之,验其票于彼县,……鬻已,乃计息而纳其什之一”②。计息之法是售价减除成本,“凡票税路费俱作本除之”。“仅足本者免其税”,“预计其不足本者则官如其本买之,使商无所亏其本者,便商也”③。

废除榷关,统一国内市场,是一个现代化的意思。“息”即利润。坐商按利润征税,但其利润是按资本 1/10 计算,故实系按资本征 1% 。税的大宗在行商。行商,其按资本征的 1% 票税已计入交易成本,所以是按交易的纯利润征 1% ,犹今日之所得税。所得税是个十分现代化的概念,最早是英国于 1798 年开征的,王源的设想早 100 年,是个了不起的启蒙思想。坐商是按月计税,年底总缴。行商是按每次贩运交易征税,其计价法符合今 CIF 制。当然,那时没有保险(I),而王源的设计有官方保证行商不亏本,堪称惠商。

为防止商人低报资本以逃税,王源设计把坐商分为九等,九等商人在服装、乘马、蓄奴等方面均有规定,申报资本愈高者,待遇愈优。又纳税满 2 400 贯者授以登仕郎九品冠带,再满 2 400 贯者又增一品,至五品止。

---

① 《平书订》卷十一。

② 同上。

③ 同上。

在土地问题上，王源向往井田制，设计了一个“疆田”法：每疆600亩，中100亩为公田，十家各授50亩。为能授田，国家必须掌握大量田地。他估计，通过清官地、垦荒、收闲田、“没贼产”等法可掌握全国可耕地十之二三。此外，主要用献田、买田二法收回田亩。为此，“今立之法：有田者必自耕，毋募人以代耕。自耕者为农，更无得为士为商为工。士，士矣；商，商矣；工，工矣；不为农。不为农则无田。士商工且无田，况官乎？官无大小皆不可以有田，惟农为有田耳。天下之不为农而有田者，愿献于官则报以爵禄，愿卖于官则酬以资，愿卖于农者听，但农之外无得买。而农之自业一夫勿得过百亩”①。

这个方案显然是不现实的。在当时政权下，大地主尤其官僚地主不会为一些虚衔而献田，国家收买或农民收买都无此资力。从农业发展看，王源的方案既限制人民择业自由，又阻碍社会资金投入农业。就解决土地问题说，王源的两项基本原则，即“惟农为有田”和“有田者必自耕”，有点“耕者有其田”的思想。但其具体方案，无论对于后世的和平土地改革或强制性土改，都无借鉴之处。不过，王源另有一项关于城市土地的主张，则是合理的：“野外不令有私地，而城中不能尽公。不如听人私相买卖、建造，收其房租为便。”②房租指房产税。

王源还提出一个货币改革计划：由国家铸大小两种钱（铜币）。“小钱一贯直（值）银一两，其铸也约费银七钱，是以七钱为一两也。大钱一贯直银二两，其铸也约费银一两二钱，是以六钱为

① 《平书订》卷七。

② 《平书订》卷十原注。

一两也。”①这是名目货币，须严禁私铸。田赋均征实物，民间交易可以物易物，亦可用钱，但不得用银、钞。惟盐商请领官盐须纳银，国家向铜矿主购铜亦付银。

这个计划，将银钱并用改为单一货币，是个进步。但计划是以银为本位还是以铜为本位，不明。钱以银计值，所谓七钱为一两，但市场交易用钱，商人必以钱计值，看来是由贵金属退回到铜了。又盐商以银买盐，其银何来？国家以银购铜，其银何去？王源总的概念还是自然经济，是反历史的。

四、明清的历史观

17 世纪的启蒙思想，蓬勃一时，进入康熙中期，便告终结。儒学转入以阎若璩（百诗）、毛奇龄（西河）为首的、以考据六经为主的汉学上去，一些向往未来世界的新思潮烟消云散。这是因为，原来热衷于改革时政的启蒙大师大都有抗清背景，顺治末即开始的文字狱愈演愈烈，庄廷拢补修明史案株连二百余人，至康熙二年（1663 年）死难七十余口。1711 年戴名世《南山集》案，戴被杀，并涉及著名大儒方苞入狱。吕留良（晚村）是与黄宗羲交往的启蒙学者，自成学派，死四十余年后，1729 年因涉曾静案，吕被开棺戮尸，其子孙门人俱遭死刑或流徙。儒者无不胆战。又康熙二十五年（1686 年）令查禁学社，民间讲学之风全戢。同时颁布《学宫圣谕》16 条，有“黜异端以崇正学”，“讲法律以警顽愚”之戒。所谓“正学”即康熙帝着意倡导的朱熹之学，前已言及。而当时民间学者几

① 《平书订》卷十《财用》。

乎都是反对朱学的，专事考据经典的毛奇龄，闻谕朱熹升大成殿配祀后，也急将其旧著《四书改错》毁版以避祸。

民间学者为避祸转入汉学，这就形成了“在朝理学”与“在野经学”对立的局面。然而，康熙的文化政策十分高明，他于1679年谕开明史馆，招聘民间学者入馆。原明遗民以气节不应召，但多间接参与，如黄宗羲之子黄百家与弟子万斯同，顾炎武挚友潘次耕，均入馆。1710年修《康熙字典》，网罗音韵学家。晚年谕纂《图书集成》，吸纳更多学者，1725年告成。这样，在野汉学也变成了在朝汉学了。

清代的考据学原以考证六经为主，渐而及于史学，专门史学著作，有王鸣盛（西庄）《十七史商榷》，钱大昕（辛楣）《廿二史考异》，赵翼（瓯北）《廿二史札记》等。考据学是中国史学的一项瑰宝，我将于下篇方法论的实证主义一章再论。而清代汉学即经学，于历史观方面无何建树，因不论，而径谈史学。

我前论宋代历史观，曾举欧阳修、司马光、郑樵、朱熹为代表，至于元明清，却甚难选择。元人不重史，脱脱总裁的宋、辽、金史，都仓促敷衍成书。《宋史》卷帙浩繁，亦最芜杂粗糙。惟民间学者马端临著《文献通考》，不少创见，堪称杜佑、郑樵之后一大史学理论力作。明代官修《元史》，殊为疏漏，而民间史家辈出。据《明史·艺文志》载明人所撰史部有1 316种，30 051卷；然乏精本，乾隆时采入《四库全书》者不过十之一二。若王世贞（弇州）、杨慎（升庵）名家，更受“放诞”之讥。故明代史家我无选述。

有清一代（鸦片战争前），史学不振。梁启超曰：“前清为一切学术复兴之时代，独于史界之著作，最为寂寥。……舍官书及谀墓文外,殆无余物可以相饷。"[①]陈寅恪亦以清代"史学不振","远逮宋人"。[②] 惟官修《明史》,以有明清之际著名学者的支持,能摆脱陈规,叙事较详而公允,列传部分尤佳,实为官修史书中最为可读者。惟其长于撰叙,在历史观方面并无新构。然乾隆时章学诚的《文史通义》,自称"实有不得已"而作,是一部独树一帜的历史理论著作,亦中国儒家历史观发展臻于高峰之作。下面即就马端临、章学诚两家略作介绍。

马端临(贵与,1254—1323 年)的《文献通考》是继唐杜佑《通典》而作的历代典章制度的考证。全书 24 考,远较《通典》完备。杜佑首重经济制度,以《食货考》为卷首,但仍以绝大篇幅讲礼制。马端临大大增加经济部分,削减礼制、官制部分,颇有见地。又杜佑偏重制度本身,有类政书;马书则详细考制度变迁,成为史书,并有创新见解。

《文献通考》采用了郑樵《通志》的"会通"主张。会通有从整体上观察历史演变之义,是一种很高明的历史观。但郑樵是用"类例"法,即分类归纳有关文献,作出统一解释,虽也提到历代"相因"之迹,但未能通古今之变。马端临对此有所发展。他说:秦汉以至唐宋,许多制度"虽其终不能以尽同,而其初亦不能以遽异。……其变通张弛之故,非融会错综,原始要终而推导之,固未易言也"[③]。这里含有一种制度变迁的历史观,"原始要终"是考察演变原委。如田赋制度,"随田之在民者税之,而不问其多寡,始于商鞅。随民

① 梁启超:《中国历史研究法》,上海古籍出版社 1998 年版,第 26 页。

② 陈寅恪:《金明馆丛稿二编》,读书・生活・新知三联书店 2001 年版,第 270 页。

③ 《文献通考・自序》。

之有田者税之，而不复视其丁中，始于杨炎。”“三代井田之良法坏于鞅，唐租庸调之良法坏于炎。二人之事，君子羞称，而后之为国者莫不一尊其法。或变之，则反至于烦扰无稽，而国与民俱受其病，则以古今之异宜故也。”①又说：“以田定赋，以家之厚薄为科敛之轻重，虽非盛世事，而救时之良策，不容不然。”②又如改征役为雇役，“虽不能使官吏之不贪，然民既出雇募之费，则其身与官无预，而贪毒无所施。比其相与防闲之术虽去古义远甚，然救时之良策，亦不容不如此”③。“古今异宜”的解释不够具体，然见其重视时代性；至于“不容不然”等语，显然是应付儒家的尊古传统。马端临是主张改革的。

历史上最大的变革是秦之废封建、置郡县。在这个问题上马端临有自己的理论。他说：“封建、郡县皆所以分土治人，未容遽曰此公而彼私也。然必有公天下之心，然后能行封建，否则莫如郡县。”④他认为尧舜以前是公天下，禹开始私天下，周开始封诸侯，都已无公天下之心了。故禹一传而有有扈氏之征，再传而有羲和氏之征，周数传即“末大不掉”，终成战国之乱。“故封建之敝始于夏而成于周”。然禹、汤、文、武都是圣王，何以有此敝？盖“世之不古久矣。圣人不能违时，不容以上古之法治之也”⑤。不过，“古之诸侯虽曰受封于天子，然亦由其行义德化足以孚信于一方，……未尝视封内为己物”，就是说还不是完全私天下。殆

① 《文献通考·自序》。下引文皆据此书，仅注篇名。
② 《田赋考》。
③ 《职役考》。
④ 《封建考六》。
⑤ 同上。

"秦既灭六国,举宇内而郡县之,尺土一民皆视为己有","以天下奉一人矣"[①]。这就是百分之百私天下了,就只能行郡县制了,相沿至今,不可能再封建了。"盖时不唐虞,君不尧舜,终不可复行封建。谓郡县之法出于秦而必欲易之者,则书生不知变之论也。"[②]还有一节,"三代以上,田产非庶人所得私也。秦废井田,而始捐田产以予百姓矣",即有了土地私有制。"然所袭既久,反古实难,欲复封建,……是强争民之田以召怨讟。"[③]

对于天人感应说,杜佑是反对的,《通典》根本不列五行志。郑樵更激烈批判,在《通志·灾祥略》中斥之为欺天之妖学。马端临则提出"物异"说。"窃尝以为物之反常者,异也,……今取历代五行志所书,并旁搜……(资料),随其朋类,附入各门,不曰妖,不曰祥,而名之曰物异。"他作《物异考》,分列水异、火异、木异、人异、马异并岁凶、地震、甘露、麒麟等近百目,对感应之事亦均记入。按语云:"古今言灾异者始于(刘向)五行传,而历代史氏所述灾异因之。然必曰某事召某灾,证合某应,……则其说大牵强而拘泥。老泉(苏洵)之论足以正其牵强之失,夹漈(郑樵)之论足以破其拘泥之见。然郑论一归之妖妄,而以为本无其事应,则矫枉而至于过正矣,是谓之天变不足谓也。"可见马端临还是多少承认天人感应的。

郑樵还批判史家对《公羊》、《穀梁》、《左氏》三传一字褒贬之说是欺人的妄学,并非孔子本意。马端临则考证三传所记经文有异同,且公、谷记孔子生日,左氏记孔子卒日,皆不合制。[④] 三子所

① 《自序》。

② 《封建考六》。

③ 《自序》。

④ 《春秋》只记国君世子生日,而孔子卒日在获麟以后。

记《春秋经》文既不可信,“后世儒者盖据其见于三子之书者互有所左右而发明之,而以为得圣人笔削(意褒贬)之意于千载之上,吾未之能信也”[①]。

章学诚(实斋,1738—1801 年)的《文史通义》是一部极有创见性的史学理论文集。公元 1772 年动笔,陆续成篇,1796 年初刻,后又有续作。他论史至于道义,今人以历史哲学称之。

章学诚首倡史德。“史德者何?谓著者之心术也,……盖欲为良史者,当慎辨天人之际,尽其天而不益以人也。尽其天而不益以人,虽未能至,苟允知之,亦足以称著述者之心术矣。而文史之儒竞言才、学、识而不知辨心术以议史德,乌呼可哉。”[②]这里“天”指历史的本然,“人”指对历史的认识,“辨天人之际”指主观认识与客观实际的关系。“尽其天而不益以人”,即追究历史实际而不搀入主观见解,这是做不到的(“虽未能至”),但知道这个道理(“苟允知之”),便可端正心术,就有史德了。这比过去“董狐笔”之说前进了一大步。因为他承认写历史总要有自己的历史观(实际上章氏很强调这一点,见后“独断”说);但比起西方存在主义的“前有”、“成见”说和今人与古人“对话”说,还差一步。

章学诚接着说:“史之义出于天,而史之文不能不借人力以成之。人有阴阳之患,而史文即忤于大道之公,……至于害意而违道。”[③]“人有阴阳之患”是说史家有顾虑,害怕“违时”而随大流。这样写出的历史就会“害意而违道”。义和道,正是章氏论史的核心问题。

① 《经籍考九》。

② 《文史通义·史德》。下引文均据该书,仅注篇名。

③ 同上。

他说"史所贵者义也，而所具者事也，所凭者文也。孟子曰：其事则齐桓晋文，其文则史。义则夫子（孔丘）窃取之矣"①。这里，事指历史事实，文指历史文献，义（亦称意）则指历史观，即历史的意义或发展道路，有类似西方历史哲学中所称历史的价值或目的。在西方，大皆认为历史的目的是自由，历史表述的是人类怎样获取自由。在儒家，则认为历史进程是应乎天道，历史的义即通于道。"夫事即后世考证家所尚也，文即后世词章家所重也。然夫子所取不在彼而在此，则史家著述之道，岂可不求诸义意所归乎。"②"后世"实指当时，即乾隆时代。治史主要不在于考证经籍，也不在于文字褒贬，而在于求得史义或史意。

章又说："义者精神也"③，"非识无以断其义"④，要有远见卓识，才能体会出史义。"郑樵有史识而未有史学，曾巩（宋史家）具史学而不具史法，刘知畿得史法而不得史意，此予《文史通义》所为作也。"⑤

一事有一事之义，上下古今之史义就是道。章学诚对道的看法和当时流行的看法是不同的，《文史通义》就是为批判当时流行的看法而作，特设《原道篇》。当时的乾嘉学派或汉学家认为道是圣人所作，备于六经，考证注疏六经，便可明道。章氏则认为道是自然而然，出于人伦日用，随历史发展而发展，故探求史义才可明道。"道之大原出于天，天地生人，斯有道矣，……故道者非圣人智

① 《文史通义·史德》。所引见《孟子·离娄下》。

② 《申郑》。

③ 《方立志三书义》。

④ 《史德》。

⑤ 《志隅自序》。

力之所为，皆其事势自然，渐行渐著，不得已而出之，故曰天也。”“道出于事物”，“彼舍天下事物、人伦日用，而于六籍（六经）以言道，故不可以言夫道矣”①。

章学诚有个著名论断：“六经皆史也。……皆先王之政典也。”②六经皆史，所以先王之“道备于六经，（史）义蕴之匿于前（指三代）者，章句训诂足以发明之。事之出于后者，六经不能言”③。例如秦废封建，汉唐制度的变革，六经都不能言。研究历史，要重时代。《文史通义》是制度史。章氏在《史释》篇说：“传曰：礼，时为大。……盖有贵时王之制度也。”时王指历代君主。“书吏所存之掌故，实国家之制度所存，亦即尧舜以来因革损益之实际也。故……君子有志于学，则必求当代典章，以切于人伦日用；必求官司掌故，而通于经术精微。则学为实事，而非空言，所谓有体必有用也。”这也是批判考证六经的空言无用。“三王不袭礼，五帝不沿乐。不知礼时为大而动言好古，必非真知古制者也。……譬如考西陵之蚕桑，讲神农之树艺，以为可御饥寒而不须衣食也。”④

章学诚自称属浙东学派。他说浙西之学源于朱熹，浙东之学宗陆九渊。前辈大师，“顾（炎武）宗朱，而黄氏（宗羲）宗陆”⑤。至乾隆时，则浙西为戴震（东原），浙东为章学诚。“学者不可无宗主，而必不可有门户”，“故浙东浙西，道并行而不悖也。”但他指出：“浙东贵专家，浙西尚博雅”；“浙东之学，言性命必究于史，此其所以卓也。”⑥实际上他是批评当时浙西之学的继承者即考证六经的

① 《原道》。
② 《易教上》。
③ 同上。
④ 《史释》。
⑤ 《朱陆》。
⑥ 《浙东之学》。

汉学家的。

他说:“学博者长于考索,……而骛博者终身敝精劳神以殉之,不思博之何所取也。……言义理者似能思矣,而不知义理虚悬而无薄,则义理亦无当于道矣。此皆知其然而不知其所以然也。”①这里,骛博者指汉学,言义理者指科场朱学。“汉学朱学之交讥,训诂辞章之互诋,德性学问之纷争,是皆知其然而不知其所以然也。”②要知其当然又知其所以然,必须通历史学。“学术当然,皆下学之器也,中有所以然者,皆上达之道也。器拘于迹而不能相通,惟道无所不通。是故君子即器以明道,将以立乎其大也。”③历史学是研究具体事物演变的过程,即“器”之“迹”的“所当然”,属于下学。而《文史通义》,要求通史之义,即要求“即器以明道”,这就是下学上达,就知道事物演进的“所以然”了。

在治学上,章学诚是贵专的。“道欲通方,而业须专一”;“学必求其心得,业必贵于专精”④。又说:“趋向专,故成功易;毁誉淡,故自得深。”⑤这是鉴于当时考古汉学烦琐博杂的风气,要求学者淡视时人毁誉,自成一家之言。他谴责“今之学子……惟逐风气所趋,而循当世所尚”⑥,说“学问文章,须成家数”⑦,而欲成一家,须有“独断”之功。

“独断之学”见于郑樵《通志·校雠略》。章学诚很赞赏郑樵,

---

① 《原学下》。
② 《天喻》。
③ 外篇三《与朱沧楣中翰论学书》。
④ 《博约下》。
⑤ 《与朱沧楣中翰论学书》。
⑥ 外篇三《答沈佩章论学书》。
⑦ 外篇三《与林秀才》。

作《申郑》篇，说郑“盖欲匡正史迁，益以博雅，贬损班固，讥其因袭；而独取三千年遗文故册，运以别识心裁，盖承通史家风自为经纬，成一家言者也”。又在《答客问》中说：“所以通古今之变而成一家之言者，必有详人之所略，异人之所同，重人之所轻，而忽人之所谨。绳墨之所不可得而拘，类例之所不可得而泥。而后微茫秒忽之际，有所独断于一心。”可见他所谓独断是不为绳墨所拘，不顾时风所尚，而见之于微茫秒忽之际，亦即专门之学。“高明者多独断之学，沉潜者尚考索之功。”①唐以后，“开馆设监，集众修书”，只能“用其义例，守其绳墨”，所以“唐后史学绝，而著作无专家”②。

但专家之学“必有所近，必有所偏”，因而还必须有“通识”。通识不是“舍其性之所近，徒泛骛以求通”，那将“终无所得”。而是“即性之所近，而用力之能勉者，因以推微而知著，会偏而得全，斯古人所以求通之方也”③。“知其（己）所偏之中，亦有不得而废者焉，……知己所擅长，亦有不足以该（赅）者焉。不得而废者，严于去伪，而慎于治偏。……不足以该者，阙所不知而善推能者，无有其人则自明所短而悬以径之。”④

《文史通义》有《释通》篇：“通者所以通天下之不通也。……夫通史人文，上下千年，而义例所通，则隔代不嫌合撰。”古今制度原是变迁的，但究其义理，则是相通的，隔代可以合撰。章氏在这里批评了两种错误的通法。一是“训诂疏而为解经”，这会流为“庸师讲章”，“失其本旨”。一是“载笔汇而有通史”，这会变成“兔园

① 外篇三《与林秀才》。

② 同上。

③ 外篇三《通说为邱君题南乐官舍》。

④ 《说林》。

之摘比”,“亡其大原”。兔园摘比指唐太宗之子恽令僚佐作《兔园策》,是一部浅陋的问答体史书。章氏又作《横通》:“取心之所识,虽有高下、偏全、大小、广狭之不同,而皆可以达大道,故曰通也。”大道指史义。但也有些“识”是“四冲八达,不可达于大道”的,这些事情只能将其审查汇集起来,叫做“横通”。但可以“用其所通之横以佐君子之纵也,君子亦不没其所资之横也”。例如考据、类纂之作,君子可用以找出观点,但要谨慎。“君子不可以不知流别,而横通不可以强附清流。”

第四章　理性主义的反思和历史观的转变

西方社会，在理性主义运动中进入工业化和现代化。经济巨大发展，科学不断进步，现代化的弊端也日益暴露。集中表现在：人际关系淡漠，伦理道德败坏；社会冲突加剧，犯罪增加；自然资源破坏，生态失衡，空气污染，环境恶化；战火不熄，20 世纪上半叶发生两次世界大战，人们陷于核恐惧。这就不能不引起人们深刻的反思，影响世界观和历史观的转变。我在第三章论宋儒的宇宙观时已顺便讲了西方宇宙观和关于人与自然界关系的认识的转变，本章就专讲西方历史观和关于人与人关系的认识的转变。至于中国方面，鸦片战争后引进西方理性主义，在轰轰烈烈的第二次启蒙运动影响下，出现以进化论为主导的史学革命，20 世纪 30 年代以后马克思主义历史观日占优势，以考证见长的传统史学亦转型而有新的发展。这些在我国史学界均耳熟能详。故本章就不论中国，专讲西方了。

第一节　西方对现代化的反思

第二次世界大战结束，就引起了人们对现代化的反思。首先关注的是18世纪启蒙运动以来的理性、社会秩序和人类自由问题。当时的主流派大师S. P. 亨廷顿发表《变化社会中的政治秩序》(1968),肯定现代化全球化的九大功绩,但极度忧虑于“现代化带来不稳定”。他说:“首要问题不是自由,而是创建一个合法的政治秩序。很显然,人类可以无自由而有秩序,但不能无秩序而有自由。必须有权威,然后才能对它加以限制。”①相反,诺贝尔奖获得者F. A. 哈耶克认为,权威、理性计划、统一思想等都是《通往奴役之路》(1946),②他在《自由秩序原理》中说,自由有赖于“自生自发的秩序”,“虽说自由不是一种自然状态,而是一种文明产物,但它亦非源出于设计”。③ 与此同时,坚持文化价值多元论、坚持各种文化“不可通约”的新自由主义者I. 柏林爵士,发表《自由主义的两个概念》(1968),认为启蒙运动以来迄现代化社会的自由主义是一种“理性的自由”,它要求人们都追求一个共同的理性目标,以完成集权的政治。而真正的自由主义,应当是在没有高压政治的条件下,放弃基础理性要求的、多元文化的自由(他称为消极的自由)。J. 格雷发挥了这种新自由主义的理论,著《后自由主义》。④

早在1954年,被称为后马克思主义者的G. 卢卡齐就发表《理性主义的毁灭》,指出1848年以后西方资产阶级走向反动,以现代科学形式出现的理性(指工具理性)培植着反理性,相对

① S. P. 亨廷顿:《变化社会中的政治秩序》,华夏出版社1988年版,第8页。

② F. A. 哈耶克:《通往奴役之路》,中国社会科学出版社1997年版。

③ F. A. 哈耶克:《自由秩序原理》,生活·读书·新知三联书店1977年版,第61页。

④ 甘阳:《柏林与后自由主义》,《读书》1998年第4期。

主义又导致反理性主义，西方的文化已变成非理性的、自我毁灭的文化了。[1] 继1949年在巴黎召开的第一次世界和平大会后，各种和平组织、人权组织、自由主义联盟、绿党运动、女性权利运动风起云涌。到20世纪七八十年代兴起后现代主义思潮，全面批判启蒙运动以来的理性主义，不过批判重点实际是工具理性，而在价值理性上，则有“返回东方”的口号。

然而，反思现代化的话题中最为惊动人心的还是资源破坏、环境恶化等社会经济方面。1972年，罗马俱乐部发表梅多斯等人的《增长的极限》报告，预言如果当前浪费型的工业化发展趋势不予改变，一百年内人类都将因资源匮乏而绝灭。1987年联合国开发计划署发表《我们共同的未来》，提出严重的“可持续发展”问题。1990联合国提出“人类发展指数”（HDI），除经济之外，生命、健康、教育、知识都在计算之列。1991年联合国环境规划署、世界自然保护同盟、世界野生动物基金会等发出“拯救地球”的号召，提出一百多条行动方案。1992年联合国召开里约热内卢环境与发展会议，通过《21世纪议程》，要求各国制定相应战略。各种环境保护组织、生物保护组织非常活跃。人们提出“生态伦理学”（Ecoethics）、“生态文化”、“绿色经济”以至“绿色基督教”等概念。

《圣经·创世记》说：“神就照着自己的形象造人”，对他们说“要生养众多，遍满地面，治理这地，也要管理海里的鱼、空中的鸟和地上各样行动的活物。”上帝给人以统治万物的权力，成为生态危机的根源。神学家杰里米·里夫金著《新兴的秩序：匮乏时代的

① I. 迪瓦恩主编：《20世纪思想家辞典》，上海人民出版社1996年版，第364页。

上帝》，重新诠释："上帝对人类的第一个训喻就是要人们作他所创造的一切的管理人和保护人。"[①]被称为"绿色基督教"。

激进经济学家 R. L. 海尔布伦纳在《质问人类前景》（1945）一书中提出"人类还有未来吗"的担忧。M. 考德威尔在《东南亚国家联盟化》（1974）一文中则担心资源匮乏会使发达国家对持有稀缺资源的第三世界发动"先发制人"的战争。激进派 L. 阿什比著《第二次看毁灭》（1976），相信这种罗马人的解决方式——诉诸战争恐怕是不可避免的。[②]

主流派经济学家也日益关注伦理道德问题了。芝加哥学派 G. S. 贝克尔的消费学说、诺贝尔奖获得者 J. M. 布坎南的公共选择理论，都力图把利益最大化的工具理性涵盖到伦理、习俗、社会公共利益方面。A. 森著《伦理学与经济学》（1984），获 1998 年诺贝尔奖。[③] 德国 P. 科斯洛夫斯基出版《伦理经济学》（1988），要求以伦理学协调人们的经济行为，特别是市场公平，并以为这应当是后现代社会的经济学。[④]

20 世纪 60 年代，诺贝尔奖获得者 T. W. 舒尔茨发表了一系列论"人力资本"的论文，指出决定人类前途的不是土地和自然资源，而是人类本身的价值。他要求努力培养人的素质，加强健康和知

---

① 转引自倪慧芳、李韬：《生态伦理的文化渊源》，《思想战线》（云南大学学报）2001 年第 6 期。

② R. L. Heilbrener, An Inquiry into the Human Prespect, Calder and Boyars, 1945. M. Caldwell, Aseanziation, *Journal of Contemporary Asia*, Vol. 4, No. 1, 1974. L. Ashby, A Second Look at Doom, Encounter, March 1976. 均见布鲁斯·麦克法莱恩：《激进经济学》，商务印书馆 1993 年版，第 89—90 页。

③ 阿马蒂亚·森：《伦理学与经济学》，中译本，商务印书馆 2000 年版。

④ P. 科斯洛夫斯基：《伦理经济学》，中国社会科学出版社 1997 年版。

识、教育的投资。[①] 20世纪70年代，E. F. 舒马赫发表《小的是美好的》一书，批判那种福特式的、只讲效率不讲道德的大规模生产制度，指出其错误在于“人对自然的态度”，人属于自然，却把人作为征服自然的外在力量。[②] 20世纪80年代，F. 佩鲁出版《新发展观》，要求人与自然和谐发展，并重视伦理道德的决定性作用。[③]

这些著述，不少已广为流行，脍炙人口。而要进一步考察西方历史观的反思，还要从哲学思想，尤其是思维与存在的关系方面，作些探讨。

第二节　西方历史观的转变

西方哲学思想的转变，大体上始于德国哲学家E. 胡塞尔(1859—1938年)的现象学(Phenomenology)。他是深感于当时的理性主义特别是科学发展的经验主义使人类文明误入歧途，而致力于现象学研究的(他并于1936年发表《欧洲科学的危机》)。经验主义只重实在的事实，而忽视人类固有的“潜在的理性”。他说他的现象学是“关于纯粹可能性的科学”[④]，目的使人类潜在的理性理解到自己的可能性，充分发展，以达到真正的理性世界。由于他的现象学中含有许多新思维，对于后来的思想界尤其是存在主义

① T. W. 舒尔茨：《论人力资本投资》(论文14篇)，北京经济学院出版社1990年版。

② E. F. 舒马赫：《小的是美好的》，商务印书馆1986年版。

③ F. 佩鲁：《新发展观》，华夏出版社1983年版。

④ E. 胡塞尔：《观念——纯粹现象学的一般性导论》(该书以下简称《观念》)，前言，中译文见张再林：《中西哲学比较论》，西北大学出版社1997年版。

的兴起,有重大影响,成为理性主义的一个转折点。

胡塞尔认为,事物的现象是其本质的显现,本质或世界本体是可以认识的。认识本质或世界本体,不能用实证主义方法,也不能用归纳或推理的逻辑求得,而要用现象还原的方法。这就是,人们用直观认识事物的现象,且把它“悬置”(epochè)起来,或“把存在放进括号”(中止判断);然后用“有意向性的思维”进行思考和分析,求得本质的认识。这种还原的认识,实际是一种有意向性的“可能性”,是“纯粹一般性的观念”。他的二卷本巨著《观念》(*Ideen*,1913、1928),即他的现象学,目的就是探索这种观念的可能性的内涵。因而他的现象学是一种先验的现象学。

胡塞尔十分重视直观或直觉。直观是一切认识的起源。而所谓现象还原,乃是由现象的直觉还原为本质的直觉。“本质的直觉”是胡塞尔创建的一种认识论。每个个别的直觉(经验的直觉)都可能转化为本质的直觉,但还有其他来源。“Eidos,即纯粹本质,可以直觉地以经验的材料即知觉、记忆等材料来表示,但是它也可以同样容易地从纯粹想象的材料来表示。因此,为了以其原初的形式掌握某本质自身,我们可以从相应的各种经验的直觉着手,但我们也可以同样令人满意地从各种非经验的直觉着手。”①对于“非经验的直觉”,胡塞尔还有更多地论述,为后来的思想家开拓了思路。同时,由于直观或直觉意味着主体与客体在同一层次上出现,这就动摇了西方认识论主客对立的模式,为后来“主体间关系”的理论开辟了道路。

---

① E. 胡塞尔:《观念》,中译文见张再林:《中西哲学比较论》,西北大学出版社1997年版,第73、77页。

胡塞尔十分重视有意向性的思维，正是这种思维使现象还原出本质。他这里所说的意向性，不是对个别事物的意图，而是"包括了整个现象学的问题"的，"表达了意识的根本属性"的意向性。[①] 它实际是学者们整个知识和修养的积累，不过胡塞尔把它视为天赋的潜在的理性，有类于宋儒所说的诚意或王守仁所称的良知。这种有意向性的思维，可以使人们的意识"激活"所思的对象，使对象"现实化"；同时也使人们的意识"转向"对象，使意识"对象化"。意识与对象交互行为、交互评价。这就消除了主观或客观、唯心或唯物的单向认识论，成为一种新的认识论。胡塞尔下面这段话颇有助于对历史的认识："在这儿一种转向……当然是一种认识和一种注意。但是在评价行为中我们被转向价值，在享受行为中我们被转向被享受者，在爱的行为中我们被转向被爱者……像这样地被评价、被享受、被爱、被希望的意向对象，即作为被从事者的被从事者，毋宁说首先通过一种有区别性的思想的对象化转向而成为一种被认识的对象的。"[②]历史就是这种被认识的东西。

被称为后马克思主义者的匈牙利哲学家 G. 卢卡齐（1885—1970 年）的《历史与阶级意识——关于马克思主义辩证法的研究》于 1923 年出版后，曾在学术界引起了很大的震动和争议。该书如其副标题所示是"关于马克思主义辩证法的研究"，但也较多地论及历史观问题。下面所引，是卢氏在 1967 年新版序言中重新肯定了的观点。

① E. 胡塞尔：《观念》，中译文见张再林：《中西哲学比较论》，西北大学出版社 1997 年版，第 27 页。

② 同上书，第 30 页。

卢卡齐反对当时马克思主义者“经济决定论”的历史观。他认为历史上主体与客体的对立源于马克思早期的人的物化(异化)理论,而这种对立并不限于经济生活。卢氏认为,历史是人们社会实践的客观过程,但历史又是主体,因为它是人们自己创造的。研究历史,就是研究“历史中主体与客体的辩证关系”,目的是“在自己身上找到同一的主体—客体,行为的主体”①,以便积极行动起来,改造世界,消除主体与客体的对立,进入没有物化的自由世界。可见,卢卡齐的历史观是目的论的,而他认为能够找到同一的主客体的人物就是当代的无产阶级。

卢卡齐强调历史的整体观。他的整体观,不是部分或各种观念的总和,而是把部分或个别观念作为整体的环节来考察,有如马克思把生产、分配、交换、消费都作为资本主义经济运行的环节来考察,因为“这些环节彼此处于一种动态的辩证关系”中。要认识历史的个别事实,必须把它们“放到总体之中”,因为“正是历史过程的整体才是真正的历史现实。”“事实隶属于总体,并在总体中才能变为‘现实的’。”②不从整体上,而只是个别地就事论事,所得到的就往往是假象。

卢卡齐认为,历史是“生成”(Werden)的,即“在性质上是新的东西不断形成”,以代替旧的东西。他批评 18 世纪以来的理性主义,由于强调理论的普遍性和永恒性,把历史的概念(如自由、平等等)“定义为不可改变的”。这种“理性的独断主义”造成认识的僵

① G. 卢卡齐:《历史与阶级意识——关于马克思主义辩证法的研究》,商务印书馆 1995 年版,第 50、228 页。

② 同上书,第 61、232、272 页。

化。“只有历史的生成(观)才真正消除事物和事物概念的……独立性及因此而造成的僵硬性”,才能把事物“放到具体的总的历史过程本身之中去,只有这样,认识才成为可能”。总之,“生成表现为存在的真理,过程表现为事物的真理。这就意味着,历史发展的倾向构成比经验事实更高的现实”①。

卢卡齐认为,辩证法是人类社会发展的法则,不能用于对自然界的认识。辩证法的决定因素,即主体和客体的相互作用,不适用于自然界。但是,他提出:“自然是一个社会的范畴。这就是说,在社会发展的一定阶段上,什么被看作是自然,这种自然同人的关系是怎样的,而且人对自然的阐明又是以何种形式进行的……这一切始终都是受社会制约的。”②不过,这种自然观并没有什么新的内容。他相信在人类历史中,“自然界限在退缩”(马克思语,也是当时经验主义者的共识)。在前资本主义社会中,自然界对社会有决定性影响,在文明达到顶点的资本主义社会,“自然界服从于社会化范畴的功能”。

然而,有一点是突出的。即卢卡齐认为,马克思的历史唯物主义只适用于资本主义社会,而不适用于前资本主义社会。自然界限的退缩就是一例,暴力论是又一例。在前资本主义社会,经济力量并不是那么重要,而暴力是十分重要的,还有宗教、伦理、艺术的力量都很重要。这也就是他在《历史与阶级意识——关于马克思主义辩证法的研究》开篇中所说的,“正统马克思主义并不意味着

① G.卢卡齐:《历史与阶级意识——关于马克思主义辩证法的研究》,商务印书馆1995年版,第222—223、268页。

② 同上书,第318—319页。

无批判地接受马克思研究的结果”,“马克思主义问题中的正统仅仅是指方法”①,即辩证法。

始于20世纪初、兴盛于两次世界大战之间的存在主义思潮,是对工具理性造成的文明危机的全面反思。德国的M.海德格尔(1859—1976年)是存在主义的创始人。他的《存在与时间》(1927)是一部当时最富革新思想的著作,影响深远。海德格尔长期做胡塞尔的助手,但另有新见。胡塞尔的现象学是先验的现象学,海德格尔则自称是“诠释学的现象学”。他考证古希腊文“现象”一词来源于动词“Phainesthai”,意“显现自身”。因而,他把本来的存在作为“隐藏不露”或沦入“遮蔽”的东西,而现象世界则是这些东西的“敞开”或“就其自身显示自身者”。② 这就消除了西方哲学本体与现象二元的传统,而有类于宋儒的“体用一源、显微无间”理论。

《存在与时间》的基本命题是“人的本质是在世界中的存在”,亦即海德格尔所称“此在”(Dasein),即在一定时空的存在。因此,海氏不同意“存在主义”之说,宁愿称他的理论为“存在论”。人在世界中的此在总是与他人“共同此在”。这里“他人”不是“我之外的全体余数”,而是包括我在内的“我们”。我与他人是“在之中”的交往关系。“由于这种有共同性的在世之故,世界向来已经总是我和他人共同分有的世界。”③这是个有类于“世界大

① G.卢卡齐:《历史与阶级意识——关于马克思主义辩证法的研究》,商务印书馆1995年版,第47—48页。

② M.海德格尔:《存在与时间》,生活·读书·新知三联书店2000年版,第33、34、42页。

③ 同上书,第137—138页。

同”的伟大思想。

然而不然。海德格尔认为，人是被“抛弃”在众存在之中，这就有迷失自我的“沉沦”，因而有“罪责感”，并且面临着不可避免的死亡，即此在的时间性。而人的良知呼唤着自由，要求在有限时间中取得自我的超越。“超越”（transzend）是西方哲学一个关键范畴，在中世纪主要指信仰上帝，在理性主义运动中常指先验性，而海氏则创造了“操心”或“烦”（Sorge），作为此在、共同此在的整体性结构。为了自我超越，人们必须处处操心或烦，包括生活上的操劳或繁忙（Besorge）和人际之间的操守或烦神（Fürsorge）。“人的一切行为举止……是充满操心的”，操心“意指一种向来已作为根基的存在建构”①。有存在就有操心或烦。

操心或烦，相当于胡塞尔的意向性。但胡塞尔的意向性是指理性认识，海德格尔的操心或烦则不止是认识，还有伦理道德属性，特别是共同此在，实是共同操心。他人不是首先作为客体出现，“而是以他们操劳于周围世界”出现的。因而，“自我认知”不是出于先验理性，而是因为要筹划面对死亡的操劳。“我们已经表明了，最切近的交往方式并非一味地进行觉知的认识，而是操作着的、使用者的操劳——操劳有它自己的认识。”②这种认识论颇有王守仁的“知行合一”味道。

海德格尔用存在论解释历史，要略如下。

人受良知呼唤，普遍地以操心谋求超越，操心成为此在的建构。操心的实践，使此在展开，伸展自己。“这种伸展开来的自身

---

① M. 海德格尔：《存在与时间》，生活·读书·新知三联书店 2000 年版，第 230 页。

② 同上书，第 143、144、79 页。

伸展所特有的行运（行程），我们称之为此在的演历（Geschehen）”[①]，这种演历构成历史。

每个人的此在都有时间性，一死便成过去。但“在存在论的严格意义上，不再生存的此在不是过去了，而是曾在此”或“曾在的此在”。[②] 这些曾在的此在连接起来，就建构成演历，也就是历史。

人的此在都是共同此在，人的本质是在世界中的存在，因而，“此在的历史性本质上就是世界的历史性”。至于自然界，它是“作为村园、居住区和垦殖区，作为战场和祭场而有历史”[③]。

人要自我超越，需要有一种先行的决心或果断，进行筹划。这种决心使人“承受遗业”，并“决心从这一遗业中开展着本真生存活动的当下实际的种种可能性”。传承遗业中的可能性是一种“原始演历”。“我们用命运来标识此在在本真决心中的原始演历。”而在与他人共同此在中，这种“演历就是一种共同演历，并且被规定为天命。我们用天命标识共同体的演历、民族的演历”。而在全世界的共处中，免不了斗争，所以各共同体、各民族“在传达中、在斗争中，天命的力量才解放出来”[④]。这里命运、天命有点宿命论味道。但海德格尔是不相信上帝的。有人认为，海氏在天人关系上是采取传统二元论“居中”的态度。[⑤] 又海氏晚年发表《论人道主义的信》（1946），强调人类与自然界应共存共荣，因而，有人认为他晚年

---

① M.海德格尔：《存在与时间》，生活·读书·新知三联书店2000年版，第425页。

② 同上书，第431页。

③ 同上书，第439页。

④ 同上书，第433、434—435页。

⑤ 张祥龙：《海德格尔思想与中国天道》，生活·读书·新知三联书店1996年版，第199页。

已有十分类似宋儒天人合一的思想。①

以上是说历史的本质。海德格尔在他的现象诠释学中还谈到历史的解释即历史学问题。我这里顺便回顾一下西方的诠释学。

诠释学或解释学(hermeneutics)最早是希腊人对荷马著作的解释,后来主要用于考证《圣经》的词源和文意。19世纪德国哲学家W.狄尔泰(1833—1911年)把它发展为一门学科,用于理解历史,诠释学就不仅是考据方法,而且成为一种历史观了。

狄尔泰认为,自然科学是研究客观的、无个性单元构成的物理世界,它只能作为现象被人们观察和认识,从中抽象出一般性概念和运动规律,而无所谓价值判断。人文科学则面对的是精神世界,它是由个别的精神活动构成,甚少或没有一般性、规律性,但对它的选择和判断离不开价值标准。历史学研究的是过去的精神活动,对此我们不能感知,也不能观察,但它是生命的活动,我们可以借助于历史文献和遗存,用自己内在的体验(Erlebins)来理解它。

狄尔泰提出"历史理性"原理,即人们通过移情(empathy)进入历史上他人的心境,体验和再现他人精神活动的实质,这就可以得到文本(text,历史文献)的原意。这种移情之所以有效,是因为历史是人创造的,是历史上他人生命本质的客观化,与我们的生命有同构性,并与我们同处在这个"客观精神"领域里。他说:"在客观精神的领域里,每一种生命表现都表达了一种共同的东西。每个字,每个句子……以及每一历史行为之所以可以被

① 宋祖良:《拯救地球和人类未来——海德格尔的后期思想》,中国社会科学出版社1993年版,第13、232页。

理解”，是因为被理解者和理解者“是在共同的领域中体验、思想、行动”。[①] 可见，狄尔泰的诠释学，已有解释者以自己的体验再现历史之意，但他的“历史理性”显然是一种康德式的先验理性，也因此受到批评。十几年后出现的海德格尔的诠释学则是建立在存在论之上，完全改观了。

海德格尔认为，人们要解释任何现象，都是先在整体上有所领会，即有一种先行具有（Vornabe）、先行视见（Vorsicht）、先行把握（Vorgriff）的领会。解释是奠基于这些领会之上的。这些先有、先见、先把握是人们为了筹划自我超越而领会到存在，但还没有领会到存在的“意义”。经过从存在各个环节上予以解释，这些先有、先见、先把握“构成了筹划的何所向。意义就是这个筹划的何所向，从筹划的何所向方面出发，某某东西作为某某东西得到领会”[②]。

在历史学中，这种解释就是对经典文献（本文）的诠释。海德格尔说：在历史学中“最先的‘有典可稽’的东西，原不过是解释者的不言而喻、无可争议的先入之见”，经过与文本诠释、论证、得出结论。这就成为一种“解释循环”。实证主义者、历史主义史学家都希望排除先入之见（胡塞尔、狄尔泰也是这样），保持客观、中立。然而，这是不可能的。因为此在有它本身“先行”的结构，而这些先行的东西，是“原始认识的积极的可能性”。诠释或解释，“它的任务始终是从事情本身出来清理”这些先有、先见、

① 《狄尔泰全集》第7卷，德文1927年版，第146页；转引自李超然：《理解生命——狄尔泰哲学引论》，中央编译出版社1994年版，第177页。

② M.海德格尔：《存在与时间》，生活·读书·新知三联书店2000年版，第177页。

先把握的东西，"从而保障课题的科学性。因为就领会的生存论意义说，领会就是此在本身的能在，所以，历史学认识的存在论前提在原则上超越于最精密的科学的严格性观念。数学并不比历史学更严格"。[①]（按：这显然是指历史的意义，即"曾在的此在"的"何所向"而言。）

诠释离不开对历史语言的考释。海德格尔在语言学理论上也有新的贡献。这里也略作回顾。原来历史主义历史学（兰克学派）十分重视语言考证，他们认为，语言是理性的表达，是现实经验的图像，是经验的逻辑结构。因而他们着重分析词所指称的事物，句子所指称的事件，语言所指称的历史经验。20世纪初，奥地利哲学家L. J. 维特根斯坦（1859—1951年）创日常语言学派，否定了传统的图像说和逻辑论。他认为，语言并不是那么理智，而是像走路、饮食、游戏那样，是人们日常生活的活动。词、句并没有固定的经验的对应事物，语言的意义，要从在"语言游戏"中扮演的角色中去理解，从它在日常活动中所发挥的作用或功能上去理解。逻辑分析，无助于理解语言的真意，更无助于历史研究。

海德格尔显然同意维特根斯坦的看法，并特别重视话语或言谈（Rede）。他说："话语是此在的展开。"话语或言谈总是有言者和听者，"言与听皆奠基于领会。……唯有所领会者能聆听"。在《存在与时间》中还专设有《闲言》一节[②]。闲言或闲谈是日常此在的对话，是一种"公共讲法"，一种"平均领会"。"一切真实的领会、解释和传达，一切重新揭示和重新据有"，都可在闲言中

---

① M. 海德格尔：《存在与时间》，生活·读书·新知三联书店2000年版，第176、179页。

② 第35节。

得到。[1] 这有点像中国的“迩言”。宋刘炎撰《迩言》12卷，皆历史事物的常言。清钱大昭撰《迩言》6卷，则以常言考订历史。

维特根斯坦的《哲学研究》出版于1953年，海德格尔的《存在与时间》早在1927年问世。但维特根斯坦在1922年即有“语境说”发表，所以很难说谁影响谁。他们两人的语言学对后来的叙述主义史学和后现代主义史学都发生重大影响。

K. T. 雅亚斯贝尔斯（德国瑞士籍，1883—1969年）的存在论和海德格尔一样，也是强调此在（Dasein）。但他提出“包容”说：人们由于不同传统，有不同的认识和信仰，但都是处在一个包容的存在（Emcompassing Being）之中。这是因为，凡人相处，必有交往，交流信息、知识，交换产品。而信念的交往，必有争斗。就争斗是怀有爱心（而非恶意）而言，它就是真理。丰富的多样性的真理，就是包容的存在。这有类于儒家的大同。雅斯贝尔斯在他的名著《历史的起源与目标》（1949）中说：“大同是中国精神文化能发展达到的最高点，能削弱它的力量和造成它衰落的是彻底的科学。”[2]最后一句是指19世纪西方对中国的入侵。

《历史的起源与目标》一书，全部是雅斯贝尔斯对西方文化危机的反思。

雅氏认为，人类历史起源于潜在的天赋人性的觉醒，即人开始认识到自己作为整体（即包容）的存在。人类由无知到有知，即历史由无到有。这就是他在书中反复称赞的“轴心期”，即公元前一千年的这个时期。这时期有孔子、老子、庄子、墨子诸圣贤，有释迦

① M. 海德格尔：《存在与时间》，生活·读书·新知三联书店2000年版，第188、189、197页。

② K. T. 雅斯贝尔斯：《历史的起源与目标》，华夏出版社1989年版，第158页。

牟尼、佛陀诸哲人和顺世论[1]，有伊利亚、伊赛亚[2]、荷马、柏拉图、亚里士多德诸先哲。觉醒的是少数人，但他们形成了中国、印度、希腊罗马三大文明。三大文明又把其他民族即整个世界拖进了历史。

轴心期之后是"间歇期"。这时期西方以其发达的科学统治了世界，但接着就出现文化危机。黑格尔已觉察危机的来临，"在黑格尔眼里，欧洲世界已显露其落日之照：智慧女神猫头鹰只在黄昏才展翅翱翔。""在克尔恺郭尔和尼采那里，危机感在思想认识上达到顶点。"第一次世界大战后，不仅欧洲，世界所有文化都显露落日之感。人们不是恐怖地谈论世界末日，就是怀疑或冷僻地悲观，如施本格勒的《西方的没落》。第二次世界大战，雅斯贝尔斯经历了纳粹的迫害，又增加核恐怖之忧（曾著《原子弹与人类的未来》，1958）。他说："在我们的时代，危机意识决定了历史意识。一百多年来，危机意识一直在滋长着。"[3]

但是，雅斯贝尔斯并不悲观。他认为，历史发展是有目标的，这目标就是自由和统一。人们向往自由，但是在"限制境遇"（包括失败和死亡）挑战下运用其自由，是充满艰辛和风险的自由。他说，在历史的反思中，要看到非历史的因素："历史中的非历史因素包括简单的物质基础和千篇一律的周期性发生的、有规律的因果关系。"[4]这是指科学。科学不是历史，而是历史的"材料"，它有利

① 佛陀即菩提、菩萨。顺世论是印度以地、水、火、风四大元素为基础的哲学，它反对种姓制度，主张人生而平等。

② 伊利亚、伊赛亚均为《圣经・旧约》中记载的先知。

③ K. T. 雅斯贝尔斯：《历史的起源与目标》，华夏出版社 1989 年版，第 266 页。

④ 同上书，第 267 页。

于物质生活，便利交通和交往，但也造成世界危机。科学统一世界的“间歇期”之后，可能再有一个“轴心期”，使历史更接近于统一的目标。

雅斯贝尔斯认为，历史有开端，也必有终结，历史是“统一了全体与个别才成为历史”，因而历史的终结就是“完成了存在的统一”，亦即历史的统一。但这只是个方向，是“离我们如此遥远”，可望而不可即。历史是运动，是变迁。从变迁来看，则一个“开端既是开端，也是终结”。① 这大体是指轴心期和间歇期的交替而言。

雅斯贝尔斯说：“如果历史是存在的表现形式，那么真理就始终在历史中存在。”“运动越激烈，真理显示的深度可能就越伟大”；“精神发展史上最伟大的现象是终结和开端一齐发生变迁，它们是处在新旧之间的真理。”②这也叫做“过渡期”或“跨时代时期”。当前的文化危机，就是这样一个时期。伟大的精神理论，呼之欲出。

二十世纪六七十年代是西方诠释学或解释学最盛的时候，这时也是后现代主义勃兴之时，许多诠释学者都多少有后现代学派非理性、解构主义、相对论和多元论的色彩。

德国 H-G. 伽达默尔（1900—1980 年）是海德格尔的弟子。在诠释学上，它发展了海氏“先入之见”的论点，提出“前理解”或“成见”（Voruteit）说。他考证 Voruteit 原指法庭终审判决之前的预审判决，并无贬义，18 世纪启蒙运动中强调真理的永恒性，不能改变，成见才变成偏见。伽达默尔认为，前理解或成见是“理解的前提”，

① K. T. 雅斯贝尔斯：《历史的起源与目标》，华夏出版社 1989 年版，第 269、283 页。

② 同上书，第 280、281 页。

它构成理解者的视界或视域（horizon），即观察历史的立足点、视角、视野。解释的对象即文本（text），则是前人对同一历史的看法或视域。解释者的视域和文本的视域都是各自的历史条件决定的，都是历史性的，其差别在于时间，反映时代思潮不同。两者都是开放的，可修改的。两者交流、融合，即可扩大解释者的视域，使之包含文本，产生新的理解。这就是“解释的圆环”或循环（hermeneutic circle）。显然其循环是以解释者的成见为起点的，有类于宋儒心学之“六经注我”。

原来狄尔泰的诠释学也有解释的循环，而那是文本的词、句与全文对校，即部分与整体的交融，但已有理解可变的含义。狄尔泰还因此认为理解总是相对的，永远不能完整无缺。海德格尔的解释的循环，如前所说，已是解释者的见解与文本的交融了。但海氏的循环仍是西方传统认识论的主体与客体模式，不过他已承认交融达到共识，即主客体间有同一性。

伽达默尔诠释学的循环论则有了革命性变化。他把解释理解为解释者的视域与文本的视域的交融，这两种视域都不是本体论上的存在，而是有限的历史的生成物，因而解释者与文本都是主体。这接近于东方哲学。伽氏在他的名著《真理与方法》（1960）中说：“理解并不是主体诸多行为方式中的一种，而是此在自身的存在方式。”[①]他还一再强调，解释文本并不是像传统诠释学那样要了解文本作者的意图，而是解释文本本身。任何文本都是“敞开”世界上“遮蔽”的存在（海德格尔语）。伽氏说：“文本本身总是一再表明自身不是通向展望存在之敞开的道路上的最后

① 伽达默尔：《真理与方法》，辽宁人民出版社1987年版，第37页。

海岬。”①文本像解释者自己的成见一样，是开放的，敞开的道路是无限的，从历史文本中可以理解“人类的整个世界经验”②。因而，“理解从来不是对于某种被给予的对象的主观行为，而是对于对象的效果史——对象的影响历史的行为。也就是说，理解属于被理解之物的存在”③。

这样，在伽达默尔的诠释学中，消除了主体与客体的对立，也实现了思维与存在的同一。这种同一不是黑格尔式的，而是从理解者与文本之间的交往或对话得到的。“理解总是一种对话。”这是现在与过去的对话，今人与古人的对话。这种对话是平等的，苏格拉底式的，不受权威、先知的约束。这种对话是开放的，没有终结的。“每次对话都有一种内在的无限性，而没有终结。”伽达默尔要求，“在我们特有的思想中继续进行会话”，并扩大会话的范围，“理当广泛地寻求它的会话伙伴”。④ 有点像我们所说的“百家争鸣”。

对话总是通过语言，有问有答，因而也要遵守维特根斯坦的“语言游戏”规则。这种规则其实就是没有主人、没有目的、没有终结。伽达默尔认为，对话游戏的目的就是游戏的本身，其规则就是永远重复。“重复做的活动显然是对游戏的本质来说是如此重要，以至于谁或什么东西从事着这种活动则是无关紧要的。”⑤这意味着，我们所作的解释不过是前人解释的再解释，而后人所作又是我

① 伽达默尔：《摧毁与解构》，中译文见《哲学译丛》1991 年第 5 期。
② 伽达默尔：《真理与方法》，辽宁人民出版社 1987 年版，第 49 页。
③ 同上书，序，辽宁人民出版社 1987 年版。
④ 伽达默尔：《摧毁与解构》，《哲学译丛》1991 年第 5 期。
⑤ 伽达默尔：《真理与方法》，辽宁人民出版社 1987 年版，第 149 页。

们解释的再解释，历史就是要这样没完没了的再解释。

这也就是《真理与方法》的真理观。真理是开放的、多元的，没有绝对的真理。正如爱因斯坦所说：“事物的这种真理必须一次一次地为强有力的性格的人物重新加以刻勒，而且总是使之适应于雕像家为之工作的那个时代的需要。如果这种真理不总是不断地重新创造出来，它就会完全被我们遗忘掉。”①

保尔·利科尔（1913—1990年）是法国存在主义者。他在《历史与真理》（1955）中列举了三种真理：科学真理、道德真理、存在真理。当今是科学真理伸张的世界。但科学真理不能用于评判历史，它只检验原因与结果，而不问动机（自然界运动没有动机）。而在历史中，动机自始至终贯穿于人类行为，这是要用道德的真理来评价的。利科尔提出的“存在的真理”是一种对人类历史的认识，即承认历史的复杂性、不确定性、结构的不完整性等，承认历史不能为理性完全澄清，不能以理性的发展来评价历史。

关于诠释学，利科尔和伽达默尔一样，认为理解是解释者存在的方式。“首先，他已经在这个世界中，然后是理解、解释和表达。”②不过，他更尊重理解对象即文本的存在，他认为解释者的词汇主要来自文本，否则不能表达。他说：“在这方面，说自我是由文本的‘质料’构成的或许更正确一些。”③因而他认为伽达默尔强调了解释者自我的成见，不免有主观主义之嫌。利科尔也是消除主体与客体的对立，他认为诠释的文句既不属于文本的作者，也不属

---

① 许良英等编译：《爱因斯坦文集》，商务印书馆1976年版，第84页。

② 保尔·利科尔：《历史与真理》，西北大学出版社1965年版，第266页。

③ 保尔·利科尔：《解释学与人文科学》，河北人民出版社1987年版，第147页。

于解释者,而是二者之间的"隔距"(distanciation)的产物。因而他不同意海德格尔和伽达默尔的圆环或循环(circle),而提出一个诠释学的弧(hermeneutic arc),这个弧表示隔距,是解释的自由活动区,意味着任何解释都不是固定不变的。

利科尔还提出一个叙述主义历史学的主张。原来西方的史学和中国史学一样,都是叙述式的。19世纪末提出科学历史观,分析方法用于史学,逐渐占优势。慕尔顿·怀特写了一本《分析的时代》(1955),主要指20世纪的哲学界,其实历史学界也一样,尤其在经济史方面。20世纪50年代兴盛的法国年鉴学派,摒弃事件史,注重结构分析,也放弃了传统的叙述语言。同时,在美国兴起的K. R. 波普尔的逻辑实证主义史学,以逻辑推出结论,不给解释者任何表达自己看法的机会。20世纪60年代兴起的以R. 福格尔为首的计量史学(cliometrics),以模型或方程式解答历史问题,史学家更无描绘、叙述余地。历史学完全脱离文学、艺术,一副无情无义的冷酷面孔,令人反感和反思。维特根斯坦的日常语言学首先在理论上冲破藩篱,继之者踵至。到20世纪70年代,被称为叙述主义历史学复兴年代,有美国的海登·怀特和利科尔两大家出现。

海登·怀特发表《元历史:十九世纪欧洲的历史想象》(1973),目的在于找到"一种以叙述的散文话语形式的词语结构",作为叙述历史的"结构和过程的模型",通过它来"解释它们的本来面目"。[①] 他认为,历史学并不是"表述"历史上的事件、人物、力(活动),而是把这些要素"重建"成一种词语结构,以赋予它们新的含

① Hayden White, *Metahistory: The Historical Imagination in Nineteenth Century Europe*, The Johns Hopkins University Press, 1973, p. 4.

义，即历史的意义。词语结构包括词、句、语法、语义方面的安排，也包括文学、修辞学方面的安排，因为历史学家只会发现，文学家才能创作。这有点像章学诚的《文史通义》："其事则齐桓晋文，其文则史，其义则夫子窃取之矣。"夫子指《春秋》，《春秋》是叙事史，褒贬乃三传附会。

利科尔将多篇著作汇集为三卷本《时间与叙述》（1984—1988年）。他是从时间性上来阐明叙述的功能的。任何事件都是在一定的时间发生的，这是它的"在时性"。但任何事件都有来龙去脉，与前后的事件相关联，叙述阐明这种情节上的关联，就是它的"历史性"。任何事件都不是孤立的，而是与其他事件形成一种结构，叙述这种结构性的状况，就是它的整体意义，即"深层暂存性"（deep temporality）。深层暂存性是叙述完成了"未来、过去和现在的多元的统一"，而这也就是"存在的结构"，是历史学叙述的最终要求。① 这有点像郑樵、章学诚的"会通"观，而从结构上理解横向的会通，又远胜于郑樵的"类例"。

继海德格尔、伽达默尔之后，德国社会学家J. 哈贝马斯（1929年—　）提出"交往理性"学说，于1981年发表巨著《交往行动理论》，顿使西方学术界耳目一新，引起了热烈反应。哈贝马斯的交往理性，是指人们在无外界压力的语境下，通过宣称和对话，互相沟通、理解，达成合理的共识，以实现和谐社会行动或行为。他认为，这种交往理性是人的本性的东西，是人们日常生活中所固有的，它曾对人类社会进化做出贡献。但是，18世纪以来，受工具理

① Paul Ricoeur, *Time and Narrative*, The Chicago University Press, 1984-1988, pp. 169, 178.

性支配的现代资本主义体系统治了人们的生活世界，交往理性被压抑埋没了。因此，哈氏大声疾呼，要求重建合理的交往行动，以克服当前的社会危机，继续完成启蒙运动以来未完成的现代化事业。

在认识论上，哈贝马斯的交往理性，不是笛卡尔式的“我思”产生的，也不是康德式的主体对客体的“认知”，而是从人们相互沟通、理解一致中得来的。这就从根本上消除了西方自希腊以来传统的主客二元哲学，破除了康德、黑格尔以来以我为主的世界观，建立了一种类似东方哲学的主体间思维方式。哈氏还强调，要求达成有效的一致性理解，参与各方面的语言宣称(claim)必须是真实的、正当的、诚实的，如果用欺骗他人的宣称，即使达成一致，也是假一致，非理性的一致。这就有类于儒家中庸之道所强调的“诚”。

哈贝马斯说，在交往中人们的宣称将涉及客观世界(物理世界)、社会世界、主观世界(思维)三个方面的问题。又说他的交往理性包括三个层面：“第一，认识主体与事件和事实世界的关系；第二，在一个行为关系的社会世界中，处于互动中的实践主体和其他主体的关系；第三，一个成熟而痛苦的主体(费尔巴哈意义上的)与其自身的内在本质、自身的主体性、他者的主体性的关系。”[①]这几乎与我在讨论历史观时所提的人与自然的关系、人与人的关系、思维与存在的关系(都来自马克思)相仿佛。

在历史观上，哈贝马斯是社会进化论者。他所谓社会进化，指文化的再生产，即知识的累进和社会的整合，其结果也就是个人自

---

① 哈贝马斯：《现代性的地平线：哈贝马斯访谈录》，上海人民出版社 1997 年版，第 57 页。

由的扩展。然而，在历史上，社会进化并不是那么顺利，尤其是近三百年来，出现逆转和危机。对此，哈贝马斯把它归咎于工具理性的猖狂和交往理性的被压抑。他说他正是要建立“一种合理性在历史中变形的理论”。[①]

原来，胡塞尔首先提出当代“危机”和“生活世界”(Lebenswelt)的观念，并要求“向生活的素朴性返归”。[②] 海德格尔从本体论(存在论)上把相互交往和操心作为人类“共同此在”的根据。伽达默尔从认识论上以“对话”、“视域交融”阐明他的诠释学。哈贝马斯则把他的社会进化理论称之为“历史唯物主义的重建”。[③] 他认为，对于社会进化，马克思“是以生产力的发展阶段来进行判断，以社会关系形式的成熟来进行判断”。这是正确的，“成熟”即哈氏所称社会整合。但他认为，“历史唯物主义并不需要预设一个贯穿整个进化过程的种类主体”，我们也可以“根据一种社会结构是否被另一种更为合理的社会结构所取代来识别社会进化”。[④] 在经济基础与上层建筑问题上，哈氏比较重视上层建筑；在分析资本主义形成中，则广泛利用马克思早期的物化或异化理论。

---

① 哈贝马斯:《现代性的地平线:哈贝马斯访谈录》,上海人民出版社 1997 年版,第 45 页。

② 胡塞尔:《欧洲科学危机和超验现象学》,上海译文出版社 1988 年版,第 70 页。

③ 哈贝马斯的社会进化论述见他的《交往与社会进化》,重庆出版社 1989 年版。此书是取自哈贝马斯《重建历史唯物主义》(*Zur Rekonstruktion des historischen Materialismus*,1976)一书的一部分,这部分有英译本 *Communication and the Evolution of Society*,1991 年版。我为统一中译文,未用重庆版译文,而用威廉姆·奥斯维特《哈贝马斯》一书的中译文。

④ 《交往与社会进化》(英文本),第 140、142 页,中译文见威廉姆·奥斯维特:《哈贝马斯》,黑龙江人民出版社 1999 年版,第 64—65 页。

哈贝马斯认为,人类最早的社会是一种“平等式的部落社会”。这种社会的整合体制或系统(system)是亲族,亲族系统是建立在生活世界的婚姻(家庭)关系上的。婚姻即交换妇女是人类基本的交往关系,货物交换也依附于婚姻关系进行。但货物交换日益发展,加以社会分工,社会的整合体制出现世袭的家族长系统,形成“等级的部落社会”。家族长代表权威,但家族长仍是由生活世界产生的。

历史发展,出现了政治权力。政治权力不是来自生活世界,而是来自军事征服,建立在司法惩罚之上的。政治权力独立化,即国家。国家的出现,标志着社会进入“政治分层的阶级社会”,也标志着社会系统与生活世界脱节了。但是,封建国家仍然要利用生活世界的交往行动(家庭、伦理道德规范、宗教、文化)来进行管理,甚至受其制约,如宗教。继之,货物交换变成商品在市场上的交易,交易由金钱作中介。金钱或资本势力膨胀,成了主宰社会的机制,出现“经济结构的阶级社会”,即现代资本主义社会。在资本主义社会,权力系统和金钱系统,通过惩罚和报酬来整合整个社会,取代了私人之间的沟通和共识,生活世界大大地萎缩了。

哈贝马斯十分注意早期资本主义到晚期(20世纪)资本主义的演化。在早期资本主义,国家根据宪法产生,经济由市场调节,市场由私人自由贸易组成,国家与市场相对独立,保持基本平衡。金钱系统与私人之间是工资与劳动的交换,权力系统与私人之间是管理与纳税的交换;这些交换被假定是等价的,换言之,系统与生活世界保持着形式的平衡。到资本主义晚期,垄断资本兴起,或者实行国家资本主义,市场调节失灵,阶级矛盾激化,上述两种平衡都被打破。哈氏总结晚期资本主义有三大特征,即国家干预、福利国家、大众民主。为维持社会秩序，国家干预深入经济领域、文化领域和私人日常生活。文化成为"精英性的专家文化，从日常生活的交往活动中分离出来"①，文化人变成公司雇员或政府职员。社会的两极分化导致福利国家的出现，救济事业普遍化，并由社会团体转入国家手中。"朝向民主福利国家的发展，事实上是被理解为根植于社会阶级结构的权力关系的法律形式的制度化。"②所谓法律形式的制度化即政府所有干预行为都要求合法化，法律条例如毛。不同于早期以保护民权为主的宪法政治，资本主义晚期，人们的私人生活和公共生活都日益陷入法律调节网络，没有自行沟通、协商的余地，这就是所谓大众民主。

国家干预、福利国家、大众民主造成生活世界的物化或异化。哈贝马斯认为，权力系统导致的异化比当年马克思所看到的经济系统导致的劳动的物化更为严重。因为劳动的物化只涉及无产阶级，而权力则使整个生活世界"破碎"，使交往理性失去作用。"异化现象和集体同一性破坏的现象出现。我曾把这种现象归为生活世界的殖民化，把其特点叫做日常生活中交往实践的物化。"③所谓生活世界的殖民化，即权力和金钱力量侵入生活世界，交往活动物化了。

然而，尽管如此，哈贝马斯并不否定启蒙运动以来西方的现代化事业。1980 年他发表"现代性——一个未完成的理想"演讲，

---

① Jürgen Habermas, *The Theory of Communicative Action*, Vol. Ⅱ. Heinemann, p. 370. 中译文见威廉姆·奥斯维特：《哈贝马斯》，黑龙江人民出版社 1999 年版，第 107 页。

② 威廉姆·奥斯维特：《哈贝马斯》，黑龙江人民出版社 1999 年版，第 110 页。

③ 同上书，第 115 页。

1985 年又出版《关于现代性的哲学对话》(以下简称《对话》)。他在《对话》中说:"最初的启蒙运动的过程不过是转化为理性的自我保存的驱动力的结果,因为理性只有在它表现为目的理性,更确切地说,只有在它表现为工具理性的时候,它才有这种支配人类本能的权利。"①工具理性在发展科学和生产力中是有效的,不过,它被绝对化了。在《交往行动过程》中哈氏说:"物化问题不是从自我保存中被绝对化了的目的理性中所产生的,它不是由野蛮的工具理性所产生的,它是从对一个制度进行维持的无约束的功能性中所产生的,这种功能性的理性……使生活中的理性变为无用,这样才产生了物化问题。"②这里功能性的理性实指社会学中的功能主义学派,以美国 T. 帕森斯为代表,强调社会整合作用,强调均衡、稳定。

哈氏《交往行动理论》第二卷的标题就是"对功能主义理性的批判"。他认为,生活世界的物化现象是可以解除的,现代性应继续发展。1992 年他出版《事实证明与有效性》,提出从立法上改造议会的方案,使立法程序"返回到讨论和协议的无主体的循环中",使民主意识"在法律的中介中有效地反对社会整合中的其他机制:金钱和权力等等"③。另一方面,他严肃地批判否定 18 世纪以来的理性运动、否定现代性的后现代主义者,称后现代主义者为"新保守派"、"青年保守派"。

---

① Jürgen Habermas, *The Philosophical Discourse of Modernity*, Cambridge, 1985, p. 111. 中译文见威廉姆·奥斯维特:《哈贝马斯》,黑龙江人民出版社 1999 年版,第 140 页。

② 威廉姆·奥斯维特:《哈贝马斯》,黑龙江人民出版社 1999 年版,第 89 页。

③ Jürgen Habermas, *Faktizität und Geltung*, Frankfurt, 1992, pp. 170, 363. 中译文见同上书,第 162、166 页。

法国米歇尔·福柯(1926—1984年)是后现代主义最著名的代表人之一,也是位历史学家。由于他独特的论点和文风,他的论述在理性主义反思中极其引人注目,在西方和中国引起了热烈讨论,不过近年来已趋沉寂。

福柯提出"人死亡了"、"人类历史终结了"等耸人听闻的命题。其实,他不过是要消解西方传统的以人为主体的世界观和康德、黑格尔以来的"自我"的历史哲学。福柯在疯狂史、医疗史、监狱史、性意识史中那些繁复的论证,实际只是说:那种具有天赋的普遍人性、合乎理性和逻辑的人,是19世纪被理性知识构建出来的,在当前的现代文明危机中,这种抽象的人就要消亡了。那种作为理性逐步伸张、自由不断进展的历史,或者有意义、有目的、有自然因果系列的历史学,"它的出生地就是19世纪的欧洲",一个无个性的混杂、腐败、戏剧化的时代,"19世纪顺理成章地就是历史学的世纪"①,而现在,这种历史学应当终结,让位给"实际的"或"新的"历史学了。

福柯认为,实际的或新的历史学"不以任何恒定性为基础",也"不遵循(任何)目的"。② 因而,他竭力否定任何天赋的、永恒的人性。他甚至否定肉体和性欲是人的本质(犹如否定"食色性也")。他认为人的生活、服饰、仪容、作息方式都是社会环境(归结为权力)逐步建构出来的,是历史的产物。他的四卷本《性意识史》(1976—1984年)巨著不厌其烦地考察了17—19世纪资本主义现代化过程中,语言、文化、科学、教会、法律(都归结为当时社会的权

① 杜小真选编:《福柯集》,上海远东出版社1988年版,第161页。
② 同上书,第157页。

力)怎样压抑自由的性欲、又不断地制造性意识,正是这些性意识产生现代人形形色色的反常的性行为。

为了否定人是历史的主体,福柯竭力否定人道主义。这是针对当时流行的特别是法国萨特的存在主义而言的。J-P·萨特(1905—1980年)提出“存在先于本质”的原则。原来西方的理性主义大师,直到康德以及前面提到的雅斯贝尔斯,都相信上帝创造人,因而是先有人的本质,上帝依此创造人类。存在主义者,德国的海德格尔和曾师从于海德格尔的萨特,都不相信上帝创造人之说,因而是先有人的存在,然后有人的本质。这样,顺理成章地人性、人道主义都是历史的产物。但是,萨特是严格的人类中心论者。他把有意识的人类作为“自为”的存在,而非意识、惯性的外部世界是“自在”的存在,人的意向性行为可以使外部世界“非事实化”,以至可理解为“虚无”。人类的主体作用如此巨大,萨特于1946年发表一篇《存在主义是一种人道主义》的演讲,意人道主义的行为可支配整个世界的存在。但是,个人的自由行动同时就产生对他人的责任,需得到他人的承认,而这就产生困难和苦恼。因而人道主义必须是“在塑造自己的形象的同时,我也塑造了全人类的形象”①,这显然是很不容易的。

萨特的自为、责任,相当于海德格尔的此在、操心。不过,海德格尔不是那样坚持人类的主体地位,并在晚年《论人道主义的信》中思想有所转变,反对把人道主义等同于主体性的形而上学,强调人与外部世界应当和谐发展,前已述及。萨特晚年也有所转变,他

① Jean-Paul Sartre, L'existentialisme est un humanisme, 1946,收入M.怀特:《分析的时代》,商务印书馆1981年版,引语见第123页。

提出“非异化的伦理学”，把人道主义归结为“你总要多少看出别人对你已经有了什么理解”①。隐然以相互理解代替他早年的相互承认自由，向哈贝马斯的交往理性靠拢了。

福柯则明确主张个体性，反对集体的人道主义，认为现代人道主义是17世纪末统治者为了掩饰暴力镇压而创造的，19世纪完成体系。他说：“我反对人道主义，因为它是隐藏反动思想的屏幕。”②又在解释F.尼采的“历史感性”时说：“总之，要以一种完全摆脱了形而上学和人道主义化记忆模式的方式来使用历史。”这里记忆模式指康德式的理性“认知”。这样使用历史，是“对认知主体的牺牲”，“在它牺牲认识主体的时候，求真之知摆脱了一切限制，一切真理意向。”③

后现代主义者是反对理性以至真理的，但情况不同，有人是有条件的反对，有人是反对工具理性，不反对道德理性。至于福柯，似乎他只是反对先验的、永恒不变的理性。“一切必须历史化”，理性是历史的产物，今天是真理的东西，日后会变成谬误。他举医学著作为例，1770—1780年的医学，到1820—1830年发生巨大的改变，由无理性“进入了理性和体验”。这不是什么人的创造，而是历史的“栅栏”，筛选出合理的东西。④ 但是，福柯认为，所有的理性，尤其在人文科学和社会科学方面，都是与政治权力分不开的。政治权力，不仅是国家机器，还存在于家庭、学校、教会、学术界；不仅

---

① I.迪瓦恩等编：《20世纪思想家辞典》，上海人民出版社1996年版，第627页。

② 转引自M.布洛克曼：《结构主义》，商务印书馆1986年版，第89页。

③ 杜小真选编：《福柯集》，上海远东出版社1988年版，第162、164、165页。

④ 同上书，第224页。

表现为禁令、不准说什么，还表现为倡导，要说什么。他在解释尼采的谱系学时说："一部分人对另一部分人的统治，这就是价值分歧的开始；一个阶级对另一个阶级的统治，这就是自由观念的萌生；人们对生存必需的东西的攫取……这就是逻辑的创造。"①总之，理性的概念都是来自权力。真理"是人们据以区分真假并赋予真实以特殊权力效能的全部规则"，但"真理不在权力之外"，"因为真理本身就是权力"。②

福柯对历史学的最大贡献是他提出一个难以令人接受的历史观，这就是：实际的历史是断裂的、不连续的。他早期的《词与物——人文科学考古学》(1966)、《知识考古学》(1969)，后期的"谱系学"著作，都旨在论证历史是非连续性的，至少16世纪以来欧洲的历史是这样。

福柯认为，不同时代的知识主要表现于话语，而不在文本，因为任何文献都是后人加工制造的，也因此他拒绝诠释学方法。话语中最有代表性的是陈述中的词，而非命题式句子，因为命题都是什么人根据公理构建的。词是表物的基本单位，而物(choses)就是事，历史上的事物。在文艺复兴时代，两者都需要考究。因而所有的知识都带有几分不确定性。在18世纪启蒙运动中，词成了一种代表事物的符号，失去本身意义，所有的知识都变成了"命名性的"。"从19世纪起，语言向自身折叠起来，它就获得了自己的厚度(density)"，恢复了本身的独立性，"它变成了知识的对象"③。其结果，就出现了"文学"，显然是指当代舞文弄墨的文学。

---

① 杜小真选编：《福柯集》，上海远东出版社1988年版，第154页。

② 同上书，第445—447页。

③ 同上书，第107页。

福柯主要是研究思想史、科学史、文化史的，他提出“知识型”(episteme)概念，约指一门知识的整体模式。他又以16、17世纪为欧洲的文艺复兴时代，17世纪末和18世纪初为古典时代，19世纪以后为近现代。他考察了语言、医学、货币、动植物分类学等学科知识型的演变，指出：在一个时代，各种知识型有同一性，而在各时代之间，知识型是不连续的，最大的断裂发生于文艺复兴时代和古典时代之交，尤其是古典时代与近现代之交。例如，19世纪的医学，并非继承古典时代的医学，而是在病源、病理以至同一病的处方上，都与前一时代不同了。因而他主张，历史研究不是求同，而是寻找各历史时代之间的差异，有人就把福柯的理论称为“差异的历史哲学”。

从理论上讲，后现代主义者一般认为世界本来是差异的、多元的、不连续的。那种统一的、有中心的、连续的世界观，先是由神学、后来是由启蒙运动以来的理性主义构建的。不过就历史学说，还有传统的原因。中国的史学，从《春秋》三传起就是连续的，注意编年。西方不是这样。早期西方的史学都是一件一件的故事，互不相连。J. H. 鲁滨逊(1863—1936年)的名著《新史学》(1912)说，直到文艺复兴时代，史学中时间错乱的现象还习以为常，因果链和历史连续性的概念是19世纪才建立起来的。所以，福柯认为历史是19世纪产生的。

福柯历史不连续的理论，很难为中国人接受。但是，细看他的论点，主要是强调历史的“创新”和“转换”。他说知识的进步不“服从于增长的原则”，即不是知识的积累，而是“知识在它的功能、结构、内部关系方面发生全新的变化”。① 他不认为历史总是

① 杜小真选编：《福柯集》，上海远东出版社1988年版，第229页。

线性的发展，而要求史学家发现“某一过程的界限，某条曲线的转折点”①。他说他的《知识考古学》所要研究的“不再是(知识)基础遭到破坏问题，而是导致基础的创造和更新的问题”；“本书旨在展示历史和知识领域中某个正在本领域中完成的转换原则和结果。”②

从这些积极性命题看，福柯所讲的乃是历史上带有基础性的变。这有点像司马迁所说的“道”变。司马迁的道变也是基础性的转换，即由忠而敬，由敬而文；他是讲三代，要三百年、五百年一变。福柯的转换在近世，只要一二百年。福柯说他的历史认识论“会把它的最初阶段上溯到马克思”③。有人问他的考古学在方法论上是否参照了马克思，福柯答“是的。绝对如此”④。马克思说过：“历史的动力以及宗教、哲学和任何其他理论的动力是革命，而不是批判。”⑤福柯也讲过，有多少种权力关系就“有多少种革命”，“人们完全能够设想另一些革命，这些革命基本上不破坏国家赖以运转的权力关系。”⑥看来，他所讲的知识型的断裂、非连续就是文化大革命。

① 杜小真选编：《福柯集》，上海远东出版社 1988 年版，第 136 页。

② 同上书，第 132、142 页。

③ 同上书，第 139 页。

④ 同上书，第 513 页。

⑤ 马克思：《德意志意识形态》，《马克思恩格斯选集》第 1 卷，人民出版社 1974 年版，第 43 页。

⑥ 杜小真选编：《福柯集》，上海远东出版社 1988 年版，第 439 页。

下篇　方法论

第五章　方法论和历史实证主义

第一节　经济史的研究方法

二十世纪五六十年代，我国曾有一场关于经济史研究的对象和方法的论争。论争十分热烈，但当时占主流的思想过于狭隘，后来的学者大多自行其是，形成不同流派。这很好，要百家争鸣，才有进步。学术乃天下公器，方法论更应是开放的。我主张“史无定法”，若统一视野，必成桎梏。因此，本篇方法论，全属个人拙见，若承取舍，惟一愿望是不要妨碍读者自己的见解，是幸。

我以为，经济史是研究历史上各时期的经济是怎样运行的，以及它运行的机制和绩效。依此定义，我们研究的视野就不能限于经济本身，因为自然环境、国家、社会和文化都制约着经济的运行，而经济运行的绩效也在自然环境、国家、社会和文化上表现出来。

我们常说经济史是经济学和历史学交叉的学科。但实际上还没有这样一门学科，目前研究经济史者可说有两大派：一派偏重历史学方法，注重文献诠释和史料考证；一派偏重经济学方法，注重经济理论和数量分析。其实两派并行大有好处，可互补互促、共臻繁盛。但也不妨有自己的看法。我是学经济出身的，研究经济史最初是注重经济理论分析,并专攻过计量学。但后来转变,认为经济史首先还是史,是历史学的一个分支,深感自己史学修养不足。正如J.熊彼特所说:"如果一个人不掌握历史事实,不具备适当的历史感或历史经验,他就不可能理解任何时代(包括当前)的经济现象。"①

我认为,历史研究(不是写历史)是研究我们还不认识或认识不清楚的历史事物,如果已认识清楚就不要去研究了。历史有无限多的事物,任何时候都有尚待认识的东西。历史认识又是相对的,随着知识的增长和时代思想的演进,已认识清楚的东西又会变得不清楚了,需要再认识。历史研究就是没完没了的再认识。

认识是思维与存在的统一,方法是思维的工具。经济史所用方法可分三大类或三个层次。一是世界观意义的方法,它是从整体上指导我们研究的思维工具。二是认识论意义的方法,它是解释、推理、求证的思维工具,其中又分逻辑思维与非逻辑思维两种。三是专业和技术研究方法,有很多种,我选叙经济学方法、社会学方法、计量学方法、区域和比较研究法五种。这五种分别在以后各章介绍,这里只讲世界观意义的方法和认识论意义的方法。

一、世界观意义的方法

世界是个无限多样性的整体,而我们要认识的都是有限的个别。需要认识的个别,对我们已有的认识即知识来说,是新的。我

① 吴承明:《谈谈经济史研究方法问题》,《中国经济史研究》2005年第1期。引语见熊彼特:《经济分析史》第1卷,商务印书馆1991年版,第29页。

们要认识它，不是像录像那样把它原样录入我们的知识夹，这等于没有认识，而是要理解它的原委，它在整体中的位置和关系，它的功能和作用。知识的增长不是机械化积累，而是整体认识的深化或更新，有如发现一个岛屿，等于重绘全幅地图。这样对个别的认识，就必须先有一种整体的、观念上的理论作思维工具，它为我们的研究提出观点、视野、思路或取向（approach），以至假说（hypothesis）。现代科学的发展多半是先有假说，然后通过实验或模拟试验来证实或修正它。人文科学也是这样。人类学创始人 B. K. 马林诺夫斯基在考察西太平洋美拉尼西亚岛的土人文化时说："田野工作完全依赖理论的激励"，因为田野工作不是写游记，而是"我在描述他们、创造他们"。[①] 这种人类知识中没有过的新知识，首先是在观念上，然后在田野间，被创造出来的。

对历史事物的认识，不能靠实验，也不能靠田野作业，这就更需要有先有的理论作思维指导工具。这种先有的理论就是熊彼特所说的"历史感"，"历史经验"，就是我们上篇所说的历史观或历史哲学。历史观是一种世界观，一种哲学，在研究具体历史时它就会变成方法，世界观意义的方法。我在上篇《什么是历史观》一节中曾引恩格斯的话："马克思的整个世界观不是教义，而是方法"；又引列宁的话："历史唯物主义是……惟一科学地说明历史的方法"。不过，方法是开放的，最好不受"惟一"限制。例如，黑格尔的历史哲学是唯心主义的，但马克思吸取了他的辩证法方法。又如汤因比的《历史研究》殊多讹误，但他的文化多元论和等价比较研

① B. K. 马林诺夫斯基：《西太平洋的航海者》，华夏出版社 2002 年版，第 6—7 页。

究方法,还是很有价值。司马迁的“究天人之际,通古今之变”的历史观,作为指导思维的方法,至今仍很适用。班固源流周瞻的叙事方法,也不宜放弃。事实上,每个治史的学者都有自己的历史观,又都是吸取前人之长,不过未能系统化,常不自觉而已。按不同对象和史料条件,采用不同的思维方法,这也是“史无定法”。

二、认识论意义的方法——逻辑思维

逻辑思维有归纳法、演绎法、证伪法。此外,还略谈经济学的逻辑思维和科学方法问题。

(一) 归纳法

归纳法是由个别、特殊推论出公共、一般,其法创自 F. 培根。培根在《新工具》(1620)中说,观察事物要独立于理智,不受理论的干扰。这在当时主要是排除神学理论的干扰,有积极意义。后来有人要求归纳者要保持理论的中立性,则是不可能的,也是不合理的。观察是有目的的活动,不仅如前所述的整体观察,在个别事物的观察上也要靠理论来决定思路和取向。爱因斯坦说:“是理论决定我们能够观察到的东西,只有理论,即只有关于自然规律的知识,才能使我们从感觉印象推论出基本现象。”[①]基本现象指本质或一般。

培根十分重视一般或公理。他在《新工具》中说,归纳法“从感性与特殊事务中把较低级的公理引申出来,然后不断地逐渐上升,

① 许良英、范岱年编译:《爱因斯坦文集》第 1 卷,商务印书馆 1977 年版,第 211 页。

最后才达到最普遍的公理”①。层层归纳，能否得出“最普遍的公理”是可疑的。在自然科学，一些最普遍的理论并不是靠归纳出来的。在历史学上，受培根的影响，梁启超（任公，1873—1929 年）在 1902 年发表的《新史学》中说：“历史者，叙述人群进化之现象而求得其公理之例者也。”后来，他在 1921 年的《中国历史研究法》中就取消了“公理”之说，而在 1926 年修订该书时，自称受笛卡尔启示，干脆抛弃了归纳法，他认为对历史整体性的认识“十有九要从直觉中得来”②。

梁启超所说指历史观，恐怕是主要靠直觉。但就历史实证主义说，因为是从分散的、个别的史料入手，主要是采用归纳法。原来 A. 孔德所创的实证主义社会学，就主要是采用归纳法。但归纳法用于历史有它本身的缺点。早在 18 世纪初，D. 休谟就指出，归纳法是建立在未来与过去相似的假设上，然而，“自然的途径会发生变化，过去不能成为将来的继续有的规则”③。我们应当注意这一点，历史学家不是预言家，“述往事，思来者”只是提供借鉴。休谟的批评还否定了归纳法可求得因果关系。不过，19 世纪初 J. S 穆勒创造了归纳五法，作了些补救。但穆勒的五法只能检查单因子的因果关系，对于多因一果、一因多果的情况无能为力。④

---

① 北京大学哲学系编：《十六—十八世纪西欧各国哲学》，生活 · 读书 · 新知三联书店 1958 年版，第 10 页。

② 梁启超：《中国历史研究法》，上海古籍出版社 2000 年版，导读第 8 页，第 1、138 页。

③ 大卫 · 休谟：《人类理解研究》，商务印书馆 1957 年版，第 13 页。

④ 穆勒五法是求同法、求异法、求同差异共用法、共变法、剩余法。检查某一因子在各式中出现的频率，确定因果关系。他是用矩阵原理，实际用途不大。

归纳逻辑的最大缺点是它所有的命题都是单称命题，积累同样命题愈多，愈属可信，但终非全面。20 世纪初逻辑实证主义兴起，提出用概率来测定，这很好，但概率论难用于历史事物。不过有的可限定范围，如所论限于五个典型商埠，如若五埠都发生银贵钱贱现象，则变成全称命题。

在经济史上，还有一个统一方法论问题。经济学从李嘉图起，就倾向用演绎法，边际主义出现后全用演绎法。1883 年奥地利学派与德国历史学派的“方法论之争”，实即演绎法与归纳法之争。这问题长期没有解决。我的看法是，经济史首先为史，应用历史学方法论证，包括伦理方面的论证。但在做经济分析时，应用经济学方法论证，包括计量学方法。对于一个问题，例如，道光年间银贵钱贱问题，也可兼用不同方法论证。多角度观察，即使出现多元判断，也有好处，史无定法。

（二）演绎法

演绎法是由一般公理、定律推论出个别、特殊，结构严密。公元前的欧几里得几何学体系，就是从 14 条公理、定律演绎出来的。其定律如“一个点等距离的轨迹就是圆”既无懈可击，演绎出的整个体系也天衣无缝。但这也只限于数学，其他科学还是用归纳法从观察和试验中得出定律、公理。到 19 世纪晚期，定律、公理已成系统，演绎法才成为主要的逻辑思维工具，并在社会科学首先是经济学中使用。演绎法不仅能确认已知的存在，还能推论出未知事物的性质，如从元素周期律中推论出某些未知元素，以后陆续在实验中发现。这实际是演绎法最大的功效。

历史发展不是线性的，一治一乱，分久必合。历史是“一次如此”的事情，原则上没有重复的。历史又是人类无计划创造的，很难说有什么公理。人们可以把自由、人道主义、进步论作为社会发展的长期趋势，但在论证某具体问题上，自由、人道、进步不能做演绎法的大前提，并且事实上反自由、大屠杀、反动复辟之事屡见。社会形态的变迁也难作准则，无奴隶制者有之，无封建制者有之，超越“卡夫丁峡谷”者亦有之。历史学家对于历史发展规律可以有自己的理解，但那是一种历史观，只能用于指导整体思维，而不能用于演绎法以求证或推理，更不宜用于推测未来。历史学可用演绎法中的“假言判断”法，其例是如果A是真，则B是真。但需慎重，因历史是已完成的事，不能随便假言。不过，历史中尽有关于自然环境、人口、经济增长、社会结构、群众心理等事物，那些事物的变迁多有规律可循，可以用演绎法来论证。

1942年美国逻辑实证主义者C. G. 亨普尔（1905—1997年）发表《普遍规律在历史中的作用》，1948年他又与P. 奥本海默共同发表《解释逻辑的研究》。后继者踵起，形成一个用演绎逻辑解释历史的学派。亨普尔解释历史的模式是：（1）一组序列事件C_1，C_2，…，C_n发生的初始条件或边界条件的陈述；（2）一组有关这类事件的普遍规律。有此两组陈述，便可对相关事件E的发生作出准确解释。这种解释带有预测性质。亨普尔说：“历史解释的目的也在于表明，事件（发生）不是机遇问题，而是可以根据某些先行的或同时的条件加以预料的。”①这里先行条件C相当于原因（cause），而E相当于结果（effect）。而其所以如此，是“以一般规律为前提”。

然而，在历史学中并没有什么公认的一般规律。亨普尔说：

① C. G. 亨普尔：《普遍规律在历史中的作用》，《史学理论》1987年第3期。

"'规律'一词意味着它所提出的陈述实际上已能得到有关事实充分地证实了。"①又说历史学家常用"因此"、"所以"、"显然是"等词,就表明他们心目中的普遍规律已为人所尽知,不言而喻。亨氏的追随者中还有人提出"正常状态"应如何作为普遍规律。这都引起正统史学家的反对。亨普尔学派实际上没有什么史学成果,仅在个别问题上做些尝试而已。

（三）证伪法

1934 年奥裔英人 K. R. 波普尔(1902—1994 年)发表《科学发展的逻辑》,提出证伪逻辑,1945 年发表《历史主义的贫困》,在西方引起轰动,也引起争议。

波普尔证伪逻辑的要点是:(1)科学理论不是来自经验的归纳,而是因为已有理论不符合新的经验,产生了问题,需要新的理论来解决。(2)任何理论都是一种猜测或假设,需要经验来验证。不能用归纳法验证,因为理论、原理、定律是全称命题,包含无限个对象,而经验都是个别的。有限不能证明无限,归纳多少个正面经验都不能证明其理论是真,反之,用演绎法,只要推出一个反面结论,就可证明该理论是伪。没有证实的逻辑,只有证伪的逻辑。(3)问题—猜想—反驳(证伪)—新问题,循环探索,科学知识就是这样增长的。②

波普尔的历史学观点有:(1)不可能有总体论意义的历史学,历史学研究的都是个别的、一次性的事物。历史学"不能预告人类历史的未来行程"③。(2)历史没有客观规律。历史发展会有一定

① C. G. 亨普尔:《普遍规律在历史中的作用》,《史学理论》1987 年第 3 期。

② 卡尔·波普尔:《猜想与反驳:科学知识的增长》,《世界科学译刊》1980 年第 1 期。

③ 卡尔·波普尔:《历史主义贫困论》,中国社会科学出版社 1998 年版,第 2、72 页。

趋向，但趋向不是规律。历史进步论“是一种朝着更幸福和更美好状态前进的趋势”，不是规律。[①]（3）历史上相继出现的事件可能有因果关系，历史学的任务就是“解开因果线索和描述这些线索之交织在一起的‘偶然’方式”。揭开因果线索用演绎法，所描述的初始条件是因，而所用的普遍规律往往因太普遍而被略去了。如说G.布鲁诺被烧死在火刑柱上，其普遍规律是“人被火烧必死”，略去了。[②]

波普尔的证伪论是一大发明，任何理论都需要证伪。正如恩格斯所说：“今天被认为是合乎真理的认识都有它隐蔽着的、以后会显露出来的错误的方面。”[③]但纠正错误不一定全部否定它。牛顿力学在有效利用二百年后，被发现其时间空间的假设是错误的，但改正后，牛顿力学仍在有效的范围内适用。波普尔的历史观点也有可取之处，解开因果线索确是历史学的重要任务，因果性确实与偶然性并存。但他否认总体论不能令人信服。F.布罗代尔的总体论方法，据我看是当今最好的经济史研究方法。

波普尔理论最大的缺陷是他不该完全否定归纳法。历史实证主义离不开归纳法，历史证伪也需要用归纳法。早在19世纪70年代，恩格斯就有一篇短文说归纳法“很不中用”，归纳的结果“每天都被新的发现所推翻”，但不能否定它。“归纳和演绎……不应当牺牲一个而把另一个捧到天上去，应当把每一个都用到该用的

---

① 卡尔·波普尔：《历史主义的贫困》，第94、101、104页。引语是历史进步论者J.S.穆勒的话。

② 卡尔、波普尔：《历史主义贫困论》，中国社会科学出版社1998年版，第126—127、129页。

③ 恩格斯：《路·费尔巴哈和德国古典哲学的终结》，《马克思恩格斯选集》第4卷，人民出版社1974年版，第240页。

地方，而要做到这一点，就只有注意它们的相互联系，它们的相互补充。”①

波普尔否定归纳法，还否定文献资料。他认为文献资料是人们的文化产品，既不反映客观物质世界，也不属于人的精神世界，而是“第三世界”的东西。“因此，资料不是理论的基础，也不是理论的保证；它们并不比我们任何理论或‘偏见’更可靠，如有区别，倒是更不可靠一些。”②这恐怕是任何历史学家都不能接受的。

波普尔的证伪论是对一般性的理论、定理去证伪。但他在提倡“零碎工程”（如某项制度之修订）时也说“要自觉地去寻求错误”。③ 如果指具体事物的证伪，那在历史学中早就应用了。中国考据学中就有辩伪一项，并有问、答、辨伪之术，成绩斐然。阎若璩的《尚书古文疏证》考证古文尚书有25篇是伪书，全用归纳法，有根有据。康有为的《新学伪经考》谓东汉经书全是刘歆投新莽后伪造，是用演绎法，人多不尽信。

（四）经济学方法论

前已提到1883年奥地利学派和德国历史学派的方法论论争实际是演绎法与归纳法之争。这以后新古典主义经济学成为主流。新古典学派奠基人英国的A. 马歇尔（1842—1924年）曾在牛津大学讲授经济史，他鉴于边际主义者讲纯个人主义经济学之不当，主

① 恩格斯：《自然辩证法》，《马克思恩格斯选集》第3卷，人民出版社1974年版，第548页。

② 卡尔·波普尔：《没有认识主体的认识论》，《世界科学译刊》1980年第2期。关于三个世界的理论，见波普尔：《世界一、二、三》，《自然科学哲学问题丛刊》1980年第1期。

③ 卡尔·波普尔：《历史主义贫困论》，中国社会科学出版社1998年版，第78页。

张应用社会历史资料，因而他的《经济学原理》采取演绎法和归纳法相结合的方法。马歇尔说："归纳法借助于分析和演绎，汇集有关各类材料，整理它们，并从中推出一般原理或规律。然后演绎法一时又起主要的作用，它把这些原理彼此联系起来，从中暂时求出新的更广泛的原理和规律。然后再由归纳法主要分担搜集、选择和整理这些材料的工作，以便检验和'证实'这个新规律。"[①]这种方法论是十分恰当的。

19 世纪末 20 世纪初，美国兴起制度学派经济学，代表人物有 F. 凡勃伦（1857—1929 年）、J. R. 康芒斯（1862—1945 年）等，都是归纳主义者。他们强调制度和法律、文化等非市场因素的历史分析，被称为德国历史学派的变种。

1929 年世界经济危机后，西方经济学发生凯恩斯革命。英国 J. M. 凯恩斯（1883—1946 年）的宏观经济学和有效需求都是根据现行统计资料，无需历史归纳法；他的消费倾向、投资收益预期、流动偏好等更完全用演绎法。但他的父亲、剑桥大学的 J. N. 凯恩斯（1852—1949 年）是经济学家也是逻辑学教授，所著《政治经济学范围和方法》[②]详论了 1883 年以来的方法论之争，指出归纳法与演绎法必须结合并用。人们认为这场论战总算结束了。

凯恩斯以后，有两大学派。美国的 P. A. 萨缪尔森（1915 年—　）代表主流派，强调数理分析，基本上用演绎法。英国的 J. V. 罗宾逊夫人（1903—1983 年）在解释凯恩斯理论时提出要考虑历史和社会制度变迁，因而兼用演绎和归纳两法。同时，新自由主

---

① A. 马歇尔：《经济学原理》下卷，商务印书馆 1964 年版，第 424 页。

② John N. Keynes, *The Scope and Method of Political Economics*, Macmilan Press Ltd. 该书出版于 1891 年，而于 1904 年修订第三版，广为流行。

义代表人物奥裔 F. A. 哈耶克(1899 年—)仍坚持个人主义分析方法,用先验演绎法。

20 世纪下半叶是逻辑实证主义和证伪主义最盛的时候,其显赫声势,震动所有社会科学。而这时的西方经济学进入了数学分析时代,满纸都是数理模型和方程,根本不注意逻辑分析,所受证实证伪影响都不大。但讨论经济学方法论的著作迭起,在美国形成一个热潮。1980 年 M. 布劳克出版《经济学方法论》巨著,纵论古今,但是力主经济学家贯彻证伪主义,大胆预言,并努力反驳它。① 1981 年 B. 卡德威尔发表《超越实证主义:20 世纪的经济学方法论》,也是洋洋万言,而最后提出"多元化"方法论主张,颇为中肯。② 1983 年,A. S. 阿什内著《经济学为什么还不是一门科学》,详论经济学研究的操作规程,结论是,按照逻辑实证主义标准,经济学还不是一门科学。③

(五) 科学哲学

原来,逻辑实证主义和证伪主义都是以"科学哲学"的旗号出现的。前者说,只有按"普遍规律"和"初始条件"推演出来的理论或陈述,才是科学的。后者说,只有经得起证伪法检验的理论或陈述,才是科学的;不能证伪的如神学、美学,不是科学。

然而,20 世纪 60 年代,又有新的"科学哲学"出现。美国 T. S.

① Marc Blaug, *The Methodology of Economics, or How Economics Explain*, 1980. 中译本见《经济学方法论》,北京大学出版社 1990 年版,第 4 页。

② B. Caldwell, *Beyond Positivism: Economics Methodology in the Twentieth Century*, London, 1982. 中译本见《经济学方法论》,北京大学出版社 1990 年版,第 330 页后记。

③ A. S. Eichner, *Why Economics Is Not Yet a Science*, 1983. 中译本见《经济学为什么还不是一门科学》,北京大学出版社 1990 年版,第 10 页及第 4 章。

库恩(1922 年—　)发表《科学革命的结构》(1962),认为科学的发展是新旧范式(paradigm)的更替。新旧范式,如哥白尼的日心说和牛顿力学原理,有质的不同,它们的更替是革命。“革命是世界观的转变”,新旧范式之间是“不可通约的”,没有逻辑的关系。① 库恩认为,科学的发展依靠两种思维,一种是直觉、灵感、悟等“发散式”思维,一种是按照逻辑程序的“敛聚式”思维。依两者之间“张力”的平衡,确定采取的范式。逻辑的证实或证伪,影响思维的范式,但同一条件下,个人可有不同的选择。② 库恩是从科学史上总结出他的科学哲学的,追随者颇多,被称为“历史学派”。

英籍匈牙利人 I. 拉卡托斯(1922—1974 年)也是历史主义者。他的《科学研究纲领方法论》于 1978 年发表。其纲领犹库恩的范式。一个研究纲领有它的核心,如哥白尼的日心论、牛顿的力学三定律和万有引力,那是不能改变的。但纲领还有它辅助假设,称“保护带”,可以被证伪而修改,所以证伪逻辑并不能使整个纲领变伪。所有科学理论或纲领都是开放的,有向上或后退的变动,一种理论退化,让位给另一理论,就是科学的进步。③ 可见,拉卡托斯已有理论和方法多元论的思想,与库恩不同。

还有另一位历史主义的科学哲学家费耶阿本德。奥裔美国人 P. K. 费耶阿本德(1924 年—　)已是后现代主义代表人之一,他的《反对方法》(1975)一书要打倒“科学沙文主义”,提出“认识论的

① T. S. Kuhn, *The Structure of Scientific Revolutions*, Chicago, 1962. 中译本见《科学革命的结构》,上海科技出版社 1980 年版,第 64、70 页。

② T. S. Kuhn, *Logic of Discovery or Psychology of Research*? 1970. 中译本见《必要的张力》,福建人民出版社 1981 年版,第 325 页。

③ I. Lakatos, *The Methodology of Scientific Research Programmes*, Cambridge, 1978. 中译本见《科学研究纲领方法论》(摘要),《世界科学译刊》1980 年第 9 期。

无政府主义”，要求“无理性”的方法论，“什么都行”（anything goes）等[①]，骇人听闻，学术界为之震惊。其实，他的论点是十分明确的。费耶阿本德认为，科学发展并非完全靠理性思维，许多发明来自直觉，而神话、宗教、占星术、炼金术都对科学发展做出过贡献。科学与非科学的界限完全是人为的，在历史上是互相变易的。现实世界的多样性和丰富性是任何理论所不能概括的，在科学史上，没有理论和事实完全一致的情况。因而，逻辑实证主义行不通，逻辑证伪主义根据单一事实与理论不一致而否定理论，更不可取。人们对世界的认识是多元的、复杂的，认为逻辑是惟一模式的方法论，那只有禁锢人们思维，有害科学的发展。

费耶阿本德提倡多元主义方法论，理性的非理性的、逻辑的非逻辑的思维方法都可取用。人们要认识大自然，“就必须使用一切思想、一切方法，而不能仅仅使用其中的一部分”[②]。多元论“不仅对于方法论是重要的，而且也是人道主义的本质部分”[③]。因为它破除思想被逻辑奴役的状态，恢复人的尊严。

三、认识论意义的方法——非逻辑思维

认识论中的非逻辑思维，有辩证思维、形象思维、直观思维三种方式。

---

① P. K. Feyerabend, *Against Method: Outline of an Anarchistic Theory of Khowledge*, London, 1975, p. 28, 180. 中译本见王治河：《扑朔迷离的游戏——后现代哲学思潮研究》，社会科学文献出版社 1998 年版，第 233、235 页。

② 王治河：《扑朔迷离的游戏——后现代哲学思潮研究》，社会科学文献出版社 1998 年版，第 252 页。

③ 同上书，第 239 页。

辩证思维是中华民族特别擅长的思维方式。自老庄、易传以来，融入儒家，直到宋明理学，辩证思维成为中国世界观和人生哲学中的精华，上篇《历史观》中已多处言及。但辩证思维缺乏工具性，一般不作方法论看待。黑格尔的辩证法虽有“正反合”，“否定之否定”公式，亦非操作规程。对辩证思维前文论述已多，这里不再讨论。

形象思维主要用于文学、艺术领域，具有强烈的启发、创作功能，一般也不作为方法论讨论。然也见于史学，司马迁遨游半个中国，探“禹穴”，“观仲尼庙堂”，访楚汉战场，吊屈原自沉的汨罗江，走蒙恬长城，都是形象思维。这属史家的修养方面，章学诚所谓“其文则史”，是“史实”与“史才”结合的产物。在科学方面，尤其是经济学，常用图式法，有数理图、物理图、示意图，也是利用形象思维，作为方法论是有效益的。

直观思维是一种理性思维，在科学和人文科学中都很重要，一般属于认识论的方法论内容。其中又有悟和直觉两种形式。

悟或顿悟的认识，在宇宙观和哲学中非常重要，在东方哲学中，对世界的认识差不多都是从悟或顿悟开始的。悟的认识过程，至今还没有满意的解释。马克斯·韦伯的“隐退说”显然不能解释悟的来源。德国新康德主义者把悟（Verstehen）与科学思维对立，认为悟是人们内在地理解的第一人称的知识，科学是通过人们测算和试验得到的第三人称知识。第一人称的知识是人亲自参与的事物，故可由内省、神入而悟出。这种解释也没有说明悟的能力的根源。朱熹把悟归之于“今日格一物，明日格一物”，“一旦豁然贯通”。而事实上悟的认识并没有这番功夫。倒是王守仁的“致良知”说比较接近，“念念致良知”就是悟。王守仁《咏良知》：“无声无臭独知时,此是乾坤万有基。抛却自家无尽藏,沿门持钵效贫儿。”后两句是禅宗《传灯录》语,即禅宗之顿悟法。又《示诸生》:“尔身各各自天真,不用求人更问人。但致良知成德业,漫从故纸费精神。”①二诗道出悟的根源和方式。

直觉是一种综合性或整体性的理性思维。笛卡尔认为直觉提供的东西是理性证明的基础和出发点,经“我思故我在”,成为“明晰确定”的知识,便是真理。唯理主义者都尊重直觉,康德的先验论也是直觉。胡塞尔的现象学十分强调直觉,前已言及。海德格尔的操心,自称来自良知,此良知即直觉。波普尔认为,科学理论既非来自公理的演绎,亦非来自经验的归纳,而是科学家的直觉,对问题提出猜测(假设),再用逻辑证伪。现代科学,如分子论、量子论、电磁场理论、宇宙大爆炸理论,都是先有直觉的猜测性假设,再设法逐步证实的。

现代科学把直觉解释为一种跳跃性的理性思维。一种新的理论,需要在不同领域和众多环节上逐步推理和试验,有的环节目前还无法测量或实验。有充足的基本知识和丰富经验的科学家,跃过诸多细微的环节,径自做出判断,这就是直觉。就好像有经验的军事指挥官,在参谋部提供繁琐的敌我军事资料以前,就能提出作战的策略。爱因斯坦非常重视直觉,并提出一个直觉思维的模型:在已有认识的基础上,导出 S、S′、S″……几个命题,再凭自己的经验,综合判断整个理论的合理性。② 爱因斯坦说,“我相信直觉和灵感”。他说,理论上我们可以从普遍的基本定律推导出

① 均见《王文成公全书》卷二十。

② 爱因斯坦:《爱因斯坦文集》第 1 卷,商务印书馆 1976 年版,第 309 页。

一个“世界体系”来。但是，“要通向这些定律，并没有逻辑的道路，只有通过那种以对经验共鸣的理解为依据的直觉，才能得到这些定律”①。

第二节　中国的实证主义史学

实证主义是研究历史的基本方法，不可须臾或离。需说明，这里所说的完全是作为考据和论证方法的实证主义，不是 A. 孔德(1798—1857 年)的实证主义哲学。孔德的实证主义和史学家对他的批判，将于下节详述。孔德说他的“实证”(positive)一词有五个含义：真实、有用、不犹疑、精确和“否定之反义”。作为考证方法，我只取他第一个含义，即真实。但我完全拥护他的第五个含义，即“对每一种见解都更公正、更能宽容”，“坚持从历史角度去衡量不同见解的各自影响、持续的条件以及衰落的缘因，绝不能作任何绝对的否定”②。换句话说，实证主义者应当肯定自己的解释而不否定前人。

我国史学，自司马迁以来就是实证主义的，至清乾嘉出现精湛的考据学。考据学主要是考证史料。史料是认识历史的根据。绝对尊重史料，言必有证，论从史出，这是我国史学的优良传统。傅斯年(孟真，1896—1980 年)在北京大学讲《史学方法导论》：“史学便是史料学”。他又在《历史语言研究所工作之旨趣》(1928)中

---

① 爱因斯坦：《爱因斯坦文集》第 1 卷，商务印书馆 1976 年版，第 102 页。
② A. 孔德：《论实证精神》，商务印书馆 1996 年版，第 30 页。

说:“近代之历史学只是史料学”,“一份材料出一分货,十分材料出十分货,没有材料便不出货。”①此论曾遭非议。但傅氏先有一言:“史学不是著史”。著史是创作,还须有历史观、论点和评价。蔡元培(孑民,1868—1940年)为历史语言研究所《明清史料》作序中也说:“史学本是史料学。”

史料并非史实。史实如何,我们并不知道。我们不能像自然科学家那样用事实去验证史料,只能用史料来考证史料。所有史料(文献、文物、口碑)都是人为的,都不免失真、失误、夸大、隐讳以至伪造。因而所有的考证都是相对的真实,需要发掘新的史料、发明新的方法,没完没了地再考证。乾嘉以来,中国的历史实证主义,就经历了这一过程。

(一) 乾嘉考据学

乾嘉学派的大功是在认识论上摆脱宋明以来讲心性义理的形而上学,而以朴实的态度追求历史文献的本意,故称朴学。他们采用训诂、校勘、辨伪、类推、辑佚诸法。他们的训诂、校勘、类推都是以归纳法为主,每字每事必广集例证,“类而辑之,比而察之”(崔述《考信录》),得出较真实的解释。胡适(适之,1891—1962年)在《清代学者的治学方法》一文中说:“他们所以能举例作证,正因为他们观察了一些个体的例证之后,脑中已有了一种假设的通则,然后用通则所包涵的例来证同类的例”,这等于从通则“演绎出来。故他们的方法是归纳和演绎同时并用的方法”②。一般来说,“举例

① 二文均载《傅斯年全集》台北版第2卷。此处系转引自王戎笙:《论傅斯年》,《中国史研究》1994年第4期。

② 《胡适文存》卷二。

证”方法是危险的。正如列宁所说:“社会生活现象极其复杂,随时都可以找到任何数量的例子或个别材料来证实任何一个观点。”[①]不过清人的训诂、校勘是在某字某事的狭小范围内收集尽量多的例证,故比较可靠。清人考据也力戒“孤证”。

关于辨伪,以赵翼(瓯北,1727—1814年)的《赵氏孤(儿)之妄》(《陔余丛考》卷五)为例。搜孤救孤故事见于《史记·赵世家》。赵翼考《左传》、《国语》、《史记·晋世家》皆记有赵氏灭族及立赵武承嗣事,而未提屠岸贾其人。又灭族及立嗣均在景公十七年,无匿孤之时间。最后“以理断之”其事乃伪。这即清儒之“理断”法。这里的理是:晋景公政治清明,屠岸贾非正卿,不能专杀戮。

不过,嘉道时清儒兴今文,有批判古文之风。前称康有为《新学伪经考》是演绎法,以此。再如崔述(东壁,1740—1816年)以“汉人说经不确”而考证《周礼》、《仪礼》、《尔雅》、《礼记》、《孝经》皆伪书[②]。古文经以及刘歆、王肃,确多伪书,然清儒考据,不可尽信。

此外,辑佚是一大功夫。原来秦灭以后,历代均辑纂亡书,厥功甚伟。而乾嘉之辑佚常是有目的的查寻某人某事散落之零星记载,称钩沉,如大海捞针,实为难得。

乾嘉考据,原用于考经,后来才渐及考史。其中有一类是史料的整理补正,著称者如梁玉绳的《古今人表考》、万斯同的《历代史表》,均甚实用。而真正考史之巨著有钱大昕(辛楣,1728—1804

---

① 列宁:《帝国主义是资本主义的最高阶段》,《列宁选集》第2卷,人民出版社1972年版,第733页。

② 《考信录提要》卷上。

年)的《二十二史考异》、王鸣盛(西庄,1722—1797年)的《十七史商榷》。他们原都治经,考史也用考经方法,但有一个优势。王鸣盛在他书的序中说:"治经断不敢驳经,而史则虽子长、孟坚,苟有所失,无妨箴而砭之。"钱、王所做,偏重训诂、校勘,以抛开褒贬之说,解释疑文晦义,分析义理纠纷,最为见长。余则于古今地名、官职称、历法变迁,考证整理甚详。稍后,赵翼之《二十二史札记》则摆脱了考经旧规,分目作专题考证,而用归纳比较方法。如一事之分别见于纪传表志者,汇而考之;又一事之见于各史者,汇集考之,尤其是《史记》与《汉书》、《后汉书》与《三国志》,唐初八书与《南北史》,新旧唐书等,"参互斟校,其有抵牾处自见"①。这种专题考证法相沿至今。

乾嘉考据学亦有缺点。他们考证的根据限于文献,故重训诂。原来西晋出土的汲冢竹书和南齐、北宋发掘的简牍,原件已佚,只见著述。而金石学家之有实物可据者,亦多玩其艺术价值,鲜作社会历史考证。又其考据多属个别事物,人称饾饤,鲜联系全局。或为考据而考据,繁琐猎奇,不重功效。

(二)实证主义的发展

进入20世纪,尤其五四运动以后,中国实证主义史学进入辉煌的发展时代。其发展之由有二:一是新史料之大量涌现,一是新的考证方法迭起。

1889年开始发现河南安阳小屯村之殷墟甲骨文,罗振玉(雪堂,1866—1940年)首作收集整理,王国维(静安,1877—1927年)作《殷卜辞所见先公先王考》及《续考》,厘定《殷本纪》,并及《殷周

① 赵书自序。

制度》。中央研究院董作宾率团于1928—1937年发掘15次，得甲骨24 830片。郭沫若(1892—1978年)并用以研究古代社会，确立殷周奴隶制。

1900年始见甘肃敦煌石窟藏卷，为近代最大的史料发现。其中绝大部分是手写佛经，有世界孤本；亦有公文、书信及民间契约，为研究社会经济之第一手资料。惜精品多为外国人劫运出国。亦是罗振玉与王国维合编《敦煌石室遗书》。继起专家甚多，形成国际性的敦煌学。

1908年英人斯坦因于敦煌附近收得出土汉简近千片，又于罗布卓尔得晋简，新疆于阗得汉简，罗振玉、王国维作《流沙坠简考释》。1930年中外学者组团在酒泉发掘，1944年中央研究院组团在敦煌西北发掘，出土简牍多种，成为历史研究的重要材料。

傅斯年主持中央研究院历史语言研究所，于1929年收购险被外国人劫取之清内阁大库档案八千余麻袋，由徐中舒等主持，陆续出版《明清史料》30册。此外，考古学发展，尤其1921年出土之仰韶文化遗存，1930年发现"北京人"化石，证实了中国的史前史。以上即新史料涌现之大概也。

新的考证方法首先是西方史学方法传入中国。此时西方占主流地位者为德国的L.兰克史学。兰克学派提倡用语言学考证历史，傅斯年自柏林大学归国后创历史语言研究所，盖仿此。兰克史学方法集中见于1889年E.伯伦汉所著的《史学方法论》，认为历史学兼科学与艺术两重性，历史研究分为史料学、考证学、综合观察、词章叙述四大部分。考证重在求真与辩伪，并发现其因果链，主要用归纳法。而综合观察在于判断"吾人可认识事实间之关系，以及其与演化上之整个及一般间之关系"，免致忽视"极有价值之史料”,或“误采不良之史料”。[1] 此正乾嘉考据学之所缺也。1897年法人朗格诺瓦与瑟诺博斯合著《史学原论》,认为“历史之为学,非观察之科学,而推理之科学也”。[2] 但极其重视史料考证,有外考证,类中国之版本鉴定;而重点是内考证,即史料真实性之鉴定。他们强调分析法,一是“分析史料内容所含,是为积极的命意释文鉴定”,即从内容细节中找出史料作者之本意。一为“分析史料当制成时之状况,是为消极鉴定”,即该史料所受各种条件之影响。分析愈细,愈能科学判断,不过,历史都是“单独特件”之事,史学非“纯粹科学”。[3] 二书均为当时通用之方法论,流行甚广。伯伦汉、朗格诺瓦与瑟诺博斯之书中文版发行较迟,但梁启超、傅斯年、陈寅恪等均曾留学欧洲,于二书必有所闻。梁启超1902年之《中国历史研究法》其体系几与伯伦汉书相同,而其论史料一节几与朗—瑟之语一致。

新的考证方法主要还是中国史学家创造的。王国维创“二重证据法”,即以出土文物与文献材料对证。盖王氏之考史,于甲骨、金文、敦煌文书、汉晋简无所不精,并得力于西学。陈寅恪(1890—1969年)在《王静安先生遗书序》中说,王氏“学术内容及治学方法,殆可举三目以概括之者。一曰取地下之实物与纸上之遗文互相释证……二曰取异族之故书与吾国之旧籍互相补正……三曰取外来之观念与固有之材料互相参证……吾国他日文史考据之学,

① E. Bemheim, *Lehrbuch der Historischen Method*, 1889. 中译本见伯伦汉:《史学方法论》,商务印书馆1937年版,第523页。

② Ch. Langlois et Ch. Seignobos, *Introduction Aux Études Historiques*, 1897. 中译本见朗格诺瓦与瑟诺博斯:《史学原论》,商务印书馆1926年版,第281页。

③ 朗格诺瓦、瑟诺博斯:《史学原论》,商务印书馆1926年版,第101—102页。

范围纵广,途径纵多,恐亦无以远出三类之外”①。

这三者也是陈寅恪的考证方法。陈寅恪除主要外国语文外,并掌握希腊、拉丁、梵文、波斯文、突厥文等约十六七种。其运用史料之广,最使人服膺,道藏、佛经、小说、笔记、野乘以及外国文献,信手拈来,应用自如。胡适说:“寅恪治史学,当然是近日最渊博、最有识见、最能用材料的人。”②而其以“诗文证史”,尤为人倾倒。盖其考证,不限于归纳法,而重推论,求得当时政治、社会、风俗、学术界之状况(唯少谈经济)。如蜀相韦庄(端已)《秦妇吟》一诗秘不示人。王国维考证,以其有“内库烧为锦绣灰,天街踏尽公卿骨”语,恐遭时议。陈寅恪则除详考当时秦妇逃亡路线外,并辗转查知蜀建国之君即当时抗击黄巢之将领王建,故韦庄讳莫如深,希免杀身之祸也。陈寅恪精于考证,但更重分析与综合,以求通识。他称赞陈垣的《西域人华化考》说,“分析与综合二者俱极其功力。庶几宋贤著述之规模”③。又说今人考证“不知以纵贯之眼光”,“而断断致辨于其横切方面,此亦缺乏史学之通识所致”。④

陈垣(1880—1971 年)研究目录学、年代学、史讳学、校勘学。考证佛教及基督教之传入中国,收集道教碑文1 300余通,著述“古教五考”。陈垣校勘之学尤精,著《校勘学释例》,提出校勘四法,即本校、他校、对校、理校;理校即清人理断法,本诸演绎。

胡适在《清代学者的治学方法》⑤中总结清人考据方法,提出

---

① 陈寅恪:《金明馆丛稿二编》,读书·生活·新知三联书店 2001 年版,第247—248 页。

② 胡适:《胡适日记》,中华书局 1985 年版,1937 年 2 月 22 日记。

③ 陈寅恪:《金明馆丛稿二编》,读书·生活·新知三联书店 2001 年版,第270 页。

④ 同上书,第 280 页。

⑤ 《胡适文存》卷二。

“大胆假设，小心求证”，实在为考据学提出一个基本原则。他说，治史不能墨守古训，“假设不大胆，不能有所发明”。假设是“站在充分理由上的”，但即使理由“很充分”，也还是假设，必须小心求证后，才能“升上去变成一个真理”。不过，真理云云，似不必咬定。因为日后有了新的证据，还可能修改结论。胡适在1946年又说：“有几分证据说几分话，有五分证据只可说五分的话，有十分证据才可说十分的话。”①这似乎更恰当些。

1923年顾颉刚（1893—1980年）发表《与钱玄同先生论古史书》②提出“层累地造成的中国古史”观点：“时代愈后，传说的古史期愈长”；“时代愈后，传说中的中心人物愈放愈大”；“我们既不能知道东周时的东周史，也至少能知道战国时的东周史，我们既不能知道夏商时的夏商史，也至少能知道东周时的夏商史。”这就开展了一场空前热烈的古史辨，钱玄同、胡适赞同顾颉刚对殷商以前古史的全面辨伪工作，亦有王国维、柳诒徵等提出反驳。《古史辨》积文七大册，虽无最后结论，但确是对中国古史的一次大清理，发掘很多罕见文献资料。顾颉刚的层累地造成古史说，看来是合乎实际的。

20世纪30年代以后，马克思主义史学兴起，史料学、考据学被用于证实马克思主义的历史观。著作纷呈，可以郭沫若的《中国古代社会研究》（1930）、《青铜时代》（1945），吕振羽的《史前期中国社会研究》（1934）、《殷周时代的中国社会》（1936），侯外庐的《中国古代社会史》（1947）为代表。侯外庐（1903—1987年）于其书自

① 胡适：《文史的引子》，刊于1946年10月16日天津《大公报》，转引自白寿彝：《中国史学史论文集》，中华书局1999年版，第310页。

② 《古史辨》第一册中编。

序中说他研究中国古代社会有三个步骤：第一是花费精力研究理论，得出答案；第二是谨守考据辨伪方法，订正史料；第三是将史料与社会发展规律统一成文。此即当时所称“理论学派”的治史原则，而王国维、胡适等旧的实证主义者被称为“史料学派”。

新中国建立后，“史料学派”一度受到批判，“文化大革命”时期考证成为“反动”，然有志之士“坐冷板凳”埋头于史料工作者，从未乏人。至20世纪80年代史学之风大变，甚至有“回到乾嘉”之说。实际是，中国实证主义史学步入一个全新的大发展时期。新史料、新方法、新观点涌现，新的著述如林，实为中国实证主义史学亘古未有的盛事。这种情况，本书读者皆已目睹，故从略。

第三节　西方的实证主义史学

前节说明，讲中国的实证主义史学，完全是就其考证方法而言，与孔德的实证哲学无关。在欧洲，L. 兰克与孔德是同时代人而稍长。兰克史学早就采用实证方法，本来与孔德的实证哲学无关。惟孔德的实证哲学在19世纪三四十年代陆续发表后，震动了西方世界。1859年达尔文的进化论问世，H. 斯宾塞以“社会有机体”理论发扬孔德学说，对西方史学影响很大。他们力求历史学成为科学，用自然科学的实证方法研究历史，注重史料考据，尤其是考证历史细节，成为风气。

A. 孔德（1798—1857年）的实证哲学，常自称实证精神，是一种对自然科学和人文科学同样适用的认识论。他提出，人类的思维或认识是从神学阶段，经过形而上学阶段，发展为今天的实证阶段。实证精神是人们智慧成熟的科学研究方法，它首先要求确定事物的真相，然后是“规律探求，即研究被观察对象之间存在的恒定关系”，而不像神学或形而上学那样去“探求其最早来源和终极目的”，因为那是“无法认识的”。① 规律是为了解释现实，但它也应该适应于过去和预测未来，“真正的实证精神主要在于为了预测而观察”，“研究现状以便推断未来”。② 孔德认为当时人们是处于社会和思想的“危机”之中，他的实证主义乃是为了建设人类美好的未来，这也是“实证”（positive）（自信正确）一词的本义。

孔德认为，人们的认识不是绝对的，会随着社会的进步而改变。但他要求“我们观念的和谐协调”。人是社会的人，各种知识需要有逻辑上的一致性，“认识一致是人类任何真正结合所必需的基础”，而实证精神“是造成认识广泛一致的实在的惟一源泉”。③ 他承认，现在的归纳和演绎逻辑还不能为一切现象提供一个统一的普遍规律。在自然科学方面，“我们应该只寻求从总体上考虑的实证方法的统一，而不是企求真正科学上的统一”。但在人文科学方面，因为所考察的是“人与人或毋宁说与人类”的关系，“这样的知识倒反而明显自发地趋向于科学上与逻辑上的全面系统化。”他曾设想建立“一门单一的科学”，即社会的科学或社会学，它统一领导政治、经济、历史等学术的研究。这样，“我们的实证知识才有可能构成真正的体系，从而显示出令人十分满意的性质。”④

---

① A. 孔德：《论实证精神》，商务印书馆 1996 年版，第 10 页。
② 同上书，第 12 页。
③ 同上书，第 16、19 页。
④ 同上书，第 17、18 页。

孔德盛赞笛卡尔、培根以来欧洲科学的大发展，但也指出发展中的“大危机”，主要是“把道德理论与社会理论置于本义的科学运动之外，从此这些理论在神学—形而上学精神的徒然控制下”，处于不合理状态。因此他提出用实证主义来改造精神、社会的研究，而把这种改造诉诸人们固有的“良知”。“真正的哲学精神主要是将单纯的良知，系统地延伸到一切真正可及的思辨中去”，他的实证主义，就是要“在哲学精髓与普遍良知之间建立起至今尚未充分存在的和谐一致”。①

在社会方面，孔德强调“秩序”与“进步”。“秩序向来是进步的基本条件，而反过来，进步则成为秩序的必然目标。”但当前世界是处于无所适从的状态。神学要求秩序，却否定进步。形而上学强调“单纯革命功能”（指启蒙运动），而不能保持社会稳定。这就要求实证主义。“实证精神总是把目前状态视为先前整个演变的必然结果”，即前面所说“实证”一词的第五个含义：从历史上看问题，“高度重视对过去的合理评价”，“摆脱纯粹的批判倾向”。这样，“实证精神坚持使社会科学与其他全部基础科学协调起来，而不是使社会科学落进空洞无用的孤立状态中”②。

可见，孔德的实证精神与中国的儒学，特别是与晚清改良派主张十分接近。孔德在中国很有声望，蔡元培在北平创办孔德学院，教授基础科学、哲学和美学。

不过在西方史学界，孔德的实证主义发表后立即受到批评。首先是德国的狄尔泰。狄尔泰认为历史学是研究过去的有个性的

---

① A. 孔德:《论实证精神》，商务印书馆 1996 年版，第 32、35 页。

② 同上书，第 40、41 页。

事物，他们没有普遍规律，不能用实证主义方法去研究，而应用“移情”方法，深入古人思想内部去考察。狄尔泰的论点，我在本书第四章第二节讲海德格尔的诠释学时已回顾过，这里从略。到19世纪末20世纪初，批判实证主义的哲学家、史学家日多，主要有德国的文德尔班、李凯尔特，意大利的克罗齐，20世纪30年代有英国的柯林伍德，五六十年代有美国的贝克尔、卡尔等。他们批判孔德实证哲学，而更重要的是提出自己的认识论，形成汤因比以后新的历史哲学，被称为批判的或分析的历史哲学。

W.文德尔班（1848—1915年）和H.李凯尔特（1863—1936年）都是19世纪晚期兴起的新康德主义（弗莱堡学派）的创建者。他们排除康德“物自体”的概念，而把哲学专注于现象的认识论方面。他们严格区分自然与历史，但要求历史学不仅是艺术，而要成为科学。自然科学是考察常驻不变的东西，要求寻找其普遍规律；历史学是考察“一次如此”的东西，没有普遍规律。但历史学表现为价值判断，而自然界是没有价值的。孔德的实证主义，要求探求规律，并不问价值如何，因而不能用于历史研究。

文德尔班的《历史和自然科学》（1894），同意狄尔泰区分自然与历史的观点，但不同意他区分的方法。文德尔班认为，自然科学是运用特殊到一般的抽象概念和归纳方法，旨在发现规律，是一种“规范的（nomethetisch）科学”。历史学是用记叙方法，摹写事物个别的属性，是一种“表意的（idiographisch）科学”。表意的叙述怎样成为科学呢？这就在于历史学的价值判断。对历史事物的价值判断主要是伦理上的，是否道德以及善恶，但文德尔班把它扩大为一个时代的文化，所以历史学是属于“文化科学”。

李凯尔特大大发展了文德尔班的观点。他在1896年出版的

《自然科学概念构成的界限》一书中说，所谓科学就是用概念来思维，自然科学关心的是事物的一般性，即“普遍概念”。而“历史上的东西，从最广泛的意义说，就是那种仅仅出现一次的、件件都是个别的、属于经验范围的实际事物，它既带有直观性，又带有个别性，因而是自然科学构成概念的界限”①。

然而，历史研究不能仅靠直观，它也用抽象概念来思维，才能成为科学。李凯尔特认为历史学的概念不是从事物中直接抽象，而是经过“有意志的人，把这种历史事物同某种价值联系起来，于是就其独特性而言，这种历史事物同时已成了统一的现实事物”。进一步说，这种现实事物，“它由于在纯理论上与某种一般价值发生联系，自相组合成一个对每个人来说都是独特性的、统一的多样性。……这种多样性又分为本质性的和非本质性的成分，于是，历史就可以科学地表述它了。”②这里，李凯尔特是利用价值、现实性、本质等这些一般性的东西作为手段，转弯思考，得出历史“个体性”的概念，来论证历史学是科学的。

这些一般性的思考，李凯尔特在1899年出版的《文化科学与自然科学》中作了进一步发挥。书中，他提出“现实的连续性和异质性”原理。现实中，一切占有一定空间的东西也都是在一定时间之内，它们都在历史上是连续的，另一方面，每个现实的东西都有它自己的特征，彼此都是异质的。科学概念不能同时包括两者，只

① H. 李凯尔特：《历史上的个体》（该文是李凯尔特《自然科学概念构成的界限》一书的一章），中译文见张文杰等编：《现代西方历史哲学译文集》，上海译文出版社1984年版，第6页。

② H. 李凯尔特：《历史上的个体》，中译文见《现代西方历史哲学译文集》，上海译文出版社1984年版，第36—37页。

能形成同质的连续性或异质的间断性。如数学，只注意量，便是同质的连续性。而历史，则是把现实的异质性描述成异质的间断性。

李凯尔特认为自然科学是把事物的一般性作为本质的东西，而将个别的、特殊的东西作为非本质的东西舍弃掉。历史科学是把个别的、一次性的事件作为本质，而将历史重复性的事件作为非本质的舍弃掉。

历史是文化科学，只有具有文化意义的事件才是研究的对象。判定意义的标准是价值。文化价值不是个人意义的，而是社会意义的，是社会公认为有益于人们的，因而是有普遍性的。“文化价值这种普遍性使历史概念的形成排除了个人的主观随意性，因而是历史概念形成的‘客观性’的依据。”①

B. 克罗齐（1866—1952 年）是意大利哲学家，新黑格尔主义者。新黑格尔主义者力图摆脱黑格尔的精神—物质转化论，认为精神或“直接经验”就是整个世界，除精神外，没有历史，也没有哲学。

1893 年，27 岁的克罗齐发表《纳入艺术普遍概念之下的历史学》，认为历史学属于艺术，而非科学，因而不能用研究科学的实证方法去研究。他认为，艺术是一种个体的直观认识，没有普遍规律，历史学之不同于一般艺术作品只在于它要求真实。不过，克罗齐在 1919 年修订这篇论文和他在《历史学的理论和实际》（1915，修订 1923）一书中，改变了看法。他认为，历史学也是借助于概念，并做出判断的，判断总是普遍的东西，但任何普遍性必须体现在个别之中。如“拿破仑是欧洲的征服者”是个历史学的判断。其中拿

① H. 李凯尔特：《文化科学与自然科学》，商务印书馆 1986 年版，第 74 页。

破仑是个别，“征服者”就是个普遍概念。他说：“历史就是思想，……是关于具体的普遍思想”，“没有一件事实，不管多么微小，能不被认为（被表现为或被形容为）普遍的。历史是在其最简单的形式上——在其最具体的形式上——用判断，即个别与普遍的不可分割的综合来表述的。”①而这也是哲学的表述方式。所以他说：“精神的自我意识就是哲学，哲学就是它的历史，或者说，历史就是它的哲学。”②这话的实际意思是：对精神活动的系统的认识就是哲学，而这种活动即认识的形成过程就是历史。

这里，克罗齐并不否定实证主义对历史研究的作用。他说：“幸亏有了实证主义，历史著作才变得不那么幼稚，著作中的事实才变得较丰实。”③不过，实证主义是假定历史的意义本来就存在的，只要发现和证实它。克罗齐则认为，历史的意义即哲学，是经过人们思考，经过概念和判断才得到的。所谓“哲学”，必是“永恒的现在的思想”，历史判断成为哲学，亦只有“历史被提升为关于永恒的现在的知识”才行。④ 这就进入克罗齐著名的命题：“一切历史都是当代史。”

克罗齐写过一篇《历史和编年史理论》（1917），他说编年史是单纯的记述，可以考证事实，但非真正的历史。真正的历史不是记述，而是经过认真思考的判断。人们认真思考过去的事情，都是由于现实生活的需要。古希腊人已入墓近千年，到文艺复兴时代忽被当作历史研究起来，是因为欧洲人经中世纪的神学统治，精神上

① B. 克罗齐：《历史学的理论和实际》，商务印书馆1952年版，第42页。
② 同上书，第249页。
③ 同上书，第244页。
④ 同上书，第43页。

产生新的要求，对古希腊发生兴趣。“只有现实生活中的兴趣才能使人研究过去的事实”，研究过去的事实“不是针对一种过去的兴趣，而是针对一种现在的兴趣”，按现在的需求去理解它。这就给过去一种当代性。这种当代性“是一切历史的内在特征”。[①]

克罗齐写过一篇《作为自由的故事的历史》(1938)，说历史是思想，是哲学，是直观的抽象和概念的判断。单纯的抽象、分类、找出规律，它有用，但还不是严格意义的知识；同样的事实，有历史的判断，才是知识。“一切真正的知识都是历史知识”。历史的判断是在生活中，制约于行动。他说：“历史的判断标志着(人们)在行动中站一站，或看一看，其作用是要打破任何妨碍人们看清环境的障碍。”[②]这也是“以史为鉴”的意思。

R. G. 柯林伍德(1885—1943 年)于 45 岁后由哲学转入历史学研究，是一位最博学的历史学理论家。他的《历史的观念》(1946)巨著回溯了自古希腊罗马以来到 20 世纪 30 年代所有的历史学理论，然后提出自己独特的见解。

柯林伍德的基本观点是：“历史的过程不是单纯事件的过程而是(人们)行动的过程”，人们的行动是由思想支配的，“历史学家所要寻求的正是这些思想过程。一切历史都是思想史”。[③]

一切历史都是思想史。这不仅是指个人思想，如恺撒远征不列颠时的想法，也指“一个时代的集体心灵”，如一个民族的时代思

---

① B. 克罗齐：《历史学的理论和实际》，商务印书馆 1952 年版，第 2、4 页。

② B. 克罗齐所著的《作为自由的故事的历史》，原名《作为思考与作为行动的历史学》(1938)，英译本(1941)改为今名。中译本见 M. 怀特：《分析的时代》，商务印书馆 1987 年版，第 42 页。

③ R. G. 柯林伍德：《历史的观念》，商务印书馆 1997 年版，第 302—303 页。

潮。再有,柯氏认为历史上的过去并未死亡,而是以某种方式融入其后继者之中。就思想说尤其是这样。所以,历史研究就是历史学家“在自己的知识结构中”“重演过去的思想”,即过去的经验在“历史学家的心灵里复活”。柯氏说:“历史的知识是关于心灵在过去曾经做过什么事的知识,同时它也是在重做这件事;过去的永存性就活动在现在之中。”因此,“心灵,它的自我认识就是历史”。[①] 柯氏的“心灵”(mind)完全是黑格尔的“精神”(Geist)一词的含义,包括“思想”。柯林伍德在哲学上是反对新实在论的新黑格尔主义者。

柯氏注意历史思想的研究,以及过去思想溶入现代思想的提示,都很有启发性。但他过于绝对化了。例如,他的时代人们已熟悉了自然界的演进,他也提到怀特海的自然史观,但他仍然认为“不可能有自然界的历史”,因为自然界没有思想。依此,诸如气候变迁、生态恶化等,也都排除于历史研究。其实,最大的人为事件,如人口史,就没什么思想可言。“除了思想之外,任何事物都不可能有历史”,接着,他认为传记、日记、回忆录“也不是历史”[②],因为它们是感情的产物。

在方法论上,柯林伍德认为“有必要对于可以称之为实证主义的历史概念……进行不断的斗争”。首先,他认为实证主义的先确定事实再探求规律的方法不适用于历史学,因为历史学虽是科学,却是没有规律的。其次,柯氏认为一切文献和档案资料都是“权威”的“证词”,而“依赖权威们的证词”所作的历史不过是“剪刀加

---

① R. G. 柯林伍德:《历史的观念》,商务印书馆 1997 年版,第 303、307、318、418 页。

② 同上书,第 415、418 页。

浆糊”的历史(实指兰克史学)。再则,他认为按照“三段论式”所得的历史结论,以及由归纳法所得到的“由已知到未知”,是一种“逻辑强制”的证明,即使不是强制人们去接受它,也是允许人们去接受它。总之是不可取的。①

在方法论上,柯林伍德提出他自己的观点:历史学家,作为一个“自律”(即“自我授权”)的科学家,应当是根据先验的(a priori)想象,推论和构造出历史来。为此,他对想象、推论和构造(重演)都作了专节论述。这样构造出来的历史只受三点约束:一、它“必须在空间和时间中定位”;二、“一切历史都必须与它自己相一致”;三、最重要的,必须有足够的证据。而更重要的是,“任何成就都不是最终的。可以用来解决任何给定问题的证据,都是随着历史方法的每一个变化和历史学家们的能力的每一种变动而在改变着的”。“所以每个新的一代都必须以其自己的方式重写历史。”②

柯林伍德特别重视历史的证据,并设专节来论述。由于他认为历史的过去并没有死亡,而是融入于现在之中,所以,“在原则上,任何这种活动(指复活历史)的目的都是要把全部此时此地可知觉的东西用来作为全部过去的证据”。原则上是以现在世界作为历史的证据。但他也知道,“在实践上,这个目的是永远不可能达到的”③。在实践上,他讲证据时,实际就是考据学。“一切历史学在某种程度上都是考据的。”柯氏在他的书中到处都讲“批判的

① R. G. 柯林伍德:《历史的观念》,商务印书馆 1997 年版,第 319、353—354、357 页。

② 同上书,第 330、343、345 页。

③ 同上书,第 345 页。

历史学”,此处“批判”即“考据”的意思。例如,柯氏有很长一段话讲“批判的历史学家”如何对古代史资料进行证伪、改错、调换位置等,这实际上就是几年前顾颉刚在《古史辨》中下的功夫。又如柯氏讲“书面资料”要与“非书面资料(有字的陶瓷片等)”互相参证,这实际上就是十几年前王国维的“二重证据法”。① 博学的柯林伍德恐怕尚且知此。

二十世纪五六十年代,在美国兴起历史相对主义之风,当然也是针对历史实证主义而来。其实,在克罗齐的著作中早就有了相对主义思想,而五六十年代的兴起,则是经历了二次世界大战痛定思痛的反思:历史并不是那么尽如人意的。相对主义思潮可以 C. L. 贝克尔(1873—1945 年)和 E. H. 卡尔为代表。

贝克尔在 1926 年就宣读了一篇《什么是历史事实?》的论文,不过到 1955 年才正式发表。在这篇论文中,贝克尔认为,客观的历史事实已经是一去不复返了。现在所有的只是“它们的暗淡的反映和模糊的印象或观念”,因而,“历史事实存在于人们的头脑中,不然并不存在于任何地方”。②

但贝克尔并不是虚无主义者,他是一位积极的历史进步论者。他在《人人都是他自己的历史学家》(1935)一篇演讲中说:“我们承认有两种历史。一种是一度发生的实实在在的一系列事件,另一种是我们所有肯定的并且保持在记忆中的意识上的一系列事件。”第一种是不变的,但“第二种是相对的,老是跟着知识的增加

① R. G. 柯林伍德:《历史的观念》,商务印书馆 1997 年版,第 202、341—342、382 页;关于“批判”一词的含义见第 462—463 页译后记。

② 卡尔·贝克尔:《什么是历史事实?》,《现代西方历史哲学译文集》,上海译文出版社 1984 年版,第 230、231 页。

或精炼而变化的。这两系列事件或多或少是相应的。我们的目的便是求这两种相应尽量确切”。他没有讲求这两种相应尽量确切的方法。他接着说，我们“不得不把历史和历史知识等同起来。为了一切实用的宗旨，对我们和对目前一时来说，历史便是我们所知道的历史”①。贝克尔还叮咛说：“从历史来看，作为一种变异过程，我们对人和人的世界的了解，显然只能是暂时的。因为从定义上来说，它是一种仍在进行而尚未完成的东西。”②这也是历史认识总是相对的含义。

E. H. 卡尔于1961年发表《历史是什么?》，严厉批判前一时期流行的客观主义历史学。这种客观主义历史学认为要“如实地说明历史”，做到“不是我在说话，而是历史在借我的口说话”。③ 卡尔说：“相信历史事实的硬核客观地独立于历史学家的解释之外，这是一种可笑的谬论”；“事实本身要说话，只有当历史学家要它们说，它们才能说。”④

然而，卡尔并不否定历史事实，而且是尊重客观事实的。他说：“历史学家和历史事实是相互需要的。没有事实的历史学家是无根之木，是没有用处的；没有历史学家的事实则是一潭死水，毫无意义。”又说：“历史学家有双重责任：一方面发现少数有意义的事实，使它们变成历史事实；另一方面把许多不重要小事实当作非

---

① 卡尔·贝克尔：《人人都是他自己的历史学家》，《现代西方历史学流派文选》，上海人民出版社1982年版，第259—260页。

② 同上书，第277页。

③ 兰克学派的历史学要求“如实地说明历史”，但还不是完全客观主义的，客观主义历史学当以追求“终极的”历史学的J. E. 阿克顿爵士为代表。参见G. 巴勒克拉夫：《当代史学主要趋势》，上海译文出版社1987年版，第9—10、12页。

④ 爱德华·卡尔：《历史是什么?》，商务印书馆1981年版，第1、6页。

历史事实而抛弃。”[1]这话是很确切的。

值得注意的是卡尔是用主体与客体的统一的“解释”来看历史学家的任务,来处理历史与事实的关系问题的。他说:“历史就意味着解释”;“作为历史事实身份的关键,就在于解释这个问题上。解释这一因素渗入每一件历史事实之中”。[2] 这就使他的方法论接近于第四章所述海德格尔和伽达默尔的诠释学理论,而具有对西方理性主义反思的性质。卡尔说:“历史是人类过去的经验‘有意义的’叙述”。“历史就是历史学家跟它的事实之间连续不断的相互作用的过程,是现在与过去之间的永无止境的问答交谈。”[3]

自狄尔泰以来,严格区分自然界与历史一直是西方批判实证主义者的一个重点,其结果是把自然界置于历史学之外,因而也把自然科学的研究方法置于历史学之外。在这一点上,卡尔也有独到的见解。卡尔分析了历史与科学各有不同的特点,但他认为,历史学家也要用概括、概念的方法,对特殊中的一般如“战争”、“革命”进行研究。他还认为,历史与科学都是研究人与自然、人与人之间的相互关系,解答人类生存中的各种问题。因而,“历史学家与自然科学在寻找解释这一根本问题上是团结一致的”[4]。这包含两层意思:一是在方法论上,两者并非南辕北辙;二是历史学家应当与自然科学家合作,共同回答问题。从中可以看出,在卡尔的历史观中,已含有“究天人之际”的思想。

在自狄尔泰至贝克尔、卡尔一系列的反对下,兼以西方历史学

① 爱德华·卡尔:《历史是什么?》,商务印书馆1981年版,第9页。
② 同上书,第7、18页。
③ 同上书,第28页。
④ 同上书,第92页。

由叙述式向分析式转换,实证主义逐渐淡化了。但从上述介绍中可以看出,各家批判者主要是反对孔德的认识论,他们并不否定历史事实,也不否定对历史文献的解释和考证。柯林伍德严厉批判“权威”的“证词”,而他是指古代史学家的著作,非指史料,反之,他是很重视对史料的考据的。在风行对历史作理性分析以至数理分析的著作中,也要注意考证他们所用事例或数据的正确性。因此,20 世纪以来,西方历史学并未离弃作为考证方法的实证主义,只是在应用上不像中国史学家那样认真和有效而已。另一方面,各家批判者都提出了一些有益的见解,实际上是丰富了实证主义的方法论。如狄尔泰的“移情”论,克罗齐的“一切历史都是当代史”,柯林伍德的注意思想和思想渗入当代,以及相对论、对话论,历史要一代一代再认识、再创造的观点,都是很实用的。我是用“史无定法”来看待这些见解的。

第六章　经济学理论与经济史研究

第一节　在经济史研究中一切经济学理论都应视为方法论

经济学成为系统的科学，始于17世纪欧洲的古典政治经济学，本篇所论亦自此始。[①] 但不是说，在此以前的经济思想与经济史无关。本书亦多次论及司马迁和董仲舒、班固的经济思想，义利论、本末论，特别是16、17世纪经世致用学派的经济思想。不过，那时经济学还不是一个独立学科，这些经济思想是放在历史中去考察，不发生经济学作为方法论问题。

经济史是研究过去的、我们还不认识或认识不清楚的经济实践（如果已认识清楚就不要去研究了），因而它只能以经过考证、你认为可信的史料为根据，其余一切理论、原则都应视为方法——思维方法或分析方法。经济学理论是从历史的和现实的经济实践中抽象出来的原理和原则，但不能从这种抽象中还原出具体的实践，

① 古典政治经济学一般认为始于英国的W.配第（1623—1687年）和法国的布阿吉尔贝尔（1646—1714年）。不过，1615年有法国A. de蒙克来田《献给国王和王后的政治经济学》。

就像不能从“义利论”还原出一个君子国一样。马克思、恩格斯指出，历史实践的抽象还不同于意识形态（哲学）的抽象，“这些抽象本身离开了现实的历史就没有任何价值”，“它们绝不提供可以适用于各个历史时代的药方和公式”，“它们只能对整理历史资料提供某些方便，指出历史资料的各个层次间的连贯性”。① 这里“方便”可理解为方法。

J. M. 凯恩斯说：“经济学与其说是一种科学，不如说是一种方法，一种思维工具，一种构想技术。”②

J. A. 熊彼特极有远见地把他那部空前浩繁而又缜密的经济学说史定名为《经济分析史》，因为任何伟大的经济学说，在历史的长河中都会变成分析经济的一种方法。他指出：“经济学的内容，实质上是历史长河中一个独特的过程。如果一个人不掌握历史事实，不具备适当的历史感或所谓历史经验，他就不可能指望理解任何时代（包括当前）的经济现象。”③这是很精辟的论断，经济学本是一门历史科学，也因此，任何经济学理论都有它的“历史相对性”。熊彼特在解释这个问题时说，除了经济学家对于他们那个时代的“兴趣和态度”有所不同外，重要的是“我们使用的材料不能超过我们占有的材料，因此在进一步发现的前面，我们原有的成果一部或全部也许站不住脚”④。

有人曾把马克思的价值规律作为一项永恒起作用的市场规

---

① 马克思、恩格斯：《德意志意识形态》，《马克思恩格斯选集》第1卷，人民出版社1974年版，第31页。

② 《现代外国经济学论文选》第8辑，商务印书馆1984年版，第4页。该译文过简，兹按凯恩斯原文改译。

③ J. A. 熊彼特：《经济分析史》第1卷，商务印书馆1991年版，第29页。

④ 同上书，第30页及注。

律,其实不然。在简单的交易中,人们可凭经验得到劳动等价交换的概念,如"里谚:君有一尺绢,我有五尺布,相与值贸之,粗者不贫,细者不富"。[①] 但到交易复杂化后,这种劳动价值调节生产和资源配置的作用就失效了。恩格斯说:"马克思的价值规律,从开始出现把产品转化为商品的那种交换时起,直到公元15世纪止这个时期内,在经济上是普遍适用的",直到15世纪止,它起着"支配作用"。[②] 16世纪以后,西欧进入资本主义,市场竞争加剧,人们已无法凭经验取得劳动等价交换的概念,于是,马克思提出"商品价值转化为生产价格的理论",就是说,市场上商品价格的形成不再以劳动价值为基础,而是以成本价格加上平均利润的"生产价格"为基础;在市场上调节生产和资源配置的,不再是原来的劳动价值规律,而是生产价格的规律了。马克思说,所谓生产价格,"实际上这就是亚当·斯密所说的'自然价格',李嘉图所说的'生产价格'、'生产费用'……"[③]也就是古典经济学所称"看不见的手"。

生产价格理论作为市场机制,适用了二百多年,市场进一步复杂化了。在市场上不仅是商品交易,还有期货、期权交易,信息和专利权、知识产权交易,以至风险交易。每种交易都要有价格,没有交易的也有影子价格,这些价格多半不能用生产成本来分析。于是,经济学家必须有新的市场机制的理论,其中比较实用的就是新古典经济学的均衡价值理论。均衡价值理论运用了近一百年,市场又发生新的变化,于是,在20世纪末又有合理预期和博弈理

① 同治,《余干县志》卷三市镇。

② 恩格斯:《资本论第三卷增补:价值规律》,见马克思《资本论》第3卷,人民出版社1975年版,第1019页。

③ 马克思:《资本论》第3卷,人民出版社1975年版,第221页。

论出现。显然，这些经济学理论，无论它曾经具有多大权威，都没有永恒性，在经济史学家看来，只能是分析某一时代市场机制的方法。

一项伟大的经济学说，在它产生的环境和条件变动后，往往就会消沉，但它所创的经济分析方法，却能长存。下面举两个例子。

西方经济学历史上有两次"革命"，即边际主义革命和凯恩斯主义革命。19 世纪 70 年代的边际主义革命，由于其奠基人采取效用价值学说，与古典的和马克思的劳动价值学说完全抵触，受到批判，但也因此产生生动活泼的构想，如 J. B. 克拉克的边际生产力论，V. 帕雷托的"最佳状态"等。但是，在后来的边际主义理论中，效用价值说已逐渐淡化，在洛桑学派中乃至成为影子，新兴的新古典经济学仍通用成本价值说。然而，边际分析作为一种方法，却广泛流传，至今不息。原来，边际分析作为方法只是微分数学在经济学上的应用，李嘉图的地租理论乃至马克思对剩余价值增量的分析实际已有"边际"的概念。在古典经济学完全竞争的假设下，边际收入与平均收入是一致的。到了不完全竞争、垄断经济中，边际值就显现其优越性了。边际成本分析、边际收益分析连同机会成本分析，对生产者决策有明显的现实性。因而，边际分析法不仅是在西方被广泛采用，在我国乃至前苏联的计划经济中也被普遍采用。

20 世纪 30 年代的凯恩斯主义革命，是在 1929 年世界经济危机的条件下产生的。它一出现就煊赫一时，美国和西方许多国家奉为国策，中国经济学界也深受其影响。但不过 20 年，凯恩斯学说即为新古典综合派和新剑桥学派所代替，到今天，更有新的理论出现。但是，作为方法，凯恩斯创立的宏观经济分析，其国民收入、总需求、总供给、储蓄和投资、国家干预经济的政策等，则不仅为后凯恩斯主义者所继承，也为几乎所有经济学家所采用。更有因此而兴起的经济增长理论，连同落后国家的发展经济学理论，也和上述宏观经济分析一样，成为经济史研究的重要课题。

第二节　经济学理论与中国经济史研究

经济学从古典政治经济学起就是研究资本主义经济的。中国从来没有正式进入资本主义社会，故经济学理论，对研究中国经济史来说，即使作为方法，似也无多教益。恩格斯曾提出创建广义政治经济学，而许多年来，甚少成果。前苏联曾集中大批经济学专家，经 17 年反复讨论，于 1954 年出版《政治经济学教科书》，号称第一部"人类社会"发展的广义政治经济学。然而给人的印象是"概念堆积，不切实际"，尤其前资本主义社会部分，仅占很少篇幅，罗列"规律"，不见实证。

恩格斯在提出广义政治经济学课题时就指出："人们在生产和交换时所处的条件，各个国家各不相同，而在每一国家里，各个世代又各不相同。"[①]据此，中国学者按照实证主义原则，对中国封建社会经济，特别是鸦片战争后的半殖民地半封建经济做出了颇有成效的理论研究，其中王亚南的《中国经济原论》、许涤新的《广义政治经济学》，都对中国经济史的研究提供了有益的思路

① 恩格斯：《反杜林论》，《马克思恩格斯选集》第 3 卷，人民出版社 1972 年版，第 186 页。

和指导。

事实上，大约除了原始社会以外，人类历史上各种社会都是多种经济成分并存的，没有纯粹的封建经济，也没有纯粹的资本主义经济。古典政治经济学虽是研究资本主义，但直到18世纪，欧洲在农业经济方面还有许多地方与近代中国相仿。如重农学派F.魁奈1754—1759年发表的《经济表》，即当时法国国民"纯收入"（即地租）的运行分析。当时法国耕地中有83.3%是小农经济，其中主要是对分制佃农，部分是分成制佃农，部分是自耕农。魁奈这种用设定数据的模型来分析社会总产品的交换和流通的方法，对研究中国小农经济史很有启发。据陈岱孙研究，魁奈的理论不仅讲简单再生产，也论及扩大（缩小）再生产，并且是从微观开始，然后进入宏观分析的。[①] 今天我们对明清小农经济史的研究中，正是要发掘其变动的资料，改变传统僵化观点。

又如，J. C. L. 西斯蒙第关于小农经济特有的"正确比例"的论点，实际是提出这种经济运行的一般原理。他赞扬法国自耕农和分成制佃农，不无偏见，但他是从实效出发。我们对小农经济的研究也注意到效益问题，但区别自耕农和各种地租制，实证还不足。西斯蒙第对李嘉图地租学说的评论强调了土地垄断和改良土地的报酬。[②] 李嘉图著名的地租学说完全是资本主义地租，对我们经济史研究似无可利用。惟其级差地租和土地报酬递减规律，在封建

① 《陈岱孙文集》，北京大学出版社1989年版，第780—784页。魁奈所用"femiers"一词（《魁奈经济著作选集》商务印书馆1983年版）译为"租地农场主"，不妥，按原意应译为"佃农"，日本人译"小作人"。

② 参见J. C. L. 西斯蒙第：《政治经济学原理》，商务印书馆1962年版，第ix、110—112、123—124、186页。

经济中似亦存在。在这个问题上，W. S. 杰文斯开始采用边际分析方法，引人注意。[1] 杰文斯是用追加劳动为变量进行微分的，后来学者又有改进。今天我们争论中的"过密化"问题即有类似的性质，但在分析方法上还不够细致。

亚当·斯密的农业增长理论是建立在资本主义雇佣劳动的基础上的。但他所用"资本"是以上一年的谷物收获量为基数，如果不取其工资基金说（上一年的谷物收获量用于支付雇工工资部分），这一思路也可适用于中国农业经济。[2] 就是说，某些经济学原理，可以加以"改造"，作为分析方法来利用。

斯密经济学的最大贡献是提出社会分工、提高劳动生产率是财富增长的主要源泉，而"分工起因于交换能力"，"分工度受市场范围限制"。斯密的这个论点是从历史的考察中得出的。他是从狩猎、游牧时代讲起，最初的社会分工，如弓矢制造者，茅屋建造者，是因为他们有这种"能力"，而不是因为社会有分工的需要。但是，在有了交换以后，情况就不同了，因为"在任何情况下"，交换双方都比不分工有"较多的利益"。[3] 今天历史学家把斯密的这个理论称为"斯密动力"，认为它适用于机器大工业制度产生以前所有社会经济的发展。这大概是不错的。

今天我们研究中国经济史学者也多半采用斯密动力说，并把18 世纪晚期西欧的工业革命，作为中西经济发展分道扬镳和中国

---

① 参见 W. S. 杰文斯：《政治经济学理论》，商务印书馆 1984 年版，第 162—165 页。

② 参见亚当·斯密：《国民财富的性质和原因的研究》上卷，商务印书馆 1972 年版，第 315—316 页。

③ 同上书，第 16 页。

开始落后的标志。我基本上赞同这种看法，但认为，以市场交易为基础的机器大工业，作为资本主义的一种制度，并非自动成为经济发展的“动力”的。这就要注意熊彼特 1912 年提出的“创新论”，它实际是斯密“能力”说在新的历史条件下的运用。熊彼特认为，资本主义经济的发展是一个内在因素的创新过程，即由制造新产品、引用新的生产方法、开辟新市场、控制原材料新来源、企业新组织形式所建立起来的一种新的生产函数或新的组合所推动的，而企业家是执行这种新组合的人。[①] 熊彼特的创新论是指资本主义生产，但对于近代中国新工业史的研究很有用，特别是针对一度流行的“模仿效应”和“冲击—回应模式”论点而言。事实上，凡是稍有成绩的近代中国企业，都不是完全照搬西方模式，而是有所创新的。

西方经济学中，对于研究中国经济史来说，最重要的是由传统经济向现代经济转变的理论，亦即现代化的理论，其中突出的理论问题是需求（市场）与供给（生产）的关系问题。

马克思、恩格斯在《德意志意识形态》的“交往和生产力”一节中，把西欧的这种转变分为三个阶段：第一阶段始于 16 世纪“特殊的商人阶层的形成”，这指摆脱手工行会约束从事长距离贩运的商人，他们造成城市间生产分工，市场扩大，结果是工场手工业兴起。第二阶段始于 17 世纪中叶，商业政治化，诸如英、法的革命，各国争相开拓殖民地，实行保护关税和贸易禁令，以至战争。第三阶段始于 18 世纪晚期，世界市场的巨大需求产生机器大工业，竞争普遍化。马、恩在《共产党宣言》中总结说：“以前那种封建的或行会

① Joseph Schumpeter, *Theorie der Wirtschaftlichen Entwicklung*, 1912. 通用 1934 年哈佛大学经济丛书修订英文版。

的工业经营方式已经不能满足随着新市场的出现而增加的需求了，工场手工业代替了这种经营方式”；“市场总是在扩大，需求总是在增加，甚至工场手工业也不能再满足需要了，于是，蒸汽和机器引起了工业生产的革命。”①总计从 16 世纪到工业革命，前后约 300 年。

J. R. 希克斯在他的《经济史理论》(1969)中认为世界经济发展的趋势是由习俗经济、命令经济向市场经济的转换，虽然各国悬殊，并有反复。他认为，在西欧，这种转换始于 16 世纪“专业商人”的出现。这种商人要求保护财产权和维护交易合同，而旧的制度无能为力，于是出现城邦制度，城邦和商业竞争导致殖民主义的扩张，出现世界市场。接着，进行了四个方面的“市场渗透”：适应新市场的法律、货币和信贷制度的建立；政府财政、税制和行政管理的改造；农村货币地租的普遍化和农产品的全部商品化；劳动方面自由劳动代替奴役性劳动，劳动力市场形成。而这一切导致了 18 世纪末的工业革命。② 这前后也是将近 300 年。

D. C. 诺斯在他的《经济史上的结构和变迁》(1981)中注意到斯密、李嘉图和身在工业革命中的所有经济学家都未提及这场革命。他说，当时的经济学家所以未“觉察”这场革命，是因为西欧的经济变革早就开始了，当时不过进程“加速”而已。诺斯把这个变革追寻到 1450—1650 年，其间贸易“是一种根本动力”。贸易的发展使具有完善财产权规定和自由竞争的“普通法”取代中世纪和王权时代的约束，同时，它使生产组织“从手工业到领料加工再到工

① 马克思、恩格斯：《共产党宣言》，《马克思恩格斯选集》第 1 卷，人民出版社 1972 年版，第 252 页。

② 参见 J. R. 希克斯：《经济史理论》，商务印书馆 1987 年版。

厂制”,以至工业革命,前后“经历了三个多世纪”。[①]

恩格斯说:“对于某一个时期的经济史的明确观念,绝不能与实践本身同时得到,而只有事后,即在搜集和鉴别了材料之后才能得到。”[②]从上引马、恩和当代两位经济史学家的事后总结来看,16—18 世纪西欧社会的现代化过程显然是以市场需求为主导的,由商业革命导致工业革命的。揆诸后来北美洲、日本和近期中国现代化的进程,大体也是这样。我自己还将中国的社会变迁回溯到 16、17 世纪,作了分析。[③] 但在经济学家方面,并不都是这样理解的。

西欧工业革命以后,大约直到 19 世纪前期,西方经济学家大多是生产导向论者。李嘉图和法国学派的奠基人 J. B. 萨伊,都有“商品购买商品说”:一种商品滞销,不是因为它生产过多,而是因为另一些商品生产太少;就整个社会来说,生产越多,销路越广。由此出现萨伊定律,即生产给自己创造需求。这在当时是十分激动人心的。稍晚,德国历史学派的先驱 F. 李斯特批评斯密的学说是“交换经济学”,因而他另创“生产力经济学”,以生产为主导。不过,接连出现的市场危机也确实令人苦恼。同时期,法国的 J. C. L. 西斯蒙第就出来批评“商品购买商品说”,认为生产应服从需求和消费。

19 世纪 70 年代边际主义兴起。边际主义者以物品的效用或稀少性来解释商品的价值,因而主要是从需求上立论,其中如洛桑

---

① D. C. 诺斯:《经济史上的结构和变迁》,商务印书馆 1992 年版,第 142、158—159、164—165 页。

② 恩格斯:《〈1848—1850 年的法兰西阶级斗争〉一书导言》,《马克思恩格斯全集》第 22 卷,人民出版社 1965 年版,第 591 页。

③ 吴承明:《16、17 世纪中国经济的现代化因素与社会思想变迁》,载《中国的现代化:市场与社会》,生活·读书·新知三联书店 2001 年版,第 30—50 页。

学派的 M. E. L. 瓦尔拉斯即需求决定论者。

20 世纪初，以 A. 马歇尔为首的新古典主义经济学占了主流地位。马歇尔首创“需求理论”，从此经济学皆从需求讲起。但马歇尔经济学的重点仍是生产，并认为在极短期内是需求决定均衡价格，长时间仍是供给起决定作用。

1929 年西方世界发生空前的经济危机，经济学出现了凯恩斯“革命”。J. M. 凯恩斯彻底批判了萨伊定律，市场的“有效购买力”成为经济学研究的急项。他提出通过金融、财政手段稳定总需求的主张，总需求决定总生产。

凯恩斯主义主导西方经济学时间不长。20 世纪 60 年代，以 P. A. 萨缪尔森为代表的新古典综合派成为主流。萨氏继承了凯恩斯的有效需求理论，但强调利息率对投资的决定作用，而投资决定国民收入，因而又有供给更为重要的倾向。同时，P. 斯拉法提出“用商品生产商品”说，重新重视生产，故被称为“新李嘉图主义”。

20 世纪 70 年代，美国发生“滞胀”（失业和通货膨胀并存）现象，兴起了以 R. A. 芒德尔、A. B. 拉弗为首的供给学派和以 M. 弗里德曼为首的货币学派。供给学派反对凯恩斯刺激需求的政策，肯定萨伊定律，主张减税以促进生产，保障供给。弗里德曼则重新解释货币数量说，认为短期内货币供给影响生产，长期内则产出全由非货币因素决定，货币量只影响价格。他主张以单一的货币供给量调控市场，等于是宣布一个长期不变的货币增长率以扩大需求。20 世纪 80 年代，美国兴起合理预期学派经济学，对政府货币政策的有效性提出质疑，不过，这个学派实际是货币学派的延支，也是主张需求主导的。

我罗列了这些关于需求与供给、生产与交换关系的论点，是因为近年来几次中国经济史的研讨会上,学者们把它作为方法论提出,即如何看待历史上中国经济的演变,而有不同意见。马克思无疑是生产决定论者,他说“一定的生产决定一定的消费、分配、交换”,“交换的深度、广度和方式都是由生产的发展和结构决定的”。但他也说,当市场扩大时,“消费的需要决定着生产”①。恩格斯则是把生产和交换并列为经济发展的主导。他说:“生产和交换是两种不同的职能”,“这两种社会职能的每一种都处于多半是特殊的外界作用的影响之下,所以都有多半是它自己的特殊规律。但是另一方面,这两种职能在每一瞬间都互相制约,并且互相影响,以至它们可以叫做经济曲线的横坐标和纵坐标。”②我曾按照恩格斯两个坐标的启示写过一篇《试论交换经济史》③,而是倾向于需求主导的。该文是论中国,但缺少实证,所以不是一篇合格的经济史论文。

早期的古典经济学家,都是结合历史实际来提出他们的经济理论的。A. 斯密的《国富论》第三篇就是讲经济史。但自李嘉图起,主流派经济学家强调抽象演绎法,不讲历史实证,从此经济学与经济史分道扬镳。惟 19 世纪中叶兴起的德国历史学派,注意历史实证方法,并提出各种经济发展阶段论。不过,他们的经济发展阶段虽是从古到今,但仍是抽象概念,表现一种历史观,而非经济史。如 B. 希尔德布兰德提出自然经济、货币经济、信用经济三个阶

---

① 马克思:《〈政治经济学批判〉导言》,《马克思恩格斯选集》第 2 卷,人民出版社 1975 年版,第 102 页。

② 恩格斯:《反杜林论》,《马克思恩格斯选集》第 3 卷,人民出版社 1972 年版,第 186 页。

③ 吴承明:《市场 · 近代化 · 经济史论》,云南大学出版社 1996 年版,第 223—241 页。

段的理论。其第一阶段是农民民主社会;第二阶段是自由经济,产生阶级矛盾;第三阶段则是他设想以信用代替货币,以克服货币带来的贫富两极分化,消除阶级矛盾。又如,K. 毕歇尔的三阶段论:第一阶段是封闭的经济,包括种族社会和中世纪庄园,是内部生产和消费,毋需交换。第二阶段是城市经济,指中世纪的城邦(包括郊区农业),是生产者与消费者直接交换。第三阶段是"国民经济",始于中世纪晚期,这时生产者是为市场而生产,商品要经过许多环节才能到达消费者手中。

历史学派解体时期的 W. 桑巴特于 1902 年发表《现代资本主义:自始至今的全欧经济生活历史体系的表述》。他把自古至今欧洲的经济分为三大"经济时代",每个时代又有三或四种"经济体制",而这三大时代实际就是现代资本主义的早期、中期、晚期。尽管桑巴特的经济思想在当时颇有影响,但这种历史分期法则是完全脱离经济史实际的。

19 世纪末 20 世纪初,在美国兴起以 T. 凡勃伦为首的制度学派。鉴于市场经济给社会带来的种种灾难,他们强调制度分析或结构分析,以改进当前的资本主义制度。为此,他们采用历史归纳法或历史比较法来研究问题,因而被称为德国历史学派在美国的变种。

1960 年,美国的 W. W. 罗斯托发表《经济成长的阶段——非共产党宣言》,立即引起经济学尤其经济史学界的注意,并于 1962 年即有中译本出版。他将经济的成长分为五个(后增为六个)阶段,而其中心是"起飞(take-off)阶段"。起飞即工业化,罗斯托把英国工业化定在 1783—1802 年,日本在 1878—1900 年,而中国始于 1952 年。为起飞创造条件,有政治、经济、文化诸方面,而最重要的是农业和资源开发状况；各国差异很大，而共同要求是投资率超过国民收入的10%，以抵消人口增长率。罗斯托的论点颇为新颖，但仍对历史条件注意不够，而以数量分析为主。

事实上，这时候西方经济学全面向数学分析发展，尤其是在美国，经济学家只是忙于建立模型和测试模型，一切问题都由纸上的方程式给出答案，不容有历史的思考。诺贝尔经济学奖获得者R. M. 索洛写过一篇《经济史与经济学》(1985)。他说：经济学家是按照世界的现状或他们想象的状况来建立模型，而经济史学家要问世界是怎样变成这样和你所想象的状况是否真实。经济学与经济史两相隔离。“经济学没有从经济史那里学到什么，经济史从经济学那里得到的和被经济学损害的一样多。”他批评：当代经济史也像经济学那样“同样讲整合，同样讲回归，同样用时间变量代替思考”，而不是从社会制度、文化习俗和人们心态上给经济学提供更广阔的视野。他说：经济史学家“可以利用经济学家提供的工具”，但不要回敬经济学家“同样一碗粥”。[①]

索洛批评的是针对美国流行的计量史学派，但这批评是很中肯的。的确，经济史有广阔的天地，无尽的资源，它应当成为经济学的源，而不是经济学的流。

第三节　新制度学派经济史学

当代经济史学家D. C. 诺斯，原属计量史学(cliometrics)派，曾

① Robert M. Solow. Economic History and Economics, *Economic History*, Vol. 75, No. 2, May 1985.

著《1790—1860年美国经济增长》(1961)、《美国经济史的定量研究》(1963)等。20世纪70年代，自创新的制度经济史学，以与R. P. 托马斯合著的《西方世界的兴起》(1973)和自著《经济史上的结构与变迁》(1981)而闻名于世。《西方世界的兴起》副标题是"一个新经济史"。原来美国称以R. 福格尔为首的计量史学为新经济史，至此又有诺斯的新经济史。实则，当代三大新经济史学，以F. 布罗代尔为首的法国年鉴学派倡行最早，声誉也最隆。

诺斯在《经济史上的结构和变迁》中说："我把按时序解释经济结构及其实绩作为经济史研究的任务。"①这里实绩指总产出和社会收入的分配，而主要指标为人均产值。结构则指制度框架，包括人口、政治经济制度、技术、意识形态。

在《西方世界的兴起》中，诺斯说他的中心论点是："有效率的经济组织是经济增长的关键；一个有效率的经济组织在西欧的发展正是西方兴起的原因所在。"所谓有效率的经济组织就是它"在制度上做出安排和确立所有权以便造成一种刺激，将个人的经济努力变成私人受益率接近社会收益率"②。因而，诺斯认为过去经济学所说技术革新、储蓄和投资、规模经济、人力资本等，都代表经济增长，而非经济增长的原因。经济增长的原因在于制度变迁，即确立和革新产权结构。私人收益率接近社会收益率，是指节约交易成本，即经济组织的效率。

① D. C. 诺斯：《经济史上的结构和变迁》，生活·读书·新知三联书店1991年版，第3页。本书另有中译本《经济史中的结构与经济变迁》，商务印书馆1992年版。

② D. C. 诺斯、R. P. 托马斯：《西方世界的兴起》，华夏出版社1999年版，第5页。

诺斯对于如何运用经济学理论于经济史研究有段精彩的论述。他说:“经济史学家可以使用的‘建筑材料’不外乎古典的、新古典的和马克思的理论。”古典经济学将人口和资源(土地)置于长期的紧张状态(按:指马尔萨斯陷阱),不能解释长期的经济增长;但斯密的以交换和分工作为发展动力的理论“对探索19世纪中期前1000年的人类历程是很有用处的”。新古典经济学以储蓄作为经济增长的动力,以市场相对价格调节资源配置,解除了古典经济学的困境。同时,它讲新知识的弹性供给,讲所有边际上的可替代性,这就“接近于”工业革命后“西方经济所经历的前所未有的增长”的实际。但新古典经济学忽略了国家干预和产权、制度因素,也忽略了习俗、意识形态的作用,不能解释长时期的经济变迁。“在详细描述长期变迁的各种现存理论中,马克思的分析框架是最有说服力的,这恰恰是因为它包括了新古典分析框架所遗漏的所有因素:制度、产权、国家和意识形态。马克思强调在有效率的经济组织中产权的重要作用,以及在现有产权制度与新技术的生产潜力之间产生的不适应性。这是一个根本的贡献。”①

诺斯的经济史理论实际上是由三部分组成的,即产权制度论、国家论、意识形态论,三者中又以产权制度的变迁为经济增长(或负增长)的核心。

其实,诺斯的产权制度理论与马克思的所有制理论是不同的。诺斯所说产权(property right)是指财产权,即所有权(ownership)在法律上的规定;而他所称制度(institution)是指人们行为的规则,不

① D. C. 诺斯:《经济史上的结构和变迁》,生活·读书·新知三联书店1991年版,第66—68页。

是马克思所说的体制(system)。上文"产权制度与新技术"的"不适应",是指马克思所说的生产力与生产关系的矛盾,在诺斯的经济学中没有这种矛盾。诺斯的经济史,是以新古典经济学为分析框架的。不过,新古典经济学把产权和制度视为已定的、不变的东西,诺斯则认为它们在历史上是经常改变的,这种变迁正是经济发展的源泉。

诺斯是需求主导论者。在《西方世界的兴起》中他提出,人类受自身生产能力和环境的约束,只有通过交换即交易这一基本活动,才能获得多于自身的收益和安全保障。而任何时候,产权都是交易的先决条件,物各有主,才能进行交易。产权有多种形式,产权明确,制度改善,乃使交易扩大,经济发展。特别像确立专利权、知识产权,科学文化才能昌盛。然而,一项产权制度,从设计、协商、立法到监督执行,以至纠纷仲裁或审判,都需要花费成本。所有交易,如取得信息、达成协议、委托代理人以及执行协议中的衡量、检验、运输、保险,都需要成本或费用。大企业可将部分市场交易变为内部调拨,但这要增加内部考核费用。随着分工和专业化发展,交易环节增多,交易费用也增大。新古典经济学忽略了交易费用,是个失误。由于交易费用的存在,社会总产出中个人的收益率总是小于社会受益率。制度革新,如果不能保证个人收益,便行不通。这正是历史上产权制度的变革长期落后于发展的要求,以致经济陷于停滞的时期总是多于经济发展时期的原因。

诺斯的国家理论以启蒙运动以来的契约说为基础,并把历史上君王与臣民、领主与农奴的关系都视为契约关系,双方都是按照收益最大化行事。国家以公共产品,即保护和公正,与个人或集团相交换,获得租(这里保护指国防、治安等服务;公正指司法、仲裁等服务;租指权力的报酬,即税收)。国家为使租最大化,给个人和集团界定产权,制定各种交易规则,以扩大社会产出而增加税收。但如前所述,制定尤其是革新产权制度是需要费用的。国家扩充行政机构,尤其像扩充军备需要更大的费用,以至人民不堪税负。按契约说,选民按照机会成本原则,可以选择另一政权(政党)来代替现有的统治者,或发动革命。因此,统治者总是受到竞争的约束和交易成本的约束,这两种约束都会使国家常保持低效率的产权结构,以至经济衰退。因此,从历史上看,国家是经济增长的机制,也是人为的经济衰退的根源。

诺斯的意识形态理论着眼于利用合理的价值观来推行新的产权制度,利用道德、伦理规范来约束“搭便车”(free rider)行为,即享受制度给予的便利而不付费的行为。他说:意识形态是一种节约机制,人们认识他们所处环境,从而使决策简单易行。道德、伦理观念使人们合理评价收入的分配,从而使社会稳定有序,避免“搭便车”。他说:新古典经济学把经济变化只归之于市场相对价格的变动,这不能解释历史上长期的经济兴衰,“因为不断演变的意识形态观念使得个人和集体对自身地位的公平性产生相互对立的观点,并使他们按照这些观点而行动”①。这显然是指社会冲突和阶级矛盾。他要求通过教育和其他途径,塑造人们的意识形态,以实现社会稳定。

20世纪80年代,诺斯的经济史理论在中国曾引起了巨大的学习热潮。这是因为当时中国正在进行体制改革,希望从西方产权

① D. C. 诺斯:《经济史中的结构与经济变迁》,商务印书馆1992年版,第64页。

制度学派的经济学中汲取一些教益，因而在历史学方面，也掀起了用诺斯的理论来研究中国经济史的风气。许多青年学者投身于此，并取得不少成果。而在实际研究中，也发现诺斯理论的缺陷，提出改正的见解。

制度属于上层建筑，制度的良窳及其有效性对经济增长（负增长）有重要的作用，但把它作为历史上经济盛衰的惟一原因，则不符合方法论的原则。制度的良窳是对时代环境而言，包括自然环境和社会环境，没有绝对的标准。产权问题尤其如此，没有千古不变的形式。交易成本是新制度学派一大发明，但其作用不宜夸大。历史上经济的发展不是线性的，结构也许更重要。这在方法论上就要求排除单一因果链，也就是说，没有任何一种因素可以解释全部历史的发展。诺斯的《经济史上的结构和变迁》分理论、历史两大篇。在理论篇中，讲得头头是道，而在历史篇中，尤其是古代和中世纪史部分，则往往与理论脱节，甚至抵牾。许多重大变迁，只能归之于战争、政治、黑死病，而非制度。

历史并不是按照某种理论模式演进的。理论是当代人创造的，不能解释全部历史。J. R. 希克斯在《经济史理论》（1969）的开章篇说："许多人说，理论和历史是对立的，情况最好也不能兼而有之，一个历史学家的本行不是以理论的术语来进行思考。"①作为经济史学家，希克斯说，历史现象"有些可用统计上的一致性来讨论"，有些则不能。又说："当我们注意的是一般现象时，理论（经济理论或其他社会理论）便可能是合适的，反之则往往不合适"。②

---

① J. R. 希克斯:《经济史理论》，商务印书馆 1987 年版，第 5 页。

② 同上书，第 7、8 页。

在经济史研究中，一切经济理论都应视为方法论。在社会制度史的研究中，我以为应当区别不同性质的变革，采取不同的方法。马克思所说的社会形态或生产方式的变革，是最根本性的变革。虽然不是每个社会都必然经过这四种或五种生产方式，但总有相当的共同性或一般性。其次是体制的变革，也是具有根本性的，在历史上是属于革命行为，如司马迁所说“通古今之变”中的“道”的变革。这在古代社会，各具个性；但在近代，特别是在传统经济向现代化经济转换中，则具有很大的共同性或一般性，以致许多现代经济学理论，都可有选择地作为研究方法。再次是具体的、个别的制度的改革，如刘晏、王安石的变法，那是具有浓厚的民族性和地域性的，研究时必须重视传统和环境条件。但从类性上说，如地租、役政、税制、劳动组织等，也有共同的功能，相应的理论可做比较研究。

制度以外，诺斯的理论，作为研究方法，恐怕最令人困惑的是他的国家论和意识形态论。他说国家是经济增长的机制，也是人为的经济衰退的根源，此话不错。但他把18世纪欧洲建立民族统一国家时的契约说和国家收益最大化作为千古一致的理论，则不能使人信服。中国早在秦汉就是一个具有民族认同感的统一国家，并且直到今天，国家都在经济上具有突出的以至支配性作用，中国的经验远超过了诺斯的理论。至于意识形态，乃是一个民族历史存在的灵魂，关系至大。诺斯只把它看作是辅助官方制度、规范人们行为，防止“搭便车”的工具，未免视野太狭隘了。近年来中国学者的研究，一般认为儒家思想及其演化，在长时期内是经济稳定和发展的积极因素，只是在由传统经济向近代化的转变中，显现其消极作用。在我看来，16、17世纪之交的启蒙思潮也是不可忽视的。

第七章　社会学理论与经济史研究

第一节　社会学与历史学

社会学与历史学关系密切。历史学原来就有社会史的内容。19世纪中叶，社会学成为一门独立学科，创造出自己的理论和方法，大大有益于历史尤其是经济史的研究。

中国传统的纪传体史学着重政治史和上层人物的活动，甚少社会内容。梁启超曾痛其弊曰“知有个人而不知有群体”，并于《新史学》中倡议“叙述人群进化之现象而求其公理之例”①，这显然是受A.孔德、H.斯宾塞的实证主义社会学的影响。1903年严复首先将斯宾塞的《社会学研究》介绍到中国，译名《群学肄言》。留学英国归来的中国第一位社会学家陶孟和，于1926—1952年领导社会调查所、中央研究院社会科学研究所、社会研究所（实为一个机构递嬗）凡27年。陶孟和十分重视社会经济问题，于1932年创刊《中国社会经济史集刊》。陶希圣于1934年创刊的《食货》半月刊也是经济史与社会史并重的。两刊都聚集了大批专家，对中国社

① 梁启超：《中国历史研究法》，上海古籍出版社2000年版，第8页。

会经济史的研究作出重要贡献。解放后,《中国社会经济史集刊》停刊,而于 1952 年的教育改革中,取消大学的社会学课程,陶孟和领导的社会研究所也改为经济研究所,社会学成为学术禁区,史学界也不敢研究社会问题了。揆其故大约是,当时中国"左"倾思想正盛,倡以阶级斗争为纲;而西方的社会学大多是讲进化论的,主张社会和谐稳定,以利发展。当时占主流思想的结构功能学派,即认为社会各系统的功能都在于维护整体的均衡,而社会研究的目的就在于促进社会的稳定。这样,社会学在中国沉寂了 27 年,直到 1979 年中共十一届三中全会提出改革开放政策,才幡然改观。国内也讲安定团结了,后来甚至提出构建和谐社会。大学恢复社会学课程,中国社会科学院再建社会学研究所,各种社会福利和调查研究机构林立。史学界也重新与社会研究结合,著述琳琅满目,并出现以傅衣凌为首的社会经济史学派。

这是说中国。其实在西方,社会学也不是与历史学亲密无间的。孔德是在法国大革命后王朝复辟的动荡时代,在《有关重组社会计划》(1822)中首次提出"社会学",目的在重建自由的社会,受到进步人士的热烈拥护。但他的社会学理论是在他的《实证哲学教程》第四卷(1838)中,作为研究社会、经济、历史的一门学科提出的。此论发表不久,就受到历史哲学家的批判,从德国的狄尔泰、文德尔班、李凯尔特到意大利的克罗齐,到英国的柯林伍德达到高峰。这在本书第五章第三节已作了介绍。另外,历史学家与社会学家治学的风格迥异,也招致隔阂。历史学家讲究史实根据,考证入微。而当时孔德、斯宾塞的社会学还主要是用概念、范畴构建理论,对于家庭、族群、社区等具体活动尚少调查材料,历史学家讥为空谈。占主流地位的兰克史学原主攻政治史、军事史,这时正由编年史进入国家档案的研究，特重外交。他们认为军国大事和外交策略才是历史的严肃内容，而那些社会现象只是琐闻杂记，无足轻重，对于那种“没有人名的历史”（指社会史），不足一顾。而社会学家注意基层组织和群体意识形态，往往不屑于谈政治，更蔑视英雄伟人。斯宾塞说，那些君主的传记对于社会研究没有任何启示。

19 世纪末 20 世纪初，情况有了很大的变化，历史学与社会学密切合作了。这首先是出现了两位学誉并隆的社会学大师，即法国的 D. E. 涂尔干（或译迪尔凯姆，1858—1917 年）和德国的 M. 韦伯（1864—1920 年），而他们也都是历史学家。

涂尔干著《社会分工论》（1893），认为“集体生活并非产生于个人生活，相反，个人生活是从集体生活产生出来的”①。由于劳动分工和专业化，人类社会由古代同质的（同一劳动）、由集体意识结合起来的乡村组织，演变为异质的（各有专业和图谋）、由国家和法律强制性结合起来的近代社会。这种演变是社会的进步，但也带来“失范”：集体意志消失，道德衰退，工商业危机，劳资冲突，学术界彼此不信任等。社会学研究，就在于稳定社会群体，尤其是职业群体，“使这些群体更加牢靠地留住个人，个人更加依恋群体”。②在方法论上，涂尔干也是实证主义者，他不像孔德、斯宾塞那样从概念上研究社会，而是主张把社会现象当作客观事物（choses），一

---

① 涂尔干：《社会分工论》，生活·读书·新知三联书店 2000 年版，第 236 页。本书原名《社会劳动分工：超社会组织的研究》（*De la division du travail social: Etude sur l'organization des sociétés supérieures*）。

② 同上书，第 356 页。

件件去探讨它们。这就进入历史学了。在他的名著《社会学研究方法论》(1895)中,把社会现象定义为“独立于个人”而“由外界强制力作用于个人而使人感受的”现象。[①] 对于这种社会现象,要分析它的“功能”,更要考察产生这一现象的原因,即因果分析。涂尔干本人就研究过自杀、宗教、教育等社会现象,并用统计方法分析自杀的原因,得出自杀是源于社会因素,而非个人心理失衡的结论。他说“社会现象的原因必须从社会环境中去寻找”,因果分析必须“从社会内部去进行”,那种把原因归之于个人的学说(按:指心理学派、功利学派社会学)的错误在于:“用社会的部分去解释与这些部分性质不同的社会整体。”[②]这就是整体论方法。

韦伯是历史学家、经济学家、政治活动家,40 岁以后研究社会学,成为独树一帜的社会学家。孔德、斯宾塞认为,社会是自然的一部分,社会关系是客观存在的,因而要用研究自然的科学方法即实证主义的方法去研究社会。韦伯认为,社会是个体即人有意识的行动(或行为,action, agent)建构出来的,被称为建构主义(constructionism)的社会学。社会学的任务即在于诠释(理解)主体人的行动怎样建构这个社会,故其社会学又被称为诠释的社会学。诠释要理解主体和主体间的意向即动机,又要理解他们行动的成果即客体,而重点是探讨其因果关系。这样,韦伯的社会学,在方法论上几乎与历史学尤其是狄尔泰的诠释学完全一致,他也和狄尔泰一样,认为理解社会不能用从外部分析的实证主义方法,只能用“移情”的方法从内部来诠释。不过,狄尔泰的诠释学是诠释历

① 迪尔凯姆:《社会学研究方法论》,华夏出版社 1988 年版,第 12 页。
② 同上书,第 96 页。

史文本，社会学没有什么文本，而是诠释人们的行动。

韦伯是个理性主义者。他的名著《经济与社会》[①]就在于解释家庭、村社、田庄和军事政治群体怎样通过理性化过程转变为现代资本主义社会。韦伯首次提出目的理性和价值理性的概念。他对目的理性的定义晦涩难懂，我在第三章第二节作了解释。他对价值理性的定义比较明白，意在说明伦理道德行为应该是不计后果的，例如为获得好名声或善报而行善，就不是理性行为了。[②] 韦伯的社会学实际是研究目的理性行动的，而那些传统式（习俗）行动、感情式行动以至价值理性行动，乃是对目的理性的偏离。在社会的进步中，最重要的理性活动是货币和市场的出现，因为它们使任何人可以计算功效。中国人最熟悉的是韦伯的《新教理论与资本主义精神》（1905）和《儒教与道教》（1915）。前书以加尔文新教要求教徒勤劳、节俭、拼命赚钱以完成上帝给予的天职，是建构现代社会的资本主义精神。后文则认为中国儒生不敬上帝、不做礼拜、仅孝父母和稻粱谋是发展不出资本主义的。话有点荒唐，而其实际意思是，中国文化，迄 1915 年，背离了目的理性。

19 世纪末 20 世纪初，西方历史学界也发生了变化，他们不满于单纯的政治、军事、外交史，而专注于社会、经济、劳动和文化。

---

① 《经济与社会》是 M. 韦伯未完成的著作，由他的夫人和追随者编辑，首次发表于 1920—1921 年，后有多种版本，内容各异。中文本由林荣远译，商务印书馆 1997 年版；李强译（改名《经济、诸社会领域及权力》）三联书店 1998 年版；以及周武彪的提要版，载《西方社会学名著提要》，江西人民出版社 2000 年版。

② 韦伯关于目的理性的定义见本书第 134 页注②。他关于价值理性（Wertrationalität, value-rationality）的定义是："价值合乎理性的，即通过有意识地对一个特定的举止的——伦理的、美学的、宗教的或作任何其他阐释的——无条件的固有价值的纯粹信仰，不管是否取得成就。"《经济与社会》上卷，商务印书馆 1997 年版，第 56 页。

最早是德国的K.兰普雷希特，他反对正统史学之专注于“政治和伟人”，要求写包括社会心理的“群体历史”。他的《德国史》(1891—1909)曾引起一场争论。美国的F.J.特纳提出历史要“全方位考虑人的活动”，并把区域史和地理环境引入他的历史著作。美国的J.H.鲁滨逊著《新史学》(1912)，说“一切关于人类在世界上出现以来所作的或所想的事业与痕迹，都应该包括在历史范围之内。大到可以描写各民族的兴亡，小到描写一个最平凡的人物的习惯与感情”。他主张用综合方法解释历史，把经济学、社会学、人类学、心理学的观点都吸收进来。经济学家、社会学家、人类学家的思想，“无疑地跑得太快，失去分寸”，但历史学家不能抱残守缺，“心安理得地什么也不去想了”。①

经济史学这时已经从历史学中分离出来，进入20世纪，日益注意社会研究，出现社会经济史的大师。德国的W.桑巴特以研究资本主义的发展著名，而晚年更著《国民经济与社会学》(1930)、《社会学》(1936)。英国的R.H.托尼是人口与土地问题专家，但其《贪得无厌的社会》(1920)、《宗教与资本主义的兴起》(1926)则进入社会史。美国的J.W.汤普逊受鲁滨逊的影响，著《中世纪经济社会史》(1928)，寓论于史，经济与社会统一。W.C.米切尔是货币史专家，但也用韦伯的社会行动理论研究经济制度，创建并主持社会研究所。比利时的H.皮朗以《比利时史》著名，然亦著《中世纪的城市》(1925)属社会经济史。当然，最为著称的是法国1929年创刊的《经济社会史年鉴》和随之形成的法国年鉴学派，成为经济史与社会学相结合的研究中心，名家辈出，享誉世界，这将于下节

① J.H.鲁滨逊：《新史学》，商务印书馆1964年版，第3、70页。

专述。

涂尔干于1917年、韦伯于1920年去世，社会学研究中心由欧洲移到美国。美国人是实用主义者，重现实而轻历史。第一次世界大战后，美国社会学家主要研究人口问题、劳工问题、社会福利问题、妇女儿童问题，这些研究也涉及历史，但属专业史。自B. K. 马林诺夫斯基倡行田野工作以来，社会学家也日益重视社会调查，并创立了一套科学的调查方法，成为社会学的一个专业（其实这对历史学是非常有益的，特别是多次横断面追踪调查法）。理论方面，韦伯的后继者分化为不同学派，但除德国人A. 舒茨外大多不重视历史，社会学与历史学再次隔阂。舒茨著《社会世界的现象学》（1932），显系受E. 胡塞尔影响。涂尔干、韦伯以后，西方社会学中最突出的人物当属美国的T. 帕森斯（1902—1979年），他的社会学理论被称为"结构功能主义"，在两次世界大战之间，有称霸学坛之势。

功能主义是社会学的传统，始于斯宾塞。如前所说，斯宾塞认为，社会每个组成部分的功能（职能、作用）都在于维护整体的生存和发展，最好是像生物有机体那样，四肢的动作都服从头脑，没有矛盾。但社会的各组成部分总是有矛盾的，意大利的V. 帕累托看到这点，提出动态均衡理论说，各部门的功能一旦失衡，就会有一种力量使它恢复均衡。英国人类学家B. K. 马林诺夫斯基研究民族文化各要素的活动，它们相互作用，有效地构成文化整体，被称为人类学功能主义的创始人。帕森斯重视文化功能，并采取均衡说。而历史学家则一贯不喜欢功能主义，因为历史上社会平稳的日子没什么可说，他们更重视动乱与战争。

结构主义始于马克思的基础与上层建筑学说，并因此导出历史上相继出现的各种社会形态。社会学家认为,马克思的学说是经济决定论,有违以人为主体的建构主义,故少采用。其实马克思早已指出人因受物质条件物化或异化,才服从于现行不合理的社会结构,而终究是要推翻它,因而是一种批判的结构主义。历史学方面,法国的年鉴学派和后来的 M. 福柯的结构主义都是由批判的结构主义发展而来。到二十世纪四五十年代,又兴起经济学和文化学的结构主义。经济学的结构主义是把经济部门结构的优化(反映资源配置的合理化)作为经济增长的主要标志,代替了生产力的线性增长,而把经济增长的失败归之于结构危机。文化方面,则有法国人类学家 C. 列维－斯特劳斯创结构分析法,将文化现象分解为若干基本要素,考察其相互转变的过程,以及转变中的中介状态。帕森斯大约也吸取了马克思和列维－斯特劳斯的结构主义思想,用于功能学说,创建了一套独特的社会功能的结构模型。

帕森斯的模型是把社会行动分为 A、G、I、L 四个功能系统:A 是适应(Adaptation)系统,其功能在于从外界获取资源并加以改造,以适应人类生存,实即经济系统。G 是达成目标(Goal attainment)系统,即决策和实现目标的政治系统。I 是整合(Integration)系统,其功能在于保持社会团结一致,如法律、宗教、社团等均属之。L 是潜在因素(Latency),即维护正常状态(pattern maintenance)的系统,亦即家庭、教育、传播思想的文化系统。这种功能结构能维护整个社会行动的均衡,并能适应社会变迁或冲突而恢复均衡。帕森斯的这种模型是建立在逻辑实证主义之上的,而非以经验实证为据,因而是脱离历史的。在他的模型中,行动者或者主体不是具体的人,而是观念的角色,乃至于讲社会结构的历史变迁时,他也是用

“扩散性角色”、“专一性角色”等术语①,而避免用历史的语言。在帕森斯和哈佛社会关系学院(帕氏任院长)诸公的著作中,都很少讲历史,不用历史实证主义。

第二次世界大战之后,西方社会学也和经济学、历史学一样,发生很大的动荡和反思。有人强调社会上个人之间的交往关系,提出“符号互动主义”、“日常生活方法论”等主观社会学。有人继承帕累托传统,倡行“社会交换理论”,把人与人之间的关系看成是计算利益得失的交换行为。而最大的思潮是“社会冲突理论”和“社会批判论”的兴起,两者多少都受马克思主义的影响。原来马克思的历史唯物主义提供了丰富的社会学原理,再如结构主义、社会交往理论、异化论等也都是马克思首倡的。但在 19 世纪,马克思的社会学思想受到建构主义、功能主义和帕累托功利主义的抵制,第一次世界大战后才逐渐受到重视,第二次世界大战后广为流行起来。二战后的社会冲突论是针对帕森斯结构功能主义过于强调均衡、稳定而发起的,先后有美国的 W. 米尔斯、德国的 R. 达伦多夫、美国的 L. 科塞多家。他们强调社会结构的强制性,社会冲突的普遍性,以至认为冲突是社会进化的动力。社会批判论也有多家,德国法兰克福学派的代表人物 M. 霍克海默和 T. 阿多尔诺,以及 H. 马尔库塞,都是赫赫有名的人物。他们继承马克思的批判社会学,当然又都有自己的见解,而不是“原教旨主义”的马克思主义了。

二战后西方社会学众说纷纭,到 20 世纪 80 年代,逐渐集中为三大理论,成鼎足之势。这就是:以美国 J. C. 亚历山大为首的“新

① T. 帕森斯:《经济与社会》,华夏出版社 1989 年版,第 34、35 页。

功能主义”，英国 A. 吉登斯的“结构化理论”，德国 J. 哈贝马斯的“交往行动理论”。哈贝马斯的交往（沟通）行动理论，自称是“重建历史唯物主义”，已于第四章第二节详为介绍，这里从略。所谓“新功能主义”是坚持功能主义分析模式的一个力图综合各家学说的松散学派，以美国学者为主，也有德国、英国学者。亚历山大本人是继承帕森斯传统，而对帕森斯之反经验主义、反社会变迁（即反历史）、反个人主义（即反主观社会学）有所修正。他容纳了对立派思想，甚至冲突论、批判论。他在分析每个主题时（他以行动、秩序和怎样由个人到社会为主题），往往首列马克思的观点，再列各家观点，取长补短，足见马克思思想在二战后的重要地位。而另一位新功能主义者德国的 N. 卢曼，也是从个人互动怎样到社会组织为主题综合各家的理论，但提出他自己的《社会分化》（1982）理论，其精彩之处几乎与哈贝马斯的交往（沟通）理论一致。卢曼与哈贝马斯的书同时出版，难说谁影响谁，其实，他们的交往理论都源于马克思。

吉登斯的“结构化理论”也是调和各派思想的，但亦可称独树一帜。原来，古典社会学家都坚持部分属于整体、社会优先于个人，因而社会结构对个人行动有约束力。功能主义者认为社会结构是由社会各系统的功能形成的，对个人来说是客观存在，研究它约束个人行动，也就是用宏观社会现象来解释微观行动。第二次世界大战后，美国兴起主观社会学，认为社会结构、社会制度是由行动者个人有意识地建构的，如交换理论、符号互动主义、日常生活方法论等社会学派均属之。这种研究是用微观行动来解释社会宏观现象。主观与客观、微观与宏观的对立成为二战后社会学界争论的焦点。

吉登斯认为，社会的宏观现象（社会结构、社会制度）与微观现象（个人行动、有意识地建构）两者并不是互相独立存在，它们具有二重性，是互相包容、互相促进的。行动者建构社会，即行动"结构化"；社会结构提供行动者以选择（即所谓约束），于是行动再建构社会，即行动再结构化。这就消解了宏观与微观、主观与客观、行动与结构的对立。然而，吉登斯的独树一帜不在于消解这些对立，而在于他对"结构化"的定义和理解。他认为，人类是在获取和利用物质资源的过程中建构社会，使行动结构化的。也就是说，结构 = 资源 + 规则。这显然是受马克思基础与上层建筑理论的影响，不过在社会的再生产中，他更注意结构（上层建筑）的作用。吉登斯还认为，行动的结构化总是在一定的时空条件下进行的，行动的模式本质上是历史的。它批判某些社会学家（实指逻辑实证主义者）要求建立"非历史的"（ahistorical）社会定律是荒谬的。

1990 年吉登斯出版《现代性的后果》。他不满意于后现代主义者之否定现代性，而提出了一个应付现代化危机的"乌托邦现实主义"的方案。它实际是号召个人积极参与各种社会运动（劳工运动、言论自由和民主运动、和平运动、生态运动），造成"解放的政治"和"生活的政治"，重建平等自由的社会。他说："社会运动为我们显露了可能的未来的曙光，而且在某些方面它们成了通向未来的车轮。"①这也就是个人行动再生产的结构化，微观行动再生产宏观社会。吉登斯的这个方案是很低调的，被讥为"中间路线"。

① 安东尼 · 吉登斯：《现代性的后果》，译林出版社 2000 年版，第 141—142 页。

我也认为他这个改造社会的方案无足取，但他在论述现代化危机中的历史观却很有意义，特为介绍如下。

吉登斯说，当前全球化的现代化危机表明人类历史的一次“断裂”。人类历史经历过多次断裂，马克思的几种社会形态论就是断裂。他认为，后现代主义者提出的种种理论并不能“超越”历史，只表示启蒙运动以来进化论历史观的终结。吉登斯认为，历史是多元的，没有固定的形式，历史发展没有目的性，没有一个总的发展方向，也没有一个普遍性的发展动力。“历史并不具有由进化论概念所创造的总体性形式”，也不具有“进化论的方向”。[①] 今天人们对现代性的研究是一种对历史的“反思”。历史需要反思，特别在断裂的时候。“从根本的意义上说，反思性是对所有人类活动特征的界定”，而社会学则是“用最普遍化的方式反思现代社会生活”。[②] 在这种反思中，“再没有什么知识仍是‘原来’意义上的知识了，在原来的意义上，‘知道’就是能确定”，而今天变成了不确定，变成“与认识论中的原教旨主义决裂”，[③]与神意论的历史观决裂，与进化论的历史观决裂。而这就是历史性，历史的本性。“历史性意味着，运用过去的知识，作为与过去决裂的手段，或者，仅仅保留那些在原则上被证明是合理的东西。历史性实际上主要是要引导我们走向未来。未来被看成在本质上是开放的”。[④] 反思、与过去决裂、发展未来，也就是以史为鉴。吉登斯在政治上是折衷主义，在历史观上则颇为可取。

---

① 安东尼·吉登斯：《现代性的后果》，译林出版社 2000 年版，第 5、44 页。

② 同上书，第 32、36 页。

③ 同上书，第 35、42 页。

④ 同上书，第 44—45 页。

第二节　法国年鉴学派

法国是社会学的故乡,年鉴学派史学是经济史与社会学结合的典范。孔德的社会学原理已于1838年问世,而当时法国流行的还是兰克学派历史主义的史学。兰克的再传弟子G.莫诺德(1844—1912年)于1876年创刊《法国史学杂志》,专刊考证文章,不谈社会理论,发行三十余年。1893年,涂尔干的《社会分工论》出版。涂尔干认为,社会活动不能还原为个人行为,反之,个人行为只有放在社会行动中才能得到解释。同时,他提倡比较研究法,认为这是研究社会行动的最好方法。这两者均深深感动新的历史学家。1900年,亨利·贝尔(1872—1954年)创办《历史综合评论》,提倡将各种科学融入历史研究,尤其是社会学、心理学、地理学。爱因斯坦曾为该刊撰稿,而年鉴学派的创始人L.费弗尔(1878—1956年)、M.布洛赫(1886—1944年)均先后参加该刊工作。1929年,费弗尔和布洛赫共同创刊《社会经济史年鉴》(*Annales d'histoire économique et sociale*),1942年扩大篇幅,改名《经济·社会·文化年鉴》(*Annales economies, sociétés, civilisations*),声誉日隆,迄今仍在发行。Annals原意历史、编年史,并非指年刊。该刊聚集了大批史学家尤其经济史学家,被称为年鉴学派。年鉴学派第二代代表人物F.布罗代尔(1902—1985年),以卓越的著作完成了总体史学体系,饮誉世界,成为当代最伟大的史学家之一。

法国年鉴学派已有七十余年历史,在中国早有介绍,布罗代尔的重要著作《菲利浦二世时代的地中海和地中海国家》(1949)、

《15—18 世纪的物质文明、经济和资本主义》(1981)早已译为中文,近期又有布氏的《资本主义论丛》、《资本主义动力》中译本出版。因而我对该学派不再置言,仅就其方法论方面略作评价。

总体论(holism)或总体观察(holistic perspective)是年鉴学派著称的治学方法,通常说有三个含义:"总体先于部分"、"总体大于部分之和"、"总体即各部分关系总和"。实际上,所谓总体论或整体论就是结构主义,社会不是由同质的人群相加而成,而是由不同质的领域有机结合而成的结构。布罗代尔特别重视自然环境、地理环境和人们心态这个领域,当然要考察经济活动、政治活动、文化活动的领域。每个领域都是在总体关系中活动的,在考察时,要先看总体结构,再考察部分与总体的关系,部分与部分的关系,即总体的结构关系。史学家彼得·伯克说,布罗代尔的总体论"不是对历史事实作事无巨细的叙述,而是强调人类的不同探求领域之间的关系"①。事实上,年鉴学派的这种考察主要不是用叙述的方法,而是用分析的方法,并注重计量分析法。

上节已言及,结构主义始于马克思,年鉴学派总体论的具体内容虽然与马克思的提法不同,但仍是继承马克思理论的。布罗代尔在《历史和社会科学:长时段》一文中说:"马克思的天才,马克思的影响经久不衰的秘密,正是他首先从历史长时段出发,制造了真正的社会模式。"②这里模式指社会形态。布罗代尔的"长时段"即他的"结构史",是取法马克思的。其实不仅是结构史,年鉴学派的

① 彼得·伯克:《历史学与社会理论·前言》,上海人民出版社 2001 年版,第 2 页。

② 该文作于 1954 年,中译文收入蔡少卿编:《再现过去·社会史的理论视野》,浙江人民出版社 1988 年版。

许多观点，都是马克思早已提示的。该学派第三代代表人物 J. 勒高夫写《新史学》说："在许多方法，如带着问题研究历史，跨学科研究，长时段和整体观察等，马克思是新史学大师之一。"①带着问题研究历史是费弗尔创刊《年鉴》时期的主张，当时年鉴学派被称为"问题史学"，即提出问题，然后解答。费弗尔说："任何一个历史学家，即使从来没有读过一句马克思著作……也要用马克思的方法来思考和理解事实与例证。"②

最受人注意的布罗代尔的"多元时间"治史方法。费弗尔、布洛赫、布罗代尔都处于多事之秋，他们都参加了第一次和第二次世界大战，布洛赫被纳粹杀害，布氏被监集中营 5 年。他们对连续不断的政变、事变、战争困惑不解，感到不能从事件本身寻找其因果关系，也不能像历史哲学家那样从本体论、人性论上得到解释。费弗尔认为考察历史事件的时间空间背景越大，它的意义就越深刻，方法就是从相关学科中发现相互关系。他曾逐一研究历史地理学、社会学、宗教史，最后著《历史心理学——一个总的看法》，希望创造一门"社会心态史"，来解释社会变化的缘由。布洛赫首先提出"时代层次"论。他主张研究历史要从现实开始。无论从感觉经验层次说，或从理性认识层次说，从现实出发都是理解历史时代的最佳途径。而任何社会现象都与当时时代的总体社会环境分不开，要充分领略当时的"时代气氛"。布洛赫的《法国农村史》(1931)就是用这种方法著作的典型。该书论述法国古代、中世纪

① 《新史学》中译文收入《再现过去·社会史的理论视野》，浙江人民出版社 1988 年版。

② 转引自张广智：《克丽奥之路——历史长河中的西方史学》，复旦大学出版社 1989 年版，第 264 页。

和近代早期的农业生产和庄园制度，但是在论物质生产除犁的使用外都很扼要，而把四分之三的篇幅放在庄园制度方面。因为制度变迁反映时代精神，正是这种时代意识使得16世纪英国、德国农村已逐渐形成大地主经营制，而法国仍然是小农经济。这种方法对解释中国小农经济的长期延续是很有教益的。①

布罗代尔的"多元时间"治史方法是在亨利·贝尔的综合法、费弗尔的相关学科法和布洛赫的时代层次法的基础上创造的。他认为，人是生活在瞬息变动的短时段，但他同时也是生活在为期几十年的中时段和为期上百年的历史长时段之中。作为历史学家，就不能只是看到瞬息即变的短时段的事件，而必须认识中时段的社会变迁，长时段的社会结构的变迁。布罗代尔在纳粹集中营完成的《菲利浦二世时代的地中海和地中海国家》(1949)是他"多元时间"法的典范。该书分为三个部分。第一部分是人与其环境的叙述，包括自然环境、地理环境，诸如气候、生态、海洋、交通、城市分布等。还包括社会心态，如习俗、宗教、婚姻、生死观等。这些东西变迁极其缓慢，动辄以百年计。后来布氏把这种记述称为"长时段"或"地理时间"的历史，称这种历史为"结构史"(构造史)，简称"结构"，它规定着社会经济发展的边界，制约着中时段的历史。第二部分包括经济史、社会史、国家史、文化史等。后来布氏把它们称为"中时段"或"社会时间"的历史，称这种历史为"情态史"(动态史)，简称"局势"，它制约着短时段事件的发生。第三部分即传统史学所描绘的政治变动、外交折冲、战争、人物业绩等，都是声势

① 参见马克·布洛赫:《法国农村史》，商务印书馆1991年版，特别是陈振汉为该书中译本所作的序言。

喧嚣但转瞬即逝的事情。后来布氏把它们称为“短时段”或“个体时间”的历史,它们是“事件史”,简称“事件”。多元时间的历史即由结构、局势、事件组成,示意如下表。

布罗代尔·多元时间

	长时段	中时段	短时段
时间	地理时间 以世纪计	社会时间 10—50 年	个体时间 编年史
历史	结构史(构造史) 长周期 结构	情态史(动态史) 中周期 局势	事件史 短周期 事件
内含	自然环境 地理环境 社会心态	经济史 社会史 国家史 文化史	政治变动 人物、外交 立法 战争

在这种多元的历史中,布罗代尔十分重视长时段的结构史而轻视短时段的事件史。1979 年他发表《历史与社会科学:长时段》一文,认为长时段的结构是历史的基础,它常常规定了人们无法超越的边界,而眼花缭乱的短时段的事件最容易造成误解和最无预见力。1981 年他发表三卷本《15—18 世纪的物质文明、经济和资本主义》巨著的第一卷。第一卷的标题是“日常生活的结构”,副标题是“可能的限度”。这一卷讲述了15—18世纪欧洲的人口、资源、能源、技术水平,以及群众的衣、食、住、行、信仰、习俗、风尚等。他说,这种看似稳定的结构,规定了人们的活动什么是可能的,什么是不可能的,什么是通过努力可以做到的,什么是无论如何都做不到的。这几乎是一种历史决定论。他在该书第三卷中说:“我确实认为,资本主义不可能由于‘内在的’衰败而自动垮台;为使资本主

义垮台，必须有极大的外力冲击和可靠的代替方法。”[①]此前他曾说过，“我的历史观是悲观主义的”，“今日世界90%是过去造成的，人们只在一个极小的范围内活动。”[②]他还在《法兰西的特性》中说：“在长时段历史中，人的自由和责任具有局限性。人并不是历史的创造者，反倒是历史造就着人，并且为人卸除责任。”[③]布罗代尔这种重视长时段的观点曾受到人们非议，认为他忽视了人的能动性。

最后来看布罗代尔关于资本主义的理论。布氏认为，资本主义是个长时段的历史发展过程，它在人类社会初期就“潜在的”存在，“寄生”于奴隶制和封建制社会，11世纪在南欧形成。这以后，资本主义从13世纪到20世纪经历了四个长周期（长波）。原来前人已有几种关于资本主义的周期理论。布氏承认J.基欣提出的3—4年的短周期，认为适用于短时段；N.D.康德拉捷夫提出的50—60年的长周期，认为适用于中时段。布氏提出的，则是长达100年左右的“结构周期”。例如，通常西方经济史所说的16世纪繁荣，即布氏第二个周期的上升期，所说的17世纪危机，即这个周期的“结构危机”。布氏所处的年代，正值1970年开始的经济萎缩，乃是他所称第四个周期的结构危机。这种结构周期的原因很复杂，尚难解释，但布氏断言，它绝非国家政策和市场运作所能左右的。

---

① F.布罗代尔：《15—18世纪的物质文明、经济和资本主义》第3卷，生活·读书·新知三联书店1993年版，第729页。

② F.布罗代尔：《15—18世纪的物质文明、经济和资本主义》，代序，生活·读者·新知三联书店1993年版，第18页。

③ F.布罗代尔：《法兰西的特性：空间和历史》，商务印书馆1994年版，第44—45页。

布罗代尔认为，在结构周期上升的百年，固然全面繁荣，但长期看，劳动者的实际收入可能是下降的。在结构周期的下降时期，资本利润日削，但物价长期下跌，劳动者可能受益；在危机时期，往往招致小商小贩的活跃；而在经济上升时期，思想却日趋保守，不想改进；危机到来，往往会思想解放，文化蓬勃发展。总之，长时段分析，会发现许多问题，不是那些短视的政治家和经济决策者所能认识的。

布罗代尔同意 I. 沃勒斯坦的看法：资本主义有一个世界中心，它与整个世界的关系是中心—半边缘—边缘关系，是一种剥削和被剥削的关系。布氏强调这个中心长时段看是不断转移的：16 世纪末由南欧热那亚、威尼斯转移到北欧荷兰，18 世纪下半叶由荷兰转移到英国，20 世纪初又转移到美国，每次都是转移到边缘或半边缘。这种转移是由世界经济结构所支配的。

总之，布氏把资本主义放在长时段来考察，因为“为了认识现时，必须研究迄今以来的全部历史”①。

年鉴学派史学声誉甚高，但也受到不少批评。首先是他们的总体史学体系过于庞大，卷帙浩繁，而缺重点和纲领，读者如堕云里雾中，人讥为“万花筒”。这与中国史学“笔削”、“考异”之法迥异。试看当代西方经济史三大学派，新制度学派和计量学派在中国均反应热烈，不少青年学者趋之若鹜，而年鉴学派传入最早，虽赞誉有加，然无人愿为仿效，其故盖在此。我以为，总体观是一种认识论、一种思想方法。历史问题总是要一桩一桩去研究的，惟研究时要先认识总体，考虑该问题与总体的地位和关系，不孤立地去

① F. 布罗代尔：《资本主义论丛》，中央编译出版社 1997 年版，第 121 页。

研究。在考证史实时首先要看到大环境,在探索因果关系时尽量避免单线思索,在作价值判断时要顾全大局,留有余地。这就是总体观了。在我国,目前要编纂一部宏观的经济通史,还必须靠集体力量,分工合作,在专题研究的基础上完成。在专题研究中,必须有所舍,才能有所取,即使是从统一的(必然是抽象的)总体观出发,每个人所得结论亦未必能完全协调一致。对于这种不一致,应予保留,以待下一代史家去修正。

对布罗代尔批判最多的是他过于强调长时段的结构史,忽视短时段的事件史,以至陷入悲观主义。事实上,社会结构是人为的,常因重大事件而改变,即使自然、地理环境,也不能限制人类的活动。如北欧低地国家,因防潮而精于堤坝,反成农业重地;无石油矿藏的日本,却能迅速工业化;而是最富裕的土地最常招致生态失衡。我以为,自然结构、社会结构与经济活动的关系,并不是限制与决定的关系,而是互相作用的辩证关系,即我们常说的人与自然和人与人的关系,研究这种关系的历史,要"究天人之际,通古今之变"。这里马克思提出生产方式,诺斯提出制度,布罗代尔提出结构,司马迁提出"道",而在历史研究上,对这些概念都是要通古今之变。在通古今之变上,年鉴学派的缺点是强调结构的长期性,只承认渐变,不承认突变、革命或历史的断裂环节。事实上,社会结构的巨大变化,或向对立面转化,多半是经过突变、革命完成的。

历史上,事件之发生与演变,并不是完全受结构的限制,受局势、节奏的制约。若异族之入侵,战争之胜负,乃至王朝之更替,常会成为划时代的标志,而田制、赋役、人身关系的改制,交通技术的变革,都直接影响经济活动。我认为究竟还是人创造历史,而人的集中行动经常是表现为事件。

著名史学家斯波义信教授的《宋代江南经济史研究》(1988)，是我所见最好的一部运用社会学方法来研究中国经济史的巨著。我在应邀为该书中文版所作序言中，将斯波教授的史学方法归纳为三点：第一，在运用年鉴学派的结构主义研究方法时，并不否定以前历史主义者研究宋史的成果，并继续贯彻实证主义原则，每事考证綦翔；于理论和计量分析之外，仍保留叙事手法，盖非此不能概括事物之间的复杂关系。第二，在运用布罗代尔的多元时间方法时，很注意短时段的事件史。缘宋代三百年，自然环境变迁不大，而事件频繁，其中如厘定赋额（军需）、变法、引进占城稻、实行经界法等，都影响经济活动甚巨，而与辽金之战和迁都杭州二事，更影响整个局势。第三，他将总体观和多元论相结合，根据宋代江南的实践，结合提出人口和社会流动、文化生态、经济生态、技术要素几个方面，进行史的探索。这就提纲挈领，有物有则，避免叠床架屋，收以简御繁之效。[①]

① 吴承明：《吴承明集》，中国社会科学出版社2002年版，第343—344页。

第八章　计量分析与经济史研究

第一节　统计学、计量经济学、计量史学

经济现象多半可以计量,并常表现为连续的量。在经济史研究中,凡能计量的都应尽可能作计量的分析。定性分析只给人以概念,要结合计量分析才能具体化,有时并可改正定性分析的错误。如过去常以为近代中国商业资本属于“畸形”发展,是洋货入侵的结果。据我们估算,1936 年由全国商业资本作媒介的成交额中,农产品占 45% ,手工业品占 26% ,工矿业产品占 20% ,进口洋货占 9% 。[①] 又考察,在洋货大量入侵前已有偌大的商业资本,故不得谓之“畸形”发展。

经济史的计量分析应用统计学方法、计量经济学(econometrics)方法、计量史学(cliometrics)方法。三者功能不同,而主要是统计学方法。

(一) 统计学方法

统计是计量分析的基础,计量经济学、计量史学也都要以成系

---

① 许涤新、吴承明主编:《中国资本主义发展史》第 3 卷,人民出版社 2003 年版,第 149 页。

列的统计资料为依据。经济史需要有时间序列的统计,这些统计常是根据个体(家庭、农场、企业)的记载和小范围的调查资料,加工估计而成;直到近代,才有国家布置的报表统计制度和国情普查制度。18 世纪,清政府颁行的各州府逐月陈报的粮价单以及雨雪粮价折,是一种很早的表报制度,在世界上亦属先进,但仅限于粮价。1912 年开始发表的农工商部统计表,包罗甚广,但错误严重,且申报单位逐年减少,人多弃而不用。我国比较完整的表报统计制度始于 1961 年,在此以前,经济史研究所需统计,大约除海关统计外,基本上都是经过加工的估计数据。但是,请勿忽视估计,表报调查有其局限性。即使最先进的国家,农业经济统计也还是依靠估算,国民生产总值的统计也有相当部分是估算资料。同时,历史认识有相对性。加工的估计数据,只要选样、加权和推论合理,其质量并不比直接调查为差,且因估算时可照顾全局和环境条件,效果可能更佳。

历史统计主要是研究经济现象演变的趋势和速度,因而更重视相对值或比较值,而不仅仅于其绝对值。这通常是用指数表达。一个变量用指数表达,即使其绝对值不够精确,亦不影响趋势和速度的正确性。长期的指数并可用阶段平均或移动平均法,以概括缺少数据的年份。用曲线图表达与用指数有同等效用,并可从形象上突出历史研究要找出经济发展的转折点和极限的要求。至于速度,一般用年或月平均增长(负增长)率表达。

在经济史研究尤其通史研究中,有两个统筹指标,即人口和土地,尤其人口,必须时刻注意。这两个指标,遍布全国,贯穿古今,无时无处不在。它们成为人们经济活动的界限,不可逾越。记得先师郑天挺讲课时说过一个笑话:有人据清人笔记将张献忠杀人的记载逐项相加，恰恰杀了4亿人，即当时中国的全部人口。人口量、人口结构、人口行为（出生率、死亡率、婚龄等）、人口流动（移民）都是经济活动的框架。历史研究中，我国农作物产量都是分稻麦产区按播种面积和平均亩产量估出，而棉花（土布）产量则是按地区人口和地区人均消费量估出。市场交易和价格都在点上，其宏观数据都是按分区人口数加权估出。在比较了中外古代史研究资料后，梁方仲结论说，在人口和土地方面，"中国今日保存下来的材料的丰富是世界各国中首屈一指的"[①]。我们应当充分利用这项珍贵的遗产。

F. 布罗代尔在《菲利浦二世时代的地中海和地中海国家》中，把16世纪后期地中海区域的经济"结构"概括为：人口6 000万，内城市人口600万，贫困人口占20%—25%。总产出12亿金币，即人均20金币，粮食消费占一半，即6亿金币。[②] 这个"结构"不是根据整体统计，而是按照典型比例值从人口中推算出来的。他未计土地，因地中海都是商业国，所以他估计了总产值和总消费（从税收和人口数估出）。

19世纪以后，一国（或一地区）的总体经济大多是用国民生产总值即GDP和人均GDP来表达了。GDP包括全部物质和服务的净产值，也包括消费（分配）、投资（储蓄）、产业结构以及出口数值，是最完整的宏观统计，经济的兴衰和结构变迁一览无余。在我国，已有国家统计局按照国际标准（SNA制）制定的自1952年迄今的GDP统计（1977年以前是由旧制改估数），并为现代史研究所通

① 梁方仲：《中国历代户口、田地、田赋统计》，上海人民出版社1980年版，第12页。

② 该书第二部第一章第三节。

用。1952 年以前,经众多学者的努力,已有 1850 年、1887 年、1914 年、1931—1936 年、1949 年的 GDP 估计。① 惟我国的近代史学者尚不习惯引用。又世界经济组织发展中心首席经济学家 A. 麦迪森所估之东汉(50 年)、宋(960 年)、元(1280 年)、明(1400 年)的 GDP,恐怕难以取用,麦氏也自称他的估计只是"猜测性的"(guess-timated)。

价格尤其是相对价格的统计是经济史研究的重要方法,它反映整体经济的兴衰和经济发展周期性,蕴藏着大量经济活动的信息。A. P. 厄谢尔和 W. 阿倍等利用教会庄园的账册,从相对价格的统计中推算出13—19 世纪欧洲农业生产和消费的两次大衰和大兴,给人以化腐朽为神奇之感。② 19 世纪以后,商品和服务价格统计以及生产要素价格和货币比价都比较完备,用以探讨中短期经济周期、资源配置、边际收益、劳动者生活状况的研究都卓有成效。在我国,物价统计在 1860 年以后才粗成系列,汇率统计完整,而工资记录严重不足。目前研究还偏重于市场发育和价格结构的形成方面,探讨相对价格变动对中国经济近代化的影响和经济周期的研究刚刚开始,还有大量工作的空间。

(二)计量经济学方法

计量经济学兴起于 20 世纪 30 年代。最早是投入产出分析,继

---

① 参见吴承明:《中国 GDP 的故事》,《经济学家茶座》2002 年第 4 期。原用国民收入 GNP,第二次世界大战后改用国内生产总值 GDP,用联合国统计委员会制定的国民账户体系 SNA 计算。1993 年该体系又将 GDP 改称国民总收入 NNI,但多数国家(包括中国)仍沿用 GDP 名称未改。

② 他们研究的结果见 *The Cambridge Economic History of Europe*, Vol. V, ch. Ⅱ, 1977。

而有回归分析、相关分析，以及系统论、控制论、信息论、博弈论等分支学科。计量经济学方法是建立一个或多个数学模型，找出参数或系数来确立各种经济变量的平衡关系，从模型中推导出指定变量的预测值，用以做出判断和决策。模型之可以做出预测，都是以过去的统计数据为根据，反过来看，便可用它来考察历史上经济变动的因果关系。不过，计量经济学方法之用于经济史研究的主要是回归分析和相关分析两种。其他，如投入产出是一种很完善的分析方法，但其模型（平衡表）所需项目过繁，历史统计资料难以满足需要。投入产出法的创始人 W. 里昂惕夫曾用以分析 1919 年、1920 年美国经济活动是因为有详细的国情普查资料，在我国则只能用于当代的研究。但是，如抛开其计量模型，单用投入产出原理来分析一个部门或地区的经济史，我国史家曾有人尝试过，我看是成功的。系统论、控制论方法是 20 世纪 40 年代新兴的科学研究方法，曾风行一时。20 世纪 80 年代初，我国史学界曾有一个用系统论、控制论研究中国封建社会史的热潮，但都因缺乏数据未能建立政治、经济、文化等系统功能的平衡表和矩阵模型，未见成效。与投入产出法不同，系统论、控制论方法是不能单凭原理作出论断的，我对此曾有文评议。① 至于信息论、博弈论，兴起更晚，为目前时尚的经济学说，近十年来有四次诺贝尔经济学奖授予这两论的学者。惟信息论、博弈论方法是探讨微观经济学中对抗性的竞争与决策，一般不涉及经济史问题。

回归分析模型，通常用线性方程式或几何图形来表达，其基本

① 吴承明：《市场·近代化·经济史论》，云南大学出版社 1996 年版，第 77—81 页。

形式是：

$$Y = a + bx$$

其中，x 是自变量，例如居民可支配的收入；Y 是因变量，例如某项商品的需求，均用货币元表示。收入增长常导致需求增加，故此方程表示一种因果关系。

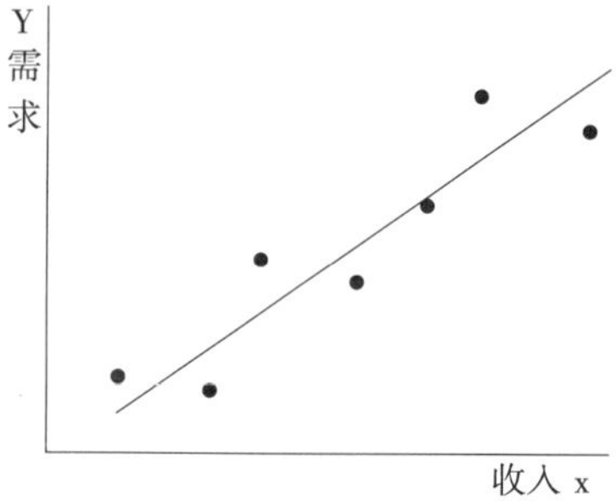

图 8－1

图示 x 和 Y 的交汇点（黑点）可以回归到一条直线上，即回归线。a 和 b 是形成这条线的参数。b 表示 x 对 Y 的作用，称回归系数，亦即图中回归线的斜率。a 表示方程中未包括的因素（这些因素假设不变）对 Y 的作用，即 x＝0 时 Y 的值，a 和 b 两个值是由历史上收入和需求的统计系列（即 x 和 Y 的实际值系列）求出的。求出时通用最小平方法，即用一定的公式，使模型中的 x（模拟值）与历史统计中的 x（实际值）两者的差额的平方的历年总和为最小，也就是使模型中的 x 值与其实际值最接近。求得 b 值，a 值也就很容易解出，于是建模完成。

在求算 a、b 值中，同时就能得出自变量 x 与因变量 Y 之间的相关的密切程度，即相关系数 R^2。R^2 的值在正负 1 之间。正负表示方向，如收入与需求为正相关，消费与储蓄为负相关。若 $R^2=1$，表示完全相关。若 R^2 过低(接近0),表示 x 不是影响 Y 的主要因素,变量选择不当。接着,要计算 a 和 b 的误差率,通常用方差法。方差是衡量一个系列变量与其平均值离散程度的指标。系列变量与其平均值之差可能是正数,可能是负数,进行平方,使全变成正,再行平均,即为方差。方差的平方根即标准误差。建一个回归模型,先要计出参数,还要给出相关系数和标准误差(参见下节实例)。

上述模型是一元线性模型。所谓一元即只有一个自变量。如其事不只一原因,可建多元模型,有两三个自变量;但要求这两三个自变量之间没有线性关系,否则影响参数的准确性。如有再多的因素,回归模型容纳不下,只好略去。再如经济制度或政策规章的变动,无法计量,在回归模型中只好作为外生变量,不予计入。这在预测和决策中是可以的,因预测、决策者对面临的制度政策变动已心中有数。而历史研究则是要把过去的这种变动发掘出来,而回归模型无能为力。又如天灾、战争、动乱等影响经济至巨,在回归模型中只是记上一笔"随机干扰",用 1 表示有,用 0 表示无。在历史研究中就不能满足,而要具体分析其作用和影响。这些都说明计量经济学方法用于经济史研究有很大的局限性。

回归模型之所谓线性,是指方程中的变量和参数都以一次方出现,各变量之间不互相乘除,回归成一条直线。而实际上经济现象之间关系十分复杂,多数不是线性的。把它们约略地视为线性,不完全是为了计算容易,而是受新古典经济学影响。新古典主义强调市场经济的均衡发展,认为市场能自动导致瓦尔拉斯均衡,因而线性应该是经济发展的常规状态,而把技术和其他因素都看成外生变量。这种理论在第二次世界大战后就受到非议,20世纪50年代兴起的经济增长理论和经济增长因素的分析就不用线性模型了。经济增长的理论和分析也用于经济史研究。

经济增长因素分析也是一种回归分析,是根据历史上的统计系列作出的。R. M. 索洛创余值法,即一个时期经济增长总额中减除资本与劳动两大因素提供的效果后的余额,作为技术改进的作用。他根据1909—1940年美国统计资料,计算这一时期经济的年均增长率为2.9%。其中资本积累的贡献为0.32%,劳动增加的贡献为1.09%,技术进步的贡献为1.49%。E. F. 丹尼森分析,1929—1982年美国国民收入增长率为2.92%,其中资本投入的贡献为0.56%,劳动投入的贡献为1.34%,技术进步的贡献为1.02%;技术进步中,知识增进的贡献为0.66%,资源配置改善的贡献为0.23%,规模经济扩大的贡献为0.26%,其他因素的作用为-0.13%。①

这种分析,又称为全要素生产率分析,全要素即将资源和劳动对产出增长的贡献扣除后,计算其他要素对产出增长的贡献。这对于研究经济史颇为有用,我国亦有人试用,但因统计数据不全,尚不够完善。下面我亦举一事例说明之。

全要素生产率分析方法需要较全面的历史统计资料,但仍然不能含纳制度、政策变迁和社会意识形态变迁对经济发展的作用,而这正是当前经济史研究的重点,是计量经济学方法无能为力的。而经济上的量,都是以一定的质为前提的。计量经济学方

① 两项计算均据刘树成主编:《现代经济辞典》,江苏人民出版社2004年版,“经济增长因素分析”条。

法只见量变，不见质变，只追求量的连续性，不能反映历史上由量变到质变的过程。计量经济学是以函数关系替代事物间的相互关系，从历史研究说，就是只见事物的演进过程，看不见整体结构性的变化。总之，计量经济学方法用于经济史研究，其范围是有限的。在这个范围内，我主张要用它来检验已有的定性分析，而不宜用它创立新的论点。事实上，国外用此法也大多称 test（检验），多半是指检验某种假说。定性分析是从众多的社会经济史实和前人研究成果中得来的，考察面甚广，要形成假说，还需要一定的理论（历史观）指导和抽象推理。这都不是从几个变量和模型所能得出的。已有的定性分析常有不确切、不肯定或以偏概全的毛病，用计量学方法加以检验，可给予肯定、修正或否定。所以使用计量经济学方法要以已有的历史研究为基础。20 世纪 70 年代计量学方法正盛时，美国经济史学会主席 R. W. 席德在就职演说中说："没有以往史学家所作质的研究，计量史学也会走入歧途。"①

（三）计量史学方法

1960 年有 12 位美国学者集会讨论用数学方法研究历史，成立学会，次年定名为 Cliometrics（计量史学），Clio 为希腊神话中主管史诗的女神，metrics 原意韵律学，今作为计量解。该学派实际上主要是研究经济史，兼及社会、制度。

原来 1958 年即有 J. 迈耶和 A. 康拉德发表《南北战争前南方奴隶制经济学》一文，提出与传统研究迥异的观点。1974 年计量史

① 载 *The Journal of Economic History*, Vol. 32, No. 1, March 1972。

学的领袖人物R.福格尔与人合著《十字架上时代:美国黑人奴隶制经济学》出版,震惊学界。他们不讲奴隶制本身,而是把它作为一种投资方式,用计量学方法来分析,奴隶种植园的收益率高于北方的家庭农业,经济增长率也高于北方,又奴隶的寿命较长,劳动力也较强,剥削并不严重。G.赖特著《南方棉花种植园政治经济学》,也是计算种植园的经济效益,而置奴隶之自由平等问题于不顾。批判文章也迭起,一时成为热门话题。

福格尔在1960年的计量史学会议上即提出关于美国铁路问题的报告,1963年出版《铁路与美国经济增长》,认为过去人们将铁路的作用夸大了。他把铁路运输的经济效益用"社会储蓄"来表达,即它在国民收入中的贡献。又用"反事实度量法"(counterfactural measurement),即假定美国不修建铁路,而用马车等其他高效运输工具,结果并不差,与用铁路相比较,国民生产总值相差不过3%。继之有人(G.A.甘德森)发表《轮船的社会储蓄》,亦用反事实度量法,计算轮船运输对国民收入的实际贡献。R.P.托马斯甚至假设如果当初北美不是英国的殖民地,按正常贸易规程行事,情况将会怎样。他编制了一个"负担和收益平衡表",北美作为殖民地的负担与其因殖民地受到英国的保护(收益)大体平衡。这种反事实度量法一时成为风气,也受到批判。因为历史事物的存在有其社会的、文化的条件和价值,是不能随便否定的。

还有一个美国历史上是否劳动力短缺问题,也成为争论的热点。这关系到机器的使用和移民问题。福格尔的结论是美国并非劳动力短缺国家,但亦非劳动力富裕。这也是与传统经济史论点不同。他们还讨论危机经济问题,大体是与S.S.库兹涅茨的增长理论相左。

一般把 1960—1975 年看作是计量史学派的黄金时代。这时期他们主要研究历史上的单一命题,提出独特的论点,引起热烈的争论。他们一般是用模拟模型或理论模型,建模不是从史料出发,计量也不尽依靠历史统计系列,而常是寻求"间接度量"数据。除反事实度量法之外,还利用排队、中数等比较研究方法。20 世纪 70 年代以后,计量史学进入第二代,研究方向转向人口问题和宏观经济问题,研究方法也与计量经济史学无甚差异。有些学者如 D. C. 诺斯、R. P. 托马斯则另创新制度经济史。进入 21 世纪,计量史学已消失生气,混入一般计量经济学分析之中。

计量史学实际上只曾盛行于美国。在欧洲虽有短暂反应,但不成气候。20 世纪 70 年代在苏联一度颇有发展,而主要是在史学界而非经济学界。在中国则无响应。

第二节　计量分析的一些事例

计量分析因需要有系列的统计资料,故很少用于研究中国古代经济史,下面我仅取分析《春秋》和宋代货币二例。民国经济史,已有一些计量分析,我举回归法和图示法各二例。现代经济史已广泛应用计量分析,读者随时可见,我只选较长期的增长要素分析一例。

(一) 事例一

我所见分析最早古代史的一篇是苏联 D. V. 德奥皮克所作的

《古代东方编年史〈春秋〉的定量分析尝试》。[①] 该文系用"次数分布法"(frequency distribution),但变量比较简单,未作矩阵再处理。《春秋》一书记243年之事,共16 257字。作者将其所记字、词、事件、叙(行为、状况),按年份(季、月)和地域(诸侯国)分配作统计,结果是:多国外交盟、会等事逐渐减少,双边交涉增多。战争增多,而与"远交近攻"说不同,战争主要在较远国进行,近攻邻国则是吞并。《春秋》甚少记经济事,但所记自然灾害是减少趋势,不过作者认为这是因政治事件增多,忽视自然因素所致。

(二)事例二

所见最完整的一篇是刘君所作的《卡甘假说与世界历史上第一个纸币全国性通货膨胀》。[②] 宋代是世界上最早发行纸币交子并首见通货膨胀的国家。P. 卡甘是美国哥伦比亚大学教授,他的假说是:在超级通货膨胀中,决定货币量的是人们预期的通胀率,其他经济因素均不重要。刘是假定宋人对通胀率的预期全由政府滥发交子而来,故以实际通胀率作为预期通胀率。因而用下列回归模型(对数模型):

$$\ln\frac{M_t}{P_t}=a\ln\frac{P_t}{P_t-1}+r$$

其中,M_t 是在 t 时间的货币量,即交子发行额。P_t 是在 t 时间的物价(实为米价)。a、r 为参数。他收集和估算了1161—1240年8个时间段(十年平均)的通货量和米价,做成指数,并计算出7个时间

① 该译文载《史学理论》1987年第4期。

② Francis T. Liu Cagan's Hypothesis and the First Nationwide Inflation of Paper Money in World History, *Journal of Political Economy*, 1983, Vol. 91, No. 6.

段的货币供给率和通货膨胀率(如表8－1)。这两组数字相交于图8－2中7个点。其中早期的1171—1180年、1181—1190年两个点通胀率极低,因当时交子仅用于首都地区,且孝宗时人口大量南迁,货币量大,交子尚未贬值。故将此两点除外,其余5点可回归到一条直线上。

表8－1

年份	货币量指数 M_t	物价指数 P_t	$\ln\frac{M_t}{P_t}$	$\ln\frac{P_t}{P_t-1}$
1161—1170	100	100		
1171—1180	204	86.7	0.856	－0.14
1181—1190	224	107.3	0.736	0.21
1191—1200	827	183.9	1.503	0.54
1201—1210	1 429	279.8	1.631	0.42
1211—1220	2 347	280.2	2.125	0.0
1221—1230	2 755	335.5	2.106	0.18
1240	4 949	4 032.2	0.205	1.66

表8－1数值按上述方程计算参数,结果如下(括号内为标准误差):

$a = -1.199(0.072)$　　　　$r = 2.186(0.058)$

$$R^2 = 0.989$$

货币增长率与通胀率的相关系数 R^2 极高,自在意中。而研究重点在a值。原来卡甘曾研究了近代欧洲七次超级通货膨胀,其a值为月平均－8.7至－2.3。而该文计算10年平均的a值为－1.199,合月平均将高达－144。作者解释这是因为宋代大部分交易仍然用金属币,交子不是主要货币,它与金属币没有固定汇率,也不能完全自由替代，实为另一种货币，故有此现象。就整个南宋经济说，实际上并没有什么超级通货膨胀。

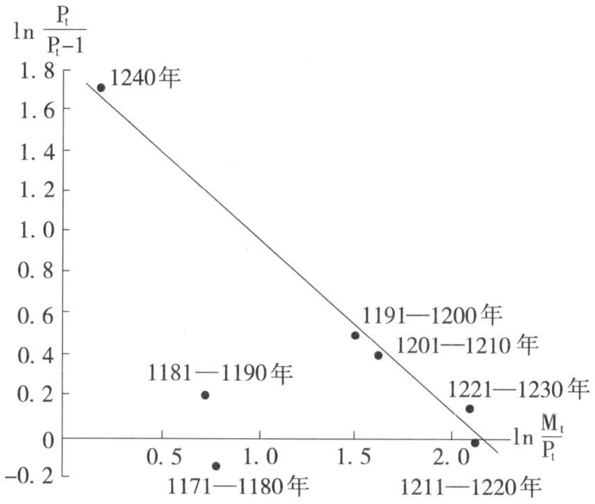

图 8－2

（三）事例三

韩国学者韩宰东有一篇《战后中国各种货币的通货膨胀征课》①讲 1946—1949 年国民党政府的货币政策。他认为，超级通货膨胀等于是对国民的一种征课（tax），当时国民党政府采用法币、台币、东北流通券多种货币政策是为便于分地区征课。他提出一个假说：某种货币的通胀征课率反比于该货币的实际需求弹性。需求弹性是指一物的价格变动一个百分比时，人们对该物需求量变动的百分比。就货币来说，与卡甘所说人们的预期通胀率是一个

① J. D. Han, Inflation Tax on the Multiple Currencies in Post-War China，作者送给我的论文，作于 1989 年，谨致谢忱。

意思。韩宰东也是用卡甘的超级通胀模型，并以实际通胀率代替卡甘的预期通胀率，作回归分析，结果见表 8－2。表8－2显示法币需求弹性最低，其征课率最高；而东北流通券反是。

表 8－2

货币名	月平均增发率	a	r	R^2
法币	65.7%	－0.83	0.68	0.81
台币	17.8%	－3.13	0.26	0.91
东北流通券	23.8%	－5.64	0.26	0.99

（四）事例四

货币以外，用计量经济学研究价格者最多。除下节专讲清代粮价外，兹举美国 L. 勃兰特教授在《华中及华东的商业化与农业发展》①一书中所作 1870—1936 年上海米价和棉价的计量分析。

上海米价受外国进口米价和汇率变动之影响。勃兰特用二元回归模型：

$$\ln P_s = a + a_1 \ln P_m + a_2 \ln R + u$$

其中，P_s 为上海米价（关两），P_m 为越南、缅甸、印度出口米价的平均价（英镑），R 为汇率（英镑/关两）。a_1、a_2 为系数，即上海米价变动中归因于 P_m 和归因于 R 的份额。求解结果如下（括号内为标准差）：

$$a_1 = 1.105(0.054) \qquad a_2 = -0.983(0.045)$$

$$R^2 = 0.928$$

① Loren Brandt, *Commercialization and Agricultural Development, Central and Eastern China, 1870-1937*. Cambridge University Press, 1989, p. 49.

可见,上海米价是受外国米价支配的,而汇率因素居次要地位(银价高则米价低,故 a_2 为负值)。

但棉价情况不同。勃兰特以 P_s 为1900—1936年的上海棉价,P_m 为同期美国棉价(代表国际棉价)。测算结果,上海棉价受国际棉价影响,而汇率变动起很大作用。其结果是:

$a_1 = 0.854(0.093)$ $a_2 = -1.179(0.137)$

$$R^2 = 0.718$$

(五)事例五

用几何图形分析,有时更为简单明了。美国R.W.许内门教授在其《龙与铁马:中国铁道经济学,1876—1937》①一书中,用图8-3模型研究抗日战争前中国铁路运输的经济效益。

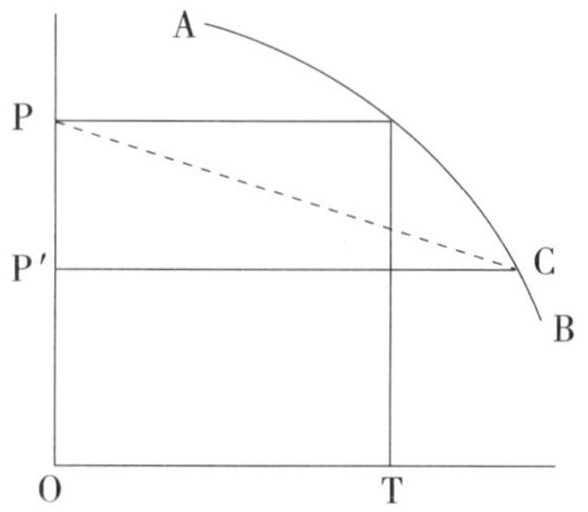

图8-3

图8-3中,AB为铁路运输的边际成本,OT为货运量,OP为传统运输的运价,OP′为铁路运输的运价。则铁路运输的经济效益

① Ralph W. Huenemann, *The Dragon and the Iron Horse: The Economics of Railroads in China, 1876-1937*, Harvard University Press, 1984, pp. 227-228.

（比传统运输增加的效益）为 $S_{PCP'}$。依图可有下列约等式：

$$S_{PCP'} \approx \frac{1}{2}(OP - OP')OT$$

二十世纪二三十年代，大车、驼运、人力等传统运输运价每吨公里自0.08元至0.5元不等，平均按0.1元计。铁路运输平均每吨公里按0.02元计。1933年国有铁路6线的货运量为28.96亿吨公里，代入上式，经济效益为1.16亿元。同年，外资铁路运量为64.10亿吨公里，经济效益为2.56亿元。

（六）事例六

再举美国P. H. 林德尔教授在《国际经济学与历史学家》[①]一文中研究短期内国内国际钢铁价格变动对中国钢铁消费者与生产者的影响一例。林德尔设计的模型如图8－4。其中S为国内钢铁（主要是土铁）的供给线，D为国内钢铁需求线，在短期内均假设不变。AC、FH是在不同价格下的钢铁进口量，对中国来说其供给是无限的，故作平行线。1900年国际钢铁价格平均每吨约合中国币260元，1925—1929年平均跌至200元。因进口跌价，每年进口量由AC增至FH，即增18.4万吨；同时国产钢铁每年销售量由AB减至FG，即减少6.2万吨。然后由图示计算，由于国际钢铁跌价：

国内消费者得益为 S_{ACHF}，值3 852万元。

国内生产者损失为 S_{ABGF}，值2 814万元。

① Peter H. Lindert, "Economics and the Historian," in Thomas G. Rawski ed. *Economics and the Historian*, University of California Press, 1996, pp. 225-226.

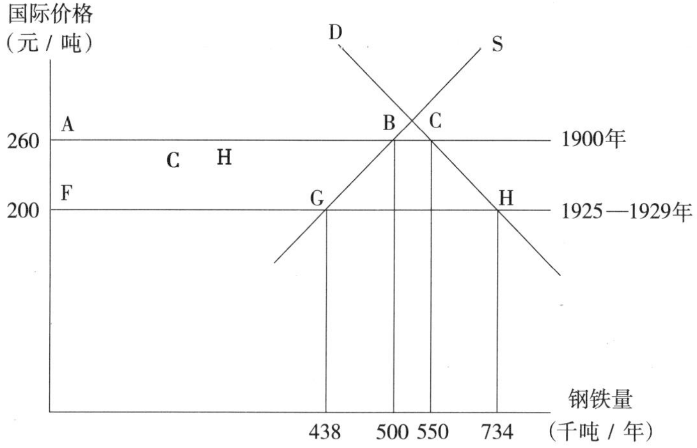

图 8－4

此例模型设计少历史统计根据，作者亦自称是"半假设的"，所计损益不涉及国际贸易条件（terms of trade），恐亦乏确切意义。

（七）事例七

赵凌云等在两篇"中国经济增长格局的历史剖析"①中分析了新中国经济增长因素的作用，如表 8－3。

表 8－3

年份	GDP 增长速度	对经济增长的贡献（%）		
		资本投入	劳动投入	技术改进
1957—1978	5.7	65.6	26.3	8.1
1979—2001	9.5	41.3	16.3	42.4

① 赵凌云：《1957—1985 年中国经济增长格局的历史剖析》，《中国经济史研究》1992 年第 3 期；赵凌云、向新：《1979—2001 年中国经济增长格局的历史剖析》，《中国经济史研究》2005 年第 1 期。

因统计资料不足，该分析没有采用全要素分析法，而是用最简单的道格拉斯生产函数求导后的公式推出三种增长因素的作用。其中技术改进包括装备、组织、管理的改善等，无法细分。资本投入用贺菊煌所作永续盘存法估计的资本存量。[①] 劳动投入因无劳动质量、强度和劳动时间的统计，只好以劳动者人数代替。资本和劳动的增长弹性（系数），因缺乏相关统计资料，姑且按双方收入为4∶6的比例估算；此项比例是1984年世界银行来华考察时提出的，[②]学术界有不同意见。可见，新中国经济统计虽较完整，应用计量经济学方法亦非容易。

第三节　利用粮价研究清代市场整合事例

市场整合（market integration）或称一体化，是指一个区域乃至一国的市场由于贸易网络发展，形成供求比较平衡的情况。它也是市场发育程度的表示，一般用各地价格变动的同步性和一致性来检测。如果各地都是“一个价格”（经运输费用修正），即市场的完全统一。中国在18世纪，只有粮价记录比较完整，故利用粮价变动来研究市场整合者颇多，我所见有关于江南、西南、岭南、福建、陕西、直隶、湖南、甘肃市场的论述多种，兹就其所用计量方法，略作介绍。

这些研究多用各督府呈报的域内各州府的逐月粮价单或雨雪粮价折（个别用粮价细册）。此项官方报告之可信性，已不少专门

① 贺菊煌：《我国资产的估算》，《数量经济技术经济研究》1992年第8期。

② 世界银行1984年经济考察团：《中国：长期发展的问题和方案》（附件五），中国财政经济出版社1987年版，第26—27、59页。

论述。惟应用者大多已注意其不实之处，并兼考私人文书记载。有些省区无私人记载，只好专用官报。

（一）概述

全汉升是最早研究清代粮价的前辈学者，其论点一直指导着后人的研究。全汉升和 R. A. 克劳斯在《清中叶的米市场和贸易》一书中考察了 1713—1719 年苏州米价的季节变化，发现其变化幅度竟比 1913—1919 年上海米价的季节变动还小。经反复论证，他们认为苏州李煦奏折所报不实，有些月份甚至是有意不实。但经改算，仍然认为康熙末季苏州米市场的组织和效率颇佳，不亚于 20 世纪初的上海米市场。[①] 他们认为，18 世纪早期江南粮价比较平稳，得力于市场机制较有效、政府仓储平价措施等多种因素，而最重要的是在长距离运销上有合理的价格差。他们的考察，1723—1735 年，以江南米市中心苏州米价为 100，则长江线上，安庆、南昌为 72，汉口为 78，产区长沙为 72，重庆为 51。南运线上，杭州为 109，福州为 114。核以各埠间水运距离，大体相符。[②]

王业键是研究清代粮价的杰出学者。他指出，苏州米价，1684—1788 年百年间官方报告与萧山来氏家谱所载比较，线形增长率只差万分之三，应属可信。而在 1789—1800 年十余年间，官方报告跌价，与来氏记载迥异，因怀疑苏州府的粮价单不实。然而，江苏省其他府州的报单亦不少有跌价趋势。及至 19 世纪，则苏州府报单与郑光祖《一斑录》、柯悟迟《漏网喁鱼集》之常熟记载

① Han-sheng Chuan and Richard A. Kraus, *Mid-Ch'ing Rice Market and Trade: An Essay in Price History*, Harvard University Press, 1975, p. 28.

② Ibid., pp. 42-43.

和海关之上海记载基本相符。[①] 据此，王业键建立 1638—1935 年江南米价的长期系列。此外，他早期并以 1738—1789 年苏州、杭州、广州、汉阳、淮安（代表华北）米价的变动为依据，发现有可观程度的同步性和联动性。这些城市任何两地的价格相关系数均为正数，多数在 0.6 或以上，尤其苏州与各地相关最为显著，反映它在大范围内米市场的中心地位。[②] 后来他又选择了 15 个城市（代表 15 个省）1738—1740 年的米价进行比较研究。其中，长江三角洲米价最高，每石约 1.5 两，安徽、福建、广东次之，每石 1 两或稍多；最低是四川、湖南、广西，不足 1 两。北方食米多从南方运去，米价很高，陕西 1.8 两，直隶、山东 2 两或以上。他又比较了 170 年后即 1909 年这些城市的米价，发现地区间米价的价格差缩小了。在南方，最高价与最低价由 2∶1 降为 1.5∶1；加入北方，由 3∶1 降为 2.3∶1，表示市场整合有了进步。他还观察到，在 17 世纪大部分时间里，中国市场的整合程度要高于欧洲，但到 18 世纪中叶，欧洲市场的一体化程度就超过中国了。[③]

不过，著名的清史学者也是价格史专家岸本美绪对上述研究方法曾提出质疑。她说，一地粮价的季节变动受该地所处地位的影响，不一定反映周围大市场的一般状况。至于长距离贸易，则犹

① Wang Yeh-chien, "Secular Trend of Rice Prices in the Yangtze Delta, 1638-1935," in T. W. Rawski and L. M. Li ed. *Chinese History in Economic Perspective*, University of California Press, 1992, p. 49.

② Wang Yeh-chien, *Food Supply and Grain Prices in the Yangtze Delta in the Eighteenth Century*,《第二届中国近代经济史讨论会论文集》，台北中央研究院经济研究所 1989 年版。

③ "Secular Trend of Prices in Yangtze Delta, 1638-1935," in *Chinese History in Economic Perspective*, University of California Press, pp. 53-54.

如“两刃剑”,有稳定粮价作用,亦有相反作用。长江米粮贸易甚繁,却伴随着相邻农村之间流通不畅,这种研究法所考察的只是“点和线”粮价的联动性,能否代表它包括农村的“面”的市场呢?①

粮价的季节变化看似简单,而影响变化的因素甚多。陈春声发现乾隆年间广州府米价的季节变动小于20世纪30年代广州市米价的季节变动,一如上述全汉升所见苏州与上海之例。但经对各种因素详加分析,尚不能得出18世纪广州米市场在保证供应上比20世纪更为有效的结论。② 岸本美绪自己研究宣统年间江苏太湖厅之晴雨粮价折(现存日本)所报米价与上海《申报》所载米价变动之相关系数高达0.912,但两地季节差价则颇异其趣,皆因两地所受辛亥革命影响不同。③ 在北方,因小麦和杂粮收获期交错,季节差价较小。李明珠用回归分析法考察直隶省小麦、小米、高粱的季节差价,也发现一些难解之谜;她认为,可能季节变动的模式在每个地方都有差异。④

长距离贸易价格为观察市场同步化最重要的指标,但应用时也常有误导。王国斌认为,粮食长距离贸易在南方作用显著,在北方则运销路线常不互相联系;如在山西,这种运销导致南部高价,不能与北部平衡。⑤ 方行考察,湖南米谷运销江南,从康熙到嘉庆,

① 岸本美绪:《清代中国の物价と经济变动》,(日本)研文出版社1997年版,第32—33页。

② 陈春声:《市场机制与社会变迁——18世纪广东米价分析》,中山大学出版社1992年版,第137页。

③ 岸本美绪:《清代中国の物价と经济变动》,(日本)研文出版社1997年版,第516—517页。

④ Lillan M. Li, “Grain Prices in Zhili Province,1736-1911,” in *Chinese History in Economic Perspective*, University of California Press, p. 86.

⑤ R. Bin Wong, *The Political Economy of Food Supplies in Qing China*, 作于1983年,承作者惠赐打印稿,谨谢,未见出版。

几个时期两地米价分别为 30 ∶ 100、35 ∶ 100、58 ∶ 100、70 ∶ 100。差价逐步缩小，主要原因不是市场效率改进，而是因为湖南人口增加，粮价上升速度快于江南。①

"点与线"和面的问题亦有实例。王业键对 18 世纪福建各州府粮价的相关分析显示，全省并存着三个相对独立的市场"圈"，而非统一市场。② E. P. 威尔金森用 20 世纪最初十年的粮价细册，考察陕西米、麦、粟、豆的价格变动，发现除西安附近外，全省各地的粮食市场几乎没有什么联系。③

在利用粮价研究清代市场整合的论著中，大体有五种方法已被运用：(1)价格变动因素分析；(2)价格相关分析；(3)价格差相关分析；(4)价格方差相关分析；(5)价格离散差相关分析。

（二）价格变动因素分析

这种因素分析目的在于分析出粮价长期变动、季节变动、灾荒和动乱等作用，找出单纯由于粮食贸易（供求）造成粮价变动的数值。一般用下列回归模型：

$$P = K + aT + b_2M_2 + b_3M_3 + \cdots + b_{12}M_{12} + dC$$

其中，P 为某月价格，K 为常数，a 为年份 T 的系数，b 为除 1 月份（基期）外月份 M 的系数，d 为灾荒 C 的系数。用此模型可找出由于人口和货币量造成的物价长期变动的影响 a，季节变动的影响 b，灾荒、动乱的影响 d，其余非贸易因素和政府禁令、平粜作用

① 方行：《清代前期湖南农民卖粮所得释例》，《中国经济史研究》1989 年第 4 期。

② Yeh-chien Wang, "Food Supply in Eighteen Century Fukien," *Late Imperial China*, Vol. 7, No. 2, December 1986.

③ Endymion P. Wilkinson, *Studies in Chinese Price History*, Garland Publisher, New York, 1980. 惟我所见为威氏普林斯顿大学博士论文油印本。

等依靠文献记载。其实灾乱也是靠记载,即有灾年 C = 1,无灾年 C = 0。

以李明珠所作 1738—1910 年直隶的回归分析为例:16 个府州,长期趋势对小麦、小米、高粱价格的影响分别是平均每年每担增银 0.0059 两、0.0061 两、0.0045 两。季节变动是计算出各月对 1 月价格增减的银数,比较容易。值得注意的是,灾害作用大于长期趋势的作用。李明珠把波及 50 个以上县的水患作为涝年,涉及 25 个县以上的干旱作为旱年,173 年中共有 54 个灾年,它们对小麦、小米、高粱价格的影响是平均每年每担增银 0.06 两、0.06 两、0.01 两。且灾荒常使大范围以至全省粮价陡涨,造成同步性加强的假象。战乱、政府干预都难以计量,亦有造成同步性假象的作用。①

（三）价格相关分析

这是最简单的方法。只要有价格系列,便可得出两地的相关系数。如陈春声用 1750—1769 年广东全省 13 个府州和广西东部 5 个府的米价进行相关分析,并以相关系数在 0.9 以上为强相关,0.8 以上为较强相关,不足 0.8 为弱相关。将各地的相关系数制成矩阵图,可查知每个府州都与两个以上的府州有强或较强相关(海南岛除外),意味着全省米市场的整合。其中,潮州府缺粮,而与福建泉州府米价有近 0.9 的相关系数,反映福建米运销潮州。广西米运销广东,而梧州、柳州等府与广东各府的相关系数均不足 0.8,盖因广西米运粤是在 5—11 月,若用 5—11 月平均价计算,则梧州

① "Grain Prices in Zhili Province, 1736-1911," *in Chinese History in Economic Perspective*, University of California Press, p. 84 and bellow.

与广州相关系数升为0.84。[①] 侯杨方研究1912—1937年长江中下游11个城市和西贡、仰光、曼谷三市的米市场的相关分析，用月平均价，以排除季节差价的干扰。从他所作14个地方相关矩阵图看，上海与杭州、硖石、无锡、南京、九江、汉口、靖港（长沙）的价格相关系数都在0.9以上，而与邻近芜湖只有0.87，这是因为上海人不喜食安徽籼米，芜湖米运上海不多，从海关统计可见。又上海与南昌间只有0.77，则因江西米不是集中南昌运上海，而是经由九江。又洋米进口，仰光、西贡与上海、杭州、镇江、汉口之价格相关系数均在0.7以上，以至0.9，但曼谷与这些地方的相关系数均为负数，是不可解。[②]

（四）价格差相关分析

这是用相连两年的价格差来作相关分析，亦构成矩阵图，与上法无异。在粮价变动不是很剧烈的场合，使用价格差可基本排除价格长期趋势和货币因素的影响，是此法的最大好处。同时，它会使相关系数降低。以陈春声所作1750—1769年岭南（广东和广西东部18个府州）年平均米价相关分析和价格差相关系数比较，价格差相关系数都比价格相关系数小，只有少数场合是增大的。[③] 两法比较，我以为价格差相关分析比较合理，但价格相关分析更为人所习用。无论哪种方法，皆需记述性的说明和解释，不可专凭数

---

① 陈春声:《市场机制与社会变迁——18世纪广东米价分析》，中山大学出版社1992年版，第138—142页。

② 侯杨方:《长江下游地区米谷长途贸易，1912—1937》，《中国经济史研究》1996年第2期。

③ 陈春声:《清代中叶岭南区域市场的整合》，《中国经济史研究》1993年第3期。

字。又都不免偶然性，我曾见一苏州米价分析，相关系数最高者竟是济南。

（五）价格方差相关分析

这是 D. 韦尔在 1984 年论文中研究 18—19 世纪法国市场提出的一种方法，李中清在他《国家与中国西南经济》一书稿中曾为介绍[①]，遂为各家取用。这种方法可以测算一个区域整个市场价格变动的同步程度，即整个区域市场的整合程度。方差是衡量一个系列变量与其平均值差离程度的指标，在第一节讲回归模型时已予介绍。如一个区域中 n 个地方平均价格变动的方差为 V，其 n 个地方各个方差的平均数为 $\overline{V}$，那么 $V/\overline{V}$ 就可表现整个区域价格变动情况。其理论是，如果 n 个地方价格的变动都是 100% 同步的，则两者相等，即 $V/\overline{V}=1$。事实上各地价格变动不会完全同步，$V/\overline{V}$ 总是小于 1。因而设定下列公式，求得方差相关系数 P，它表示整个区域（n 个地方）市场整合的程度，P 越接近 1，整合程度越高。

$$P=\frac{n(V/\overline{V})-1}{n-1}$$

李中清用此法测定 1748—1802 年云南省各地米价方差相关系数为 0.57，贵州省为 0.20，两省合计为 0.39。这个值相当高，因为 D. 韦尔研究 18—19 世纪法国的市场，这个相关值是 0.38。李中清也认为，他的研究结果是“意想不到的高度整合”。不过，他是把贸易、气候、战争都作为促进市场整合的主要因素。[②] 陈春声用上述公式研究 1750—1769 年岭南区域米市场，得出方差相关

① James Lee, State and Economy in Southwest China, 1400 - 1800, Appendix F.，承作者惠赐 1987 年打印稿，谨致谢，该书迄未出版。

② 同上书，第 182 页。

系数值为 0.63。[①] R. 马立博对 1738—1769 年两广区府州米价的分析，得出方差相关系数值为 0.67。[②] 这些值都高于 18—19 世纪的法国，令人诧异。侯杨方对 1912—1937 年长江中下游 11 个城市的研究，方差相关系数值为 0.53，也不低。

方差相关分析是比较复杂的数学方法，其所用 n 个地方平均价格（V 的基数）和 n 个地方各方差的平均数（$\overline{V}$），都过于笼统，把特殊混入一般，n 越大，越失真，我以为不是一个好方法。而且，用此法不作因素分析，更会产生误解。如李中清的分析，像别家一样都是分时间段列表的，从中一眼就可看出 1768—1777 年的十年相关值特高，显然是受 1768—1772 年的战争和灾荒影响。于是他把这五年作为特殊情况去掉，重新计算，则整个时期内，云南的方差相关系数降为 0.4，贵州降为 0.08，两省合计降为 0.19，也就说不上什么整合了。

（六）离散差相关分析

统计学上有许多种离散差，一般是用标准差，即方差的平方根，亦在第一节中已有说明。研究粮价的离散程度用标准差系数，公式如下：

$$标准差系数 = \frac{标准差}{平均值} \times 100$$

用此公式，陈春声测算 1707—1880 年米价的标准差系数，按 20 年分期，由 1707—1720 年的 28.02 降为 1781—1880 年的 7.05。[③]

---

① 陈春声：《市场机制与社会变迁——18 世纪广东米价分析》，中山大学出版社 1992 年版，第 143 页。

② 马立博：《清代前期两广的市场整合》，载叶显恩主编：《清代区域社会研究》下册，中华书局 1992 年版，第 1040 页。

③ 陈春声：《市场机制与社会变迁——18 世纪广东米价分析》，中山大学出版社 1992 年版，第 178 页。

P. C. 濮德培测算 1741—1850 年甘肃省 11 个府小米价格的标准差系数，也按 20 年分期，由 1741—1760 年的 40.4 降为 1821—1850 年的 8.3。[①] 标准差系数下降，即离散程度减小，表示区域市场整合有了进步，但下降如此之速令人目呆，果真如此，到民国时期市场就完全整合了。

陈春声研究，尽管广东省米价的离散程度减小甚速，而各府州之间的差价却是越来越大的，这是因为省内余粮区与缺粮区的经济发展更加不平衡所致。这种现象与全省市场离散程度缩小的概念是矛盾的。濮德培的测算，1741—1760 年甘肃小米价格的标准差系数高达 40.4，显然是受准噶尔战争的影响，甘肃是新疆清军的后勤基地，战争促使全省米价同步上涨。而 19 世纪的系数剧降，则样本很少，濮德培也说"数据稳定得让人怀疑"。[②] 这都说明，计量分析必须有历史事实的解释，单凭数字易致误导。

（七）定性分析与定量分析

我在第一节尾部曾说，定量分析方法有局限性，应该主要用它来检验已有的定性分析，而不宜仅凭计量的结果创立新的论点。事实上，上述各家也都是先叙述地区贸易背景和形势、影响粮价的事件和因素，再作计量研究。不过，从方法论着眼，我再介绍王国斌、濮德培《18 世纪湖南的粮食市场与实物供给》一文。他们首先指出对粮食市场要作两种分析，即定性分析和定量分析，两者互相校正和补充，确定市场的整合性。

---

① Peter C. Perdue, "The Qing State and the Gansu Grain Market, 1739-1864," in *Chinese History in Economic Perspective*, University of California Press, p. 124.

② 濮德培：《清政府与甘肃谷物市场》，载叶显恩主编：《清代区域社会经济研究》下册，中华书局 1992 年版，第 1056 页。

定性分析是从地方志、各种历史文献和前人论述中，找出湘、资、沅水系的中长途运粮路线（澧江未见记载），以及10个府内运粮越出县境的短途线路（另3个府无记载），构成一幅米市场结构图。湖南米的流通是以出口外省为主导的。从地理上看，它出口地带5个府与非出口地带8个府的米市场，在交易数量、规模和运作方式上有很大的不同。定量分析，他们采用价格差相关分析法。用此法，各府之间都有相关系数，但系数高的两地不一定有大量贸易，甚至没有贸易。他们测算，1738—1805年，湖南各府间有20对相关系数在0.65以上（他们以此作为整合指标），但考之地理和定性分析，其中有6对是"可疑的"。经将1777年以后的灾荒和政治干预时期除掉，6对中有5对消失，同时又出现4对在0.65以上，这4对既不能经受较长期考验，亦予舍去。最后，保留14对作"真实的"相关，这14对与定性分析中出口地带和非出口地带的分布情况是相符的。此外，相关分析还不能解释文献记载中湘、资、沅上游支流的小量米粮运动，只有假定这些小量贸易不一定产生明显价格关系。他们还用一个府内所报米的高价系列和低价系列的相关分析来测算一个府内部的市场整合，发现除出口地带的4个府外，相关系数都很低，反映府内很少米粮贸易，也许府内基本上是自给自足性粮食经济。①

① R. Bin Wong and Peter C. Perdue, "Grain Markets and Food Supplies in Eighteenth Century Hunan," in *Chinese History in Economic Perspective*, University of California Press, pp. 128-132, pp. 136-140, pp. 143-144.

第九章　区域研究与比较研究

第一节　区域经济史研究

20 世纪 80 年代，我国出现区域经济史研究的热潮。近年来，各大区、省、重要城市均有自己的经济史著述，而边疆地区和少数民族地区经济史的研究尤为喜人。以中国之大，各地区经济发展很不平衡，区域史的研究实属必经之路。这从方法论来说，首先就有一个经济区域的区划问题。

（一）经济区域的区划

我国早有区域史的传统，即被称为"一方之全史"的地方志，历代著述之丰盛，举世无匹，一向为研究经济史者所重视。"盛世修志"，1983 年中央恢复"中国地方志指导小组"，各省市县均广集人才成立修志的专业机构；经 20 年的努力，已新修省级、市地级、县市级地方志9 000余种，是空前的一项文化工程，为区域经济史研究提供了巨大便利。惟地方志是按行政区划编制，历代之食货典志亦然，如何按生态、资源、市场和生活习俗区划以适应经济史之要求，尚无定论。

冀朝鼎的英文本《中国历史上的基本经济区与水利事业的发

展》(1936)是最早的一部区域经济史。惟他所称“基本经济区”为key economic areas乃关键、核心区之义,指历代王朝据此兴修水利以控制其“附属区域”,建立大统一的帝国。冀氏把基本经济区的迁移和并立视为中国历史上三次大统一和两次大分裂的缘由,并声明其理论以封建社会制度为限。总观冀朝鼎的理论含有经济与政治互动发展的观点,并已含有W.克里斯塔勒的“中心地理论”的思想。①

美国的学者G.W.施坚雅曾于1949—1950年在四川考察中国经济和农村市场,于1977年提出将中国划分为九大经济区的体系。施氏的分区是以地文学(physiography)为主,着眼于河流运输和市场联系,并采用克里斯塔勒的中心地学说和等级市场的理论,每个大区都有其中心城市,区内分布二级市场、三级市场和乡镇集市。他的九大区域是:华北区、西北区、长江上游、长江中游、长江下游、东南沿海区、岭南区、云贵区、满洲区。他研究的是晚清情况,以光绪十九年(1839年)为统计基期,并视九大区为相对独立(autarky,自给自足)的区域。② 1980年施坚雅来北京参加中国经济史国际研讨会,提出《市场体系与区域经济学》论文,他的区划遂为中国学者熟识。1993年他又发表《中国农村的市场和社会结

① Chao-Ting Chi, *Key Economic Areas in Chinese History: As revealed in the development of public works for water-control*, London, 1936. 朱诗鳌译:《中国历史上的基本经济区与水利事业的发展》,中国社会科学出版社1981年版。冀朝鼎书完成于1934年4月,W.克里斯塔勒的《德国南部的中心地》发表于1933年,冀氏书中并未提及克氏理论,当系自创。

② G. William Skinner, "Regional Urbanization in Nineteenth Century China," in G. W. Skinner ed. *The City in Late Imperial China*, Stanford University Press, 1977, pp. 211-220. 中译本《城市与地方体系的等级结构》,载《中国封建社会晚期城市研究——施坚雅模式》,吉林教育出版社1991年版,第144—231页。

构》,补充他的论点,并叙至20世纪60年代。①

国外研究中国经济史的学者大多采取施坚雅的分区,而国内学者仅在个别问题上(如岭南市场)采用之,一般仍按习惯区分。原来经济区域的形成有自然的和人文的两类因素,单纯按自然条件区划是不符合历史实际的。我国历史上的行政区虽是着眼于政治和军事,然亦有其经济基础,并用迁都、移民(特别像迁富豪和驻军、屯垦)、水利(特别像开沟渠、漕运)以及非均衡的赋役政策等来改造其经济状况。按行政区划研究最大的好处是资料方便,可以利用地方志、档案和民间文书,正史中食货等典志也是按行政区划记述的,其人口、土地、田赋等统计颇难按经济区划分级重组。台湾学者自1973年起分省编纂《中国现代化的区域研究》,自沿海十省以及内陆,为卓有成效的一大贡献。我以为,从事区域经济史的研究,不必胶于区划的成规,可以从习惯,或大或小,以资料方便而权宜。大如江南、岭南、华北,小如皖南、苏北、巴、蜀,皆已习用。而城市史、乡镇史,属行政区划,自成体系。

(二)区域经济理论

1933年德国地理学家W.克里斯塔勒在《德国南部的中心地》一书中提出"中心地理论"(central place theory);1944年A.罗希出版《区位经济学》予以发挥和定型。② 该理论认为,在一个大约匀质平原地带,经济的发展常会形成以中心地区为核心

① G. William Skinner, *Marketing and Social Structure in Rural China*, Association for Asian Studies Inc, 1993. 史建云、徐秀丽译:《中国农村的市场和社会结构》,中国社会科学出版社1998年版。

② Walter Christeller, *Die zentralen Orte in Süddeutschland*, Jena, 1933. August Lösch. *Die räumliche Ordnung der Wirtschaft*, Jena, 1944. 中文本见祝卓主编:《人口地理学》,中国人民大学出版社1991年版,第519—525页。

(core)向边缘地区(periphery)扩散的局面。核心地区常为一大城市之所在,而以辖区内的中小城市为边缘和市场;这些中小城市又常自成核心,而以更小的镇市为边缘和市场,一般形成三级市场体制。各级的核心和边缘的辖区均以正六边形的面积最为适宜,因而高一级的六边形面积恰为次一级六边形面积的三倍,即所谓三三制原则。

中心地理论现已为区域经济研究者所通用,但必须根据所考察地区的实际条件予以修正,不能拘泥坚守三三制原则。中心地理论来自资本主义已发达的经济状况,用于历史研究未必适宜。施坚雅对中国经济区域的划分即过于拘泥克里斯塔勒—罗希模型,且是以 19 世纪后期中国市场体系为准,用于早期历史研究必须有更大的修正。

欧洲工业革命以后,西方经济学中出现多种工业区位的理论,而以 A. 韦伯的《工业区位论》(1909)最为流行。[①] 他提出多种"区位因素",都是根据经济规律的要求而来,不包括政治、气候、技术问题。在多种经济因素中,又逐一排除了固定资本、利息、地价、机器设备等因素,因为在自由竞争市场体条件下,这些都与工业区位的选择无关。最后,劳工一项亦因假定劳动力自由流动而被排除,决定工业区位的就只剩下原料、工厂、消费三项在地区间运输成本最小一条原则。这种区位理论显然不适用于中国经济史研究。在近代中国,如上海之成为工业中心,以及诸如汉阳铁厂之厂址定位问题,都不是根据这三项运输成本而来。

---

① Alfred Weber, *Uber den Standort der Industrien*, 1906, 英译本 *Theory of the Location of Industries*, 1929。中文本见陈振汉:《步履集 · 韦伯工业化区位理论》,北京大学出版社 2005 年版,第 199—210 页。

在区域经济史的研究中,尚有一种传播论和区域成长论。[1] 传播论主要是研究美国开发西部的经验,比较强调移民和文化传播,当然重视铁路交通。区域经济成长论也源于美国,一般认为各区域经济的发展是从不均衡走向均衡。在发展的早期阶段,区域间的差距会加大,极化效应显著;到后期则扩散效应加大,渐趋于平衡。在发展中,由于竞争,也会出现衰落,以至有先进地区变为落后地区的现象。传播论和成长论必须从具体资料出发,美国开发西部的经验可供参考,但更重要的是总结自己的经验。最近半个世纪以来,我国在开发中西部和维护东北工业区问题上,就有过失误,也积累了丰富经验,值得认真研究。

20 世纪晚期,兴起经济人类学,对我们研究少数民族地区以至全部区域经济史都有教益。我特别推重美籍匈牙利学者 K. 波拉尼的实体经济分析法。波拉尼说:"实体经济必须理解为在两个层面上的构造:一个是人与其周围环境的相互作用;另一个是(经济)过程的制度化。"[2]人与自然的相互作用即生态关系,而经济活动要制度化,才构成实体。所以他的实体分析主要有二,即生态分析和经济制度的分析。同时,经济关系不是孤立地存在,"经济制度是靠非经济动机来运转的"。[3] 因此,制度分析必须兼顾非经济因素,特别是社会文化因素。

在历史上,波拉尼提出三种经济制度:互惠(reciprocity)制度、

---

① 参见 H. H. 涅克拉索夫:《区位经济学》,东方出版社 1987 年版;E. M. 胡佛:《区域经济学导论》,商务印书馆 1990 年版。

② Karl Polanyi, *The Livelihood of Man*, ed. by H. W. Pearson, Academic Press, 1977, p. 31. 转引自陈庆德:《经济人类学》,人民出版社 2001 年版,第 86 页。

③ Karl Polanyi, *The Great Transformation*, Holt, Rinehart & Winston, 1944, p. 46. 转引自陈庆德:《经济人类学》,人民出版社 2001 年版,第 66 页。

再分配制度、市场交换制度。互惠是物质或劳务的相互赠与，双方是对等的，但不一定等价。再分配指共同体的成员向某个政治或宗教的中心支付物质或劳务，这个中心再按一定规则分配给共同体的成员，像税收、服役、贡赋都是这种性质。市场交换是很晚才出现的。市场交换通行后，互惠、尤其再分配制度并未消失，仍是在一定范围内存在，起着社会整合的作用。因此，不能用市场机制概括一切经济行为。单从个人主义出发的"经济人"、"利益最大化"的假设，并无普遍性。不仅是少数民族地区，在研究所有地区的经济史时，都应注意历史的社会关系、社会因素。

另外，我还提出，社会学和人类学所常用的田野工作方法或社会调查方法，在研究区域经济史上是完全必要的。事实上，所谓社会变迁横断面调查或历史回溯调查，只能在一个小地区或点上进行。现在问题是，要增加基点，扩大代表的面。

（三）经济发展周期或阶段

区域经济史，因为有限定的区域，便于拉长时间，考察长期性变迁。法国年鉴学派最早注意这方面研究，曾被称为"空间史学"。F. 布罗代尔的《菲利浦二世时代的地中海和地中海国家》（1949）就是一部区域史的典范。该书分析了人与环境之间以百年计的周期性变动，在经济史部分也上溯到罗马时代。在《15—18 世纪的物质文明、经济和资本主义》（1981）一书中，布罗代尔将核心区、半边缘区、边缘区的研究方法推广于整个资本主义世界，并提出他的长周期理论。

经济的兴衰常有反复，会形成长周期运动。这在资本主义发展中已为学术界共识，康德拉捷夫周期因数据证明比较完整已为多数学者所认可。问题是在漫长的前资本主义历史中，是否也存在周期运动。我前文提到 A. P. 厄谢尔、W. 阿倍用教会庄园记账价格研究 14—18 世纪欧洲各大区农业兴衰的周期运动，给人以化腐朽为神奇之感。但终以他们所用资料比较单一，难以完全信赖。美国学者郝若贝 1967 年就有一篇《中华帝国经济的周期变迁》论文，1982 年发表《中国人口统计与政治社会的变迁，750—1550》长文。[①] 他根据施坚雅的分区法，考察了华北、西北、长江上中下游、东南、岭南七个大区，每大区又划分为一两个核心区和边缘区，分别研究其周期变动。他的周期是由边缘状态、迅速发展、系统衰落、平衡状态四个阶段组成。如华北大区的核心区，在东汉时已处于平衡状态，在隋至宋元丰初则系统衰落了；元丰至南宋宁宗时又迅速发展，宁宗至元初再次衰退；以后进入短期平衡，到明嘉靖后又迅速发展。又各核心区与边缘区的关系大体是：在发展阶段，边缘区的发展速度快于核心区；在衰落阶段，边缘区人口的减少也甚于核心区。郝若贝的研究颇为动人，但他虽也泛叙政治社会情况，而实际上各区域的兴衰主要是靠人口统计，如人口增长率达 -0.02即属系统衰落，这是很难令人尽信的。

周期运动不仅需要比较完整的数据（如近现代可用 GDP 或社会人文指数）证明，还应有其所以然的内在解释。这属于历史哲学问题，目前还无定论。因此在具体经济史的研究中，可以暂不论周期，而称之为不同趋势的发展阶段。日本学者斯波义信的《宋代江南经济史研究》（1988）堪称这种研究方法的一个典范。[②]

斯波义信也是采用施坚雅的经济区域划分模型，但根据包括

---

① Robert M. Hartwell, "Demographic, Political, and Social Transformations of China, 750-1550," in *Harvard Journal of Asiatic Studies*, Vol. 42, No. 2, December 1982.

② 斯波义信著，方键、何忠礼译：《宋代江南经济史研究》，江苏人民出版社 2001 年版，第 6—31 页、80—101 页，并参见吴承明序。

人的活动在内的生态系统重划了“江南”的外围边界，调整了域内核心区和边缘区的结构，也就重定了江南在各大区域中的地位。他在“地域偏差”一节中提出：（1）依人口移动和定居史形成的区域差异；（2）依土地利用或水利史形成的区域差异；（3）依社会精英流动和文化史形成的区域差异；（4）依宗法、家族、阶级变动形成的区域差异；（5）依军事、政治、行政建制形成的区域差异。可见，他的区域观已超出了地理概念，而更多是历史概念了。

斯波义信在考察宋代江南经济的发展中，采用“广义社会史学方法”，以政权变动、战争与和议、变法、迁都等重大事件来划分阶段，从土地开发、生态演变、居民移动、商业交通、社会流动等多方面综合考察，并参照户口、田地、田赋统计，将宋代江南经济发展归结为五个时期，并以元代和明初为参照期；共七个时期：（1）开拓疆土的开国期；（2）上升开始发动期；（3）上升期；（4）实质性成长期；（5）下降始动期；（6）下降期（元）；（7）上升始动期（明初）。也可以说，这400年形成一个大周期。

（四）区域间的研究

区域经济史不仅是研究一个区域的经济，而且也许更重要的是考察本区域与外区域以至外国的历史关系。区域无论大小，都不是孤立的，因为即使是封闭系统，也要与环境交换能量，并受环境的制约。在资本主义自由市场的制度下，各区域之间基本上是竞争的关系，在前资本主义时代，价值化和市场不充分，各经济区域之间是一种发展和制约的关系。这方面的研究可以李伯重的《发展与制约——明清江南生产力研究》为例。① 从明到清，江南的

① 参见李伯重：《发展与制约——明清江南生产力研究》，特别是第八章和结语，台北联经出版公司2002年版。

工农业生产是发展的，它的棉布、丝和丝织品行销全国以至欧美，成为全国最富庶的地区。但它的发展也受到外区的很大制约。为发展纺织，广种棉桑，以至江南粮食不能自给，需由湖南、四川等地补进，肥料（豆饼）要从华北、东北输进。尤其是能源和工业原料煤、铁、有色金属和木材，几乎全部依靠外省区以至日本、南洋供给，使得江南只能从事“超轻型”制造。这是把江南置于整个中国乃至置于东亚大环境中来考察，它的发展受外区域的制约，只有外区域经济有了进步，江南在能源、原料和粮食上得到保证，它才能进一步发展。

李伯重的书是研究生产力，所考察的主要是物质方面（也考察了劳动力流通），区域间的研究还应考察资本和信贷的流通、技艺传播、文化交流等方面，这些在江南也是强项。每个区域都有它的强项和弱点，都存在发展和制约问题。区域经济史之所以要作区域间研究，就是要综合考察，作出判断，并从全局出发，提出发扬强项、弥补弱点的意见。

第二节　比较史学和中心论问题

西方比较史学兴于20世纪30年代，实受法国年鉴学派创建人之一M.布洛赫的倡导。原来西方占主流地位的L.兰克史学强调历史的个别性，分叙各国历史，而不作比较研究。20世纪初，兰克的历史主义受到批判，但新康德主义流行，从W.狄尔泰、B.克罗奇到R.G.柯林伍德，都认为历史是“一次如此”的事情，没有或者不必追求共同的发展规律，因而史家也很少作比较研究。M.布洛赫于 1928 年发表《欧洲社会的历史比较》①一文，提出比较研究法。布洛赫像所有年鉴学派史家一样，着重社会环境或背景的研究。但是，大背景相同的各个社会常会发展出不尽相同的文化，对这些社会的不同点作细微的比较，把握它们相互之间的影响，才能找出环境与事实"普遍有效"的真实因果关系。他提出分区域的比较研究法和分专题的比较研究法。布洛赫自己写的《法国农村史》(1931)就是把法国分为几个区域进行比较研究；他的二卷本《封建社会》(1939—1940)则是分专题进行比较，其比较限于西欧国家，因为东欧已属于另一个大环境了。布洛赫的比较虽在找出相异之点，但其目的是综合出共同的因果关系；在他 1928 年的论文中称为"分析的综合"，一天综合需要几年的分析功夫。

不过，在这以前，O. 斯宾格勒的《西方的没落》(1918)就采取了比较研究法，后来 A. J. 汤因比的《历史研究》(1954)也是。斯宾格勒比较了历史上 8 种高级文化，它们都有生长、成熟、衰老、死亡的周期。汤因比研究了古今 21 种文明，它们的产生都受"挑战与应战"原则支配，它们的发展都形成了四大阶段和周期运动。这在第三章历史哲学部分已详谈。

1957 年 C. 布林顿发表《解剖革命》②一书，对英、法、美、俄四国的革命作比较研究。他关注的是各国革命历程的次序，力图确立革命必须经过的阶段和规范，以至有(法国)"热月政变的反动具

① Marc Bloch, *Toward a Comparative History of European Societies*. 原载他参与工作的《历史综合评论》(英文)1928 年 46 卷 28/29 期，今用的该文收入 *Enterprise and Secular Change*, ed. by F. C. Lane and T. C. Riemerson, Homewood, 1953, pp. 494-521。

② Clan Brinton, *The Anatomy of Revolutions*, New York, 1957.

有普遍性"的论点。

接着,有好几家用比较法研究革命问题和民主问题。1969 年,E. R. 沃尔夫出版《二十世纪的农民战争》①,比较研究墨西哥、俄国、中国、越南、阿尔及利亚、古巴的农民战争。沃尔夫也是力图找出各国农民战争的共同点,但不得不承认中国革命的特殊性。

经济方面,比较研究众多,而大多属于经济学范围的,主要是用计量学方法,有的比较一百多个国家和地区。其堪称兼称史学比较者,惟 W. W. 罗斯托的名著《经济成长的阶段——非共产党宣言》,我前文亦已谈过。罗斯托比较了 11 个国家的经济成长过程,包括中国和印度。他也是寻求各国经济发展的共同性,划分为五个或六个阶段,而最引人注目的是经济"起飞"(take off)阶段,即步入工业化的阶段。他也提到诸如民主革命等问题,但起飞的共同条件主要是投资的净值要占到国民收入 10% 以上。这个条件不是从历史经验中得出,而是从理论推导出来的。在罗斯托的研究中,各国的起飞迟早相差一两个世纪,但要求它们都经历同样几个发展阶段。

从上可见,多年来西方的比较史学,大多是要求寻找各国或地区历史发展的共同性,企图得出普遍的或规律性的概念。他们所研究的又多半是欧洲建立民族国家和实现工业化、成为世界经济中心的历史。这就有意无意地把欧洲实现工业化的道路作为人类共同的发展模式,形成"欧洲中心论"。欧洲中心论实际是把西方传统的"历史中心论"嫁接到欧洲成为世界经济中心这一概念上,认为欧洲领先世界进入工业化是由于欧洲文化的优越性。这里,

---

① Eric R. Wolf, *Peasant Wars of the Twentieth Century*, New York, 1969.

我们首先要辨明历史中心论和世界经济中心论这两个概念。

我在本书第三章西方历史哲学一目中曾说明，历史中心论是一种文化一元论，认为人类文化或文明是由一个中心传播和主宰的。这种理论源于柏拉图，明定于基督教教义，经18世纪唯理学派论证，完成于黑格尔的历史哲学。20世纪以来，它已受到精明的历史学家的批判。斯宾格勒和汤因比都认为各民族的文化或文明是并行的，并且是等价的，没有一个中心。斯宾格勒承认各民族间有文化交流，但不改变它们的本质。他说“我们赞美一种外来的思想”，而“实际上是对这种外来思想的性质的改变”。[①] 这有一定道理，例如中国吸取佛教思想改变成禅宗，马克思主义也要中国化。汤因比指出当代所称“西方中心”是由于“西方文明用它经济制度之网笼罩了全世界”，于是错误地“又来了一个以西方为基础的政治统一”。[②] 这完全正确。后自由主义者I. 柏林力主文化多元论，认为各种文明是不可通约的。他说当代的历史发展阶段论把民族间文化的差异归结为历史发展阶段的不同是错误的。[③] 例如，西方已到最高阶段，东方某国还在初始阶段，这实际是一种新的文化一元论。后现代主义者则认为世界本来是差异的、多样的，先进与落后都有其存在的价值。后现代主义思潮未必完全正确，但也说明历史或文化中心论是一种哲学上的虚构，必须予以批判。

世界经济中心论则是另一回事。在海运和贸易发达、各国经

① 斯宾格勒：《西方的没落》，商务印书馆1963年版，第155页。

② 汤因比：《历史研究》上册，上海人民出版社1959年版，第51—52页。

③ I. 柏林的论点见于他的《维柯与赫尔德》和《反潮流》论文集。部分中译文见《现代西方历史哲学译文集》，上海译文出版社1984年版。参阅甘阳：《柏林与后自由主义》，《读书》1998年第4期。

济交往频繁以后，经济上最强大的国家或地区形成一个世界经济中心是很自然的事情，是不能否定的。前已提及，F. 布罗代尔把它称为资本主义世界中心，它最早出现在南欧，16 世纪末转移到北欧，18 世纪晚期转移到英国，20 世纪初又转移到美国。这完全符合历史实际。拉美学派的 I. 沃勒斯坦在《现代体系》中用中心—半边缘—边缘的理论解释世界经济中心与其他国家的关系①，也是有道理的。现在经济全球化，也可能出现多中心。不过，已有的世界经济中心理论是符合过去历史的，而西方一些比较史学学者把它移植到传统的历史中心论上，成为近代史研究中的欧洲中心论，则是完全错误的，应予以批判。

20 世纪 50 年代，在美国出现一种"冲击—回应范式"②，大意是说近代中国和远东发生的一切政治、经济的变化，都是西方文明冲击引起的反应，应当按照这个范式去进行研究。这实际是欧洲中心论的一个新的版本，亦应予以批判。

第三节　关于中西比较研究的新思维

中国传统史学在记叙行政体制、田制、赋税等制度时，常有回

---

① Immanual Wallerstein, *The Modern World-System*, New York, Academic Press, 1974-1989. 龙来寅等译：《现代世界体系》第 1 卷，高等教育出版社 1998 年版，第 461—473 页。

② 冲击—回应范式（impact-response）首见于 Ssu-yu Teng（邓嗣禹）and John K. Fairbank（费正清）的 *China's Response to the West: A Documentary Surveys, 1839-1923*, Harvard University Press, 1954。又见于多次再版的 Paul H. Slyde and Burton F. Beers, *The Far East: A History of the Western Impact and the Eastern Response, 1830-1965*, Englewood Cliffs, N. J. Prentice Hall, 4th ed, 1966。

溯前朝得失之笔，但还不是比较研究。晚清宪政和洋务运动中，介绍外国情况的著作中亦常对比论及中国体制，也还不是比较史学。“五四运动”后，倡导民主与科学，渐有一些中西、中日比较的研究，多属专业课题，而方法上常有欧洲中心论色彩，后期并受冲击—回应范式影响。新中国成立后，关于中国近代史的著作就都是反欧洲中心论的了，但在方法论上少见新猷。因而下面我仅介绍最近时期西方史学界（包括华裔史学家）的中西比较研究，重点不是它们研究的课题本身（有些课题尚难定论），而是他们在研究中提出的历史观和方法论，统名之曰新思维。

1984年美国哥伦比亚大学的P. A. 柯文教授出版《在中国发现历史》①，严厉批判了冲击—回应范式和把传统与现代完全对立起来的观点。他探讨了近代中国发生的大事，如太平天国、戊戌变法、同治改良主义运动等，认为这些大的活动虽然受到西方思想影响，但其动机和目标都是国内的。孙中山曾受西方教育，但辛亥革命并不是“现代”战胜“传统”，而是中国本身的政权变革，绅士和民间社团是支持革命的主要力量。洋务运动是受西方经济冲击而来，但限于沿海城市，从广大内地和下层民众看，西方的冲击力是有限的。柯文在多处提出要注意中国内部的能动因素，要以“中国为中心的思路（approach）”找出中国自己的“故事线索”。② 在西方史学界中，这是一种新的历史观和方法论。

---

① Paul A. Cohen, *Discovering History in China*, *American Historical Writing on the Recent Chinese Past*, Columbia University Press, 1984. 林同奇译：《在中国发现历史：中国中心论在美国的兴起》，中华书局1989年版。

② 原文是Chinese centered approach或Toward a Chinese-centered History of China，这并不是“中国中心论”。中译本加上一个副标题“中国中心论在美国的兴起”，易致误导。

比较研究，最好有一个客观的评价标准，而这是很难得的。1998年国际经合组织（OECD）发展中心首席经济学家A.麦迪森发表《中国经济的长时期实绩》[①]，用人均GDP作比较标准。据他估算，从汉光武到元初，中国的人均GDP增长33%—37%，而欧洲没有什么增长；从元初到清嘉庆，欧洲的人均GDP增长155%—175%，而中国没有什么增长。然而，这时期的GDP估计是很难令人置信的，麦迪森也说是guesstimate（美国俚语“瞎猜”）。当然，麦氏还有其他材料，看来他是高估了宋代经济的发展，而对明清持停滞论。

其实，GDP并不是很好的客观标准。我以为，比较研究应当有两个方面：一是比较双方的人口、资源、生产和消费的水平，哪方更富裕；一是比较双方的政治和经济制度、文化和社会结构，哪方更先进。物质富裕不一定制度先进，物质文明和精神文明同等重要。

1997年美国加利福尼亚大学王国斌教授出版《中国的转变——历史变迁与欧洲经验的局限》。[②] 他是从经济变化、国家形成、社会抗争三个方面比较中国和欧洲的历史的，他在历史观和方法论上都有创新。兹仅介绍他在经济方面的研究。

原来西方学者大多是以欧洲的经验为标准，考察中国缺少了什么，或者多了什么阻力，以至没有发生工业革命。这是欧洲中心

① August Maddison, *Chinese Economic Performance in the Long Run*, Development Centre of The Organization for Economic Co-operation and Development, Paris, 1998. 麦迪森是把各国的GDP用购买力平价（PPP）方法转化为1990年美元进行比较的。

② R. Bin Wong, *China Transformed: Historical Change and the Limits of European Experiences*, Cornell University Press, 1997. 李伯重、连玲玲译：《转变的中国——历史变迁与欧洲经验的局限》，江苏人民出版社1998年版。

论的方法。王国斌提出一种新的比较法，即一方面以欧洲的经验来评价中国的历史，另一方面以中国的经验来评价欧洲的历史。这种方法在他的国家形成部分运用得最精彩（这部分是从比较罗马帝国和汉王朝开始）。在经济方面，他详细比较了16世纪以来中国和欧洲的农业和手工业之发展，发现双方不仅有差异，亦有共同性，而最根本的共同性是双方经济的发展都是属于斯密型动力，即通过市场实现劳动分工推动经济的缓慢发展。并且，到18世纪，中国和欧洲尤其是双方的核心区即长江中下游和英格兰，都已面临但并未达到斯密型增长的理论极限即马尔萨斯危机。而正在这时，欧洲因发现新大陆而扩大了资源的基础，这远胜于中国开发边疆所能扩大的资源基础。同时，欧洲大量开发矿产能源（煤），突破了有机能源（木材）的限制，并导致工业机械化。于是欧洲走向以城市工业或工业资本主义为发展动力型的经济，与中国仍保持斯密型动力的缓慢增长模式分道扬镳。就是说，王国斌是从双方历史经验的特殊性中发现其共同性，共同性不是永恒的，而导致背离共同性的主要因素是欧洲人发现新大陆。欧洲人发现新大陆并不是历史的必然，毋宁说是一种偶然性事件。这就有力地驳斥了欧洲中心论，该论认为欧洲首先实现工业化是由于它历史文化上的优越性。

王国斌在他的书中还提出了“前瞻性分析”与“回顾性分析”相结合的研究方法。历史分析一般都是回顾性的，即就已发生的事情回溯其发生的条件和原因。这种方法的好处是，人总是根据他所处的时代精神来回溯历史，可给历史以新的解释。但也有毛病，即可能出现目的论或先验论，把后来发生的事情当作历史必然或“应当如此”的事情。有人认为工业革命是欧洲文化特殊性的结果，就是这样来的。前瞻性分析是一种开发型思维，是在某一事件点上，例如18世纪中叶，根据当时环境，设想可能发生的各种情况，甚至设想最可能发生的事情。这样，对以后发生的事情（不一定是最可能发生的事情），都能给以历史的解释。历史本来是多样性的，多样之中有共同性的东西。前瞻性分析与回顾性分析相结合，可以避免先验论，符合历史多样性的本来面貌，取得比较客观的判断。

1998年美国迈阿密大学 A. G. 弗兰克教授出版《重新面向东方：亚洲时代的全球经济》。[①] 弗兰克是采取整体主义研究方法，从世界经济体系的结构和贸易联系中来考察中国和欧洲的关系。他着重考察了16—18世纪的世界史，认为这时期中国是世界经济中心，中国具有巨大的生产力和出口竞争力，以至能够吸收一半世界生产的白银。欧洲正是在亚洲进入周期性衰退之际，利用白银贸易，从1800年开始，成为世界经济中心的。而今天，世界经济中心又有再现于东方之势。这就完全粉碎了欧洲自古就是世界中心之论。

从世界整体的观点来作比较研究是一种很好的研究方法，前述 F. 布罗代尔和 I. 沃勒斯坦都是采用这种方法。不过，布氏和沃氏所考虑的都是"资本主义世界中心"，沃氏的"世界体系"诞生于欧洲人发现新大陆以后。在这以前中国经济的发展可能是领先于世界，但与西方交往还不多。弗兰克认为，明代朝贡贸易已奠定中国居于世界经济中心地位，未免牵强。弗氏的主要依据是欧洲用

① Andre G. Frank, *ReOrient: Global Economy in the Asian Age*, University of California Press, 1998. 刘北城译：《白银资本——重视经济全球化中的东方》，中央编译出版社2000年版。

得自拉丁美洲的白银购买中国的茶、丝绸、瓷器等，以至 17、18 世纪白银大量流入中国，因而他的书在出中文版时改名《白银资本》。我曾对白银问题作过一些研究。① 据我看，弗氏对流入中国的白银估计偏高，中国并未实行重商主义，流入的白银在中国并未能转化为资本，它在西方也不是资本输出。弗氏认为，在 1800 年以前，世界中心一直是在东方，他还屡提丝绸之路，并与人合写《五千年世界体系》。这就混同世界经济中心和历史或文化中心的概念，是不可取的。

2000 年美国加利福尼亚大学 K. 彭慕兰教授出版《大分流：欧洲、中国和世界经济的形成》。② 该书认为，1800 年以前是个多元世界经济，19 世纪欧洲工业化充分发展以后，一个在世界经济中占支配地位的欧洲中心论才有了实际意义。在中西比较研究上，彭慕兰采用了王国斌的历史观和比较方法。除一般的考察外，他把核心区，即中国的江南地区和欧洲的英国，作为比较研究的代表。他认为在 18 世纪，无论在人口、生产水平和消费水平方面，或者在制度、资本积累和生产技术方面，双方各有短长，但总的看是旗鼓相当的。既然双方经济都是属于斯密型增长模式，市场成了一个比较指标。他大力考察了双方阻碍市场发育的因素，诸如政府干预、特权贸易、行会垄断、习俗限制等，并特别重视土地买卖和劳动力流动的量和自由度，结论是：江南比英国略有优势。

① 吴承明：《中国的现代化：市场与社会》，生活·读书·新知三联书店 2001 年版，第 230—233、275、287 页。

② Kenneth Pomeranz, *The Great Divergence: China, Europe, and the Making of Modern World Economy*, Princeton University Press, 2000. 史建云译：《大分流：欧洲、中国及现代世界经济的发展》，江苏人民出版社 2003 年版。

在比较研究中,彭慕兰十分重视生态问题。据他考察,由于人口增加和土地资源有限,到 18 世纪,英国和江南都面临着大体相等的生态制约,以至有不能持续发展或内卷化(边际生产率接近于零)的危险。于此,他又提出一个比较指标,即看哪一方面更接近于新古典经济学原则。新古典经济学的原则是,最佳经营方式是边际收益等于边际成本。更接近于这个原则就意味着更有望于跃过斯密增长极限或避免内卷化。于是他着重比较了 17 世纪欧洲的原始工业化(纺织业为主)地区和江南的农民家庭纺织业,并作了成本和收益估算。他指出,江南小农并不是在边际收益递减下劳动,江南妇女的纺织劳动也并非是零机会成本。结论是:欧洲和江南都远未达到新古典经济学要求的原则,但江南更接近一些。

那么,为什么英国接着实现了工业化而江南远远落后了呢?彭慕兰将其主要归之于两个原因:一是英国煤矿恰邻工业区,一是美洲殖民地的开发,尤其是后者。英国煤矿不仅有地理优势,且矿区多水,需用蒸汽机排水,使得这一新发明但昂贵的机器得以改进和推广。江南需从华北远地运煤,实际是加深了自身的生态失衡。并且华北矿区干燥,重在竖井通风,故虽然已可从国际购得降了价的蒸汽设备,但仍不急于机器化。美洲殖民地为英国开辟了工业品市场和积累了资本,但这不是主要的,因江南也有广大的外围地区,可担当同样任务。彭慕兰认为,主要是美洲殖民地提供了大量棉、木材、玉米、烟草等土地生产品,使英国节省出2 300万英亩土地以供他用。这等于把劳动密集化的生产移到海外,解除了自己的生态“瓶颈”,避开内卷化。江南则无此便利。

上述几部著作，尤其是彭慕兰的《大分流》，曾在国内外引起热烈的讨论，并引发大量著述，或补充其论点，或指出其错误，或批判其结论。我旨在介绍他们有关比较史学的观点和方法，对此不再置议。

第十章　结束语

《经济史:历史观与方法论》至此结束。我打算最后简括一下我个人的看法,但千万不要妨碍读者们自己的见解,这也是本书最终要求。每个人都有自己的历史观和方法论,百家争鸣,学科才有进步;如果只有一种观点,用一个声音讲话,我们的经济史就要寿终正寝了。

历　史

我以为经济史首先是史,是历史学的一个分支。

历史研究(不是写历史)是研究过去的、我们还不认识或者认识不清楚的历史实践,如果已经认识清楚,就不要去研究了。实证主义是治史的基本方法,不可须臾或离。19 世纪末以来批判实证主义者累累。这些批判大多是有益的。要承认我们对历史的认识不全面,有相对性和时代局限性,需要再认识。历史研究就是没完没了的再认识。

历史观是一种世界观,即人们对历史上人与自然的关系和人与人的关系的看法。在历史研究中,历史观是当作思维方法来应用的,而不是作为推理的根据。恩格斯说,“马克思的整个世界观不是教义，而是方法”；列宁说，“历史唯物主义”只是“说明历史的方法”。我赞成“究天人之际，通古今之变”的历史观。作为方法，前句是叫我们考察历代的经济发展是否与自然界的运动相适应，后句是说要有意识地研究中国历史发展的辩证过程。

历史学的首要任务是探求历史的实况，史料考证和文本诠释都十分重要。但历史学不就是史料学。理解历史还需要理论，须借助于抽象思维和理性判断。20 世纪中期的史学革命要打倒历史主义，代之以科学的史学。我以为，用科学方法分析历史是完全必要的，打倒历史主义则不必。模式论、逻辑实证主义的方法并不足取，教条主义更应当摒弃。

价值判断是中国史学的优良传统，否则不能以史为鉴。史学应有实证分析和规范分析两种功能。作实证分析时，要把所论事物或行为置于它们产生或运行的具体历史条件下，不可怨天或尤人。作规范分析时，则是用今天的价值观，不仅评价其当时得失，还包括它们对后人的潜在效应，揭示其历史局限性。但不可苛求古人，因为我们今天的评价也是有历史局限性的。

经　济

经济史是研究各历史时期的经济是怎样运行的，以及它运行的机制和绩效。这就必然涉及经济学理论。我以为，在经济史研究中，一切经济学理论都应视为方法论；任何伟大的经济学说，在历史的长河中，都会变成经济分析的一种方法。没有一个古今中外都通用的经济学。“史无定法”，要根据时空条件、所研究问题的性质和史料的可能，选用适当的经济学理论作为分析方法。

任何经济学理论都要假设若干条件或因素是不变的或者可以略去，否则不能抽象出理论来。这种假设是与历史相悖的，因而，应用时必须用历史学的特长来规范时间、地区特点和考察范围，使理论在小环境内起分析方法的作用。“经济人”的假设在发达的市场经济条件下也是不完整的，研究迄今为止的中国经济史基本上不适用。

研究经济史，要尽量应用统计学，能计量者尽可能计量。比较值常更重要于绝对值；估计值因为可包括社会因素，效果不下于统计值；这都是史的特点。计量经济学分析，如回归分析和相关分析，则主要用于检验已有的定性分析，而不宜用它创建新的论点。

经济史用经济学的理论进行分析，但还应多视角地回馈社会制度、文化习俗等历史实况。经济史应当成为经济学的源，而不是经济学的流。

制　度

任何经济都是在一定制度的机制下运行，才能持久。制度有惰性，要求稳定不变，所以任何或大或小的制度变迁都是人为的一种革新。在我国漫长的封建社会，诸如田制、租佃、赋役、货币等制度的革新，虽学者要求复古之声不绝，但总的看是不可逆的，反映历史进步。我不是制度决定论者：生产和交换的发展要求人们革新制度，而在一定的生产交换水平下，制度的良窳决定经济的盛衰。

近代经济史是研究传统经济向现代经济转变的过程，也就是新的（现代化的）经济因素产生和发展的过程。这种新的经济因素，不仅要求有一般的制度革新，还要求有体制上的（systematic）变革，以至根本法的（constitutional）变革，才能实现现代化。这种体制的和根本法的变革都是革命。

我认为，在16、17世纪，我国经济的发展已孕育出一些现代化因素或萌芽，同时，在赋役、租佃、雇工、货币等制度上也有一定的革新。然而，愈是盛世，朝野都愈趋保守，至18、19世纪，终未能引发体制的变革，而帝国主义炮舰到了，全盘皆非。

社　会

经济发展和制度革新，必然引起社会结构和群体行为的变迁。同时，社会结构也制约着经济的运行，而制度的进一步革新又需要社会精英和群体组织的合力。研究经济史必须研究社会。

经济史学者无力研究整个社会，只能着眼于与经济运行和制度变革有关的方面。其中如人口和人口行为、家庭和宗族、分业（士、农、工、商）和等级制度、乡绅和社会精英、消费习俗等；题目已经不少，还都需请社会学专家帮助。今天，我们还不具备独立完成一部整体论的中国社会经济史的条件，但要有整体观：不要孤立地看任何问题，不能就经济谈经济。

经济史研究要考察非经济因素。有两项最大的非经济因素：一是国家，一是文化思想。与西方不同，中国经济自古迄今都是在国家的干预和参与下进行的。对于国家，不能像新制度学派那样用契约论和双方“收益最大化”原则去分析，而应从历代政府经济措施的实效来评价。据我看，历代封建王朝对经济的干预和参与，总的说来，功大于过，致使中国经济的发展领先于世界。在近代史上，晚清和民国政府虽也发挥了积极作用，但方向和战略错误，结果是失败的。

文化思想

经济发展、制度改革、社会变迁，在最高层次上都要受文化思想的制衡。我用制衡（conditioned）而不说制约，有两重意思：一是不合民族文化传统的制度变革是行不通的（如人民公社）；二是文化思想又常是社会制度变革的先导，这种先导在历史上称之为“启蒙”。

经济史学者，限于精力，不能考察全部文化，只能考察历史上居主导地位的文化思想。这在西方就是基督教文化，在中国就是儒家思想，当然，即使考察儒家思想，也要依靠思想史专家帮助。

文化思想的变迁不是和经济发展如影随形，不能基于经济决定论。在我看来，儒家思想早已融合了法家、道家思想；到宋，又汲取了佛教哲学，并使自己理性化；至明，王阳明的致良知说起了解放思想的作用。随之，出现16世纪的反传统思潮和17世纪的启蒙思潮，一时生气勃勃。但是，入清以后，就在一元化文化专制政策的压抑下，偃旗息鼓，退回到汉经学去了。我以为，两千年来，儒家思想指导中国向繁荣富强发展，是应该肯定的。最后，在传统社会向现代化大转变的过程中，它的先导作用失败，是因为17世纪的启蒙思潮基本上是一种道德理性（价值理性），缺乏工具理性。19世纪后期的第二次启蒙运动情况就不同了，因为汲取了西方的工具理性，遂有戊戌变法、辛亥革命等成果。

译名对照表

阿倍	Wilhelm Abel
阿多尔诺	Theoder W. Adorno
阿克顿	John E. E. D. Acton
阿什内	A. S. Eichner
阿什莱	William James Ashley
爱因斯坦	Albert Einstein
奥本海默	Robert Oppenheimer
伯伦汉	E. Bemheim
伯希和	Paul Pelliot
亨利·贝尔	Henri Berr
贝克尔	Carl L. Becker
毕达哥拉斯	Pythagoras
毕歇尔	Karl R. Bücher
柏拉图	Plato
波拉尼	Karl Polanyi
彼德·伯克	Peter Buck
勃兰特	Loren Brandt
波里比乌斯	Polybius
柏林	Isaiah Berlin
波普尔	Karl Popper
布劳克	Marc Blaug
布林顿	Clan Brinton
布洛赫	Marc Bloch
布罗代尔	Fernand Braudel
布伦塔诺	Ludwig Joseph Brentano

达尔文	Charles Robert Darwin
达伦多夫	Ralf Dahrendorf
丹尼森	Edward F. Denison
德奥皮克	D. V. Deopik
德谟克利特	Democritus
狄尔泰	Wilhelm Dilthey
杜尔阁	A- R- J Turgot
笛卡尔	Rene Descartes
厄谢尔	Abbott Payson Usher
恩格斯	Friedrich Engles
凡勃伦	Thorstein B. Veblen
费尔巴哈	Ludwig A. Feuerbach
费弗尔	Lucien Febvre
费耶阿本德	Paul Karl Feyerabend
费正清	John K. Fairbank
伏尔泰	Francois M. Voltaire
福格尔	Robert William Fogel
福柯	Michel Foucault
弗里德曼	Milton Friedman
弗兰克	Andre G. Frank
甘德森	G. A. Gunderson
哈贝马斯	Jüergen Habermas
哈耶克	Friedrich A. Hayek
郝若贝	Robert M. Hartwell
海德格尔	Martin Heidegger
赫尔德	Johann G. Herder
赫克舍尔	Eli Filip Hecksher
赫拉克利特	Heraclitus
荷马	Homer
赫西俄德	Hesiod
黑格尔	George W. Hegel
亨普尔	Karl G. Hempel
霍布士	Thomas Hobbes

霍金	Stephen W. Hawking
霍克海默	Max Horkheimer
胡塞尔	Edmund Husserl
伽达默尔	Hans-George Gadamer
吉登斯	Anthony Giddens
基欣	Joseph Kitchin
杰文斯	William Stanley Jevons
卡尔	Edward H. Carr
卡甘	Philip Cagan
凯恩斯(J. M.)	John Maynard Keynes
凯恩斯(J. N.)	John Neville Keynes
坎宁翰	William Cunningham
康德	Emmunuel Kant
康拉德	Alfred Conrad
康德拉捷夫	Nikolai D. Kondratieff
康芒斯	John R. Commons
克拉克	John Bates Clark
克拉潘	John Harold Clapham
克劳斯	Richard A. Kraus
克里斯塔勒	Walter Christeller
柯林伍德	Robin George Collingwood
克罗奇	Benedetto Croce
科塞	Lewis Coser
柯文	Paul A. Cohen
孔德	August Comte
孔多塞	Jean-Antoine Condorcet
库恩	Thomas S. Kuhn
库兹涅茨	Simon Smith Kuznets
魁奈	Fransois Quesnay
拉弗	Arthur B. Laffer
莱布尼兹	Leibniz
赖特	Gavin Wright
兰普雷希特	Karl Lamprecht

兰克	Leopold von Ranke
朗格诺瓦	Ch. Langlois
勒高夫	Jacques Le Goff
里昂惕夫	Wassily Leontief
李嘉图	David Ricardo
李凯尔特	Heinrich Rickert
李维	Livy
李约瑟	Joseph Needham
李斯特	George Friedrich List
列宁	Vladimir Ilich Lenin
列维－斯特劳斯	Claud Lévi-Strauss
林德尔	Peter H. Lindert
鲁滨逊	James Harvey Robinson
卢曼	Niklas Luhmann
卢卡齐	George Lukács
卢梭	Jean-Jasques Rousseau
罗宾逊	Joan V. Robinson
罗希	August Lösch
罗斯托	Walt W. Rostow
马尔库塞	Herbert Marcuse
马克思	Karl Marx
马林诺夫斯基	Bronislaw Kaspar Malinowski
马歇尔	Alfred Marshall
马立博	Robert Marks
麦迪森	Augus Maddison
麦克斯韦	James C. Maxwell
迈耶	John Meyer
芒德尔	Robert A. Mundell
孟德斯鸠	Montesquieu
穆勒	John Stuart Mill
米尔斯	Chales Wright Mills
米切尔	Wesley Clair Mitchell
莫诺德	Gabuel Monod

诺斯	Douglass C. North
牛顿	Issac Newton
帕森斯	Talcott Parsons
培根	Francis Bacon
彭慕兰	Kenneth Pomeranz
皮朗	Henri Pirenne
濮德培	Peter C. Perdue
奇波拉	Carlo M. Cippola
萨缪尔森	Paul Anthony Samuelson
萨伊	Jean-Baptiste Say
桑巴特	Werner Sombart
色诺芬	Xenophon
瑟诺博斯	Ch. Seignobos
施坚雅	G. William Skinner
施穆勒	Gustav von Schmoller
舒茨	Alfred Schutz
斯宾格勒	Oswald Spengler
斯宾诺莎	Baruch de Spinoza
斯宾塞	Herbert Spencer
斯拉法	Piero Sraffa
斯坦因	Aurel Stein
亚当·斯密	Adam Smith
苏格拉底	Socrates
索洛	Robert M. Solow
塔西佗	Tacitus
泰勒斯	Thales
汤普逊	James Wessfall Thompson
汤因比	Arnold Toynbee
特纳	Frederic Jackson Turner
涂尔干	Emile Durkheim
托马斯	Robert P. Thomas
托尼	Richard Henry Tawney
瓦尔拉斯	M. E. L. Walras

M. 韦伯	Max Weber
A. 韦伯	Alfred Weber
韦尔	David Weir
维柯	Giovanni Battsla Vico
文德尔班	Wilhelm Windelband
沃尔夫	Eric R. Wolf
沃勒斯坦	Immanual Wallerstein
席德	Ralph W. Hidy
希尔德布兰德	Bruno Hildebrand
希克斯	John R. Hicks
希罗多德	Herodotus
西斯蒙第	J. C. L. Sismondi
休谟	David Hume
熊彼特	Joseph Alois Schumpeter
修昔底德	Thucydides
许内门	Ralph W. Huenemann
亚里士多德	Aristotle
亚历山大	Jeffrey C. Alexander
伊壁鸠鲁	Epicurus

吴承明先生学术年表*

1917 年

1 月 3 日，出生于律师家庭，祖籍河北滦县，汉族。

1920 年

随父母来北平，在四世同堂的大家庭中生活。

1923 年

入北平京公立第三十七小学（新中国成立后为西直门小学）。

1926 年

退学改为在家念私塾。

1928 年

入北平市立第三中学。曾与人办油印小报，自编自导并参演独幕剧。

1931 年

考入北平四中高中。

1932 年

投考天津北洋工学院高中部并被录取。

进入北洋大学（预科），开始树立工业救国思想。在抗日宣传基地“工友补习学校”中任教务长。又倡导组织世界语学会，开世

---

* 本年表由吴洪撰写。

界语班。

1934 年

考入清华大学理学院化学系,从工业救国转为科学救国。二年级时又觉科学救国不如经济救国更为现实,遂从化学系转入经济系。曾从杨树达教授学训诂,听陈岱孙教授的经济学课程。

1935 年

夏,在学生自治会主办的工友补习学校当教员;任《清华周刊》总发行,利用所掌握的发行网向边远地区左派组织邮寄抗日救亡出版物;在《东方既白》杂志创刊号上发表论中国土地问题的文章。

1936 年

6 月,因学生运动被清华开除后考入北京大学史学系。仍持经济救国思想,故把目标放在近代史上。听钱穆先生秦汉史课,听经济系课程,业余时间自学马克思主义经济学。

1938 年

在西南联大复学,选修了陈寅恪的隋唐史和佛典文学,葛邦福(John J. Gapanovich)的希腊罗马史和赵迺抟的经济思想史等课。参加西南联大话剧团。

1940 年

夏,从西南联大毕业,到重庆歌乐山的中央银行经济研究处研究战时经济。

1941 年

2 月,到行政院经济会议秘书处和金融组工作,后任金融组秘书。

1943 年

到"中国战时生产促进会"任研究部主任。在重庆的三年被

《新蜀报》聘为主笔；又主编半月刊《银行界》。在《时事新报》发表《论当前生产政策》、《论大小生产——再论当前生产政策》两文；撰写《产业资金问题之检讨》、《理想利率》等文。

冬，怀揣实业救国理想，赴美留学，入哥伦比亚大学商学院研究生部主修“货币与金融学”，请贝克哈特教授为学位论文指导教师，辅修“工业管理”。学习了查普曼的银行学、多德的金融市场、莫里斯·克拉克的经济学等课。

1945 年

以五门并列 A 的课业成绩和一篇题为《认股权、股票股利及股票分裂与扩充公司之投资理论》的论文获金钥匙奖。

1946 年

3 月，与钢琴家洪达琳女士在美国纽约结婚，洪达琳于 1994 年 1 月在北京病逝。

6 月，受雇于资源委员会，在纽约办事处工作；同月，作为 1971 年经济学诺奖获得者库兹涅茨的顾问由美回国工作。

9 月，调日本赔偿拆迁委员会工作。

1947 年

年初，辞职来上海，任中央信托局信托处襄理，分工管外汇。

夏，兼任上海交通大学教授，讲授“货币银行”和“国际汇兑”，后改教“工业管理”和“财务报告分析”两课，所讲内容多为当时国内大学首创。

1948 年

开始研究中国工业资本问题，后写成《中国工业资本的估计和分析》一文发表。

1949 年

6 月初,调华东贸易总公司。

9 月,调任中国银行经济研究处研究委员。

11 月,到北京中央外资企业局,任业务处副处长。

1950 年

外资局并入中央私营企业局,任外资处副处长。开始研究外国在华投资。

1951 年

用魏子初("外资处"谐音)笔名发表三篇论文和三种小册子。其中《帝国主义在华投资》连印三版并有俄文版。

1952 年

兼任工商行政处副处长,主持私营企业重估财产、调整资本工作。开始注意商业和市场问题,为后来研究市场史做准备。

1953 年

参与筹建中华全国工商联(简称"全联")工作,10 月成立,任全联执委,后任历届全联特约顾问。

1954 年

署名魏子初的《帝国主义与开滦煤矿》由神州国光社出版。

撰写《过渡时期的国家资本主义》,人民出版社连印三版。

1955 年

《帝国主义在旧中国的投资》由人民出版社出版。

1956 年

夏,任调查研究处处长。

1958 年

任由中央工商行政管理局与科学院经济研究所合设的"资本

主义经济改造研究室”主任。

1962 年

负责通稿的《中国资本主义工商业的社会主义改造》由人民出版社出版。

1969 年

8 月，下放赴辽宁盘锦的商业部五七干校。

1971 年

11 月，迁移至河北固安县粮食部五七干校。

1974 年

1 月，借调到人民出版社，主编《旧中国的资本主义生产关系》。

1975 年

8 月，调到商业部，准备编写《中国资本主义发展史》。

1978 年

5 月，调到中国社会科学院经济研究所工作，开始主编三卷本《中国资本主义发展史》，在后来的通稿时，事实上自己将全书三卷共计 206 万字完全重新写了一遍。该书获第六届孙冶方经济科学奖。

1979 年

开始招收经济史硕士研究生。

1980 年

受日本“国际交流基金”资助，在东京大学社会科学研究所作外国研究员。

1984 年

8 月，受洛克菲勒基金会资助，赴意大利参加中国经济史讨论会，在发言中提出“史无定法”。

1985 年

开始招收经济史博士研究生。

论文集《中国资本主义与国内市场》由中国社会科学出版社出版。

1986 年

3 月,被聘为美国加州理工学院客座教授。

1987 年

12 月,被聘为南开大学经济研究所教授。

1991 年

6 月,当选为中国经济史学会会长。

10 月,获国务院政府特殊津贴。

1992 年

印行《濯足偶谈》,分送旧友。

1993 年

6 月,参加"经济史论坛"讨论,共计十五六次,至 2006 年 10 月结束。

1995 年

4 月,与文铭女士在北京结婚;发表《经济学理论与经济史研究》,提出"在经济史研究中,一切经济学理论都应视为方法论","经济史应当成为经济学的源,而不是它的流"。该文获第七届孙冶方经济科学奖。

1996 年

论文集《市场 · 近代化 · 经济史论》由云南大学出版社出版。

2001 年

9 月,论文集《中国的现代化:市场与社会》由三联书店出版。

2002 年

修订再版《濯足偶谈》。

12 月,《吴承明集》由中国社会科学出版社出版。

2006 年

《经济史:历史观与方法论》由上海财经大学出版社出版。完成最后一项科研,开始作《濯足四谈》。

8 月,获中国社会科学院首批"荣誉学部委员"称号。

12 月,《中国社会经济史论丛——吴承明教授九十华诞纪念文集》由中国社会科学出版社出版。

2007 年

4 月,中国社会科学院举办"吴承明、汪敬虞先生九十华诞学术讨论会"。

2011 年

5 月,发表最后一篇学术论文《全要素分析方法与中国经济史研究》。

7 月 8 日,因病在北京逝世,享年 94 岁。

史实·史法·史观

——吴承明先生的生平与学术

叶坦

在中国经济史学晚近半个多世纪的研究史中,吴承明先生是享誉海内外的一颗睿智思想明珠。他的一生曲折坎坷而光耀璀璨,他的学术博大精深引航导向,他的理论方法、治史观念及其科研成就,不仅凝聚成为高山仰止的巍峨丰碑,而且广为后学所接受、赞同和传播。追溯他学问人生的跋涉行迹,能够引导我们透视中国经济史学世纪发展的一个缩影,促进对方法论与历史观"宏大叙事"的准确理解和深入认知;若将他最后的巅峰之作《经济史:历史观与方法论》嵌入其学术生涯演进脉络中用心观照,在其史实—史法—史观及相互融通之间凝神思索,抑或较单纯比照文本进行解读更有利于全面把握和深刻领悟。

一

吴承明先生(1917—2011年),祖籍河北滦县,考其曾祖一辈曾任清廷内阁侍读,"博洽能文,熟于掌故",曾纪泽出使欧洲奏调其为使馆参赞,为之婉谢;而益发"研讨经世之学",并与同文馆西学教习有交往。"知铁路为强国之具",遂联名奏请修建芦汉铁路,得李鸿章力赞却终未果。后外放浙江出任多处地方官,为官刚正清廉政绩卓著,“处脂膏而不以自润”,受命反贪腐“守正不阿”,后人写入《清官集》。辛亥革命中敦促浙军起义,后北归隐居“然忧国之心,老而弥笃”,用“思寡过”(“寡过”就是少有过失)名书斋,“以清白遗子孙”,米寿(八十八岁)而终。先生的祖父吴鸿逵(字用宜)曾在杭州为书吏,1920年后定居北京。

先生之父吴大业,1911年毕业于北洋大学堂法科(该校1895年创建,系天津大学前身。其法科1917年并入北京大学,而北大的工科移到北洋大学),历宣统皇帝殿试,赐“同进士”出身。其主业法律事务,曾协助外交部长王正廷督办“鲁案”(即欧战后从战败国德国收回青岛相关主权和胶济铁路的权益)善后事宜,后为专业民法律师。两度出任北平律师公会会长,任北平国货陈列馆馆长、财政部北平印刷局局长等职。先生之母李翔青女士,毕业于我国最早的女子师范学校之一、女界名流的摇篮——北洋女子师范学堂,一生贤妻良母,高寿九十有四。

先生为家中长男,秉承勤学济世之家风,1923—1940年间,读小学、私塾、北平市立三中、四中,入北洋、清华、北大、西南联大四校,历工、理、经、史四科。那时的中国正处在社会大变革时期,先生立志工业救国,1932年考入北洋工学院预科,两年所学均为实用课程,他感到当以科学救国,1934年再考入清华大学理学院学习化学。进而,他认识到经济救国更现实,习学经济最能振国济世,便转入经济系。时任系主任的陈岱孙教授亲授基础课,西方经济学说史特别是古典经济学予其直接影响;而萧遽的货币银行学和余肇池的会计学均属必修,这对他日后留洋的学习非常有利。他还选读了杨树达、雷海宗等名师的文史课程,并参加世界语和新文字运动,1935 年即其 18 岁时就在进步刊物《东方既白》创刊号上发表论中国土地问题的文章。

随着日军侵华凶焰日炽,平津危机、华北危亡在即,先生满怀报国热情,加入中华民族武装自卫会等组织,积极投身抗日救亡。"一二·九运动"爆发,他成为北平爱国学生运动领袖之一,也是清华救国会和大游行的领导人之一。1936 年中华民族解放先锋队成立,他被选为大队长,这年夏天被迫离开清华到北京大学史学系继续学习。他选修了孟森、郑天挺、钱穆等史学大家的课,也继续其经济救国的理想,到经济系听课并自修马克思主义经济学。"七·七事变"后,先生参加平津流亡同学会和战地服务团,这年冬天他在试马时写下"策马登峰极,边城看雪消;含悲辞燕阕,饮恨建康桥"的诗句①,记述那段艰苦岁月和抗战决心。1938 年冬,他到昆明西南联大复学。这里名师荟萃,先生得以面聆陈寅恪(隋唐史)、姚从吾(史学方法)、刘文典(古典文学)、赵迺抟(经济思想史)等名家教诲;还加入西南联大话剧团,参演闻一多为舞美、曹禺任导演的剧目,并到工厂农村演出宣传抗战。西南联大奠定了他深厚的文史功底,进而写出毕业论文《古代云南与中土关系之研究》。他感慨后来专门研究经济史,却从未念过一门经济史的课。1940 年夏毕业,供职于重庆中央银行经济研究处,兼任《新蜀报》主笔、《银行界》主编等职,还发表过一些研究战时生产政策和金融方面的文章,产生一定的影响。②

---

① 诗句出自《春望》,载先生所著《濯足偶谈》1992 年第 1 版。此书已印 3 版,先生临终前还在补订,准备出第 4 版,却成永憾!

② 先生当时较有影响的文章主要有:《论当前生产政策》、《论大小生产——再论当前生产政策》,载《时事新报》,1942 年 4 月 12 日、6 月 8 日;《产业资金问题之检讨》、《理想利率》,载《金融知识》1942 年第 2 卷第 5 期、1944 年第 3 卷第 2 期。

1943年冬,先生船行43天越洋赴美,入哥伦比亚大学继续深造,怀抱实业救国理想进商学院(Bussiness School)研究生部学习,主修货币与金融学兼修工业管理。时在战中,美国正值罗斯福总统任内,经济学界凯恩斯主义兴盛,哥大则还保留着克拉克(J. B. Clark)之遗风,其子小克拉克(J. M. Clark)主持哥大讲坛。先生选修其经济学课外,还选了查普曼(T. Chapman)的银行学、多德(D. L. Dodd)的金融市场等课程;管理学方面选有工业管理、营销学等。1945年他的《认股权、股票股利及股票分裂与扩充公司之投资理论》颇受好评,修改后通过,被授予贝塔—西格玛—伽玛(B Σ Γ)荣誉学会的"金钥匙奖",此奖要求获奖人课业优秀,必须五门成绩全部是"A"。先生的导师贝克哈特(B. H. Beckhart)不仅是名学者,也是大通银行首席经济学家,他明确反对凯恩斯主义。不同学派并存的环境,成就了先生海纳百川的学术胸襟,而且他注意各学派演变的轨迹,蕴蓄为开放宽容的学术风格和思维逻辑直至终生。他的《美国的战时公债与金融政策》学位论文顺利通过,1946年获得硕士学位(当时无MBA,称MS)。①

同年3月9日,先生与留学朱丽叶音乐学院的钢琴家洪达琳女士结为伉俪。婚后,他打消继续攻读博士学位或留在美国就业的念头,选择归国来报效祖国。此时国内的抗战已经胜利,百废待兴,国民政府资源委员会"驻美技术团"1946年3月改组为"驻美代表办事处",资源委员会经济研究室主任孙拯领命聘请被称为"GNP之父"(后改用GDP)的著名经济学家西蒙・库兹涅茨(S. S.

① 先生的获奖论文和学位论文在其回国后的1947年译刊中文概要——《认股权、股票股利及股票分裂与扩充公司之投资理论》,载《证券市场》1947年第14号;《美国战时公债与金融政策评述》,载《财政评论》1947年第16卷第1、2期。

Kuznets,1971 年诺贝尔经济学奖得主)担任资源委员会顾问,聘吴承明、张培刚、丁忱为专门委员为库氏当助手,并于是年 6 月陪同库氏来到南京的资源委员会。

二

先生一生读万卷书、行万里路,孜孜以求报效祖国、追求科学、追求真理。他的确称得上学贯中西、古今融通而且史论互证、著述甚丰,受到海内外同行的敬重。这与他深厚的文史功底和西方名校的系统教育分不开,也是他博学勤思严谨治学所致,更是他主张各家并存、取法务上、求实创新学术精神的体现,而“史实”是他自始至终坚持的治学根基。

归国之后,先生在资源委员会辅助库兹涅茨工作。他曾对我谈起,资源委员会聘请库氏主要是“请他设计一套资源和工矿产业的调查统计制度,而不是研究中国的 GNP”,但库氏对中国 GNP 有兴趣,要助手也为他提供相关资料,主要就是我导师巫宝三先生主持的《中国国民所得(一九三三年)》,并附有 1931—1936 年 GNP 的推论数据。此研究 1945 年完成,后于 1947 年由中华书局正式出版,至今仍有学术影响。我记得巫老说过出书之名只标 1933 年,是因为详细的估计以 1933 年为限,其余年份材料不足,无法用同样方法详细估计,只能当作一种趋势看待。吴先生他们当时所见的还是用复写纸手抄的四大册原稿,摘译成英文供库氏参用。库氏对此项研究饶有兴致,并写了评论“Comments on Mr. Ou’s Study of the National Income of China”,由吴先生将此件送给当时在中央研究院工作的巫先生,巫后来写了《答库兹涅茨博士的评论》(Reply to Dr. Kuznets' Comments on Mr. Ou's Study of the National Income of China)。在探讨相关概念和方法方面,巫先生还在美国的《经济学季刊》1946 年 2 月号上发表了《国民所得中的国际支付》(International Payments in National Income)。吴先生到中央研究院拜访巫先生,巫与之谈了自己与库氏之间对国民所得的概念和计算方法见解之不同,并赠其《经济学季刊》之文。不久,吴先生经过研究写出长达 19 页的《我国资本构成之初步估计》,1946 年 11 月(不足而立之年)发表在《中央银行月报》新 1 卷第 11 期,根据库氏的方法进行 1931—1936 年中国的资本形成(capital formation)估计,发表后产生反响,还被译成英文刊于香港。此后巫先生 1947 年 12 月发表《〈中国国民所得,一九三三〉修正》,谈到参考了库氏和三位助手包括吴先生的意见。[①] 吴先生接下来继续研究完成《中国工业资本的估计》,主要时段是 1936—1946 年,与前人不同的是将“资本”定义为“生产剩余价值的价值”,此文也被几种刊物转载。这些无疑都是以“史实”为基础的实证研究,正式开启了吴先生的第一个经济史研究专项。[②] 两位先生尽管研究方法不尽相同,此后却开始了长达半个多世纪的学术情谊,两人也终成社科院经济所三十多年的同事,并且都尽享天年九十有四而终,他们是我人生和学术上

① 相关文献参见 P. S. Ou(巫宝三),International Payments in National Income, *Quarterly Journal of Economics*, Feb. 1946;《修正》一文发表在《社会科学杂志》第 9 卷第 2 期,1947 年 12 月。此两文均收入巫宝三:《经济问题与经济思想史论文集》,山西经济出版社 1995 年版。

② 参见吴承明:《我国资本构成之初步估计》,载《中央银行月报》新 1 卷第 11 期,1946 年 11 月;《中国工业资本的估计》,载《中国工业》新 1 卷第 5、6 期,1949 年 9、10 月,后得汪敬虞先生函件及资料而进行了部分修正。两文在收入其文集时标题均添加了年份,见《吴承明集》,中国社会科学出版社 2002 年版。

影响最大、最久的恩师。

其实,当时库氏到华两个来月即回国了,吴先生也在1947年初辞去南京的工作来到上海,任中央信托局信托处襄理。同时兼任上海交通大学、东吴大学等校教授,主要讲授货币银行、国际汇兑、工业管理和财务报告分析等课程,还发表了一些相关论文。新中国成立后的1949年冬,他的清华、哥大老学长冀朝鼎出任中央财经委委员兼中央外资企业局局长,邀其到京工作,是年11月14日先生回到了阔别多年的北京。从此直至辞世,先生在北京生活了六十多年,一个甲子有余的沧桑巨变。1950—1957年,他在中央外资企业局、私营企业局和工商行政管理局工作。他开始研究外国在华投资问题,1951年以笔名魏子初("外资处"谐音)发表了一些成果,其中三联书店出版的《帝国主义在华投资》虽是小册子却很受重视,先后再版并有俄文版刊行。在此基础上,先生继续拓展资料搜集并辅之以个案调查,将外国直接投资的考察从前人一般止于1936年延伸至1948年,研究证实外国在华投资中资本输出很少,主要来自外资在华的积累——结论源自人民出版社1955年出版的《帝国主义在旧中国的投资》,此书是研究相关问题的必读书。外国在华投资成为先生的第二个经济史研究专项,第三个专项则是时代印记鲜明的中国资本主义改造问题,这些同样彰显其实证研究以"史实"为根基的特征。

工商行政管理局的主要任务就是对民族资本主义工商业进行社会主义改造,局长是许涤新(1906—1988年)。吴先生1958年任调研处处长,又调来方行、汪士信等同做研究。经许涤新与当时中国科学院经济研究所孙冶方所长商议,合设"资本主义经济改造研究室",吴先生任主任,主要工作是编"中国资本主义工商业史料丛刊”、写《中国资本主义工商业的社会主义改造》(人民出版社1962年出版,1978年出修订本),这是“资改”的重要作品,得到广泛引用。需要说明的是,先生对“资改”有自己的认识,他认为《公私合营工业企业暂行条例》在执行中走了样,改造不仅强制而且扩大化,他建议《中国资本主义发展史》写到新中国成立为止,不再继续写第四卷“资改”。到“文革”,“资改室”解散,成员也下放到干校。先生生性达观,种稻种菜战天斗地的生活,反倒使得已患多年的十二指肠溃疡痊愈,能饮酒聊天濯足论诗,并把其中有价值的记下来——这就是其《濯足偶谈》的来源。1974年初许涤新联系人民出版社“借调”先生等人编写《旧中国的资本主义生产关系》(1977年出版),次年调到商业部,开始酝酿写《中国资本主义发展史》。1977年许涤新以古稀之年出任中国社科院经济所所长,翌年吴先生他们也转到经济所并扎下根来。在前述三个专项研究之后,三十多年来先生在经济所的学术贡献彪炳史册,尤其在探索经济史学的方法论和历史观方面更是无可替代。

先生专任经济所研究员之后,先后担任所学术委员会委员、研究生院博士生导师,兼任南开大学博士生导师。1980年任日本东京大学客员研究员,1986年任美国加州理工学院客座教授。学术兼职主要有:中国经济史学会会长、中国投资史研究会名誉理事长、中国国史学会理事、中华全国工商联特约顾问等。1991年获国务院颁发的社会科学突出贡献专家特殊津贴,2006年被授予中国社会科学院首批“荣誉学部委员”,2008年当选“中国社会科学院健康老人”——他一再说这是自己最后的也是最珍重的一项荣誉。

可以说,以“史实”为治史根基就离不开枯燥繁琐的资料工作。先生从20世纪50年代起就参加千家驹先生倡导的“中国近代经济史资料丛刊编辑委员会”，首先问世的是1954年他的《帝国主义与开滦煤矿》，署名“魏子初”；次年出版千家驹的《旧中国公债史资料1894—1949》。编委会还与海关总署合作，利用其存档编出“帝国主义与中国海关”丛刊，如《中国海关与庚子赔款》、《中国海关与邮政》等，史料价值颇高。此前“资改室”的“中国资本主义工商业史料丛刊”也是先生负责的，“中资史”就是以大量发掘和调查的这些史料为基础的。

先生倾注了最多心血和精力的就是《中国资本主义发展史》。20世纪60年代初周恩来总理提出为实现“马克思主义政治经济学的中国化”，应编写一部“中资史”，任务交给许涤新，由“资改室”承担，但因“文革”而中断，1978年先生他们到经济所后正式启动。许涤新和先生任主编，全书分三卷：第1卷《中国资本主义的萌芽》，系1522—1840年中国资本主义的产生；第2卷《旧民主主义革命时期的中国资本主义》，为1840—1920年中国资本主义的发展；第3卷《新民主主义革命时期的中国资本主义》，写1921—1949年的情况。这是一部逾二百万字的巨著，二十多位学者历十几个春秋才完成，全书配制487张统计图表，人民出版社1985—1993年出齐。许涤新撰著全书“总序”，先生统稿，许涤新审订。从撰著体例和主要内容的构建，到执笔“导论”等重要部分的写作，再到统稿删改以致重写的巨量工作，处处凝聚着先生的呕心沥血。此外，他自认研究贡献主要有三：近代中国资本集成的估计、近代中国工农业和交通运输业总产值的估计、近代中国国内市场商品量的估计。这些研究均为海内外学者所重视、评介和引用，而先生却对其中一些数据不断修正，如前两项估计的修正直到21世纪收入《吴承明集》。可以看到，这部大作汇聚了先生前几个专项研究的精髓，而且在史实辨证、研究方法、论点新见等方面展现出其不懈的理论追求。

先生精心浇灌的学术之花终于结出了丰硕成果,此书面世后中外学界好评不断。特别是第 1 卷,1987 年台北谷风出版社就出了繁体字版;1989 年 7 月 20 日李约瑟(Joseph Needham)致信先生征求对“近代科学为什么在西欧而不是中国产生”(即“李约瑟之谜”)的意见,先生复信讲到中国 16、17 世纪的启蒙思潮缺乏欧几里得式的逻辑思维,但主要原因还在于明清中国是以小农生产(包括手工业)为基础的社会,经济上较少竞争且人力充裕,缺乏迫切利用新科技的需求等。剑桥大学的诺兰(Peter Nolan)与先生商议英译此书,由伦敦大学柯文南(C. A. Curwen)译编英文本,2000 年麦克米伦出版社(The MacMillan Press Ltd.)出版。总的看来,尽管此书难免时代痕迹,但确是中国经济史学的一座里程碑,被认为是“填补空白”之作和“国内外引用率最高的中国经济史著作之一”。先后获得“中国社会科学院优秀学术成果奖”、“孙冶方经济科学奖”、“郭沫若中国历史学奖”等,并多次再版。透过先生的治学轨迹,可见以“史实”为基础、扎根于实证研究的经济史学,才具有强劲的生命力,基于此的方法论探索才颇具学术价值。

三

在谈吴先生的方法论之前,需要说明“史法”大概初始于《春秋》之“书法”、“义例”,在中国史学中大抵指著史或治史的原则、方法,本文的使用重在其方法论意义,主要指先生治经济史学的方法和方法论。

一般说来,方法论的探索离不开研究对象本身。值得重视的是,20 世纪 80 年代初学者多还在重生产轻流通时,先生已开始研究市场问题。他首先估算市场商品量即市场大小的演变,整理出 1840—1869—1894—1908—1920—1936 年间五个时段的国内市场商品量估计,从中可见 19 世纪下半叶市场发展很慢,其扩大是在 20 世纪以后,抗日战争后剧减,此即多次修改后最终载入《吴承明集》的《近代中国国内市场商品量的估计》。为了从更长时段研究市场,1983 年起他陆续发表论明代、清代、近代市场的系列论文,[①] 从人口和耕地、田价和物价、货币和白银流通、财政和商税等方面,深入研究明清和近代市场长周期性的兴衰演变,在国内外产生很大影响。1984 年美国名家费维凯(Albert Feuerwerker)看了他的清代市场论文后邀其到意大利参加中国经济史研讨会;1986 年法国著名汉学家贾永吉(Michel Cartier)将这三篇市场论文摘要写成《吴承明的国内统一市场形成观》,发表于著名的《年鉴:经济 社会 文明》(Annales, Économies Sociétés Civilisations)1986 年 11—12 月号;先生论中国近代市场的论文,则有日本中国现代史研究会会长池田诚监译的日译本(《立命馆法学》,1984 年第 5、6 号)。

不满足经济史实的考证复原而深入透析现象进行理论阐释,这是先生治学的鲜明特点,也是其方法论探索的重要途径,即从"史实"出发探究"史法"。他在市场理论方面下了很大功夫,其《市场理论和市场史》分析马克思的分工产生市场的理论,赞赏恩格斯《反杜林论》中的主张"生产和交换是两种不同的职能",提出

---

① 他连续发表了《明代国内市场和商人资本》,载《中国社会科学院经济研究所集刊》第 5 集,1983 年;《论清代前期我国国内市场》,载《历史研究》1983 年第 1 期;《我国半殖民地半封建国内市场》,载《历史研究》1984 年第 2 期。

历史上各种市场的出现多与分工无关。《试论交换经济史》则建构交换与经济发展关系的模式,提出"交换先于生产",在理论上做出新尝试。先生研究市场,从商路、商镇、商品运销转向人口、价格、货币量、商品量等变化,分析市场的周期性演变,并讨论其对社会结构、阶级分化的影响,其市场研究是以中国现代化(即近代化)的宏大背景为基点的。他认为市场资料较多,数据有连续性,用市场和价格的演变来考察经济的兴衰与中国的现代化过程,均有很大的优越性。这与"斯密动力"相仿,即市场促进分工,分工和专业化促进生产,经济增长与市场的深化扩展分不开。仅从生产视角不足以认识经济发展和中国现代化,从而应注重流通,于是他努力进行两方面的工作:一方面对16至17世纪、18至19世纪上半叶的中国市场进行系统考察,这可说是"史法"之"实证研究"(positive research);另一方面,在经济学理论与经济史研究的方法论以及现代化理论等方面进行创新探索,希图在理论上找出一条适应中国经济史学和现代化研究之路,这可视为"规范研究"(normative research)。这些研究体现于《16与17世纪的中国市场》、《18与19世纪上叶的中国市场》等系列成果①,得出中国现代化肇端于16世纪的明代"嘉(靖)万(历)说"。此说虽非其最先发明,如傅衣凌先生就有过类似论点,但吴先生将此说立论,并以坚实的实证考察和规范研究展现于世人。他的《传统经济·市场经济·现代化》一文论述从传统经济到市场经济的转变过程,同时指出市场机制也有个转变过程,也就是经济的现代化过程,他的市场研究便同现代化

① 分别载于中国商业史学会编:《货殖:商业与市场研究》第1辑和第3辑,中国财政经济出版社1995、1999年版。

研究有机结合起来。体现其系列市场研究的集中成果——1985年出版的《中国资本主义与国内市场》,是他1949—1983年相关论文的集萃;1996年刊出的《市场·近代化·经济史论》,则是他1985—1995年重要贡献的凝结。

如上所述,研究近代经济问题绕不开现代化。先生1987年就在此下功夫并提出新见,在《早期中国近代化过程中的内部和外部因素》中,他针对"冲击—反应"范式和"传统—现代"对立模式,提出中国"内部能动因素"论,并予实证考察。传统经济中的能动因素主要是农业和手工业,他认为传统农业可以承担现代化任务,但不否认其落后面在一定程度上制约工业化发展。更重要的是,他以科学的精神和谦逊的态度在再版时指出,对于近代人口与耕地数据"我的估算已落后了"而应"改用时贤新论"。在《近代中国工业化的道路》中,他分析利用手工业的功效及工业与小农经济的结合,可能本有一条立足本土、工农结合、土洋结合进而现代化的道路,但终败于以洋行、租界为背景的大口岸经济之路。正由于传统经济有其内部的积极能动因素,"中国的工业化应当走与传统产业协调发展的道路,不能一举而代之"。继而,他写了《论二元经济》,从理论方法上探讨不发达经济走向现代化的道路,认为将传统农业的作用局限于为现代化产业提供廉价劳力不确,关键是低估了传统农业的剩余。二元经济现象长期延续,小农经济是多元的,有自行调节资源配置功能,他构建出一个小农经济生产模型,但说明无法计量。

20世纪90年代国家正式提出建立社会主义市场经济体制,先生采用希克斯(J. R. Hicks)《经济史理论》的观点,把实现市场经济作为经济现代化的标志。他论证从马克思到诺斯(D. C. North)都将工业化归之于“专业商人”的兴起和市场的扩大，引发生产方式的变革，商业革命导致工业革命。具体到中国，他把明代嘉靖、万历时期的徽商、晋商等大商帮的兴起和工场手工业、散工制的发展，以及财政、货币的白银化，租佃、雇工制度的变革以及社会结构的变迁和17世纪的启蒙思潮等综合考察，视为明清之际的现代化因素。在1997年《传统经济·市场经济·现代化》之后，1998年又有《现代化与中国16、17世纪的现代化因素》、1999年写的《中国的现代化：市场与社会》等系列成果问世，[①]他在探索中国现代化研究的方法论上做出了不懈的努力。

就“史法”而言，先生的治学方法在经济史学界独树一帜，公认其方法论独到，且历史观新颖，理论追求伴随始终。回眸20世纪80年代初他发表《关于研究中国近代经济史的意见》，主要讲两个问题：如何看待帝国主义入侵的后果，如何评价封建主义的作用。对于前者，后继有《中国近代经济史若干问题的思考》；对于后者，则有《谈封建主义二题》深入讨论。“二题”指古代封建主义和近代封建主义，他论证中国古代封建制度有别于西方的若干特点，分析中国步入近代社会的不同道路；“近代封建主义”是新概念，意指1840年以后封建主义经济发展到一个新阶段，即地主制经济发生质变，吸收较发达的商品经济来自我调节，成为能够与资本主义共存的近代封建主义，确属新论。同时，先生赋予古代封建主义新的研究价值，这与其“广义政治经济学”理论探究相关，尽管他认为自己这方面“没做出什么成绩”，其实不然。他提出，以“马克思主义中

① 前两文修改稿收入先生的论文集《中国的现代化：市场与社会》，三联书店2001年版；第三文即此论文集之“代序”。

国化”为目标的王亚南、许涤新等人的努力是可取的，但重点应放在前资本主义特别是封建主义政治经济学上，因为社会主义经济在中国尚不成熟，半殖民地半封建经济已有定论，而封建经济在中国产生最早、历史最长，颇具政治经济学研究的典型意义，这也正是以前资本主义时代为研究对象的学者共同的理论困惑。在《论广义政治经济学》和《中国封建经济史和广义政治经济学》等论文中，他阐述其论点并提倡研究“中国封建主义政治经济学”，为我国经济史学的理论与方法创新引航导向。

总的看来，上世纪末二十余年中先生在商业资本、市场和交换理论、中国现代化理论以及广义政治经济学、中国经济史学方法论等方面着力甚多，也逐步形成自己颇有见地的历史观，即基于“史法”形成“史观”。他非常关注西方学术特别是经济学的发展与动态，并运用其中适应中国经济史学研究的方法，成为经济学理论与经济史研究结合的典范。他的结合与运用绝非“照搬”，而是能动而理性的，突出于有选择与做修正。例如，先生有计量经济学的深厚功力，认为研究中国经济史学离不开计量方法，但明中叶以前不太适用，此后可以用，但数据必须核实可靠。再如，改革开放后以诺斯为代表的新制度学派影响中国，先生认为其产权理论、交易成本、制度变迁等概念可用于研究中国，但应注意具体的研究对象与实际数据，这些都是治经济史学重要的方法论见解，也是酿就其最终的巅峰之作的必由过程。

四

“史观”也可以表述为“历史观”，不仅与方法论紧密相连，而且一般讲史观问题当以治较长时段的通史为基础,即所谓“通古今之变”。先生的研究重心在近代,但他做到了“史通古今”且涵融中外,并且是在专精基础之上的贯通。他治史之“今”不仅仅在于关注当今世界学术理论思潮及其发展,更具体落实到当代经济史研究之中。1996 年国家社科基金“九五”重点课题《中华人民共和国经济史(1949—1952)》立项,请先生作学术带头人,由他和董志凯任主编。该书独具一手档案资料优势,研究从人与自然的关系延伸到人与人的社会关系,并加强新中国成立初期社会经济状况的评估和新民主主义经济体制的理论分析,有关恢复国民经济的措施和成就也是以专题研究为基础的,突出反映了新民主主义经济在中国全面建立、实施和运行的历程与成就。该书 2001 年出版,并获奖和再版。先生自称对此书“并无实际贡献”,其实他参与拟定大纲、研究撰写,还承担第二章“旧中国经济遗产”的部分写作,历次书稿讨论会也都参加,还审阅了全部成稿,此书中亦可见他的思想轨迹。同在 1996 年,先生还应邀主编《中国企业史》的“近代卷”,他请江泰新共同主编,此书 2004 年出版。

下探当代体现了先生的博学深进,但非其治学主向。他的研究重在近代到明清并上溯宋代,内容从生产到流通再到市场;进而超迈传统的“经济”概念,对社会结构、制度变迁、思想文化进行系统考察,最终凝聚而为“经济史:历史观与方法论”的深层探究。步入 21 世纪之后,他着重研究的就是此课题,还几度给博士生开课讲授,2001 年末中国社科院老年研究基金正式立项,这时他已近 85 岁且罹眼疾飞蚊症。就在这种情况下,此后整整四年多时间,他每天勤奋耕耘废寝忘食,趴在书桌上动辄数小时。这里承载着他近几十年来孜孜以求的研究志趣,更是其科研特色与学理思辨的高度凝炼与升华，他投入全部精力和心血的研究最终呈现出这部巅峰之作《经济史：历史观与方法论》。此书是"十一五"国家重点图书，2006 年年底由上海财经大学出版社出版，几天之后即是先生的九十寿辰。他说对此书比较满意，但是自己最后一部研究著作，也是这项科研的总集成。

先生重点阐释经济史是研究历史上各时期的经济是怎样运行的，及其运行的机制和绩效，从而研究不能仅限于经济本身。他强调经济史首先是"史"，这是毕生治经济史学的大家在此书"结束语"中的首要提示。治史，离不开"历史观"，故而"史观"是首位的，《经济史：历史观与方法论》将"历史观"作为全书的"上篇"，分为四章予以阐释——引子：经济史学小史、古代中国与西方的历史观、理性化时期的中西历史观、理性主义的反思和西方历史观的转变，基本上都是基于中西比较展开考察分析的。他主要从三个方面考察阐释历史观，即如何认识人与自然界的关系即天人关系，如何认识人与人的关系即社会关系，如何认识思维与存在关系即认识论。他赞赏司马迁"究天人之际，通古今之变"的历史观，认为其天人相通、社会和谐、古今通变是高明的，而宋以后的启蒙思潮虽然促进思想的理性化却不能导致社会的现代化，这也是中西思想文化差异对经济发展和社会转型的不同影响。我们能够在先生学贯中西古今、游刃有余的畅论中领略到的，不仅是博大的知识体系的碰撞，还有其精湛宏论的深邃寓意。没有必要在这里重复或照抄书中的内容，不妨对以下问题进行深入思考：为何要从历史观层面谈经济史学？中西方的历史观主要异同何在？西方的历史观缘何而转变？

"方法论"是此书的下篇，分章深入阐述方法论和历史实证主义、经济学理论与经济史研究、社会学理论与经济史研究、计量分析与经济史研究、区域研究与比较研究,最后是点睛之笔第十章“结束语”。先生着重评介诺斯的新制度学派、法国年鉴学派和经济计量学派的方法,并特别强调实证主义是“不可须臾或离”的治史方法,而中国史学一直是实证主义的,这也就是以“史实”为根基。他具体考证中国史学诸家以及西方从狄尔泰(Wilhelm Dilthey)、克罗齐(Benedetto Croce)直到海德格尔(Martin Heidegger)等,尽管各家的学说主张各异,但无疑更充实了实证主义方法。先生着重指出,历史研究是研究我们还不认识或认识不清楚的事物,任何时候都有待认识的东西;随着知识的增长特别是时代思潮的演进,原来已知的需要再认识,研究就是不断地再认识,因此研究方法应开放即“史无定法”。最后,先生概括他研究中国经济史学的思维理路:“历史—经济—制度—社会—文化思想”,语重心长地阐发——“百家争鸣,学术才有进步”!

离开书本再回到先生治学的轨迹。历史观和方法论都是他数十年来研究经济史学的探索和积累并不断完善的结晶。其“史观”的特色就是凸显求新的“发展论”,并且深入落实一以贯之。早在他为《中国大百科全书·经济学卷》撰写万余字的“中国经济史”长词条中,就对中国几千年的经济发展史进行系统总结——历史包括经济史的发展可能曲折,也会有回潮,但总趋势是进步的,不存在从唐宋“顶峰”走向明清“衰落”的阶段。直至近年国家级大型项目多卷本《中国经济通史》请他撰写“总序”,其依然重申发展的观点。从发展的眼光看问题,他以古人的“苟日新,日日新,又日新”为志,学术追求突出一个“新”字!如果没有新东西,他不写文章、不开会发言;做研究要求有新材料、新观点或新理论,包括对以往的研究成果进行不断修正。他认为科研不可能一蹴而就，随着时代的发展、材料的新发现和研究手段的提升以及认识的深化，以前的成果也需要不断修正与时俱进。发展必然要创新，他视创新为学术研究的生命力——这与先师巫宝三先生十分相似，他们绝不故步自封而力主创新，而创新要建立在充分的实证研究基础之上，系统研究要先做专题，专著要以论文为基础，“由小而精到大而博”。他们都十分注重中国史学传统“究天人之际，通古今之变”，巫先生据此从经济思想上研究司马迁的“法自然”思想颇多新意，而吴先生则从历史观与方法论视阈阐释其历史哲学，通过实证提出西方征服自然的斗争哲学终将回归太史公的主张。或许，这正是“科学发展观”在学术上的提早深刻诠释。这两位治经济史学的先生对《中国经济史研究》杂志都寄予厚望，对经济所这点“史学家业”十分上心，大凡有好文章首先想着在此发表；每一期杂志刊出，他们都会立即放下手中工作认真阅读，都很关心杂志的发展和学界的评价，拳拳之心着实感人！

五

的确，历史观与方法论密不可分，而且史实—史法—史观也相互融通。有必要对吴先生经济史学研究中最具代表性的“两论”集中进行重点的阐述。众所周知，在方法论上吴先生力倡“史无定法”影响很大，他的许多论著中都有相关论述，这的确是不可或缺的研究方法，深具方法论内涵和意义。诚然，我国早有“史无定法”之说，我记得清人章学诚曾就“史家之绝唱”的司马迁《史记》,提出"迁《史》不可为定法"之论。[1] 今人谈陈寅恪之学有"诗无定式,史无定法"之说;余英时在其流传甚广的《怎样读中国书》中,说他以前提出过"史无定法"的观念,现在也可以扩大为"读书无定法"。至于到底什么是"史无定法",说法就更多了,如"运用一切可能的方式"或者"历史可以有不同的表述方式和解读方式"、"历史是需要不断解读的"等等;还有学者专就经济史学解读吴先生所论"史无定法",都是很有启发意义的。的确,吴先生赋予此论以治经济史学的具体而可行的实际内容。

二十多年来,我有幸时常得到先生的教诲(他称为"切磋"),深感"史无定法"在其方法论中重要且深邃,而且他是在"经济史:历史观与方法论"这一宏大架构中概述和不断完善此论的。回溯先生阐发此论的轨迹,或许会有更多启迪。早在20世纪80年代初,他出访东京大学时就注重各种研究方法问题,特别是西方研究经济史学的动向,那时国际学界的顶级学者们在方法论方面都显现出极高的热忱。1984年在意大利米兰召开"International Conference on Spatial and Temporal Trends and Cycles in Chinese Economic History, 980-1980",主持人是费维凯(Albert Feuerwerker)和郝若贝(Robert M. Hartwell),出席此次研讨会的有诺斯、施坚雅(G. William Skinner)、马若孟(Ramon Myers)、罗斯基(Thomas Rawski)、白吉尔(Marie-Clair Bergere)、贾永吉(Michel Cartier)、魏丕信(Pierre-Etienne Will)、斯波义信及王业健、李中清、王国斌、刘翠溶等名家。吴先生应邀与会并发言提出"史无定法",即"就方法论而言,有新老、学派之分,但无高下、优劣之别","新方法有新的功能,

① 《文史通义》卷一《内篇一·书教下》。

以至开辟新的研究领域,但我不认为有什么方法是太老了,必须放弃"。会后,他在中国社会科学院和上海社会科学院都讲授国外的观点和方法,听众大开眼界。接下来,1986年美国加州理工学院聘他为客座教授,因而得以与海外学者深入交流,深感收获甚丰。同年底,先生在中国经济史学会成立大会上发表《中国经济史研究方法杂谈》引起轰动,三种刊物登转。到1992年,他发表长文《中国经济史研究的方法论问题》,在"杂谈"基础上进而阐述其系统性方法论研究,重申"治史可因对象、条件不同,采用不同方法",可谓"大道至简"的点睛之论。

概括地说,其方法包括:(1)文献学和考据学方法;(2)历史唯物主义;(3)计量学方法;(4)发展经济学方法;(5)区域论和周期论;(6)社会学方法;(7)系统论方法;(8)"史无定法"。先生将方法分为三个层次:(1)世界观、历史观思维方法;(2)归纳、演绎等求证方法(后概括为"认识论意义的方法");(3)经济学、社会学等专业和技术研究方法。在"史无定法"原则下,直接适用于中国经济史研究的主要方法包括:(1)经济计量学方法(明中叶以前不适用,因古代文献不准确、记载不连续等);(2)发展经济学方法(研究欠发达国家,特别是考察长期趋势可借鉴,注意比较研究,二元经济论等均可用);(3)区域经济史方法(区域内与区域间两者应同时进行,中地理论(central place theory)提出经济发展由核心地区向边缘地区扩散,可考察移民、贸易、交通等及核心与边缘地区的关系和城市与市镇研究,有利于展现经济发展的不平衡性);(4)社会学方法(源于社会学的结构理论、行为和功能学说及人口、心态等成为经济学的内容。可借鉴社会学的整体思考、比较研究、社会底层研究与社会调查方法等)。他为使国内学者拓展眼界,对西方经济史的年鉴学派、经济计量学派、新制度学派等重点阐述，肯定布罗代尔（Fernand Braudel）长、中、短时段的历史研究体系，但因其分量大应分工进行。总之，可以根据研究的对象和条件采用不同方法，重要的是该方法本身的实用性及其对所研究的问题和现有资料的适用性。他指出选用理论主要是启发性的而不是实证性的；一种方法不可能万能，所以要集众家之长，也可以多种方法并用。先生的方法论随着研究的深入不断发展完善，经过更为深入的理论拓进，他发表了名篇《经济学理论与经济史研究》①，提出“在经济史研究中，一切经济学理论都应视为方法论”，此文获得孙冶方经济科学论文奖，并成为学术经典流传至广，先生本人即是学界公认的应用经济学理论研究经济史学的成功典例。

我经过多年的学习和理解，尤其是先生言传身教之耳濡目染，认识到其“史无定法”论精深而博大，不仅根植于中国传统学术深基之中，更是其注重国际学界新动向、在与海外顶尖学者的交流中不断完善的。故此，他总能站在学术之巅，为中国经济史学指引方向。没有学贯中西的扎实功底，没有长年潜沉的积淀和升华，没有超常的智慧与敏锐，不可能在学术发展日新月异中不断执旗导向。先生攀登的是学术高峰，创造出的也是生命奇迹——其巅峰之作是在85岁到90岁之间完成的。

至于何为“史无定法”，我的理解是——既然“无定法”，也就不求诠释一致。关键是，应根据研究对象和具体问题以及可用资料来选择适用的方法，注重其特有的适用性和局限性并加以修正、调

---

① 《中国经济史研究的方法论问题》载《中国经济史研究》1992年第1期；《经济学理论与经济史研究》载《经济研究》1995年第4期；两文收入吴先生的论文集《市场·近代化·经济史论》，云南大学出版社1996年版，后者还收入《吴承明集》。

整或再加用另外的方法。我认为“史无定法”本身就是一种“法”，或可概述为“非一”之法——核心就是“不绝对”。这不仅包括“条条道路通罗马”，而且“罗马”也不是只有一个或一成不变。这里既有一般理解的方法多样性，也蕴涵着不断地发展与创新。不难想见，先生的“求新”和“不绝对”在他那个时代是相当难的。大家在不知不觉中习惯了太多的“一”（一个思想、唯一真理、甲是则乙非等等），真能“非一”谈何容易！不过，先生有不同，其具备家渊、学脉和思源三方面的基础，这从其学问人生的演进历程中可以看到。他倡导的“史无定法”，不仅为学人治学提供方法启迪，更引导大家从思维逻辑改变长期形成的习惯定势，并力倡中国学者要具有世界眼光，成为追求科学与真理的正确方向和良好风尚。

在“史无定法”之外，先生再一个很有影响的论点是“源流之说”，最经典的表述也是在《经济学理论与经济史研究》中提出的——“经济史应当成为经济学的源，而不是它的流”。他引述熊彼特（J. A. Schumpeter）语“经济学的内容，实质上是历史长河中一个独特的过程”，指出“经济学是一门历史科学，即使是最一般的经济规律，如价值规律，也不能无条件地适用于任何时代或地区”。他强调应当历史地看待经济学的发展，任何经济学理论都有其特定的历史背景。任何伟大的经济学说，在历史的长河中都会变成经济分析的一种方法，也是研究经济史的方法，而不是推导历史的模式。直到2010年11月11日《中国社会科学报》刊登记者对他的长篇专访《经济史应当成为经济学之源——访中国经济史学专家吴承明》，近94岁高龄的先生进一步诠释了自己的学术主张。他认为不能把全部经济史建立在某种单一的经济学理论上，经济史之所以是经济学的“源”而不是“流”，因为经济史为经济学提供材料、拓宽视野。作为习史之人，我时常思索：世间万事万物均不过时空坐标中之一点，都会随着时间的变迁而步入“史”的行列；经济学也一样，在时光演进过程中同样也会成为“史”的一部分。以提出“现代创新理论”著称的熊彼特，在其皇皇巨著《经济分析史》“导论”开篇，不厌其烦地强调经济学之史的重要，不仅将经济学的内容视为历史长河中的一个独特的过程，而且指出“如果一个人不掌握历史事实，不具备适当的历史感或所谓历史经验，他就不可能指望理解任何时代（包括当前）的经济现象”。熊彼特还有一段话，或许是我们今天理解“源流之说”最好的注脚：“经济史——是它造成了当前的事实，它也包括当前的事实。”①可以认为，一个经济学家若患有“贫史症”，不仅很难做好研究，而且研究成果的生命力也会有限。

先生提出研究历史上的经济问题主要是看实践，经济史研究一般可以一定的自然条件下的生产力的增长、一定的社会制度下经济运行的效果作为考察的主线。一部新的经济史，不是已有文献和著述的选择与综合，而应该在总体上和部分上，在数据、方法、观点上均属新构，代表一个时代的学术水平。他反复重申经济史研究不是只讲“纯经济的”现象，经济史学家应具备历史学修养。他赞成“社会经济史”的提法，认为经济史历来是社会经济史，主张从自然条件、政治制度、社会结构、思想文化诸方面研究经济发展与演进。他总结经济学各学派总的方法不外乎“模式法”和“因素分析法”，经济史研究则不宜用模式法，历史上各时代的经济发展总会形成某种模式，但它是研究的结果而不是出发点。经济学日

① 熊彼特著，朱泱等译：《经济分析史》第1卷，商务印书馆1991年版，第29页。

益模型化和数学化，以至用公式“伪装精确的知识”（哈耶克，F. A. Hayek）、“用时间变量来代替思考”（索洛，R. M. Solow）。经济史研究应以实证分析为主，应具体不宜抽象，不宜先立范畴，更不能用范畴“填充”历史。历史研究提出问题非常重要，而一般不宜假设。他还有许多精辟而精湛的论断，常常给人的习惯性思维逻辑以冲击震撼，如：“合乎历史发展规律的未必就是好的”，举出奴隶制的出现就是如此；再如，“萌芽不一定非成大树”，像资本主义萌芽就可能只是“萌芽”等等，振聋发聩，启人深思。

六

先生晚年越发重视思想文化对经济的作用与影响，认为经济发展—制度改革—社会变迁中最高层次上都要受思想文化的制衡（conditioned），这有两重意思：一是不合民族文化传统的制度变革是行不通的，二是文化思想又常是社会制度变革的先导即启蒙。他对宋儒之学尤其是宋明心学倾注心力，认为自宋以后儒学理性化，到王阳明将“知”和“理”一元论，有利于思想解放；那时的反传统思潮和经世致用主张以及实学思想都具有启蒙意义。可惜中国思想的理性化只有道德理性，缺乏工具理性，加之清统治者的思想禁锢，启蒙思潮被扼杀，直到西学传入，现代化启蒙才真正来临。

思想文化与经济发展是近十余年来先生和我谈论较多的论题，他相当博学却十分谦逊。或许出于我的专业偏好，我向先生不断请教经济思想史方面的问题，包括对这门学科本身的看法。我知道他对经济思想史颇为注重，自学生时代起就修习西方经济学说史，认为研究中国经济史更不能忽视中国经济思想。在他的经典论作《经济学理论与经济史研究》篇首就列举"富国、富民思想，田制、赋税思想，义利论、本末论、奢俭论等思想，在研究中国经济史中无疑是很重要的"。晚近他对经济思想史愈加注重，认为研究经济思想史尤其是中国古代经济思想需要较为广博的知识结构和理论素养，而研究经济史不深入到思想史层面可能深度不够，研究思想史离开经济史则可能成"无源之水"。先生认为中国经济思想史有三大问题：义利——价值论、本末——生产论、轻重——流通论。他指出西方经济学有局限，要总结中国经济学，研究中国经济思想史十分重要。在中国经济思想史中古代经济思想是源头，这偏重文化范畴，与中国哲学史关系较紧密，要懂经济史和文化史才能深入研究。他的许多论点都是高屋建瓴之见，发本专业学者所未发，对中外经济思想史研究具有指导和启迪意义。

先生的研究多居国内外领先地位，他的论著大多是掷地有声的传世之作，也是留给我们的宝贵精神财富。他被评为"影响新中国经济建设的百位经济学家"，成果选入《中国百名经济学家理论贡献精要》。[①] 先生不仅在他的著述中阐发和重申其论点，而且作为教师他年届九旬依然坚守在讲台上，将其研究心得传之于后学。上世纪末，我和李根蟠先生都开始招收博士生，商议集中授课，在社科院研究生院开设了"经济史学的理论与前沿"讲座，邀请不同专攻的专家开讲古今中外经济史学。讲座一直举办到 2003 年，吴先生始终是领衔的"头牌"。他的讲座座无虚席，有名学生写了篇

---

① 参见吴太昌、张卓元等主编：《影响新中国 60 年经济建设的 100 位经济学家》6，广东经济出版社 2009 年版；张卓元、周叔莲等主编：《中国百名经济学家理论贡献精要》第 1 卷，中国时代经济出版社 2010 年版。

《听大师讲课》的文章，生动讲述这位年近九旬的老师神采奕奕博大精深——“不间断地讲了两个半小时，台下是经久不息的掌声，是发自每个听课者心底深处对大师的敬重和仰慕。”可先生不认为自己是别人说的“大师”、“泰斗”、“权威”、“国宝”等等，他发自内心地称自己是“小人物”，做的是“小事情”——这是他留给自己后人的话，也让我明白了什么是真正的“大”和“小”。身为教师，先生谦虚谨慎为人师表，德泽桃李同仁——他循循善诱语重心长，答疑解惑孜孜不倦，教书育人桃李满园，培养出多名经济史学的博士、硕士；他指导、扶掖和帮助过的学者数不胜数，勉励后学如沐春风，他是中国乃至世界经济史学界当之无愧的导师！

直到2011年春，先生已度过了他94岁的生日，还发表了两篇文章：一篇是《经济研究》2011年第2期刊登的吴承明、叶坦《一部承前启后的中国经济史杰作——〈中国近代经济史，1927—1937〉评介》，虽然先生未执笔，但内容和观点都反复征询其意见，定稿全部经他审订，只有一项没有听他的，那就是在署名问题上他要求不署名或署在我后面。另一篇是《全要素分析方法与中国经济史研究》，刊登于《永久的思念——李埏教授逝世周年纪念文集》，云南大学出版社2011年5月出版。他非常看重此文，前述《中国社会科学报》记者采访时问他“有哪些新的关注点”时，他谈的就是此问题，并说明“全要素分析就是分析要素与整个经济增长的关系及其变迁。……在全要素分析中，那些用丹尼森（E. D. Denison）模型计量的部分，仍然要辅之以逻辑分析，才比较完善”。他在自己的微博（没错，94岁的先生开着微博）上说：“我准备写一篇关于全要素分析方法的文章。”病重之时与我断断续续谈得最多的也是这一研究，并遗憾地说：“这是我一生最后的文章了。”按照他的心愿还将